애자일
소프트웨어
아키텍트의 길

소프트웨어의 지속적인
설계를 통한 진화

애자일
소프트웨어
아키텍트의 길

라제시 RV 지음 김모세 옮김

i!i
에이콘

에이콘출판의 기틀을 마련하신 故 정완재 선생님 (1935-2004)

사랑하는 아내 사리타^{Saritha}와 두 아이 니킬^{Nikhil}, 아디트야^{Aditya}에게.

내 열정을 위해 희생해 줘서 고맙습니다.

내 부모님 라마차드란 나이르^{Ramachandran Nair}와 바사타쿠마리^{Vasanthakumari}

그리고 다른 가족들에게.

당신들의 삶에 대한 열정이 내 에너지입니다.

사랑하는 아내 사리타(Saritha)와 두 아이 니킬(Nikhil), 아디트야(Aditya)에게.

내 열정을 위해 희생해 줘서 고맙습니다.

내 부모님 라마차드란 나이르(Ramachandran Nair)와 바사타쿠마리(Vasanthakumari)

그리고 다른 가족들에게.

당신들의 삶에 대한 열정이 내 에너지입니다.

| 지은이 소개 |

라제시 RV^{Rajesh RV}

20년 이상 경력의 IT 아키텍트로 다양한 기술에 풍부한 경험을 쌓았다.

에미레이트 그룹^{Emirates Group} 아키텍처 부문의 수장이며 SAFe와 애자일 아키텍처 프랙티스를 도입해 에미레이트 그룹을 고성과 조직으로 탈바꿈시켰다.

기술과 아키텍처에 대한 열정으로 오픈 트래블 플랫폼^{OTP, Open Travel Platform}의 아키텍처를 설계했다. 그 결과 에미레이트 그룹은 2011 레드 햇 이노베이션 어워드^{Red Hat Innovation Award}를 수상했다.

저서로『스프링 5.0 마이크로서비스 2/e』(에이콘, 2018)가 있으며,『Service Oriented Java Business Integration』(Packt, 2008)을 감수했다.

출판사의 직원들과 리뷰어들에게 감사를 전합니다. 여러분의 깊은 지식으로 이 책이 더욱 풍성해졌습니다. 애자일 소프트웨어 아키텍트가 되기 위한 여행을 지지하고 응원해 주신 모든 분께 감사를 전합니다.

| 기술 감수자 소개 |

가우라브 미슈라^{Gaurav Mishra}

사용자 인터페이스^{UI} 개발과 사용자 경험^{UX} 설계 분야에서 10여 년의 경력을 쌓은 전문가다. 성장 마인드셋을 갖고 있으며 사용하는 기술이 무엇이든 편안함을 느낀다. 전 세계 수많은 학생에게 멘토링을 제공했으며 UI 개발, UX 설계 및 드루팔^{Drupal}에 관한 워크숍과 교육을 진행했다. 완전히 새로운 제품, 서비스를 구축하는 데 열정을 갖고 있으며, 많은 조직의 성공에 핵심 역할을 했다. 현재에 안주하지 않고 팀에서 최고를 이끌어 조직 문화를 재구축하는 도전을 즐긴다. 자유 시간에는 인디언 클래식에서 클럽 음악까지 장르에 구애받지 않고 다양한 음악을 즐긴다.

켄 코크레인^{Ken Cochrane}

경험이 풍부한 기술자, 아키텍트, 저자이자 리더다. 소프트웨어 개발 팀을 이끌고, 확장 가능한 웹 솔루션을 개발 및 구현했으며, 높은 품질의 기능을 제공하는 웹 애플리케이션을 전달했다. 현재 전 세계 수백만 명의 사용자가 이 솔루션과 애플리케이션을 이용하고 있다. 켄은 도커 앤 캐시스타^{Docker and CashStar} 설립 팀의 전 멤버였으며, 현재 재무 회계 기술 솔루션의 글로벌 리더인 WEX의 엔터프라이즈 아키텍처 시니어 디렉터로 일하고 있다. 공저로 『Docker Cookbook-2nd Edition』(Packt, 2018)이 있다. 현재 서던메인에서 가족과 함께 거주하고 있다.

이 책을 살펴볼 수 있도록 시간을 허락해 준 아내 에밀리^{Emily}와 두 아들 잰더^{Zander} 그리고 매독스^{Maddox}에게 감사를 전합니다. 첫 컴퓨터를 사주시고, 자유 시간을 쓰게 해주신 부모님께도 감사를 전합니다.

옮긴이 소개

김모세(creatinov.kim@gmail.com)

대학 졸업 후 소프트웨어 엔지니어, 소프트웨어 품질 엔지니어, 애자일 코치 등 다양한 부문에서 소프트웨어 개발에 참여했다. 재밌는 일, 나와 조직이 성장하고 성과를 내도록 돕는 일에 보람을 느끼며 나 자신에게 도전하고 더 나은 사람이 되기 위해 항상 노력한다. 저서로『코드 품질 시각화의 정석』(지앤선, 2015)이 있으며, 옮긴 책으로『애자일 컨버세이션』(에이콘, 2021),『좋은 팀을 만드는 24가지 안티패턴 타파 기법』(에이콘, 2022),『전문가를 위한 파이썬 프로그래밍』(제이펍, 2022),『구글 앱스 스크립트 완벽 가이드』(한빛미디어, 2022),『동시성 프로그래밍』(한빛미디어, 2022),『머신러닝 실무 프로젝트』(한빛미디어, 2022) 등이 있다.

옮긴이의 말

소프트웨어 개발에서 아키텍처라는 용어는 매우 넓은 의미로 사용되고 있어 명확하게 정의하기 어렵습니다. 소프트웨어 개발에서의 아키텍처는 시스템 아키텍처와 솔루션 아키텍처로 나눌 수 있습니다. 위키 백과에서 시스템 아키텍처의 정의를 찾아보면 다음과 같이 정의하고 있습니다(https://ko.wikipedia.org/wiki/시스템_아키텍처).

> '시스템의 구조, 행위, 더 많은 뷰를 정의하는 개념적 모형이다. 시스템 목적을 달성하기 위해 시스템의 각 컴포넌트가 무엇이며 어떻게 상호 작용하는지, 정보가 어떻게 교환되는지를 설명한다.'

또한 솔루션 아키텍처는 다음과 같이 정의하고 있습니다(https://ko.wikipedia.org/wiki/솔루션_아키텍처).

> '특정한 해결책 문맥에서 전달되는 시스템의 아키텍처를 정의하고 기술하는 것으로, 전체 시스템 또는 특정한 부분의 설명만 아우를 수 있다.'

결국 아키텍처는 시스템이 속한 문맥상에서 해당 시스템의 전체적인 구조 및 시스템 안에서의 정보 교환(즉, 커뮤니케이션)에 관한 정의입니다. 그리고 이를 수행하는 사람이 바로 아키텍트입니다. 아키텍트는 그저 시스템의 요구 사항을 정리하거나 적절한 다이어그램을 그리는 일을 하는 것이 아니라 시스템의 청사진을 그려내야 합니다.

이 책은 특정한 방법론에 국한되지 않고, 애자일 소프트웨어 아키텍트 업무를 수행하거나 그 역할을 이해고자 하는 분들을 위한 책입니다. 애자일 개발 프랙티스에 관한 기본적인 지식, 소프트웨어 아키텍처에 관한 지식이 있다면 아키텍트가 되기 위한 여정에 들어선 분들에게 큰 인사이트를 줄 것입니다.

좋은 책을 번역할 수 있도록 기회를 주신 에이콘출판사의 권성준 대표님께 감사드립니다. 책의 편집 과정에 많은 도움 주신 김진아 님께도 감사드립니다. 바쁜 일정 속에서도 번역하는 동안 한결같은 믿음으로 저를 지지해준 아내와 컴퓨터 앞에 앉아 시간을 보내는 아빠를 응원해준 세 딸에게도 깊은 감사를 드립니다. 마지막으로 하나님께 이 모든 영광을 돌립니다.

차례

1부 — 애자일 세상에서의 아키텍처

2부 — 애자일에서의 아키텍트의 역할 전환

3장   애자일 아키텍트 – 성공의 핵심   069

3부 — 성공적인 애자일 아키텍트가 되기 위한 필수 지식

6장   새로운 일하는 방식을 통한 가치 전달   171

13장   문화와 리더십 특성

| 들어가며 |

글로벌 기업이 디지털 트랜스포메이션 프로그램을 가속화하며 비즈니스의 기민함을 달성하고 있다. 과거라는 강력한 기반 위에 서서 변화에 저항하는 전략은 효과적이지 않다. 격동하는 지금의 시장에서 비즈니스의 기민함은 더 생산적으로 적응하며 대응하기 위한 성배Holy grail와도 같다. 비즈니스의 기민함을 지닌 조직은 가치를 즉각적으로 전달하기 위해 애자일 소프트웨어 개발을 IT 전략의 중심에 둔다.

린 애자일 원칙Lean-Agile principles은 전달 속도에 집중하고 흐름의 방해물을 제거해 빠른 비즈니스 변화를 지원하기 위해 애자일 개발 프랙티스를 중시한다. 그 결과 기존의 전통적인 아키텍처 원칙들과 프랙티스는 어려움에 직면했다. 이 책은 속도와 품질의 절충 없이 애자일 소프트웨어 개발 프로젝트에 맞춰 아키텍처 개발 프랙티스를 효과적으로 조정하는 데 도움이 되는 아이디어를 제공한다. 그리고 애자일 소프트웨어 프로젝트에서 제공할 수 있는 최대한의 가치를 전달하기 위해 아키텍트들이 어떤 위치에 있어야 할지 살펴본다.

이 책은 엔터프라이즈 아키텍트Enterprise Architect와 솔루션 아키텍트Solution Architect라는 아키텍트의 두 가지 핵심 역할에 초점을 맞춘다. 애자일 소프트웨어 개발에서 두 역할에 주어진 의무를 다양한 사례와 함께 살펴본다.

또한 속도와 품질을 절충하지 않고도 가치를 전달하기 위한 전략, 모범 사례와 패턴들을 소개한다. 후반에는 기민한 조직 설계에 있어 아키텍트가 담당하는 중요한 역할을 다룬다. 마지막으로 아키텍트로 성공하는 데 필요한 다양한 개인적 특성 및 대인 관계에서의 특성을 살펴본다.

⠿ 이 책의 대상

이 책은 현재 애자일 개발 프로젝트를 진행 중이거나 애자일 소프트웨어 전달 업무를 수행하고자 하는 아키텍트를 위한 책으로 특정한 방법론에 국한되지 않는다. 애자일 아키텍처 전략과 린 애자일 마인드셋을 바탕으로 애자일 아키텍트의 역할을 이해하고자 하는 시니어 개발자 또는 아키텍트가 되기 위한 여정에 이제 막 들어선 이들에게 도움이 될 것이다.

⠿ 이 책에서 다루는 내용

1장, '애자일 아키텍트의 렌즈로 들여다보기'에서는 이 책을 더욱 쉽게 이해할 수 있도록 프레임워크와 탐색 도구를 제공한다.

2장, '애자일 아키텍처 - 애자일 전달의 근간'에서는 애자일 아키텍처의 개념과 원리를 소개하고 이를 전통적인 아키텍처와 비교한다.

3장, '애자일 아키텍트 - 성공의 핵심'에서는 애자일 아키텍트의 역할과 책임을 강화하는 다양한 메타포를 소개한다.

4장, '애자일 엔터프라이즈 아키텍트 - 전략과 코드의 연결'에서는 애자일 소프트웨어 개발에서의 현대 엔터프라이즈 아키텍트의 의무를 살펴본다.

5장, '애자일 솔루션 아키텍트 - 진화하는 시스템의 지속적 설계'에서는 애자일 소프트웨어 개발 프로젝트에서 솔루션 아키텍트가 활용할 수 있는 운영 기법들을 알아본다.

6장, '새로운 일하는 방식을 통한 가치 전달'에서는 애자일 전달 환경에서 성공하기 위해 아키텍트에게 필요한 테크닉을 살펴본다.

7장, '패턴과 테크닉을 활용한 기술적 기민함'에서는 기술적 기민함을 달성하기 위한 다양한 패턴과 프랙티스들을 소개한다.

8장, '데브옵스와 지속적인 전달을 통한 흐름 가속화'에서는 데브옵스와 지속적인 전달에서의 아키텍트의 중요성을 살펴본다.

9장, '품질 속성을 이용한 품질 아키텍처 만들기'에서는 팀이 고객에게 고품질의 제품을 전달하기 위해 사용할 수 있는 다양한 품질 모델과 도구 및 접근 방식을 알아본다.

10장, '협업을 통한 린 문서화'에서는 문서화의 대안적인 접근 방식들을 소개하고, 꼭 필요한 문서의 개념을 살펴본다.

11장, '린 애자일 거버넌스의 조력자로서의 아키텍트'에서는 애자일 소프트웨어 개발에서 거버넌스Governance를 둘러싸고 있는 미신을 타파하고 린 거버넌스 원칙을 소개한다.

12장, '조직적 기민함 만들기'에서는 업무 흐름에 맞게 조직을 설계해야 하는 필요성에 관해 살펴본다.

13장, '문화와 리더십 특성'에서는 아키텍트로서 가져야 할 새로운 개인적 특징과 대인 관계적 특징을 소개하고 변화의 필요성에 관해 알아본다.

⁝⁝ 이 책을 잘 활용하려면

이 책은 기본적인 아키텍처 프랙티스를 기반으로 하기 때문에 애자일 개발 프랙티스에 관한 기본 지식을 어느 정도 갖추고 있어야 한다. 뿐만 아니라 소프트웨어 아키텍처에 관한 기본 지식이 있으면 책을 읽을 때 더욱 도움이 될 것이다.

코드 다운로드

https://github.com/moseskim/Becoming-an-Agile-Software-Architect에서 번역서에 포함된 다양한 파일을 다운로드할 수 있으며, https://github.com/PacktPublishing/Becoming-an-Agile-Software-Architect에서 지은이가 제공하는 최신 내용을 다운로드할 수 있다.

에이콘출판사 도서정보 페이지인 http://www.acornpub.co.kr/book/agile-software-architect에서도 동일한 예제 코드를 다운로드할 수 있다.

컬러 이미지 다운로드

이 책에서 사용한 컬러 이미지(PDF 버전)는 https://static.packt-cdn.com/downloads/
9781800563841_ColorImages.pdf에서 다운로드할 수 있다.

⠿ 문의

이 책과 관련해 질문이 있다면 questions@packtpub.com으로 문의하길 바란다. 최선
을 다해 질문에 답하겠다. 한국어판에 관한 질문은 옮긴이나 에이콘출판사 편집 팀
(editor@acornpub.co.kr)에 문의해주길 바란다. 한국어판 정오표는 에이콘출판사의 도서
정보 페이지인 http://www.acornpub.co.kr/book/agile-software-architect에서 찾아
볼 수 있다.

1_부

애자일 세상에서의 아키텍처

애자일 아키텍처에 관한 다양한 관점을 살펴본다. 전통적인 아키텍처 프랙티스와 애자일 아키텍처 프랙티스의 차이점, 지속적으로 유지할 수 있는 업무 흐름을 전달하는 조직을 설계하기 위한 애자일 아키텍트의 역할을 이해한다.

1부에서 다루는 내용은 다음과 같다.

- 1장, 애자일 아키텍트의 렌즈로 들여다보기
- 2장, 애자일 아키텍처 – 애자일 전달의 근간

01

애자일 아키텍트의
렌즈로 들여다보기

"적을수록 더 낫다."

– 루트비히 미스반데어로에Ludwig Mies van der Rohe(바르셀로나 파빌리온, 엑스포 1929 설계)

애자일 소프트웨어 개발은 조직이 기민함을 바탕으로 전달 가능한 최고의 비즈니스 가치를 지속적으로 전달하도록 돕는 효과적인 프랙티스다. 「14th Annual State of Agile Report」에 의하면 설문에 응답한 1,221개 기업 중 95%가 애자일 소프트웨어 개발 프랙티스를 도입했다. 애자일 프랙티스 도입이 급증하는 경향은 비즈니스에 애자일 소프트웨어 개발 프랙티스를 도입해야 한다는 것을 보여준다. 이 기업들 대부분은 애자일 소프트웨어 전달 프랙티스를 도입해 비즈니스 우선순위 변경을 성공적으로 관리함으로써 소프트웨어 전달을 가속화했다. 애자일이 표방하는 가치, 원칙, 프랙티스를 이용한 시스템 설계는 생산성 향상은 물론 고품질 제품 전달에 있어 매우 중요해졌다.

이 책은 애자일 아키텍트의 렌즈Agile Architect's Lens를 소개한다. 이는 린 애자일Lean-Agile 조직에서 애자일 아키텍트가 성공적으로 업무를 수행하기 위한 핵심 영역과 선구적인 프랙티스트에 관한 총체적 지식을 담고 있다. 애자일 아키텍트의 렌즈는 12개의 집중 영역을 제공한다(그림 1.1). 각 영역은 아키텍트가 지속적으로 진화하는 솔루션을 설계하는 과정에서 신뢰하고 사용할 수 있는 증명된 접근 방식, 패턴 및 가이드라인을 제공한다.

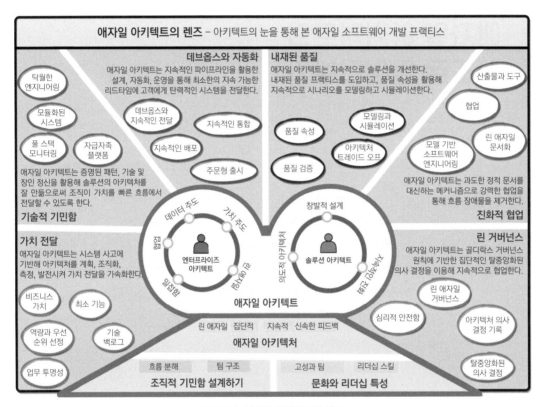

그림 1.1 애자일 아키텍트의 렌즈

애자일 아키텍트의 렌즈는 이 책을 더욱 쉽게 이해하도록 도와주는 안경이자 등대 또는 탐색기의 역할을 할 것이다.

애자일 아키텍처는 애자일 소프트웨어 개발의 고유 요소로 아키텍처를 개발하는 데 도움을 주는 프랙티스, 원칙, 가이드라인을 조합한 것이다. 애자일 팀은 애자일 아키텍처의 개념을 활용해 자신 있게 고객 필요를 만족시키는 지속 가능하고도 목적에 부합하는 솔루션을 만들 수 있다. 우선 애자일 아키텍처 렌즈의 애자일 아키텍트 영역을 살펴본다.

애자일 아키텍트는 애자일 조직 안에서 효과적인 활동을 하기 위해 특별한 스킬이 필요하다. 애자일 소프트웨어 개발의 본질적인 협업을 위해서는 일련의 새로운 메타포를 통해 애자일 아키텍트에 대한 기대를 이해해야 한다. 조직은 좋은 아키텍처를 가진 솔루션을 활용해 지속 가능한 최단 리드타임Leadtime으로 가치를 전달할 수 있으며, 그 결과 비즈니스 운영이 크게 개선된다. 애자일 아키텍트 영역을 살펴본 뒤에는 자연스럽게 애자일 개발 프로젝트에서의 핵심적인 두 가지 역할 '엔터프라이즈 아키텍트와 솔루션 아키텍트' 영역을 살펴본다.

애자일 아키텍트는 전략들을 연결하고 지속적인 전달 흐름에 참여하는 모든 이해관계자에게 공동의 비전을 제시해야 한다. 애자일 아키텍트는 특정한 영역에 대한 기술적 지식이 있어야 하며, 이를 활용해 일반적으로 발생하는 어려움을 효과적으로 해결해야 한다. 따라서 아키텍트에게는 프로세스 전문성과 기술 전문성이 동시에 요구된다. 이러한 관점에 따라 애자일 아키텍트의 렌즈에서의 가치 전달, 패턴 및 테크닉, 데브옵스와 자동화, 내부 품질, 진화적 협업, 안전망 영역 등을 살펴본다.

애자일 아키텍트는 이 밖에도 행동과 마인드셋의 빠른 변화를 통해 조직의 탁월함 Excellence을 달성해야 한다. 서번트 리더십Servant Leadership은 애자일 아키텍트에게 꼭 필요한 특성 중 하나지만 그것은 시작일 뿐이다. 이 책의 마지막 장에서는 애자일 아키텍트의 렌즈 중 문화와 리더십 영역을 다룬다.

비즈니스의 기민함은 디지털 트랜스포메이션을 하고자 하는 많은 조직의 핵심 동기 중 하나다. 애자일 소프트웨어 전달에서의 린 프랙티스는 조직의 기민함을 북돋을 수 있다. 하지만 이를 위해서는 가치를 중심으로 하는 시스템과 구성원들이 비즈니스 전략의 변화에 맞춰 빠르게 반응할 수 있는 조직을 만들기 위해 노력해야만 한다. 가치 중심의 조직 설계는 조직적 기민함을 얻기 위한 핵심이다.

많은 조직에서 지속적인 활동으로 디지털 트랜스포메이션을 추진하고 있다. 애자일 소프트웨어 개발이 가능해져야만 성공적인 조직을 지원하는 핵심인 조직적 기민함을 만들어낼 수 있다. 아키텍처 그리고 특별히 아키텍트는 애자일 소프트웨어 개발뿐만 아니라 기민한 조직을 만드는 데도 중요한 역할을 한다. 아키텍트는 기술적 뛰어남을 갖추는 동시에 전통적인 경계를 넘어 다양한 원칙과 내적 동기를 가진 개개인들로 구성된 팀과 협업하기 위해 정신적으로 크게 변화해야 한다.

그럼 첫 번째 영역인 애자일 아키텍처^{Agile Architecture}를 살펴보자.

02

애자일 아키텍처
- 애자일 전달의 근간

"단순함야말로 궁극의 정교함이다."
– 레오나르도 다빈치Leonardo da Vinci

현대는 혁신적이고도 파괴적인 디지털 트랜스포메이션의 시대다. 애자일 소프트웨어 개발은 이제 마케팅 유행어가 아니다. 다양한 규모의 수많은 기업은 각자 규모에 맞도록 애자일 소프트웨어 개발 방법론을 이용해 디지털 트랜스포메이션을 위한 여행을 가속화했고, 그 결과 조직적인 기민함을 얻어 지속하고 있다. 애자일 아키텍처 그리고 아키텍처를 개발하고 설계하는 새로운 애자일 방식은 방해 없이 지속적인 가치를 전달함으로써 고객의 요구와 필요를 만족시키기 위해 매우 중요하다. 그러나 애자일 소프트웨어 개발 세계에서의 아키텍처와 아키텍트는 형태를 완전히 바꿔야 한다.

2장에서는 소프트웨어 개발의 진화 그리고 그 과정에서 얻은 교훈들을 살펴본다. 애자일 소프트웨어 개발 이니셔티브에서의 아키텍처의 필요성에 관해 알게 될 것이다.

여기서는 다음과 같은 주제를 다룬다.

- 애자일 소프트웨어 개발로의 여행

- 애자일 개발 아키텍처와 전통적인 아키텍처의 모순

- 애자일과 아키텍처 – 속도와 지속 가능성의 싸움

- 다양한 확장 애자일 프레임워크 비교

- 애자일 아키텍처 측정

- 스노우 인 더 데저트^{Snow in the Desert}의 교훈

2장은 애자일 아키텍트의 렌즈에서 **애자일 아키텍처** 영역에 중점을 둔다.

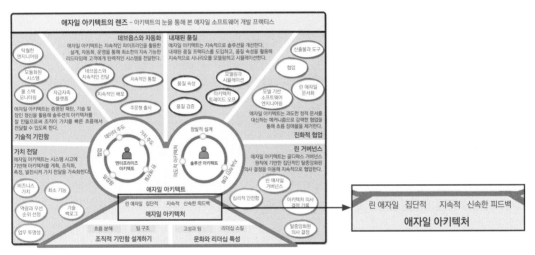

그림 2.1 애자일 아키텍트의 렌즈 영역

⠿ 참조 자료

2장에서 활용하는 포스터, 애자일 아키텍처 평가 파라미터 등의 자료는 https://github.com/moseskim/Becoming-an-Agile-Software-Architect/tree/master/Chapter2에서 다운로드할 수 있다.

⠿ 애자일 소프트웨어 개발로의 여행

소프트웨어 개발은 흥미롭게도 다른 자연적 진화들과 달리 다양한 형태로 수년간의 사이클을 거치며 진화했다. 이 과정에서 의미 있는 요인 중 하나는 실패에 관한 리스크였다. 진화가 거듭됨에 따라 리스크의 발생 가능성은 극적으로 낮아졌다.

소프트웨어 개발은 70년 정도의 역사를 지닌 비교적 새로운 분야다. IBM의 수석 과학자인 그래디 부치Grady Booch는 어소시에이션 포 컴퓨팅 머시너리Association for Computing Machinery의 '소프트웨어 엔지니어링의 역사History of Software Engineering'라는 강연에서 존 터키John Turkey가 1952년에 소프트웨어Software라는 용어를 처음 사용했다고 말했다.

지난 수십 년간 애자일 방법론이 소프트웨어 개발에서 꾸준히 인기를 얻고 있지만, 역사적으로 애자일 개발의 발자취는 훨씬 길다. IEEE는 「Iterative and Incremental Development: A Brief History」라는 글을 통해 애자일 개발은 이미 있었다고 언급했다. 1960년대 나사NASA에서 진행한 화성 탐사 프로젝트Project Mercury는 반나절 정도의 매우 짧은 길이의 사이클을 반복하면서 운영됐고 테스트 주도 개발TDD, Test-Driven Development 프랙티스를 채용했다. 1968년 나토NATO 과학 위원회가 주관한 콘퍼런스에서 발표된 논문 「Software Engineering」에서는 더 흥미로운 연구 결과를 볼 수 있다. 컴퓨터 시스템 컨설턴트인 킨슬로우Kinslow는 이 논문에서 소프트웨어 설계 프로세스가 반복적임을 매우 명쾌하게 논증했다. MIT에서 콘퍼런스에 참석한 로스Ross 또한 전통적인 소프트웨어 개발의 치명적인 증상(해야 할 것을 명세화한 후에야 그것을 수행하는 것)에 관해 다뤘다. 당시 킨슬로우와 로스 모두 오늘날 소위 '애자일 소프트웨어 개발'이라 불리는 것을 언급한 것이다.

1960년대 수행된 소프트웨어 개발 대부분은 폭포수 접근 방식을 따랐으며, 앞에서 언급한 것들은 폭포수 방식 소프트웨어 개발에서의 실패와 문제에 기인한 것이었다. 순차적 단계를 따르는 소프트웨어 개발은 윈스턴 로이스Winston W. Royce 박사가 1970년대 IEEE에서 발간한 보고서 「Managing Development of Large Software Systems」에서 제안했다. 이후 '폭포수Waterfall'라는 용어는 제2차 소프트웨어 엔지니어링 국제 콘퍼런스International Conference on Software Engineering에서 벨Bell과 세이어Thayer가 로이스 박사의 접근 방식을 이용하면서 사용됐다. 로이스는 논문에서 순차적 구성이 소프트웨어 개발에 있어 더 좋은 방법이라 주장했다(그림 2.2).

그림 2.2 순차적 소프트웨어 개발 접근 방식

그러나 같은 논문에서 순차적 접근 방식의 리스크를 언급한 점이 흥미롭다. 로이스는 테스팅 단계가 개발 사이클에 마지막에서만 수행된다고 강조했다.

로이스가 지적한 것처럼 폭포수 모델 소프트웨어 개발의 가장 큰 문제는 뒤늦은 검증에 따르는 리스크다. 그림 2.3에서 보듯 설계는 개발 사이클의 극초기에 확정되므로 즉각적인 피드백을 받을 수 없게 되고 리스크는 더욱 커진다. 피드백을 받기 시작한 뒤(즉 테스트를 시작한 뒤)에는 재작업 비용이 걷잡을 수 없을 만큼 증가한다.

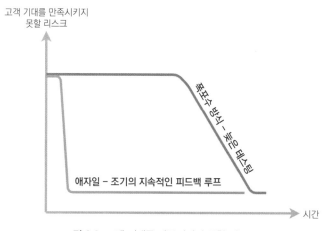

그림 2.3 고객 기대를 만족시키지 못할 리스크

반복적인 소프트웨어 개발의 가장 매력적인 면은 잠재 리스크를 관리함으로써 지연 비용과 재작업을 더 잘 관리하는 것이다.

애자일 소프트웨어 개발의 흔적은 1990년대 이전에도 발견되지만, 1990년대에 진행된 수많은 소프트웨어 개발 프로젝트가 실패로 이어지면서 세간의 관심을 얻게 됐다. 다양한 프로젝트의 실패는 **스크럼**Scrum, **익스트림 프로그래밍**XP, EXtreme Programming, **피처 주도 설계**FDD, Feature Driven Design와 같은 경량Lightweight의 대안을 등장시켰다. 이후 2001년에 애자일 소프트웨어 개발 실전가들이 함께 모여 애자일 소프트웨어 개발 선언문을 만들어 애자일 개발의 가치와 원칙을 천명했다.

애자일 소프트웨어 개발

애자일 소프트웨어 개발 선언문Manifesto for Agile Software Development은 애자일 소프트웨어 개발에서 가장 중요한 문서다. 소프트웨어 개발을 위한 더 나은 방법론을 찾고자 하는 것이며, 그 어떤 구체적인 접근 방식이나 프로세스를 규정하지 않는다.

애자일 소프트웨어 개발은 애자일 소프트웨어 개발 선언문에서 정의한 일련의 가치와 원칙에 기반을 둔 소프트웨어 개발 프랙티스다. 선언문은 매우 단순하고 추상적이며 일반적으로 옳은 내용을 말한다. 하지만 마케팅적 접근으로 인해 많은 오해와 복잡한 해석이 덧입혀졌다.

애자일을 설명하는 가장 빠르고 간단한 모델은 '애자일의 심장The Heart of Agile'이다. 애자일 소프트웨어 개발 선언문 창시자 중 한 명인 알리스테어 코크번Alistair Cockburn이 제안한 개념으로 애자일을 협업Collaborate, 전달Deliver, 성찰Reflect 그리고 개선Improve이라는 요소로 요약한다(그림 2.4).

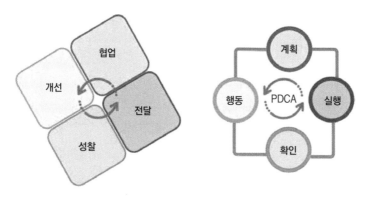

그림 2.4 애자일의 심장과 PDCA 사이클

협업, 전달, 성찰 및 개선이 의미하는 바는 다음과 같다.

- **협업**: 신뢰, 문화, 동기 그리고 사람들 사이의 협업 행동을 조합한 것이다.

- **전달**: 지속적이며 방해가 없는 흐름으로 비즈니스 가치를 전달하는 것이다. 이 과정에서 시장의 잠재성을 학습하며 더 많은 이익을 얻는다.

- **성찰**: 사람, 프로세스 같은 주관적 데이터 및 비즈니스 생태계, 고객과 같은 객관적 데이터를 수집하고 분석하는 것이다.

- **개선**: 과거의 학습과 실험에 기반해 문제를 해결함으로써 새로운 지식을 탐험하고 습득하는 것이다.

'애자일의 심장'은 이러한 관점에서 **PDCA**[Plan-Do-Check-Act] 사이클(그림 2.4 오른쪽)과 매우 유사하다. PDCA는 월터 슈와츠[Walter Shewhart]가 1939년 그의 저서 『Statistical Metho from the Viewpoint of Quality Control』(Dover, 1986)에서 처음 소개했다. 슈와츠 사이클 또는 데밍 사이클[Deming cycle]로 불리기도 한다. PDCA는 조직의 지속적인 프로세스 개선 모델로서 행동을 계획하고, 계획을 실행하고, 계획과의 차이를 연구하고, 연구의 결론으로 얻은 교훈에 기반해 행동한다.

애자일 소프트웨어 개발이 의미하는 현실적 핵심은 다음과 같다.

- 문제를 작게 다룰 수 있는 단위로 쪼개서 PDCA를 반복적으로 적용한다.

- 지속적으로 PDCA 사이클 타임을 최적화한다. 이때 목적과 품질은 타협하지 않는다.

그림 2.5는 애자일의 두 가지 핵심 철학을 보여준다.

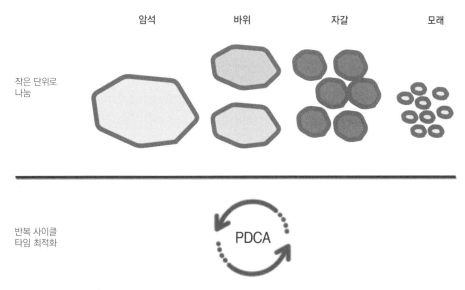

그림 2.5 애자일의 두 가지 핵심 콘셉트: 작은 배치 사이즈 및 사이클 타임

PDCA 사이클 타임은 지속적인 모니터링, 다양한 단계를 아우르는 액티비티의 통합, 린 원칙들을 적용해 극적으로 개선할 수 있다.

린과 애자일은 다르다?

린Lean과 애자일Agile이라는 용어를 자주 혼용한다. 린이란 무엇인가? 린과 애자일은 어떤 관계인가?

1990년대로 돌아가자. 당시 수많은 대규모 소프트웨어 프로젝트가 실패하기 시작했고, 다양한 산업의 구루Guru들은 실패의 원인을 규명하고 개선할 기회를 엿봤다. 소프트웨어와 건설은 모두 엔지니어링 프랙티스를 사용했기 때문에 비교가 되곤 했는데, 둘 사이에는 큰 차이가 있었다. 건설에서는 항상 세부적인 계획이 존재했다. 아키텍트가 계획을 만들면 기관의 승인을 받고 엔지니어들이 건설을 시작했다. 소프트웨어 엔지니어링에도 이와 동일하게 감사와 승인으로 무장한 단계별 프로세스가 적용됐다.

이 방식의 실패가 수면 위로 떠 올랐을 때 모범 사례를 추종하는 사람들은 다른 산업군으로 눈을 돌렸다. 제조업은 린 제조 원칙을 기반으로 성공 가도를 달리고 있었다. 특히 제조업을 선도하던 **토요타 생산 시스템**TPS, Toyota Production System은 낭비를 없애고 리드타임을 줄이는 등 지속적인 개선을 이어가며 정해진 노동량에 맞게 업무를 이동시켰다. 저스트 인 타임Just-in-time 생산 기법을 사용하면서 핵심적인 결정들을 뒤로 미뤘다.

그림 2.6은 린 제조 프로세스의 핵심 요소를 나타낸다. 주문부터 현금 회수에 이르는 리드타임 최소화에 집중한다.

그림 2.6 린 제조 개념

다이어그램에서 알 수 있듯 애자일과 린은 공통적인 특징이 많다. 애자일 소프트웨어 개발 프레임워크의 대부분은 제조업의 린 사고방식에서 영감을 얻어 만들어졌다. 2001년 애자일 소프트웨어 개발 선언문이 만들어지기 전에 이미 린 프랙티스들이 소프트웨어 개발에 도입된 것이다.

애자일 소프트웨어 개발은 두 세계로부터 최선의 요소들을 조합했다. 린 원칙들은 애자일 소프트웨어 개발 프랙티스에 반영됐다. 이들 중 많은 원칙이 애자일 소프트웨어 개발의 PDCA 사이클 타임을 줄이는 데 기여하면서 소프트웨어 개발과 비스니스 및 고객에 막대한 이익을 안겨줬다.

애자일 소프트웨어 개발이 주는 5가지 이익

규모에 맞게 애자일 소프트웨어 개발을 적용하면 여러 가지 이익을 얻을 수 있다. 동기가 부여된 개인이나 권한을 가진 팀과 같은 간접적 이익도 있지만 본질적으로는 직접적이익에 기여한다.

애자일 기반 소프트웨어 개발로 얻을 수 있는 가장 큰 이익은 5가지다.

- **리스크 감소**: 반복적인 개발, 빠른 출시 사이클, 가시적이고 투명한 진척도, 짧은 피드백 루프는 예측성을 높이고 리스크를 줄이며 불필요한 비용을 제거한다.

- **생산성 향상**: 애자일 방법론은 비즈니스 가치를 지속 가능하게 전달함으로써 소프트웨어 전달 흐름을 늦추는 요소들을 제거하고 고객 만족을 최대화하는 데 초점을 둔다. 조직은 관리를 위한 오버헤드 없이 체계적으로 팀을 조직할 수 있다.

- **품질 개선**: 조사와 피드백의 빠른 학습 사이클에 기반한 높은 수준의 협업, 적응 메커니즘을 기반으로 하는 사람 중심의 접근 방식은 제품의 품질과 유지 보수성을 높인다.

- **사이클 타임 단축**: 애자일 개발의 신속한 방향 전환 특성은 비즈니스가 경쟁에 앞서 반응할 수 있게 한다. 애자일의 테스트를 통한 학습Test and Learn 접근 방식은 신속한 동시에 비용이 적게 드는 혁신 사이클을 지원한다.

- **비즈니스의 기민함**: 설계적으로 비즈니스의 빈번한 우선순위 변경을 유연하게 관리할 수 있어, 비즈니스 상황과 시장 변화에 빠르게 반응할 수 있도록 비즈니스의 기민함을 극적으로 향상시킨다.

이처럼 애자일은 많은 이익을 가져왔으며 애자일 아키텍처는 애자일 소프트웨어 개발의 원리와 프랙티스를 채용함으로써 아키텍처를 통합된 소프트웨어 개발 액티비티의 영역으로 발전시켰다.

애자일 소프트웨어 개발은 기업이 척박한 환경을 헤쳐나가는 데 있어 매우 중요한 부분이다. 다음 절에서는 애자일 소프트웨어 개발과 아키텍처를 업무 흐름에 적합하게 하는 방법을 살펴본다.

⠿ 애자일 개발 아키텍처와 전통적인 아키텍처 – 과연 모순인가?

애자일 소프트웨어 개발과 폭포수 모델에서 채용한 접근 방식을 대조하면서 역설에 관한 인식이 생겨났다. 애자일 소프트웨어 개발은 반복적 개발에 깊은 뿌리를 둔 반면 전통적 개발은 엄격한 순차적 단계에 뿌리를 둔다.

이러한 인식의 근원을 이해하려면 '소프트웨어 아키텍처Software Architecture'의 의미와 목적부터 명확하게 정의해야 한다.

연속체로서의 아키텍처

소프트웨어 산업 분야에서 아키텍처라는 용어는 종종 오해를 받거나 잘못된 의미로 사용된다. 카네기멜론대학교Carnegie Mellon University의 소프트웨어 엔지니어링 협회에서 발표한 보고서 「What is Your Definition of Architecture?」에서는 아키텍처를 다양한 의미로 정의한다.

아키텍처의 최초 정의는 프레드 브룩스Fred Brooks의 『Planning a Computer System: Project Stretch 1962』(MCGRAW HILL, 1962)에 등장한다. 이 정의는 구조적 엔지니어링의 영향을 받은 것이다.

> "컴퓨터 아키텍처는 다른 아키텍처와 마찬가지로 하나의 구조와 관련된 사용자의 필요를 결정하고, 경제적·기술적 제약 사항 안에서 가능한 한 효과적으로 필요를 만족시키도록 설계하는 것이다."

IEEE-1417-2000에서는 소프트웨어 아키텍처를 한층 명료하게 정의한다.

> "아키텍처는 한 시스템의 근본 조직이다. 아키텍처는 컴포넌트, 각 컴포넌트의 관계, 아키텍처를 둘러싼 환경, 설계와 진화를 이끄는 원칙들에 녹아 있다."

IEEE의 정의는 이후 아키텍처를 가장 논리적이고 직관적으로 정의한 것으로 널리 받아들여졌다.

Rational Unified Process^{RUP}의 정의는 한층 더 정교하다.

> 소프트웨어 시스템 조직에 중요한 일련의 결정 사항이다. 구조적 요소들의 집합
> 과 요소 사이의 인터페이스 및 협업에 관해 명시된 행동을 바탕으로 구성된 시스
> 템, 더 큰 하위 시스템을 점진적으로 구성하는 요소들의 조합, 이 조직·요소·인
> 터페이스·협업·조합을 안내하는 아키텍처 스타일이 포함된다. 소프트웨어 아키
> 텍처는 구조나 행동뿐만 아니라 소프트웨어의 사용, 기능, 성능, 탄력성, 재사용
> 성, 완전성, 경제 및 기술적 제약과 트레이드오프는 물론 미학도 포함한다.
>
> – RUP(크루첸^{Kruchten}, 1998)

마틴 파울러^{Martin Fowler}는 **IEEE**에서 발표한 「Who Needs an Architect?」에서 아키텍
처를 변경 비용이 큰 중요한 요소라 정의했다. 반면 그래디 부치는 이를 '중요한 결정이
며 변경 비용이 중요하다'라고 표현했다.

애자일 소프트웨어 개발 방법론이라는 컨텍스트에서도 아키텍처의 이러한 정의에 관해
서는 별다른 논쟁이 없다. 아키텍처를 '근본적인 것', '변경하기 어려운 것', '미리 알아야
하는 것', '초반에 바로잡아야 하는 것'으로 다루는 관점은 이제 애자일 개발에서 논란거
리가 되지 않는다.

아키텍처는 가까운 미래에 고객을 만족시킬 수 있는 솔루션을 만들고, 시스템 운영을
저해할 수 있는 기술적인 리스크 해결을 목표로 한다. 애자일 소프트웨어 개발 컨텍스
트에서 소프트웨어 아키텍처는 다음처럼 간단하게 정의할 수 있다. "아키텍처는 지속
가능한 기술 솔루션을 개발하기 위한 되돌릴 수 없는 일련의 의사 결정이다." 이 정의에
서 사용된 용어를 정리해본다.

- **되돌릴 수 없는**^{Irreversible}: 되돌리려 할 때 상당한 비용이 든다는 것을 의미한다. 패키지
  ERP 소프트웨어로 주문 관리 시스템을 만들기로 했다고 가정하자. 개발 중반에 결
  정을 뒤집는 것은 거의 불가능하다.
- **지속 가능한**^{Sustainable}: 최적의 운영 비용으로 즉각적인 요구를 감당하고 솔루션 상태
  를 유지할 수 있는 역량을 의미한다.

- **기술 솔루션**Technology Solution: 동작하는 소프트웨어 컴포넌트나 하드웨어 컴포넌트 또는 두 컴포넌트의 조합을 의미한다. 하나 이상의 제품과 서비스로 구성된다.
- **의사 결정**Decisions: 주어진 목적에 따른 올바른 솔루션과 해당 솔루션의 조직, 컨텍스트, 요소 및 다양한 요소 사이의 관계 정의를 의미한다.

앞에서 설명한 RUP의 아키텍처 정의에서는 행동을 다뤘다. 행동이란 인터페이스의 메시징 스타일(동기 혹은 비동기 등)부터 동적 인터랙션 다이어그램에 표현된 데이터 흐름에 이르기까지 그 범위가 매우 넓다. 여기에서 또 다른 질문이 떠오른다. '행동은 아키텍처의 문제인가, 설계의 문제인가?'

아키텍처와 설계를 칼로 무 자르듯 명확히 구분하기는 어렵다. 'C4 모델C4 Model'을 제안한 사이먼 브라운Simon Brown은 "중요한 의사 결정은 아키텍처다. 다른 모든 것은 설계다"라고 말했다. 그래디 부치는 "모든 아키텍처는 설계이지만 모든 설계가 아키텍처는 아니다"라고 말했다. 마이크로소프트의 에반젤리스트인 톰 홀랜더Tom Hollander는 애자일 소프트웨어 개발 컨텍스트에서 가장 적절한 정의를 내렸다. "연속체Continuum 중에서 듬성한 것은 아키텍처다. 세세한 것은 설계다."

아키텍처는 그림 2.7처럼 연속체로 표현할 수 있다.

그림 2.7 연속체로 표현된 아키텍처

그림 2.7의 다이어그램에서 보듯 아키텍처와 설계 사이에는 명확한 구분점이나 상·하위 관계가 없다. 연속체의 왼쪽으로 갈수록 아키텍처를 다루는 사람의 수는 늘어난다. 그러나 전통적인 폭포수 방식에서는 아키텍처와 설계 액티비티를 모두 초반 설계 단계의 한 부분으로 수행한다.

전통적 개발 방식은 초반에 아키텍처를 만드는 노력을 요구한다

전통적인 아키텍처는 선행되는 액티비티로 결정적이며 유한하다. 전통적인 프로젝트에서 아키텍트는 프로젝트 초기 단계에 충분한 시간과 명확한 요구 사항을 아는 사치를 누린다. 이 접근 방식에서는 기술과 설계에 관한 결정을 너무 이른 시점에 내린다. 이 때문에 실제 소프트웨어가 운용 직전의 상태가 돼야만 검증을 할 수 있다. 이 과정은 종종 목적이나 비즈니스 요인을 오해한 상태에서 이뤄지며, 너무나 많은 상상 속 요구 사항에 불필요한 주의를 기울이게 된다. 소트웍스[ThoughtWorks]의 닐 포드[Niel Ford]는 다음과 같이 관찰했다. "아무리 많은 시간을 미리 쓰더라도 미래에 그 아키텍처를 증명하기 위해 시스템에 관해 알아야 할 모든 것을 알게 된다고 보장할 수는 없다."

그림 2.8은 전형적인 폭포수 프로젝트와 애자일 소프트웨어 개발에서의 아키텍처 결정에 관한 타임라인을 나타낸다.

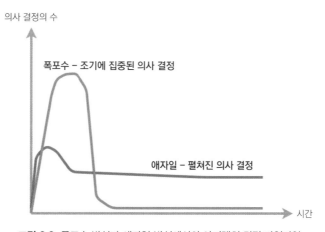

그림 2.8 폭포수 방식과 애자일 방식에서의 아키텍처 결정 타임라인

앞의 다이어그램에서 보듯 애자일 아키텍처 접근 방식에서는 아키텍처를 만드는 노력을 시간 축에 따라 넓게 펼친다. 이는 아키텍처를 앞단에서 설계하는 전통적인 개발과 대비된다.

거대한 사전 설계[BUFD, Big Upfront Design]는 애자일 소프트웨어 개발 프로젝트에서 아키텍처를 개발할 때의 안티패턴 중 하나다. 반복적인 개발에서 미리 결정된 아키텍처는 현실적이지 못하다. 반복의 마지막 단계에 가까워져만 명확한 요구 사항이 드러나기 때문이다. 구조적으로 중요한 요구 사항들은 오히려 후반에 나타난다. 이는 아키텍처의 탄력성에 영향을 미치고 결과적으로 재작업의 원인이 된다.

과도한 엔지니어링^{Overengineering} 역시 사전 설계의 징후다. 2000년대 초반, 추상적 데이터베이스 팩토리^{Abstract Database Factory}는 매우 상식적인 패턴이었고, 수많은 아키텍트가 MySQL, Oracle과 같은 여러 데이터베이스를 사용해야 한다고 믿었다. 하지만 실제로 그런 요구 사항은 존재조차 하지 않았다. 과도한 엔지니어링은 시스템의 복잡성을 높이고 개발과 운영, 변경에 드는 비용을 높였다.

애자일이 등장하기 이전에는 아키텍처를 확고한 기반으로 간주했기 때문에 아키텍처와 관련된 의사 결정은 프로젝트 수명 주기의 앞 단계에서 정의했다. 따라서 아키텍트들은 많은 시간을 들여 프로젝트를 추상화했다. 아키텍처라는 개념은 물리적인 건물의 건축에서 기인했는데, 건축에서는 (뒤에서 변경할 수 없기 때문에) 이 기반이 매우 중요했다. 알리스테어 코크번은 이를 두고 다음과 같이 말했다. "지금의 몇몇 기술은 거주자들을 이동시키지 않고도 건축물의 기반을 바꿀 수 있다."

개인적으로 가장 크게 성공한 프로젝트의 경험을 얘기하자면 2000년대 초반, 6개월 동안 요구 사항을 분석한 일이 있었다. 이 기간에 우리는 아키텍트로서 아키텍처 기반과 개발 프레임워크를 구현하는 데 시간과 노력을 투입했다. EJB의 성능은 뒤처졌고, 스프링^{Spring}은 초기 개발 단계인 시기였기에 어쩔 수 없는 선택이었다. 이 방식이 결국 성공할 수 있었던 건 다름 아닌 팀의 열정 덕분이었다. 2년이라는 개발 기간이 지나 운용 환경에 배포했을 때 해당 기술은 이미 쓸모없어진 상태였고, 결과적으로 솔루션의 수명은 길지 못했다.

이 프로젝트에서 얻은 핵심 결론은 디즐러의 법칙^{Dietzler's Law}과 정확히 맞아떨어진다(그림 2.9).

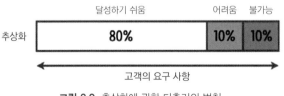

그림 2.9 추상화에 관한 디즐러의 법칙

미리 추상화를 마무리하면 개발자들은 고객의 요구 사항 80%는 손쉽게 처리할 수 있다. 그러나 10%는 달성하기 어려우며, 예상치 못한 나머지 10%는 심지어 달성할 수 없다. 고객은 언제나 100% 달성을 원하지만, 마지막 10%의 요구 사항이 추상화를 파괴하고 아키텍처를 복잡하게 만들어 버린다.

애자일 프로젝트에서의 아키텍처 개발은 전통적인 폭포수 방식 프로젝트에서의 개발보다 훨씬 까다롭기에 특별히 주의하고 조치해야 한다. 혁신을 수용하지 못했던 코닥Kodak의 실패에서 얻은 교훈을 적용함으로써 개발 팀은 애자일 아키텍처를 두려움 없이 도입할 수 있을 것이다.

이로써 전통적인 아키텍처는 애자일 소프트웨어 개발에 적합하지 않다는 것을 알았다. 다음 절에서는 애자일에서의 아키텍처의 중요성과 아키텍처가 애자일 소프트웨어 개발의 기반인 이유를 살펴본다.

애자일 아키텍처 - 애자일 프랙티스를 이용한 아키텍처 만들기

애자일 아키텍처는 애자일 방법론을 이용해 아키텍처를 만드는 것과 진화하는 고객의 필요를 만족시킬 만한 탄력적인 아키텍처를 만드는 것을 모두 포함한다. 애자일 아키텍처는 아키텍처를 의사 결정의 연속적인 흐름으로 간주한다. 이 흐름을 통해 비즈니스 가치를 최대화하는 지속 가능한 솔루션을 전달한다. 애자일 아키텍처는 규칙적인 방법으로 아키텍처의 반복적인 개발과 관리를 다룬다. 이 규칙은 애자일 소프트웨어 개발의 가치, 원칙, 프랙티스와 정렬된다.

애자일 아키텍처는 다음과 같은 특별한 능력을 발휘한다.

- 매우 중요한 의도로 아키텍처에 관한 의사 결정을 기대하고 발견 및 축적한다.
- 다양한 선택지를 고려해 체계적으로 문제를 해결한다.
- 신중하게 우선순위를 결정해 지연 비용을 최소화한다.
- 지속적으로 솔루션을 진화 및 개선한다.

- 발생할 수 있는 기술적 리스크를 투명하게 평가하고 식별한다.

- 요구 사항부터 솔루션의 전달까지의 속도를 유지한다.

애자일 아키텍처는 거대한 사전 설계 활동을 피하고, 피처 팀이 전달 흐름을 늦추지 않고 올바른 방향을 따라갈 수 있도록 가드레일을 제공한다.

속도와 지속 가능성의 균형

애자일은 신속함과 편리함을 의미하며 좋은 아키텍처는 지속 가능성을 제공한다. 이러한 면에서 애자일 아키텍처는 속도와 지속 가능성의 균형이다. 애자일은 빠른 속도와 낮은 비용만 중시할 뿐, 그 외의 모든 것은 부차적으로 여긴다는 관념이 있다. 개발 팀은 때때로 개발을 서둘러 마치려고만 한다. 그러나 지속 가능한 솔루션을 개발하려면 확인과 균형이 필요하다. 프레더릭 브룩스는 『맨먼스 미신』(인사이트, 2015)에서 흥미로운 관찰 결과를 소개했다.

> "좋은 요리를 만들려면 시간이 필요하다. 서둘수록 실패하는 태스크도 존재한다."

케블린 헤니^{Kevlin Henney}는 『프로그래머가 알아야 할 97가지』(지앤선, 2012)에서 자동차의 속도 조절에 관한 비유를 들었다. "항상 시속 150km로 운전하는 것은 훌륭하지만 어디까지나 방향이 올바르다는 것을 전제해야 한다. 그렇지 않으면 다시 돌아오는 데 더 많은 시간과 비용을 소비할 뿐이다." 헤니는 또 다른 멋진 비유를 함께 제시했다. 비행기를 하늘에 띄우는 4가지 힘을 애자일 소프트웨어 개발과 비교해 설명했다(그림 2.10).

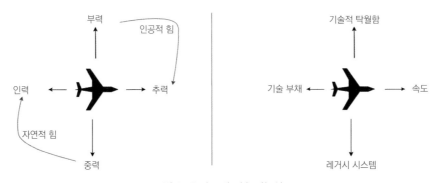

그림 2.10 속도와 지속 가능성

지속 가능성과의 균형에 대한 고려 없이 빠르게만 여행하면 프로젝트를 지연시키는 기술 부채만 생성하기 마련이다. 지속 가능성은 매우 중요한 부분이다. 아키텍처는 요구된 확인 사항과 균형을 유지함으로써 올바른 방향으로 전달되고 있는지 보증해야 한다. 이를 위해 기술 부채를 지속적으로 관리하고 다음 반복 단계를 위한 아키텍처를 준비해야 한다.

애자일 개발에서는 BUFD를 받아들일 수 없다. 그러나 아키텍처를 전혀 준비하지 않는 것 또한 바람직하지 않다. 사이먼 브라운은 『Software Architecture for Developers』(Lean, 2016)에서 데이브 토마스Dave Thomas의 말을 인용한다.

"거대한 사전 설계는 멍청한 짓이다. 하지만 사전에 아무런 설계도 하지 않는 것은 더 멍청한 짓이다."

사전 아키텍처를 어느 정도 구현해야 하는가?

BUFD는 애자일 아키텍처의 안티패턴이다. 하지만 아키텍처의 몇몇 요소는 사전에 구현해야만 한다. 소프트웨어 개발 초기에는 기술 스택과 프로그래밍 언어에 관한 의사 결정이 사전 아키텍처에 속했다. 그러나 마이크로서비스가 진화함에 따라 문제의 범위에서 벗어나게 됐다.

사전 아키텍처를 구현하는 정도는 프로젝트의 특성, 규모, 복잡도에 따라 다르다. 규모가 크고 중요한 프로젝트일수록 충분한 사전 아키텍처가 필요하다. 그렇지 않으면 리스크가 증가해 실패로 이어지기 십상이다. 필립 크루첸Philippe Kruchten은 IEEE에서 발간한 논문 「Software architecture and Agile software development」에서 시스템의 특정한 클래스에 관한 아키텍처를 무시하면 프로젝트는 결국 벽에 부딪혀 붕괴된다고 언급했다.

마이클 워터맨Michale Waterman, 제임스 노블James Noble, 조지 앨런George Allan은 IEEE의 논문 「How Much Up-Front? A Grounded Theory of Agile Architecture」에서 프로젝트의 특성, 규모, 복잡도 이외의 요소들을 소개한다. 논문에서 저자들은 아키텍트의 경험과 기술 등 사회적 요소와 조직적인 컨텍스트, 도메인 관련 파라미터 등 기술 환경적 요소의 중요성을 강조한다.

다양한 솔루션 옵션이 존재할 때는 **VRC**(가치^{Value}, 비용^{Cost}, 리스크^{Risk}) 모델을 이용해 사전 설계 점수를 계산할 수 있다(그림 2.11).

$$\text{사전 설계} = \frac{\text{전달할 수 있는 최대 비즈니스 가치}}{\text{개발 비용} + \text{재작성 또는 취소 위험}}$$

전달할 수 있는 최대 비즈니스 가치 = 1~5점의 상대 점수, 1: 가장 낮음, 5: 가장 높음
개발 비용 = 1~5점의 상대 점수, 1: 가장 낮음, 5: 가장 높음
재작성 또는 취소 위험 = 1~5점의 상대 점수, 1: 가장 낮음, 5: 가장 높음

그림 2.11 사전 아키텍처의 분량을 계산하는 VRC 모델

공항 활주로를 만드는 비유는 사전 아키텍처의 필요 분량을 적절히 설명한다. 일반적으로 투자량은 직접적으로 얻을 수 있는 이익과 비례한다. 활주로의 길이는 항공기 승객의 숫자와 절대적인 관계에 있다. 다음 다이어그램은 활주로 건설의 메타포다(그림 2.12).

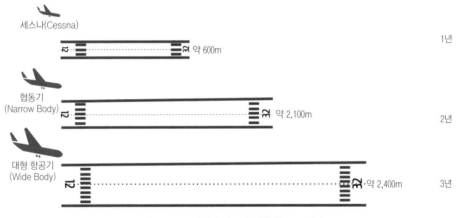

그림 2.12 즉각적인 필요에 의한 활주로 연장

1차 연도의 첫 번째 계획에서는 세스나^{Cessna} 타입의 항공기만 대상으로 한다고 가정한다. 세스나 타입의 항공기에 필요한 활주로는 약 600m 정도. 2,400m의 활주로를 미리 건설할 필요는 없다. 그 어떤 비즈니스 가치도 더하지 못하기 때문이다. 2차 연도에는 공항에서 협동기^{Narrow-body}를 운항할 예정이다. 활주로를 넓히고 길이를 2,100m로 늘려야 한다는 의미다. 이는 운항을 유지하면서 점진적으로 대응할 수 있다. 3차 연도에는 공항에서 대형 항공기^{Wide-body}를 운항할 예정이다. 활주로를 더욱 넓히고 길이

를 2,400m로 늘려야 한다는 것을 의미한다. 여전히 운항을 유지하면서 점진적으로 요구에 대응할 수 있다. 이 비유에서 알 수 있듯 3년에 걸쳐 대형 항공기를 운항할 수 있도록 2,400m 길이의 활주로를 건설한다는 아키텍처에 관한 의도는 갖고 있어야 하지만 실제 활주로는 공항이 요구하는 시점에 따라 점진적으로 건설한다는 점이 중요하다. 이것이 바로 현실과 미래의 균형이다.

사이먼 브라운은 codingthearchitecture.com에 게재한 '꼭 필요한 만큼만 사전 설계하는 컨텍스트 만들기Contextualizing just enough up front design'라는 글에서 사전 설계 요소를 명확하게 요약했다. 사이먼에 따르면 사전 아키텍처는 큰 그림, 중요한 요소들이 어떻게 결합돼야 하는지를 명확하게 하며 품질 속성이나 환경처럼 완화해야 할 핵심 리스크를 식별한다.

애자일 아키텍처 개발 원칙을 따르는 원칙 기반의 접근 방식은 과도한 업무를 수반하지 않음으로써 기민성을 제공한다. 이에 관한 내용은 다음 절에서 자세히 살펴본다.

애자일 아키텍처의 원칙

애자일 아키텍처는 다섯 개의 핵심 원칙에 둘러싸여 있다. 애자일 아키텍처에서 가장 중요한 요소로 꼽는 문화Culture는 모든 원칙에 담겼다고 간주한다.

그림 2.13은 애자일 아키텍처의 다섯 가지 핵심 원칙을 나타낸다.

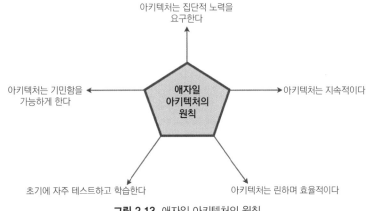

그림 2.13 애자일 아키텍처의 원칙

다섯 가지 원칙은 애자일 아키텍처로의 모든 성공적인 전환을 이끄는 힘으로 작용한다. 우리가 알고 있듯 애자일 소프트웨어 개발 프랙티스는 어떤 것도 구체적으로 설명하지 않기 때문에 구현 형태 역시 모두 다르다.

아키텍처는 집단적 노력을 요구한다

아키텍처 개발은 팀 내 모든 구성원의 집단적 노력Collective effort을 요구한다. 애자일 소프트웨어 개발 선언의 원칙 중 하나는 "최고의 아키텍처와 요구 사항 그리고 설계는 자기 조직화된 팀Self-organizing Team에서 발현된다"이다. 이는 협업을 핵심으로 하는 애자일의 심장과도 맥락을 같이 한다. 애자일 아키텍처는 미리 기술된 아키텍처를 담장 너머의 개발자에게 던지고 마는 것이 아니라 협업을 통해 개발한다.

그림 2.14는 협업을 구성하는 세 가지 핵심 요소를 보여준다.

그림 2.14 애자일 협업 삼각형

각 핵심 요소의 의미는 다음과 같다.

- **집단 지능**Collective Intelligence: 애자일 아키텍처에서는 모든 팀 구성원이 협업을 통해 아키텍처를 개발한다. 모든 팀 구성원들의 집단 지능은 개인의 지식이나 지능보다 뛰어나다.

- **집단 오너십**Collective Ownership: 협업적 개발은 집단 오너십을 생성한다. 인간은 본능적

으로 자신의 것을 소중히 다룬다. 팀은 스스로 내린 결정의 성공을 위해 함께 노력한다.

- **집단 지식**Collective Knowledge: 협업을 통해 만든 솔루션은 추가적인 지식의 공유, 문서화 및 커뮤니케이션의 필요를 없앤다. 구성원 중 누군가 사라지더라도 팀은 이내 회복할 수 있다.

이 원칙은 팀의 응집력을 높인다. 결과적으로 더 나은 품질을 얻고 유지 보수 비용을 줄이고 전달 사이클의 속도를 높이며 지식이 사라지는 리스크를 줄인다.

아키텍처는 지속적이다

아키텍처는 연속체이며 아키텍처 개발은 지속적인 활동이다. 애자일 소프트웨어 개발 선언의 원칙 중 하나는 "가치 있는 소프트웨어를 일찍 지속적으로 전달해 고객을 만족시킨다"라는 것을 강조한다.

지속적인 아키텍처를 실현하려면 **의도적 아키텍처**Intentional Architecture라 불리는 의도와 **창발적 설계**Emergent Design라 불리는 점진적 진화가 필요하다(그림 2.15).

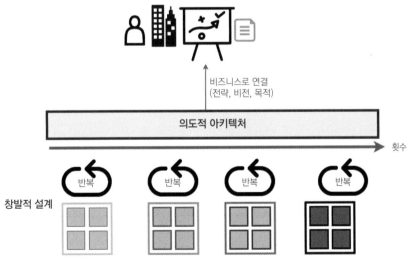

그림 2.15 의도적 아키텍처와 창발적 설계

의도적 아키텍처와 창발적 설계의 개념은 다음과 같다.

- **의도적 아키텍처**Intentional Architecture: 큰 그림을 정의하고 목적, 비전, 컨텍스트 기반 가드레일, 지침을 공유한다. 개발 팀은 이를 숙지함으로써 고객과 기업의 이익을 보호하는 동시에 적절한 균형을 맞춰야 한다. 의도적 아키텍처는 트레이드오프를 위한 경제적 조건을 제공하고 여러 팀이 하나의 솔루션을 개발할 때 공동의 목표를 설정한다.

- **창발적 설계**Emergent Design: 의도적 아키텍처 아래 놓인 개발 팀은 여러 차례의 반복을 통해 솔루션 설계를 지속적으로 진화시키면서도 고객의 즉각적인 요청을 만족시킨다. 창발적 설계는 고객의 새로운 요구의 응답에 따른 자연적인 결과물이며 동시에 끊임없는 리팩터링 과정에서 발견한 문제들을 해결한다.

'교량 조립Bridge Girder Erection' 기계는 의도적 아키텍처와 창발적 설계를 현실에서 보여주는 훌륭한 메타포다. 교량 조립에서 동작하는 원칙은 다음과 같다. 기둥이 심어진 상태에서 기계가 앞으로 움직이며 교량을 얹는다. 기둥은 의도적 아키텍처를, 교량은 창발적 설계를 의미한다.

아키텍처는 린하며 효율적이다

아키텍처 개발에서는 가치를 더하지 않는 활동을 피해야 한다. 이러한 활동들은 지속적인 가치 흐름을 방해한다. 이 개념의 "정기적인 간격으로 팀은 어떻게 더 효율적으로 개발할지 돌아보고 그 결과에 따라 행동을 조정한다"라는 상위 원칙을 갖는다. 잠재적인 낭비를 끊임없이 없애고자 노력하는 것이 린 제조의 핵심 개념이다. 팀은 체계적으로 결정하고 종단 사이클 타임을 끊임없이 개선해야 한다.

이 원칙을 적용하면 팀은 가치를 더하지 않는 활동에서 가치의 흐름으로 초점을 옮김으로써 아직 개발되지 않은 역량을 식별하고 활용할 수 있다. 아키텍처 측면의 낭비 요소를 다음과 같이 해결해보자.

- **핸드오프 피하기.** 전통적인 아키텍처 개발에서 낭비의 원천 중 하나는 핸드오프Hand-off다. 아키텍트는 아키텍처 문서를 만들어 벽 너머의 팀에 던진다. 협업적 개발과는 정반대 상황이다. 아키텍트에서 개발자로 정보가 넘어가는 과정에서 명확함은 사라지고 추가적인 커뮤니케이션이 일어나게 된다. 애자일 아키텍처의 협업적 솔루션 설계 접근 방식은 핸드오프 없이 지속적인 업무 흐름을 가능하게 한다.

- **단순함 유지.** 전통적인 아키텍처에서는 전체 컨텍스트나 비즈니스 비전을 이해하지 않은 상태에서 상상만으로 미래의 요구 사항을 가정한다. 앞에서 가정한 추상화 공장 Abstract Factory은 과도하게 엔지니어링된 복잡한 아키텍처의 전형적인 시나리오다. 아키텍처가 복잡해지면 비용과 리드타임은 증가한다. 애자일 아키텍처는 언제나 비즈니스 가치와 관련된 기능이고 단기적인 고객 필요에 기반한다.

- **관리보다 정렬.** 애자일 팀은 더욱 신속한 결정을 해야 하며, 일반적으로 자율적이고 적절한 의사 결정을 내릴 수 있는 권한을 부여받는다. 전통적인 거버넌스 위원회는 만나는 일이 드물며, 팀이 오랜 시간 결정을 기다리게 만들어 결과적으로 흐름을 방해한다. 애자일 아키텍처는 정렬에 기반하며, 정렬을 통해 고정된 관료주의적 거버넌스에 끊임없는 피드백을 활용한다.

- **문서보다 대화.** 대량의 문서를 미리 만들어 두는 것은 전통적 아키텍처 개발에서의 어려움 중 하나다. 문서 작성은 시간과 노력의 낭비일 뿐만 아니라 유지 보수 비용도 증가시킨다. 애자일 아키텍처는 자유로이 흐르는 커뮤니케이션, 협업적 개발, 시각적 요소의 사용을 촉진한다.

팀의 기능이나, 문화, 기술, 업무 성격은 저마다 다르다. 자기 조직화된 팀들은 스스로 협업을 통해 더 나은 결과를 만들기 위한 이상적인 방법을 찾는다. 이들은 조사와 피드백을 활용해 지속적인 프로세스 개선을 촉진한다.

조기에 자주 아키텍처를 테스트하고 학습한다

아키텍처는 지속적으로 리팩터링되고 진화돼야 한다. 사이클의 테스트와 학습, 리팩터링이 빈번할수록 품질 유지에 긍정적 영향을 미친다. 팀은 가능한 한 모든 시나리오를 탐험하면서 효율성을 더하고 품질을 높임으로써 전달 단계를 개선한다. 동작하는 소프트웨어가 가장 중요한 진척의 측정 결과라는 애자일 소프트웨어 개발 선언의 원칙을 근간으로 한다.

이 원칙의 핵심을 정리하면 다음과 같다.

- **아키텍처를 조기에 자주 테스트한다.** 폭포수 모델의 가장 심각한 리스크 중 하나는 소프트웨어 검증 시점이 늦다는 것이다. 애자일 아키텍처에서는 팀이 모든 기회를 활용해 지속적인 전달 파이프라인의 부분으로 자동화된 테스트 스크립트를 이용해서 아키텍처를 테스트한다. 테스트는 가장 첫 번째 이터레이션부터 시작되며, 비즈니스 피처와 함께 가능하다면 실제 운영 단계까지 진행된다.

- **끊임없이 학습하고 리팩터링한다.** 빠르고 통합된 학습을 통해 설계의 잠재적인 단점을 식별하고 일상 업무 차원에 일찍 리팩터링을 함으로써 수정 내용이 오랜 기간 지속되도록 개발한다. 팀은 백로그 아이템과 연관된 프로덕션의 문제를 꾸준히 해결해야 한다. 리팩터링, 재설계, 단계적인 모니터링을 통해 솔루션을 다듬는다.

피드백 기반 학습은 아키텍처를 지속적으로 진화시키고 변화에 빠르게 대응할 만한 위치를 차지하도록 돕는 훌륭한 메커니즘이다.

아키텍처가 기민함을 가능케 한다

아키텍처와 설계는 프로젝트의 후반에 유입되는 요구 사항도 흡수할 만큼 적응력이 있어야 한다. 애자일 소프트웨어 개발 선언의 원칙 중 "개발 후반부에도 요구 사항의 변경을 환영한다"라는 원칙과 관련이 있다.

진화적 아키텍처 Evolutionary Architecture는 닐 포드가 처음 언급했으며 소트웍스에서 그가 일하는 팀이 진화 가능한 아키텍처를 정의했다. 이들은 점진적으로 유도된 변화를 가장 중요하게 여기는 것이 진화적 아키텍처라고 정의했다.

이 원칙의 핵심을 다음 몇 가지로 정리해본다.

- **자동화**: 애자일 아키텍처는 자동화를 솔루션의 통합적인 부분으로 다룬다. **지속적인 통합**CI, Continuous Integration, **지속적인 전달**CD, Continuous Delivery, **주문형 출시**Release on Demand를 포함한다. 강력하고 자동화된 원격 측정을 이용해 아키텍처의 동작과 운영에서의 품질 속성을 이해할 수 있다.

- **기술적 탁월함**: 성장의 마음가짐, 학습에 대한 지속적인 투자, 놀라운 혁신을 향한 일정은 기술, 기법, 프랙티스와 패턴을 끊임없이 개선할 수 있도록 돕는 필수적인 팀의 행동이다. 증명된 패턴의 도입, 트레이드오프를 위한 데이터 사용, 비용과 리스크를 고려한 아키텍처 구축은 좋은 애자일 아키텍처 프랙티스의 긍정적인 표시다.

- **영향 범위 감소**: 마이크로서비스와 같은 기술을 이용해 아키텍처를 모듈화하고 느슨하게 결합된 작은 덩어리로 나눈다. 이는 기술 업그레이드와 같은 이슈나 변경이 있을 때 폭발 반경을 줄이는 데 도움이 된다.

이번 절에서 설명한 다섯 가지 원칙은 모든 애자일 프레임워크에 공통적인 것으로 애자일 소프트웨어 개발 프로젝트의 아키텍처와 설계를 가이드한다. 다음 절에서는 몇몇 애자일 스케일링 프레임워크가 애자일 아키텍처에 접근하는 방식을 살펴본다.

엔터프라이즈 애자일 프레임워크 비교

「The 14th Annual State of Agile Report 2020」(https://stateofagile.com/#ufh-i-615706098-14th-annual-state-of-agile-report/7027494)를 보면 Scaled Agile Framework 가 다른 애자일 확장 프레임워크보다 더 많이 사용됐음을 알 수 있다. 이번 절에서는 Scaled Agile FrameworkSAFe, Discipliend AgileDA, Large-Scale ScrumLeSS을 비교한다.

Scaled Agile Frameworks(SAFe)

SAFe(https://www.scaledagileframework.com/)는 정렬, 내재된 품질, 투명성 그리고 프로그램 실행이라는 4개의 가치 위에 서 있다. 프로그램 실행은 SAFe에서 특히 중요하며 애자일 릴리스 트레인^{ART, Agile Release Train}라 불리는 구조로 완성된다. SAFe에서는 포트폴리오^{Portfolio}, 솔루션^{Solution}, 프로그램^{Program} 혹은 에센셜^{Essential} 그리고 팀^{Team}이라는 네 가지 구조를 갖는다.

SAFe에서는 애자일 아키텍처를 지속 가능한 시스템을 구축하는 가치, 프랙티스, 협업의 조합으로 정의한다. SAFe 애자일 아키텍처는 가치, 협업, 의도적 아키텍처, 창발적 설계, 설계 단순성에 초점을 둔다.

애자일 아키텍처와 관련된 SAFe의 세 가지 핵심 원칙은 다음과 같다.

- 변화를 가정하고 선택지를 유지한다.

- 빠른 통합 학습 사이클을 이용해 점진적으로 구축한다.

- 의사 결정을 분산화한다.

애자일 아키텍처는 일정 기간에 걸쳐 진화하며 현재 고객의 필요를 지원하고 단계적으로 구성된 프로세스 및 거대한 사전 설계에 따른 지연을 피한다. SAFe에서는 **아키텍처 런웨이**^{Architectural Runway}라는 용어로 애자일 아키텍처의 핵심 집중 영역을 나타낸다. 아키텍처 런웨이는 필요한 시점에 향후 출현할 비즈니스 피처를 적시에 지원하기 위한 일련의 촉진자로 아키텍처를 진화시키기 위해 구현된다.

SAFe의 애자일 아키텍처에서는 데브옵스, 지속적인 통합, 지속적인 배포 및 요청에 따른 출시를 강조한다. 또한 가치 흐름을 통해 비즈니스 가치를 둘러싼 조직을 구성할 것을 촉진한다. 또한 SAFe는 아키텍처가 엔터프라이즈 아키텍처 기술 전략과 로드맵에 정렬돼 있어야 한다고 말한다.

Disciplined Agile(DA)

DA(http://www.pmi.org/disciplined-agile)는 프로세스 주도 및 목표 주도 프레임워크이며 "모두에게 꼭 맞는 크기는 없다^{Not one size fits all}"라는 강한 철학에 근거한다. 이 프레임워크에서는 시작^{Inception}, 구축^{Construction}, 전환^{Transition}의 3단계를 제시한다. DA는 시작 단계와 전환 단계에서 아키텍처와 관련된 많은 사항을 제공한다.

시작 단계에서는 경량의 사전 아키텍처를 필요한 만큼만 만든다. 사전 아키텍처는 아키텍처 비전, 아키텍처 모델, 비기능 요구 사항으로 구성된다. 구축 단계의 첫 번째 액티비티 중 하나는 아키텍처의 증명이다. DA에서는 시작 단계에서의 아키텍처 비전화가 초기 기술 방향성을 수립하는 데 중요하다고 여기며, 프로젝트의 성공을 위해 좋은 아키텍처 전략이 필요하다고 제안한다.

DA는 의도적 아키텍처와 창발적 설계를 강력하게 지원한다. 아키텍처는 일회성 행위가 아니고 수명 주기 처음부터 존재하며 일련의 결정을 거치면서 진화한다. DA는 아키텍처와 설계의 적절한 모델링을 강조한다. 아키텍처 모델링 요구 사항은 프로젝트 규모에 따라 다르다. DA는 팀의 협업을 중시한다.

전환 단계에서는 지속적인 전달 라이프 사이클을 강조한다. 이는 지속적인 통합, 지속적인 전달 및 데브옵스로 구성된다.

Large-Scale Scrum(LeSS)

LeSS(https://less.works/)는 최소한의 프로세스로 구성된 기본적인 스크럼, 린, 애자일 개발 철학을 기반으로 하는 스크럼 팀의 확장을 위한 단순한 접근 방식을 사용한다. LeSS는 다른 확장 프레임워크보다 적은 수의 역할을 정의함으로써 부가적인 오버헤드를 회피한다. SAFe와 유사하게 LeSS는 시스템 사고를 근본적인 멘탈 모델로 사용해 오래 지속되는 수정 내용을 구현한다.

LeSS는 팀이 협업을 통해 구현하는 창발적 설계를 강조한다. 아키텍처와 설계를 스키장의 경계선에 비유한 메타포는 큰 영감을 준다. 스키장의 경계선은 사람들이 걷는 방법에 따라 자연스럽게 유기적으로 만들어지며 사람 수에 따라 바뀌기도 한다. 경계선의 위치, 경계선의 구축 방법, 경계선의 폭과 같은 것은 미리 계획하지 않는다. LeSS에서는 추측이 아닌 요구에 근거해 설계한다. 지속적인 통합, 지속적인 전달, 테스트 주도 개발 및 테스트 자동화와 같은 기술적 전문성에 적절히 초점을 맞춘다.

LeSS에서는 아키텍처에 대해 다음 3가지의 흥미로운 관점을 갖는다.

- 모든 소스 코드의 집합이 실질적인 설계의 청사진 혹은 소프트웨어 아키텍처다.

- 진짜 소프트웨어 아키텍처는 프로그래밍을 통해 제품과 함께 매일 (좋은 방향이든 나쁜 방향이든) 진화한다.

- 진짜 살아있는 아키텍처는 마스터 프로그래머들의 프로그래밍을 통해 매일 성장해야 한다.

LeSS는 팀 중심 접근 방식으로 아키텍처를 개발하며 아키텍처 설계가 팀 안에서 이뤄져야만 하는 매우 중요한 활동임을 거듭 강조한다.

애자일 프랙티스와 마찬가지로 애자일 아키텍처는 개선 영역을 결정하기 위해 빈번하게 측정돼야 한다. 다음 절에서는 애자일 아키텍처 프랙티스를 측정하는 간단한 프레임워크에 관해 살펴본다.

⁙ 애자일 아키텍처 성숙도 측정하기

측정과 개선은 애자일 아키텍처 도입에 있어 매우 중요하다. 팀은 측정과 개선을 통해 성찰하고, 개선 영역을 결정하며 상급자의 강요 없이 목표를 위한 올바른 단계를 밟을 수 있다. 평가는 팀이 집단적으로 수행하며 아키텍처 프랙티스의 성숙도를 정량화하고 지속적인 개선을 효과적으로 수행하는 데 도움을 준다. 측정 시스템 자체도 효율성 및 효과성을 높이기 위해 애자일하고 린해야 한다. 이 평가는 정기적(이터레이션 3회마다 1회 등)으로 수행돼야 한다.

평가에 대한 이상적인 목표 상태는 없다. 자기 조직화된 팀들은 목적 달성을 위해 팀과 업무에 필요하지 않은 목표 상태를 정의한다. 애자일 아키텍처 측정 프레임워크(그림 2.16)는 애자일 아키텍처의 다섯 가지 원칙에 근거한 것으로 각 원칙을 5단계로 표현한다.

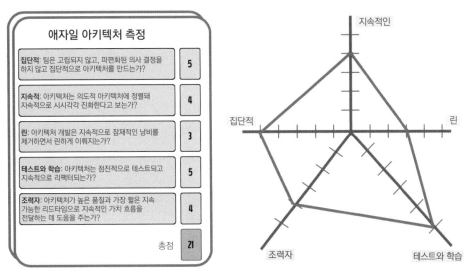

그림 2.16 애자일 아키텍처 측정

팀은 다이어그램의 다섯 행동 원칙에 대해 1~5점으로 결정한다. 오른쪽 거미 차트는 점수 결과를 시각화한 것이다. 다섯 가지 행동 원칙에 대한 각 점수를 모두 합해 애자일 아키텍처의 현재 상태를 나타내는 숙성도 모델(그림 2.17)에 대입한다.

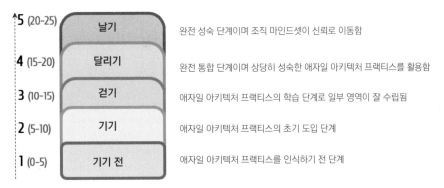

그림 2.17 애자일 아키텍처 성숙도 모델

앞의 5단계 숙성도 모델은 '어질리티 헬스 레이더^{Agility Health Radar}(https://agilityhealthradar.com/)'에 소개됐다.

각 질문에서 제공하는 여러 시그널을 이용해 전체적인 평가를 하는 데 도움을 받을 수 있으며 깃 저장소에서 다운로드할 수 있다.

:: 스노우 인 더 데저트의 교훈

스노우 인 더 데저트$^{Snow \ in \ the \ Desert}$는 가상의 여행 기업이다. 이 기업을 참조해 앞에서 설명한 관점들을 살펴볼 것이다. 스노우 인 더 데저트를 사례 연구에 활용하면서 이 책 전체에서 학습할 내용을 강화한다. 애자일 소프트웨어 개발은 특성상 관행적이지 않다. 애자일 소프트웨어 개발은 유도, 원칙, 프랙티스 주도로 이뤄지므로 여러 방법으로 애자일 엔지니어링 콘셉트를 포용하고 구현할 수 있다. 기업의 상황에 따라 채택 여부를 주로 결정하므로 일반적인 견해를 갖기는 어렵다.

여기서는 스노우 인 더 데저트 그리고 애자일 아키텍처를 도입함으로써 조직적 기민함을 달성하는 방법을 소개한다.

이 그룹은 4개의 비즈니스 버티컬을 갖고 있다(그림 2.18).

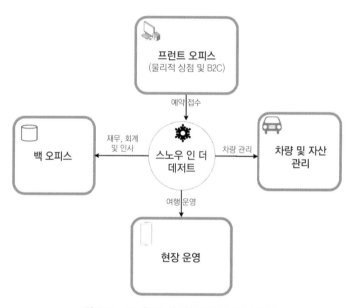

그림 2.18 스노우 인 더 데저트의 비즈니스 유닛

오랜 역사를 지닌 스노우 인 더 데저트는 전 세계적으로 연 20억 달러가량의 수입을 올리고 있으며 6,000여 명의 직원이 일하고 있다. 그림 2.18을 통해 알 수 있듯 4개의 비즈니스 유닛을 운영한다. 프런트 오피스$^{Front \ Office}$에서는 벽돌과 접합제를 온 · 오프라인

으로 판매한다. 현장 운영^{Field Operation} 부문에서는 실제 여행을 운영하며 대부분은 파트너사들에서 아웃소싱으로 수행하고 있다. 차량 및 자산 관리^{Vehicle and Asset Management} 부문에서는 관광버스와 같은 교통수단을 관리한다. 백 오피스^{Back Office}에서는 회계, 인사 및 기타 지원 서비스를 수행한다.

스노우 인 더 데저트는 중앙의 IT 부문을 운영하고 있으며 500명 이상의 직원이 일하고 있다. 자체 개발 시스템과 벤더에서 관리되는 시스템을 조합한 100개 이상의 시스템이 비즈니스를 지원한다.

최근 경제 위기로 비즈니스 전체를 재검토했다. 매니지먼트 컨설턴트는 비대한 조직과 비즈니스의 복잡함을 실패의 핵심 요인으로 꼽았다. 이사회는 트랜스포메이션 프로그램을 시도함으로써 기민함을 되찾고자 했고, IT 부서는 기업의 프로세스를 같은 산업 부문의 트렌드에 맞게 조정하도록 요청받았다. 기술 최고 책임자는 민첩하면서 그 형태와 규모가 적정한 IT 조직을 만들고, 비즈니스 전략의 변화에 신속하게 대응하는 것을 목표로 했다.

스노우 인 더 데저트는 전통적으로 극단적인 폭포수 모델의 기업이었다. 가끔 애자일 개발의 사일로를 사용하기는 했다. 경영진들은 SAFe 방식을 선택함으로써 린 앤 애자일 제품 전달을 중심으로 단숨에 조직을 전환하기로 했다. 새로운 설계에서 완전한 포트폴리오 레이어와 ART를 포함해 완전한 SAFe를 도입했다. 그 결과 4개의 ART로 구성된 단일 포트폴리오가 만들어졌다. 그림 2.19는 4개의 ART 및 각 ART와 관련된 팀의 수와 크기 및 시스템을 나타낸다.

그림 2.19 스노우 인 더 데저트의 ART 설계

전체적인 구조는 이후 계속 다룰 것이다. 설계 의사 결정에 관한 더 자세한 내용은 12장, '조직적 기민함 구축하기'에서 설명한다.

애자일 아키텍처 도입 시 핵심 문제 우회하기

애자일 아키텍처와 일반 애자일을 도입하는 과정에서 가장 어려운 부분은 새로운 문화를 포용하는 것이다. 스노우 인 더 데저트가 애자일 전환 과정에서 겪은 어려움은 대부분 과거의 문화와 마인드셋과 관련된다.

아키텍처 부문은 자신들이 만든 ART 아키텍처와 정렬하기 위해 해체됐지만 초창기의 여러 문제로 인해 도입은 불가능했다. 팀과 리더십은 이 문제를 극복하기 위해 메커니즘을 도입했다.

- **통제력을 위임하는 기술을 놓침**. 아키텍트들은 통제, 권한, 자율성을 팀에 위임할 준비가 되지 않았으며 여전히 사일로에 갇혀 업무를 했다. 이는 아키텍트와 팀 사이에 건강하지 않은 긴장을 야기했다. 몇몇 현명한 팀은 아키텍트를 연루시키지 않고 해결책을 만들었다. 반면 기존 마인드셋을 가진 몇몇 개발자는 코드를 작성하기 전에 아키텍트가 완성된 솔루션을 제공하기를 기대했다. 스스로 의사 결정을 내릴 수 있을 만큼의 확신이 없었기 때문이다. 두 가지 문제를 해결하기 위해 공식적인 솔루션 설계 세리머니를 만들었다. 세리머니는 LeSS에서 그 아이디어를 차용한 것으로 이터레이션 중간에 진행하며 다음 이터레이션을 위해 솔루션을 다듬는다. 이에 관해서는 나중에 다시 설명한다.

- **'지금 즉시'의 함정에 매몰됨**. 도입의 첫 단계에서 보이는 다른 패턴 하나는 미래에 대한 계획 부족이다. 팀들은 **프로그램 증분**PI, Program Increment 이벤트가 있음에도 불구하고, 미래에 관한 충분한 수준의 계획을 하지 않으므로 코드를 작성할 때가 돼서야 비로소 무슨 일을 해야 할지 알게 된다. 대부분은 임시 방편적인 아키텍처가 만들어진다. 처음 속도는 높지만 시간이 지남에 따라 유지 보수 문제가 발목을 잡기 시작한다. 비용은 상승하고 영향이 큰 변화에 빠르게 대응해야 하는 어려움에 직면한다. 비즈니스 부문 및 다른 이해관계자들과 함께 솔루션 로드맵과 아키텍처의 방향을 함

께 만드는 의식적인 전략을 통해 문제를 해결할 수 있다. 팀은 스스로 아키텍처를 건강하게 유지하는 목표를 세우고 매 PI를 종료하는 시점에 이를 지속적으로 진단한다. 솔루션 설계 워크숍과 정렬된 적절한 준비 정의Definition of Ready를 통해 이 상황을 개선할 수 있다. 6장, '새로운 일하는 방식을 통한 가치 전달'에서 자세히 설명한다.

- **상용 제품의 사용**. 스노우 인 더 데저트의 운영 환경에는 수많은 상용 제품이 배포돼 있으며 특별한 구분 없이 더 많은 상용 제품을 이용해 자신들의 운영을 지원하고자 한다. 이 제품의 벤더들은 애자일 프랙티스를 사용하지 않기 때문에 선택을 위한 평가, 제품 배포, 점진적인 개발이 매우 어렵다. 상용 제품을 포함해 항상 MVP 최우선 전략을 도입함으로써 가치를 빠르게 얻어내고 계약 이행에 관한 리스크를 줄일 수 있다. 많은 경량의 린 애자일 프로세스와 세리머니를 도입해 벤더와의 파트너십을 개선할 수 있다. 애자일 프레임워크를 확장하는 데 있어서 이는 대부분 명확하지 않은 영역이다.

- **레거시 시스템의 사용**. 레거시 시스템을 다루면서 만나는 어려움 중 하나는 이들이 자동화, 마이크로서비스 등과 같은 진보적인 기술에 대응하지 않는다는 것이다. 이 운영 시스템을 지속해서 기술적으로 개선하려면 상당한 투자가 필요하다. 많은 경우 이러한 대규모 개선을 통해 얻는 비즈니스의 가치는 구현 비용을 능가한다. 가치 주도의 점진적 변화에 맞춰 기술적인 조건을 개선하는 하향식 프로그램은 이 문제의 해결책 중 하나다. 이와 관련해 5장, '애자일 솔루션 아키텍트 – 지속적으로 진화하는 시스템 설계'에서 자세히 설명한다.

- **비즈니스와 기술 백로그 아이템의 균형**. 도입 초기 단계에서는 이터레이션이나 IP를 계획하면서 기능적 백로그 아이템과 기술적 백로그 아이템 사이에 상당한 충돌이 일어난다. 비즈니스 기능들은 비즈니스에 직접적인 영향, 돈에 관해 더 나은 가치를 갖기 때문에 일반적으로 기술적인 피처들보다 우선한다. 프로덕트 오너는 언제나 기능 백로그를 기술 백로그보다 우선하고 싶어 하며, 이는 결과적으로 기술 백로그들이 오랫동안 진행되지 못하게 만들어 기술 부채가 쌓이게 한다. 이 문제는 종류가 다른 백로그 아이템별로 수용량을 할당하는 하향식 모델을 구현해 효과적으로 해결할 수 있다. 6장, '새로운 일하는 방식을 통한 가치 전달'에서 자세하게 설명한다.

이러한 증상들을 포함해 많은 현상이 애자일 아키텍처를 도입하는 과정에서 나타난다. 상세한 프로세스 단계, **책임 할당 매트릭스**^{RACI, Responsibility Assignment Matrix}, 역할 경계 문서화는 애자일 아키텍처 도입에서의 해결에 있어 최악의 방법이다. 자기 조직화를 방해하기 때문이다. 팀 안에서 변화 에이전트를 식별하고 이들을 트랜스포메이션의 대변자로 세우는 것이 가장 이상적인 방법이다. 변화 에이전트들은 반복적으로 린 애자일 마인드셋을 공유하고 강화하며 선보인다. 영향력의 범위를 지속적으로 늘려가면서 여정의 흐름에 따라 더 많은 사람을 포함하라.

애자일 아키텍처 프로세스 흐름과 포스터

업무의 상위 수준 아키텍처 흐름 문서는 깃 저장소에서 다운로드할 수 있다. 이러한 업무 흐름은 3장, '애자일 아키텍트 – 성공의 핵심', 4장, '애자일 엔터프라이즈 아키텍트 – 전략과 코드의 연결'에서 자세히 설명한다.

애자일 아키텍처 포스터는 다음 저장소(https://github.com/moseskim/Becoming-an-Agile-Software-Architect/tree/master/Chapter2)에서 다운로드할 수 있다.

프로세스 흐름과 애자일 아키텍처 포스터는 SAFe의 애자일 아키텍처 도입에 기반한다.

⋮⋮ 정리

비즈니스에서 변화에 신속하게 반응하기 위해 IT 조직들은 규모에 맞춰 엔터프라이즈 애자일 프레임워크 도입을 촉진해야 한다. 전통적인 아키텍처 개발 방법론은 신속하게 반복되는 애자일 소프트웨어 개발에 가치를 더하지 못하기 때문에 살아남기가 힘들다. 그러므로 애자일 아키텍처 프랙티스가 중요해진다. 거대한 사전 설계 대신 의도적 아키텍처와 창발적 설계를 이용한 반복적이고 딱 필요한 만큼의 아키텍처를 사용해야 한다.

애자일 아키텍처 개발은 협업적 노력으로 얻어진다. 린 애자일 마인드셋을 기반으로 지속적인 가치 흐름을 지원함으로써 가치를 더하지 않는 기능이나 활동들을 능동적으로 제거해야 한다. 팀은 반복적이고 신속한 학습 사이클에 기반한 지속적인 리팩터링을 받아들이고 훈련해야 한다. 아키텍처는 제품 전달을 기민하게 해야 한다. 이를 위해서 열정적으로 증명된 패턴과 기술들, 즉 데브옵스, 지속적인 전달, 마이크로서비스 등을 도입할 기회를 적극적으로 모색해야 한다. 애자일 아키텍처 프랙티스는 항상 모니터링하고 측정함으로써 개선 단계를 결정해야 한다. 성공적인 애자일 아키텍처를 도입하면 목적에 부합하며 지속 가능한 고품질의 솔루션을 빠르게 최적화된 비용으로 얻을 수 있다.

2장에서 학습한 것처럼 애자일 아키텍처는 팀이 쌓아온 노력의 결과다. 이 관점은 아키텍트가 애자일에서 갖는 역할에 관한 많은 질문을 던진다. 3장에서는 애자일 소프트웨어 개발에서의 아키텍트의 역할과 몇몇 과제를 살펴본다.

⁂ 더 읽을거리

- 「History of Software Engineering」. https://www.youtube.com/watch?v=QUz10Z1AfLc

- 「Iterative and Incremental Development, A Brief History」. https://www.craiglarman.com/wiki/downloads/misc/history-of-iterativelarman-and-basili-ieee-computer.pdf

- 「Software Engineering, NATO Science Committee Report」. https://www.scrummanager.net/files/nato1968e.pdf

- 「Managing The Development of Large Software Systems」. http://www-scf.usc.edu/~csci201/lectures/Lecture11/royce1970.pdf

- 「14th The Annual State of Agile Report」. https://explore.digital.ai/state-of-Agile/14th-annual-state-of-Agile-report

- 애자일의 심장Heart of Agile. https://heartofAgile.com

- 「IEEE1471 and Systems Engineering」. http://www.mit.edu/~richh/writings/ieee1471-and-SysEng-(draft).pdf

- 애자일 팀에서의 아키텍트의 역할The Role of an Architect in an Agile Team. https://channel9.msdn.com/Events/TechEd/Australia/2010/ARC204

- 「What is your definition of software architecture?」. https://resources.sei.cmu.edu/asset_files/FactSheet/2010_010_001_513810.pdf

- 「Software Architecture and Agile Development」. https://resources.sei.cmu.edu/asset_files/Presentation/2010_017_001_23424.pdf

- 꼭 필요한 만큼만 사전 설계하는 컨텍스트 만들기Contextualizing Just Enough Upfront Design. http://www.codingthearchitecture.com/2012/01/05/contextualising_just_enough_up_front_design.html

- 「How much up-front? A grounded theory of Agile Architecture」. http://citeseerx.ist.psu.edu/viewdoc/download?doi=10.1.1.702.4489&rep=rep1&type=pdf

2부

애자일에서의 아키텍트의 역할 전환

아키텍트의 역할, 애자일에서의 차이, 애자일 개발 관점에서 가치를 더하기 위한 엔터프라이즈 아키텍트와 솔루션 아키텍트의 포지셔닝에 관해 살펴본다.

2부의 구성은 다음과 같다.

- 3장, 애자일 아키텍트 – 성공의 핵심

- 4장, 애자일 엔터프라이즈 아키텍트 – 전략과 코드의 연결

- 5장, 애자일 솔루션 아키텍트 – 진화하는 시스템의 지속적 설계

03

애자일 아키텍트 – 성공의 핵심

> "아키텍트들은 현재 설계에 존재하는 문제에 사로잡혀, 자신들의 일에 관한 근본적인 가정에 의문을 제기하는 데 시간을 쓰지 않는다."
>
> – 소티리오스 코툴라스Sortirios Kotoulas(북 캐나다 우스크와팀 수력발전 댐 관리)

2장에서는 집단적 오너십을 달성하기 위한 협업이 진화하는 솔루션을 개발하기 위한 애자일 아키텍처의 핵심 원칙 중 하나임을 알았다. 집단적 오너십은 팀 구성원 모두가 동등하게 결정을 소유하고 책임을 공유함으로써 아키텍처 비전을 달성하도록 독려한다.

팀은 기민하게 최대의 가치를 전달하는 방법을 만들어냄과 동시에 핵심적인 아키텍처 의사 결정은 세심하게 내림으로써 솔루션의 품질과 지속 가능성에 장기적인 영향을 주지 않도록 해야 한다. 그러므로 팀 구성원 누군가 한 사람이 바통을 들고, 나머지 구성원들이 주위에서 합의를 통해 올바르고 실용적인 결정을 내리도록 해야 한다. 여기서 바통을 드는 한 사람은 전형적으로 아키텍트다. 비즈니스 컨텍스트와 목적을 모두 알고 팀의 테두리 밖에서 생각할 수 있는 사람이기 때문이다. 애자일 소프트웨어 전달에서의 아키텍트는 의도적으로 전통적인 운영 모델을 머리에서 지우고 린 애자일 마인드셋을 바탕으로 새로운 스킬과 지식을 지속적으로 사용해야 한다.

3장에서는 애자일 소프트웨어 전달을 운용함에 있어 전통적인 아키텍트의 역할이 품고 있는 문제들에 초점을 맞춘다. 다양한 메타포를 통해 애자일 아키텍트의 역할, 책임, 업무 방식에 관해 설명한다. 다양한 애자일 확장 프레임워크가 아키텍트를 보는 관점을 확인하는 것이 핵심이다.

3장에서 다루는 주제는 다음과 같다.

- 아키텍트를 둘러싼 환경의 도전 이해하기

- 자기 조직화된 팀들이 아키텍트 배제 운동에 찬성하는 이유

- 애자일에서도 꼭 필요한 아키텍트 – 역할 수행의 문제

- 애자일 아키텍트의 행동과 의무

- 다양한 스케일링 프레임워크에서 아키텍트의 위치

- 스노우 인 더 데저트에서의 교훈

이번 장은 애자일 아키텍트의 렌즈에서 **애자일 아키텍트** 영역에 초점을 맞춘다.

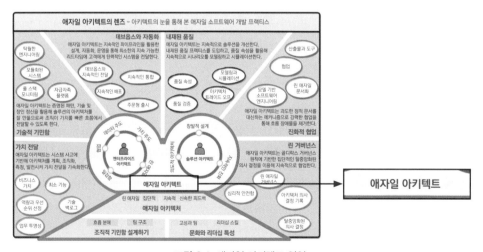

그림 3.1 애자일 아키텍트 영역

참조 자료

3장의 설명과 관련된 추가 자료들은 다음 저장소(https://github.com/moseskim/Becoming-an-Agile-Software-Architect/tree/master/Chapter3)에서 다운로드할 수 있다.

아키텍트를 둘러싼 환경의 도전 이해하기

오늘날의 린하고도 역동적인 소프트웨어 개발 환경은 아키텍트들에게 다양한 도전을 던진다. 애자일 소프트웨어 개발은 이런 도전을 증폭시켰다. 전통적인 프랙티스들은 애자일 소프트웨어 전달에서 잘 동작하지 않았기 때문이다. 아키텍트의 역할 혼동, 업무 방식의 명령과 통제, 관료주의적 거버넌스, 단절된 문서화 등이 많은 어려움을 낳았다. 이에 관해서는 다음 절에서 상세하게 분석한다. 분석을 통해 해결해야 할 어려움을 알게 되고 아키텍트의 자리를 바꿈으로써 조직에 더 나은 가치를 제공할 수 있다.

너무 많은 역할이 명확함을 손상시킨다

아키텍트Architect라는 용어는 마치 판도라의 상자를 연 것처럼 혼란스럽게 다가온다. 아키텍트는 소프트웨어 개발이라는 세계에서 가장 오해를 많이 받는 역할 중 하나다. 제품 관리자Product Manager나 스크럼 마스터Scrum Master와 달리, 애자일 소프트웨어 개발에서는 아키텍트의 명확한 역할이 존재하지 않는다. 많은 공룡 인터넷 기업이 자신들의 조직에서 아키텍트라는 직책을 없앴지만, 소프트웨어 업계 전반에서 아키텍트라는 직함은 여전히 존재한다.

어떤 종류의 아키텍트를 의미하는 소프트웨어 아키텍트Software Architect라는 용어는 소프트웨어 업계에서 통용되는 표현이다. 위키피디아Wikipedia에서는 소프트웨어 아키텍트를 이렇게 정의한다.

"소프트웨어 아키텍트는 전문가로 간주되는 소프트웨어 개발자다. 고수준의 설계적 결정을 수행하고 소프트웨어 코딩 표준, 도구, 플랫폼을 포함한 기술 표준을 지시한다."

위 정의에서 보이는 몇 가지 키워드(결정을 수행하고, 고수준, 지시한다 등)는 애자일 문화에서의 안티패턴에 해당한다. IT 아키텍트 연합인 IASA 글로벌IASA Global은 IT 아키텍트를 비즈니스의 기술적 전략가로 정의했다. IASA는 Inforamtion Technology Architecture Body of KnowledgeITABoK에서 IT 아키텍트를 5개의 기둥으로 표현한다(그림 3.2).

그림 3.2 IT 아키텍트의 5개 기둥

IT 아키텍트는 그림 3.2에 나타난 5개의 기둥을 운영한다.

- **비즈니스 기술 전략**Business Technology Strategy: 비즈니스 목표 및 운영에 대한 이해에 맞춰 기술을 정렬하는 방법을 결정한다.
- **구성원의 역동 관계**Human Dynamic: 구성원 개개인과 구성원 간 상호 관계를 관리하고 영향을 주는 등 리더십과 커뮤니케이션의 질을 강조한다.
- **품질 속성**Quality Attribute: 측정하고 모니터링된 솔루션의 품질 문제를 해결하는 데 집중한다.

- **설계**^{Design}: 의사 결정에 영향을 미치는 핵심 요소로 비즈니스 요구에 맞춰 개발된 정당성, 근거, 트레이드오프, 아키텍처 스타일, 패턴 등을 포함한다.

- **IT 환경**^{IT environment}: 새로운 역량 구현, 외부 구매 및 직접 구현 여부에 관한 의사 결정 등 운영 실행 방법을 다룬다. 현재 사용하는 기술이나 혁신도 그 범위에 포함한다.

IASA에서는 IT 아키텍트의 역할을 엔터프라이즈 아키텍트^{Enterprise Architect}, 솔루션 아키텍트^{Solution Architect}, 테크니컬 아키텍트^{Technical Architect}로 나눈다. 세계적으로 널리 알려진 스킬 및 경쟁력 측정 프레임워크인 SFIA^{Skills Framework for the Information Age}에서는 아키텍트의 역할을 엔터프라이즈 아키텍트, 솔루션 아키텍트, 비즈니스 아키텍트^{Business Architect}로 나눈다.

조직과 목적에 따라 아키텍트는 다양한 직책으로 불린다. NFR^{Non-Functional-Requirement} 아키텍트, 리드 API 아키텍트 같은 좁은 범위의 직책부터 프리 세일즈 아키텍트, IT 아키텍트 같이 넓은 범위의 직책까지 다양하다. 아키텍트라는 직책은 조직 유형에 따라서도 다르다. 비즈니스 IT 기업에서는 IASA, SFIA에서의 정의와 유사한 표준 직책을 사용한다. 서비스 기업에서는 마케팅 수단으로서의 관점에서 사용한다. 기술 기업들은 클라우드 솔루션 아키텍트와 같이 자신들이 운영하는 기술에 가까운 직책을 사용한다. 제품 기업들은 스노우플레이크 아키텍트와 같이 자신들의 제품에 적합한 직책을 사용한다.

수많은 아키텍트의 직책은 다양한 책임을 정의함에 따라 혼란을 가져왔다.

아키텍트들은 전달을 늦춘다

전통적인 소프트웨어 개발에서 아키텍트들은 주로 현장에서 멀리 떨어져 아키텍처에 관한 의사 결정을 내렸다. 이런 환경에서 아키텍트들은 가치를 정확하게 인식하지 못했고, 조직들은 아키텍트들을 프로젝트에서 점점 배제하게 됐다.

그림 3.3은 전통적인 소프트웨어 개발 세계가 지닌 잠재적 어려움을 일부 보여준다. 여기에서 볼 수 있는 전달 속도를 늦추는 아키텍트의 세 가지 징후를 좀 더 자세히 살펴본다.

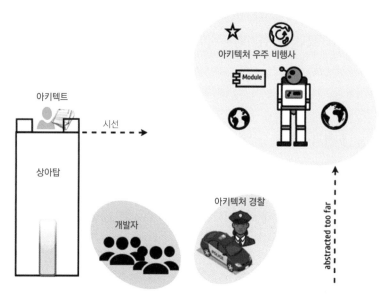

그림 3.3 팀의 속도를 늦추는 징후들

상아탑 아키텍트는 바닥을 보지 못한다

상아탑ivory tower은 현실 속 사실이나 실용성과 단절된 특권층을 가리킨다. 상아탑 아키텍트는 팀과 떨어져 중앙에서 관리되는 그룹에 속해 업무를 하며, 프로젝트에 대한 컨텍스트 없이 자신들의 생각(상상)에 기반해 의사 결정을 한다. 상아탑 아키텍트들은 독단적인 접근 방식을 갖는다. 이미 철 지난 표준을 이용하거나 검증되지 않은 사용 불가능한 아키텍처 문서들을 산더미처럼 만들어 개발자들을 통제하고 명령한다.

상아탑 접근 방식은 애자일 아키텍처의 프랙티스와 원칙들, 예를 들면 탈중앙화된 의사 결정, 집단적 오너십, 단순함 등과 완벽하게 배치된다. 상아탑 아키텍트들은 단계 사이의 게이트가 완료되기를 기다렸다가 정렬을 확인하므로 지속적인 흐름을 크게 늦춘다.

아키텍처 우주 비행사들은 코드를 작성하거나 프로그램을 설계하지 못한다

상아탑 아키텍트와 비슷한 관점에서 조엘 스폴스키Joel Spolsky는 특정한 행동을 하는 아키텍트들을 **아키텍트 우주 비행사**Architect Astronauts라 불렀다. 스폴스키는 '아키텍트 우주 비행사들이 당신을 겁주도록 하지 말라Don't Let Architecture Astronauts Scare You'라는 제목의 글에서 자신을 멀찌감치 추상화하는 아키텍트들은 산소가 부족하다고 말했다. 스폴스키는 이를 다음과 같이 부연한다. "수년 동안 코드를 작성하지 않은 아키텍트들은 현실에서 완전히 분리돼 아무짝에도 쓸모없는 고차원의 그림을 그릴 뿐이다."

애자일 아키텍처 프랙티스에서는 집단적 지능에 근거해 핸드오프 없이 결정을 내린다. 전통적인 아키텍트들은 시간이 지남에 따라 기술에서 멀어지므로 이들은 기술의 핵심을 이해하지 못한다는 것이 일반적인 생각이다. 이들이 정의한 솔루션은 수박 겉핥기에 지나지 않으며 오히려 더 높은 리스크를 야기한다.

아키텍처 경찰은 장애물을 더할 뿐이다

아키텍처 경찰Architure Police의 비유는 앞서 설명한 내용과도 통한다. 이 유형의 아키텍트들은 강력한 관료주의적 프로세스에 기반한 단계적 거버넌스에 시간과 노력을 들인다. 이들은 컨텍스트, 목적, 가치, 비즈니스 영향보다 표준과 정책을 앞세운 무관용과 맹목적인 규약 적용에 초점을 맞춘다.

애자일 아키텍처는 거버넌스보다 빠른 피드백 사이클을 통한 정렬을 우선한다. 아키텍트 경찰들은 거버넌스를 중시하며, 비즈니스 전략과의 정렬이나 팀의 비전 및 목적 소통에 노력을 들이지 않는다. 이는 목적 중심의 비즈니스 솔루션을 전달하는 팀의 역량을 떨어뜨린다.

이런 징후들을 감지하게 되면 자기 조직화된 팀은 아키텍트의 역할에 의문을 품는다. 다음 절에서 이에 관해 살펴본다.

⸬ 자기 조직화된 팀들이 아키텍트 배제 운동에 찬성하는 이유

애자일 소프트웨어 개발 선언에는 '최고의 아키텍처와 설계는 자기 조직화된 팀에서 창발한다'라는 원칙이 존재한다. 팀 구성원들은 각자의 지식과 노력을 공유함으로써 아키텍처에 관한 올바른 의사 결정을 내려야 한다.

많은 조직과 팀이 이 원칙을 각기 다르게 해석한다. 그 결과 애자일 소프트웨어 개발 초기에는 두 가지 운동이 일어났다. 한쪽에서는 애자일 프로젝트에서 아키텍트를 배제하려 했고, 다른 한쪽에서는 아키텍트와 엔지니어들을 개발자로 간주했다.

아키텍트를 배제하고자 하는 이들은 스크럼 방법론을 들어 그들의 입장을 정당화했다. 스크럼에서는 제품 관리자Product Manager, 스크럼 마스터Scrum Master, 개발 팀Development Team의 세 가지 역할만 정의하고 아키텍트의 역할은 명확히 정의하지 않는다. 이 운동에서는 팀 안에서의 아키텍트 활용성 또한 지적했다. 애자일 팀은 전형적으로 7~8명으로 구성되는데, 한 명의 전담 아키텍트가 모든 팀의 일에 관여한다면 속도가 저하된다고 주장했다.

그 결과 많은 애자일 프로젝트는 아키텍트가 없는 상태로 진행됐다. 공유된 비전으로 팀들을 기술적으로 묶는 아키텍트가 없어지자 팀들은 솔루션에 대한 통합적 시각을 잃어버리게 됐다.

우연한 아키텍트의 탄생

아키텍트가 사라지자 개발자들은 아키텍처와 설계를 고려하지 않고 코드를 만들었다. 개발자들은 코드를 만드는 동시에 의사 결정을 했다. 그 결과 아키텍처는 이미 구현한 결과물에 대한 사후 문서처럼 여겨지게 됐다.

그래디 부치는 2006년 IEEE의 간행물 「The Accidental Architecture」에서 **우연한 아키텍처**라는 용어를 처음 사용했다. 그는 아키텍처 없이 시작된 개발 프로젝트에서 우연한 아키텍처가 생겨난다고 말했다. 또한 필립 크루첸이 밝힌 "아키텍처는 어둠 속에서 빈번하게 이뤄지는 최적화되지 않은 의사 결정이 오랜 기간 빠르게 반복되면서 진화한다"라는 의견을 강조했다. 부치는 다음과 같이 결론을 내렸다. "우연한 아키텍처는 나쁜 것이 아니며 시스템의 유기적인 성장을 위해 반드시 요구된다. 집중된 아키텍처의 의도와 비즈니스 컨텍스트가 없을 때, 이 최적화되지 않은 결정들을 돌이킬 수 없는 재앙을 일으킬 수 있다." 같은 맥락에서 브라이언 포스터Brian Foster와 닐 포드는 오라일리O'Reilly의 '소프트웨어 아키텍처 콘퍼런스Software Architecture Conference'에서 **우연한 아키텍**

트Accidental Architect라는 용어를 소개했다. 우연한 아키텍트란 공식적인 아키텍트라는 직책을 갖지 않았지만, 아키텍처에 관한 의사 결정을 내리는 사람을 의미한다.

캘리포니아 새너제이San Jose의 윈체스터 미스테리 하우스Winchester Mystery House는 실세계에서의 우연한 아키텍트를 설명하는 고전적인 메타포다. 아키텍처의 관점에서 놀라운 일이며 세계에서 가장 유명한 귀신의 집 중 하나다. 사라 윈체스터Sarah Winchester는 딸과 남편을 잃고, 1886년 미디어의 조언에 따라 이 집을 지었다. 미디어는 그녀를 따라다니는 영혼들을 위한 집을 지으라고 조언했다. 이 집은 어떠한 아키텍처도 비전도 설계도도 없이 지어졌다. 미스테리 하우스는 160개의 방, 2,000개의 문, 47개의 계단, 13개의 침실, 6개의 주방을 갖춘 기형적인 건축물 중 하나다. 계단은 도중에 출구가 없이 여러 층에 걸쳐있고, 문은 벽을 향하며, 통로는 막다른 길과 이어진다.

신세대 개발자들은 신기술에 쉽게 매료된다. 신기술을 사용하면서 동기 부여를 받는다. 개발자들은 전체론적인 시스템 사고 없이 종종 휘황찬란한 신기술을 도입한다. 이러한 기술들은 즉각적인 이익을 가져올 수도 있지만, 장기적으로 볼 때 프로젝트는 비용, 품질, 유지 보수의 문제를 겪게 될 수 있다. 개발자들은 압박으로 집중력을 잃고 매력적인 신기술을 찾기 위해 눈에 불을 켜게 된다.

그림 3.4는 특정 시점 이후 복잡도가 개발자들이 관리할 수 없는 범위로 벗어남을 나타낸다.

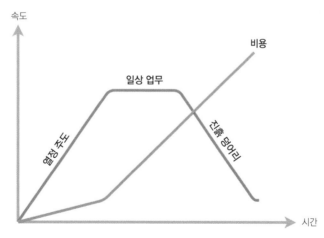

그림 3.4 아키텍트 부재로 인한 속도에 대한 영향

그림 3.4의 다이어그램에서 보듯, 간단했던 유지 보수는 시간이 지남에 따라 며칠 혹은 몇 주가 걸리는 일로 바뀌고 개발자들은 악몽에 빠진다. 브라이언 푸트^{Brain Foote}와 조셉 요더^{Joseph Yoder}는 이를 '진흙 덩어리^{Big Ball of Mud}' 패턴으로 설명했다. 이들은 "많은 소프트웨어가 개발자들의 최선의 의도와 노력에도 불구하고 진흙 덩어리가 된다"라고 말한다.

닐 포드, 레베카 파슨스^{Rebecca Parsons}, 패트릭 쿠아^{Patrick Kua}는 그들의 책 『Building Evolutionary Architectures』(Oreilly, 2017)에서 클로저^{Clojure}의 창시자인 리치 히키^{Rich Hickey}의 말을 인용한다. "개발자들은 이익은 이해하지만 트레이드오프는 고려하지 못한다." 저자들은 이렇게 덧붙인다. "아키텍트는 이익과 트레이드오프를 모두 이해하고 더 나은 엔지니어링 프랙티스를 만들어야 한다." 제로크라시^{Zerocracy}의 CEO 예고르 부가옌코^{Yegor Bugayenko}는 그의 책 『Code Head volume 1』(CreateSpace, 2018)에서 다음과 같이 말한다. "팀 안에 아키텍트의 명확한 역할이 있을 때 팀은 효과적으로 기술적인 충돌을 해결할 수 있다."

이들은 모두 팀 안에는 아키텍트의 역할이 반드시 있어야 한다고 입을 모은다. 이에 관해 다음 절에서 조금 더 살펴본다.

⁂ 애자일에서도 꼭 필요한 아키텍트 – 역할 수행의 주체

2017년 6point6.com에서 발표한 한 설문 결과는 애자일 프로젝트에서의 아키텍트의 중요성을 여실히 드러낸다. 설문에 참여한 CIO 68%가 애자일 개발을 확장할 때 아키텍트들이 더 필요하다고 동의했다. CIO들은 전략, 아키텍처, 감시가 엔터프라이즈 규모의 애자일 전달의 성공에서 중요한 역할을 하므로 아키텍트가 필수적이라고 답했다.

레이몬드 슬롯^{Raymond Slot}은 그의 박사 논문 「A method for valueing architecture-based business transformation and measuring the value of solutions architeture」에서 솔루션 아키텍트의 중요성을 설명한다.

슬롯은 프로젝트에 아키텍트가 참여했을 때 다음과 같은 결과를 얻었음을 관찰했다.

- 프로젝트 예산 초과 감소: 19%

- 프로젝트 기한 초과 감소: 40%

- 예측성이 높아짐에 따라 예산 초과 감소: 38% → 13%

- 고객 만족도 증가: 0.5점 → 1점(1~5점, 5단계 평가)

- 전반적인 기술 적합성 개선을 포함해 프로젝트 성공 증가: 10%

슬롯의 논문은 솔루션 아키텍트가 프로젝트에 참여했을 때 상당한 긍정적 효과가 나타났음을 보여준다. 아키텍처는 프로젝트 전달에서 치명적인 리스크 중 하나다. 그러므로 프로젝트 지연, 재작업, 실패를 피하려면 아키텍트의 세심한 주의가 대단히 중요하다.

애자일 아키텍트 – 부재, 자원, 지정, 전담

집단적 오너십은 모든 사람의 의견을 독려함으로써 나은 솔루션을 이끈다. 이는 팀 구성원 모두가 협업적으로 의사 결정을 내릴 때만 가능하다. 성공적인 협업은 응집된 경계 안에서만 일어난다. 그러므로 애자일 아키텍트는 응집된 팀의 경계 안에 위치해야만 한다.

그림 3.5는 팀 안에서 아키텍트의 위치를 나타낸 다이어그램이다.

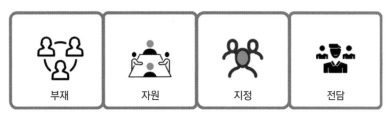

그림 3.5 팀 안에서 아키텍트의 다양한 위치

- **부재**None: 팀 안에 아키텍트가 존재하지 않는다. 결과적으로 팀은 아키텍처나 설계에 관해 명확하게 사고하지 않고 할당된 스토리에 따라 코드를 전달하는 데만 초점을 맞춘다. 오로지 팀 구성원들의 지식과 이해에 근거해 순간순간 결정을 내린다. 개인의 역량에 의존하므로 품질과 지속 가능성 측면에서 실패 리스크가 높다. 이러한 솔루션은 '우연한 아키텍처'와 '진흙 덩어리' 패턴으로 이어질 수 있다.

- **자원**Voluneteered: 팀 안에 아키텍트가 명시적으로는 존재하지 않는다. 하지만 아키텍처와 설계에 관한 의사 결정을 이끄는 누군가가 있다. 특정인이 고정적으로 해당 역할을 하는 것이 아니므로 역할 수행자가 자주 바뀐다. 이 시나리오는 스타트업 인큐베이션, MVP 같이 상대적으로 덜 복잡한 소규모 프로젝트에서 매우 효율적이다. 이 모델의 성공은 팀의 성숙도와 역량을 길러준다.

- **지정**Designated: 아키텍트는 파트 타이머로 업무를 진행한다. 주로 팀 내 시니어 개발자가 일상 개발 업무와 함께 아키텍트 역할을 겸한다. 지정된 아키텍트는 기술적 리더십을 제공하고 모든 팀 구성원이 고품질의 제품을 전달하는 데 집중하도록 독려한다. 개발자의 역량과 프로젝트의 복잡도 및 규모에 따라 성공이 결정된다.

- **전담**Dedicated: 아키텍트는 경험이 많은 아키텍트로서 풀타임 업무를 한다. 전담 아키텍트는 기술적으로 견고하고, 프로그래밍 능력을 발휘하기도 한다. 전담 아키텍트는 주로 팀과 함께 아키텍처를 이끄는 데 시간을 쓴다. 나머지 역량은 최적화, 디버깅, 자동화, 패턴 개발 등 다른 개발자들의 불편을 해소하는 작업에 사용한다. 이 접근 방식은 복잡도가 높고 규모가 큰 프로젝트에 적합하다. 아키텍트들은 현재 진행하는 업무와 제약 사항, 팀 사이의 조정을 넘는 큰 범위의 업무들을 고려한다.

애자일 아키텍트의 다양한 역할

이 책은 애자일 아키텍트의 두 가지 핵심 역할인 '엔터프라이즈 아키텍트'와 '솔루션 아키텍트'에 초점을 맞춘다. 이외에도 아키텍트는 파트 타임으로 개발자, 프로덕트 오너 또는 전문 아키텍트 같은 외부 이해관계자 역할도 한다.

애자일 아키텍트가 수행하는 다양한 역할을 그림 3.6의 다이어그램에 나타냈다.

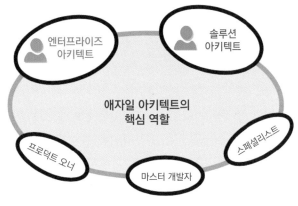

그림 3.6 애자일 아키텍트의 다양한 역할

각 역할의 차이점은 다음과 같다.

엔터프라이즈 아키텍트

엔터프라이즈 아키텍트 Enterprise Architect는 애자일 소프트웨어 전달에서 개발 활동에 깊이 참여함으로써 전략과 코드를 연결한다. 비즈니스 전략과 IT 전략 사이의 균형을 잡음으로써 개발 팀이 솔루션 비전을 수립하도록 해야 한다. 또한 비즈니스와 IT 리더십을 위해 전략과 투자에 관해 적극적으로 조언해야 한다. 시스템 체계가 건강한지 확인하고 시스템의 적절한 현대화, 개선, 폐기를 통해 지속적으로 진화시켜야 한다는 것도 잊어서는 안 된다.

애자일 소프트웨어 전달에서 엔터프라이즈 아키텍트의 역할, 책임, 업무 방식은 전통적인 세계에서 갖는 모습과 다르다. 엔터프라이즈 아키텍트의 역할은 4장, '애자일 엔터프라이즈 아키텍트 – 전략과 코드의 연결'에서 살펴본다.

솔루션 아키텍트

솔루션 아키텍트 Solution Architect는 애자일 소프트웨어 개발에서 가장 중요한 역할 중 하나다. 최소한의 재설계 비용으로 지속 가능한 솔루션을 점진적으로 변화시킬 수 있도록 지원한다. 고객에게 전달되는 소프트웨어의 높은 품질 기준을 보장하며 기술적 스킬을 발전시키고 팀 사이의 접착제 역할을 한다.

솔루션 아키텍트의 역할은 5장, '애자일 솔루션 아키텍트 – 지속적으로 진화하는 시스템 설계'에서 설명한다.

마스터 개발자

애자일 소프트웨어 개발에서 아키텍트는 개발 사이클 전체에서 팀에 깊이 참여해야 한다. 지속적인 참여를 통해 현장의 어려움을 이해하고 그에 맞춰 아키텍처와 설계를 적절히 조정한다. 정규 개발자는 아니지만 필요에 따라 좋은 품질의 코드를 작성할 수 있는 아키텍트는 개발자들을 도와 디버그를 하거나 설계나 코드를 최적화한다. 아키텍트들은 일정 수준의 역량을 현재와 단기적인 아키텍처의 필요를 살피는 데 사용하며, 코드 레벨의 업무에는 일정 수준 이하의 역량을 사용한다.

프로덕트 오너

프로덕트 오너 Product Owner는 전문적이고도 세심한 주의가 필요한 역할이다. 때때로 아키텍트는 프로덕트 오너의 역할을 해야 한다. 프로덕트 오너는 이니셔티브Initiative의 시작 단계, 즉 스프린트 0이나 인셉션Inception 단계에서 활동한다. 이 단계에서 팀은 아키텍처, 설계, 솔루션 구현을 위한 기술에 관한 아이디어를 낸다. 일반적으로 솔루션의 형태가 갖춰지고 개발 준비가 완료되면 프로덕트 오너의 역할은 끝난다.

개발 팀이 기술 제품, 플랫폼 또는 컴포넌트나 솔루션을 만들 때 아키텍트가 기술 프로덕트 오너 역할을 한다.

스크럼 이해관계자

보안 아키텍트, 비즈니스 아키텍트, 정보 관리 아키텍트와 같은 **전문가 아키텍트**Specialist architect는 팀과 함께 일상 업무를 밀접하게 할 필요 없이 팀 외부에 둘 수 있다. 또한 애자일 개발을 규모에 맞게 구현함에 있어 모든 팀에 전문가를 보유하는 것은 비용면에서도 타당하지 않다. 이때 전문가 아키텍트는 스크럼 이해관계자로서 팀의 컨설턴트 역할을 한다. 이러한 아키텍트 역할을 할 때는 참여로 인해 개발 팀의 속도를 늦추지 않도록 세심하게 계획해야 한다.

애자일 아키텍트가 갖춰야 할 핵심 기술

애자일 아키텍트는 궁극적으로 비즈니스와 고객에게 중요한 가치를 전달할 수 있도록 올바른 일을 하는 책임을 진다.

그림 3.7은 이 목표를 달성하기 위해 애자일 아키텍트가 갖춰야 할 네 가지 핵심 기술을 나타낸다.

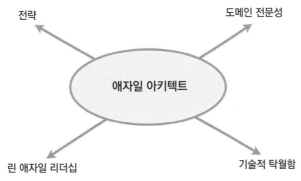

그림 3.7 애자일 아키텍트의 네 가지 핵심 기술

아키텍트의 성공을 정의하는 네 가지 기술은 전략 및 조직 차원의 리더십 레벨과의 협업 능력, 비즈니스 도메인에 대한 전문성, 린 애자일 리더십, 기술적 탁월함이다. 다음은 각 항목에 관한 부연이다.

- **도메인 전문성**^{Domain Expertise}: 도메인 전문성을 갖춘 애자일 아키텍트는 비즈니스 부문과 의미 깊은 대화를 통해 목적과 비전, 목표를 명확하게 이해한다. 애자일 아키텍트는 실용적인 관점에서 비즈니스 전략과 IT 전략을 정렬하고 조합한다. 이를 통해 애자일 아키텍트는 비즈니스 가치 그리고 아키텍처의 중요한 요구 사항 및 품질 속성과 관련된 비즈니스 영향을 이해할 수 있다.

- **기술적 탁월함**^{Technical Excellence}: 애자일 아키텍트는 기술의 최전선에 서야 한다. 애자일 아키텍트는 기술적 장인 정신에 기반해 실현 가능한 혁신적 아이디어를 내고 어려운 비즈니스 문제를 해결할 수 있다. 또한 기술적 탁월함은 비즈니스에 적합한 가성비 높고 지속 가능한 기술적 솔루션을 만드는 데 도움을 준다. 아키텍트들이 개발자

커뮤니티에서 존중받을 수 있도록 돕는다. 이에 관해서는 이후 장들에서 자세히 살펴본다.

- **린 애자일 리더십**Lean-Agile Leadership: 조직들은 대부분 아키텍트를 조직 내 의사 결정 프로세스 중 높은 위치에 자리 잡은 믿을 수 있는 조언자이자 리더로 간주한다. 아키텍트는 비즈니스 언어, IT 리더십 언어는 물론 개발자 커뮤니티의 언어를 모두 사용할 수 있는 사람이다. 이는 13장, '문화와 리더십 특성'에서 살펴본다.

- **전략**Strategy: 애자일 아키텍트들은 핵심적인 기술적 개념보다 광범위한 지식이 있어야 한다. 아키텍트들은 큰 그림을 보고 비즈니스 전략과 IT 전략, 전략 구현, 투자 결정 등을 다뤄야 한다.

전통적인 스킬 대부분은 이제 유효하지 않으므로 버려야 한다. 아키텍트들은 끊임없이 활동의 우선순위를 결정하고 지속적인 가치 흐름을 지원함으로써 정기적으로 솔루션을 전달해야 한다. 아키텍트들은 아키텍처 다이어그램이 아니라 비즈니스 가치의 전달, 엄격한 설계가 아닌 기술적 기민함, 품질 속성에 기반한 지속 가능성의 균형, 문서가 아닌 커뮤니케이션, 중앙화된 의사 결정이 아닌 정렬 같은 영역에 집중함으로써 업무 가치 흐름을 지속적으로 만들어야 한다. 이에 관한 내용은 이후 장들에서 설명한다.

지금까지 애자일 소프트웨어 개발에 있어 아키텍트의 중요성을 다뤘다. 이제 애자일 아키텍트의 의무와 행동의 변화에 관해 알아본다.

⁘ 애자일 아키텍트의 행동과 의무

'스포티파이Spotify' 같은 많은 조직에서는 문화가 가장 큰 차별화 요소다. 문화 변화의 핵심 요소는 오너십을 전폭적인 협업과 공유로 바꾸는 것이다. 애자일 소프트웨어 개발에서 협업 마인드셋은 아키텍트의 새로운 업무 방식과 깊은 관련이 있다. 문화, 행동, 업무 스타일은 개인뿐 아니라 전달되는 결과물의 성공을 결정한다.

애자일 아키텍트의 행동 변화

애자일 아키텍트는 지속적으로 모든 이해관계자와 협업하며 장기적인 성공 마인드셋을 기반으로 엔지니어링 계획, 의사 결정, 아키텍처 비전으로의 정렬을 지원한다. 협업적 문화와 마인드셋은 팀 구성원과 아키텍트 사이에서 더 나은 커뮤니케이션, 지식 공유, 신뢰, 존중을 만들어낸다.

애자일 소프트웨어 개발 방법론들은 대부분 자기 조직화된 팀을 중시한다. 자기 조직화된 팀은 다양한 역할 사이의 경계를 넘어 창의적으로 협업한다. 모든 팀은 서로 다르며, 심지어 한 조직의 경계 안에서도 협업의 필요성과 자기 조직화를 위한 가드레일이 팀 사이에서 진화한다. 연합한 팀들은 더 높은 품질의 결과물을 빠르게 전달한다. 리더십 전문가인 존 코터$^{John\ Kotter}$는 그의 책 『기업이 원하는 변화의 리더』(김영사, 2007)에서 이를 '지도 연합$^{guiding\ coalition}$'이라 불렀다. 코터는 "효과적인 팀으로 동작하는 지도 연합은 전보를 빠르게 처리할 수 있다"라고 말했다.

그림 3.8의 다이어그램은 아키텍트가 솔루션을 정의하는 서로 다른 접근 방식을 나타낸다.

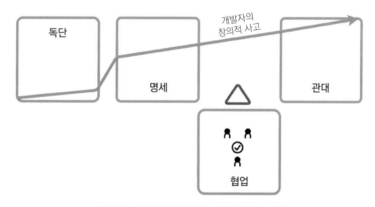

그림 3.8 솔루션을 정의하는 다양한 접근 방식

전통적인 세계에서 아키텍트들은 **독단적**이었다. 창의적인 개발자들이 끼어들 틈이 없었고 마치 건축물의 구조 같은 결과물을 만들었다. 그런 다음 **명세적** 접근 방식을 선택했다. 그림 3.8에서 보듯 설계는 명세서의 형태로 전달됐다. 명세서는 API 제약 사항,

디자인 패턴, 기술 스택, 아키텍처 청사진 등으로 구성됐다. 독단적 모델보다는 개발자들의 창의성이 개입될 여지가 있었지만 여전히 제한적이었다. 개발자들은 주어진 명세서를 만족시켜야 했기 때문이다. 아키텍트들은 명세서만 공유할 뿐 기반이 되는 목적은 공유하지 않는 때가 대부분이었다. 그래서 개발자들은 자신들의 지적 능력을 활용해 더욱 나은 대안을 찾을 기회를 잃었다. 극단적인 **독단적** 접근 방식의 또 다른 형태는 아키텍트가 너무 **관대한** 나머지, 기준과 가이드라임만 설정하고 개발자들에게 혁신을 위한 무한한 자유를 주는 것이다. 관대한 태도는 앞서 살펴봤던 우연한 아키텍처와 이어지기도 한다.

애자일 아키텍처를 개발하기 위해서는 다른 혁신적 모델이 필요하다. 이 모델은 그림 3.8의 스펙트럼에서 다소 벗어나 있다. 높은 협업적Collaborative 접근 방식에서 팀은 적절하게 솔루션을 조정할 수 있다. 이를 위해서는 직접적인 커뮤니케이션, 상호 이해 그리고 지속적인 피드백이 필요하다. 빈번한 협업은 엔지니어의 목소리와 아키텍트의 전문성에 균형을 맞춰 아키텍처를 결정한다.

아키텍트와 개발자의 긴밀한 협업을 보장하려면 아키텍트가 특별하거나 상급자여서는 안 된다. 다른 구성원들과 마찬가지로 반드시 팀의 구성원이어야 한다. 아키텍트는 지원자이자 촉진자의 마음을 지니고 객관적으로 협업해야 한다. 프레더릭 브룩스는 1975년에 쓴 『맨먼스 미신』에서 아키텍트가 최고의 결과를 만들기 위해 그들의 행동을 어떻게 바꿔야 할지에 대해 다음과 같은 몇 가지 훌륭한 제안을 한다. "개발자에게는 창의적인 구현에 책임이 있다. 그러므로 아키텍트는 솔루션을 제안할 뿐 결정을 강요해서는 안 된다. 반대되는 접근 방식을 받아들일 준비를 하라. 이는 그 자체로 좋을 뿐만 아니라 훌륭한 개선의 제안에 관한 공로를 인정하는 것이다."

아키텍트는 통제를 넘겨주는 예술을 학습해야 한다. 다시 말해 전통적인 명령 및 통제의 리더십 스타일을 완전히 버려야 한다. 이 주제는 13장, '문화와 리더십 특성'에서 다룬다. 우선 몇 가지 새로운 메타포를 통해 애자일 아키텍트에게 필요한 협업적 행동을 살펴본다.

정원사 – 지속적으로 양성하고 성장시킨다

애자일 아키텍처는 지속적인 활동이다. 앤드류 헌트Anderew Hunt와 데이비드 토머스David Thomas는 그들의 책 『실용주의 프로그래머』(인사이트, 2014)에서 정원사Gardner 메타포를 이용해 건축에서의 아키텍트와 대비되는 아키텍트를 제안한다.

저자들은 아키텍처 개발을 정원 가꾸기에 비유한다. 정원 가꾸기는 지속적이면서도 유기적인 프로세스로 이뤄진다. 정원을 만들기 시작할 때는 초기 계획, 다시 말해 의도나 마스터 플랜이 필요하다. 정원사는 계획에 기반해 일을 시작한다. 그러나 일부 계획은 현실에 적합하지 않을 수 있으며, 결과적으로 나무를 다시 심거나 재배치를 해야 할 수도 있다. 몇몇 식물은 필요하지 않거나 매력적이지 않아 뽑아내야 할 수도 있다. 잡초를 제거해야 하고 특별한 보살핌이 필요한 식물에는 비료를 줘야 한다. 정원을 아름다운 형태와 좋은 상태로 유지하려면 매일 정원을 보살피고 양분을 제공해야 한다.

정원사는 매일 정원에서 일하며 식물들을 관리할 책임을 진다. 정원사와 마찬가지로 아키텍트는 지속적인 다듬기Refinement를 통해 시스템을 건강하게 유지하고 양성할 책임을 진다.

인테리어 디자이너 – 고객에게 귀를 기울이고 아이디어를 묶는다

인테리어 디자이너Interior Designer는 애자일 아키텍트가 해야 할 행동을 이해할 수 있는 또 다른 훌륭한 메타포다. 인테리어 디자이너는 항상 디자이너와 고객 사이에서 집단적이고 협력적으로 행동한다.

인테리어 디자이너가 할 수 있는 최악의 행동은 자신의 아이디어를 고객에게 강요하는 것이다. 좋은 인테리어 디자이너는 사람에게 집중하고 다른 사람의 말을 경청하며 커뮤니케이션에 능숙하다. 인테리어 디자이너는 항상 고객의 필요와 목적에 귀를 기울인다. 그런 다음 환경에 대한 타당성을 평가하고 고객의 아이디어를 한층 개선한다. 이때 자신들의 전문성을 활용하고 가능한 것들을 공유한다. 인테리어 디자이너는 고객이 새로운 아이디어를 공유할 때마다 솔루션에 관한 생각을 조정한다. 이 과정은 전형적으로 협업적이며 열린 대화를 통해 일어난다. 어떤 사항이 기술적으로 불가능해지면 공개적으로 어려움을 표현함으로써 자신의 평판이 나빠지는 것을 방지한다.

인테리어 디자이너인 케이시 쿠Kathy Kuo는 인테리어 디자이너들이 고객과 함께 일하면서 고객의 아이디어에 귀 기울이는 것을 관찰했다. 고객들은 때때로 자신들이 어디선가 본 것을 기반으로 의견을 낸다. 인테리어 디자이너가 해야 할 일은 긍정적인 열린 시각에서 그 아이디어의 좋은 점을 찾아내 고객에게 돌림으로써 고객들이 훌륭한 디자인과 자신감으로 좋은 것들을 한 데 엮었다는 편안함을 느끼게 하는 것이다. 대부분 고객은 그 솔루션이 자신에게서 나온 것이기에 곧바로 받아들일 것이다.

인테리어 디자이너 접근 방식은 애자일 소프트웨어 개발에서 아키텍트가 해야 할 일과 완벽하게 일치한다. 현명한 개발자들은 대부분 뛰어난 아이디어를 갖고 있다. 아키텍트들은 그저 점을 연결하고 전체적인 정렬 상태를 보면서 피드백을 통해 사소한 조정을 해야 한다. 그리고 무엇보다 개발자들이 확신을 가질 수 있도록 독려해야 한다.

엘리베이터 – 모든 계층에서의 커뮤니케이션을 돕는다

엘리베이터Elevator 아키텍트 메타포는 애자일 아키텍트의 전체적으로 연결된 특성을 보여준다. 이는 그레거 호프Gregor Hohpe가 그의 책 『The Software Architect Elevator』(Oreilly, 2020)에서 소개했다. 그레거는 기업을 거대한 고층 빌딩에 비유했다. 빌딩의 최상층인 펜트하우스에는 비즈니스가 자리를 차지하고 있으며, 가장 아래층인 엔진룸에는 엔지니어들이 앉아있다. 펜트하우스와 엔진룸 사이에는 수많은 층이 존재한다. 각 층은 관리자 스태프들로 채워져 있다. 이러한 조직에서는 비즈니스와 개발자들 사이의 연결이 끊어지는 문제가 발생한다. 메시지가 여러 층을 지나면서 잘못 해석되거나 때로는 전혀 다른 의미로 변질된다.

그레거는 아키텍트가 이 건물의 최상층과 최하층을 연결하는 메커니즘이라고 비유했다. 엘리베이터 아키텍트는 층 사이를 위아래로 움직이며 변질되지 않은 메시지를 전달한다.

아키텍트는 이 역할에 매우 적합하다. 그들은 비즈니스 전략을 IT 전략으로 바꿀 수 있고, 바뀐 전략을 개발자와 함께 코드로 작성할 수 있기 때문이다. 잠재적으로 아키텍트들은 전략과 코드의 언어 모두를 잘 다룰 수 있는 유일한 존재다.

부주방장 – 리더이면서 솔선수범한다

부주방장^{Sous Chef} 메타포는 코드를 만들 뿐 아니라 기술적 리더십을 제공할 수 있는 최고의 프로그래머로서의 아키텍트를 나타낸다.

큰 레스토랑에서 부주방장은 주방의 명령 체계에서 두 번째로 높은 자리에 있다. 총괄 주방장^{Executive Chef}은 레스토랑 전체에 관한 책임을 지지만 직접 주방을 관장하기보다는 레스토랑 관리에 더 집중한다. 부주방장은 주방의 거의 모든 오퍼레이션을 직접 관리한다. 요리법, 요리 데코레이션, 조리 순서, 신규 주방장 교육은 물론 고객에게 최고 품질 기준을 만족하는 요리가 제공되도록 보장한다. 부주방장은 주방의 모든 조리 기구를 언제나 적절히 사용할 수 있도록 관리할 책임이 있으며, 때로는 총괄 주방장의 빈 자리를 대신하기도 한다.

부주방장과 마찬가지로 애자일 아키텍트는 현장의 전문가로서 기술 활동을 리드한다. 산출물의 품질에 집중하고 솔선수범하며 코드를 만들기도 한다. 아키텍트는 부주방장처럼 시스템 전체, 현재 및 단기적인 진화에 관한 완전한 시각을 지니고 있으며 다양한 팀에 주의를 기울인다.

애자일 아키텍트의 도전적인 의무

전 미 국방부 장관인 도널드 럼스펠드^{Donald Rumsfield}는 '알려진 알려지지 않은 것과 알려지지 않은 알려지지 않은 것^{Known Unknowns and Unknown Unknowns}'이라는 말을 소개했다. 알려진 알려지지 않은 것들은 여러분이 알고 있는 것에 관한 리스크이며 그에 대한 계획을 세울 수 있다. 목적 달성을 위해 사용한 신기술에 관련된 리스크 등이 이에 해당한다. 목적이 바뀌거나 그 기술이 의도했던 만큼의 성능을 내지 못할 수 있다. 알려지지 않은 알려지지 않은 것은 과거에 존재하지 않았기 때문에 여러분이 생각조차 하지 못한 리스크다. COVID-19 팬데믹이 세상을 바꾼 것 등이 이에 해당한다. 애자일 소프트웨어 개발에서 아키텍트는 '알려진 알려진 것'들은 물론 '알려진 알려지지 않은 것'들을 비롯해 '알려지지 않은 알려지지 않은 것'도 다뤄야만 한다.

그림 3.9는 럼스펠드가 말한 것들에 관한 모델을 이용해서 다룬 여러 시나리오를 나타낸다.

그림 3.9 알려진 알려지지 않은 것들에 관한 모델

- **알려지지 않은 알려진 것**Unknown Knowns: 스킬, 역량 혹은 예측의 부족에서 기인하는 것을 의미한다.

- **알려진 알려진 것**Known Knowns: 가용한 데이터와 사실들을 이용해 적절하게 다룰 수 있는 것을 의미한다.

- **알려진 알려지지 않은 것**Known Unknowns: 이미 생각하고 있으나 점진적 규모 확장 등의 계획에 기반해 아직 구현되지 않은 것들을 의미한다.

- **알려지지 않은 알려지지 않은 것**Unknown Unknowns: 시각화하기 매우 어려우며 일반적으로 진화 가능한 아키텍처를 구축함으로써 다룰 수 있는 것을 의미한다. 진화 가능한 시스템의 구축이 항상 알려지지 않은 알려지지 않은 것들을 다룬다고 보장할 수는 없으나, 적어도 그 영향의 영역은 줄일 수 있다.

애자일 개발에서 애자일 아키텍트의 삶을 어렵게 만드는 것은 '알려진 알려지지 않은 것'과 '알려지지 않은 알려지지 않은 것'들이다. 3장에서는 애자일 아키텍트들에게 요구되는 의무들에 대한 다양한 관점을 설명하기 위해 다양한 메타포를 사용한다.

빙산 – 알려진 것보다 알려지지 않은 것이 많다

애자일 소프트웨어 개발에 참여하는 아키텍트들은 비전, 기술적 전문성, 유연한 마인드셋으로 현재 알고 있는 것 이상을 생각해야 한다. 아키텍트는 새로운 지식을 발견했을 때 요구에 신속하게 대응할 수 있도록 훈련되고 준비돼야 한다.

그림 3.10의 다이어그램은 아키텍트가 직면한 어려움을 나타낸다(그림 3.10).

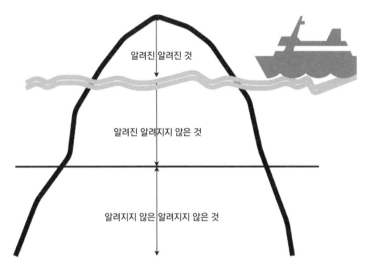

그림 3.10 알려지지 않은 것들을 시각화하기 위한 빙산 모델

그림 3.10에서 보듯 어려움이란 빙산처럼 20%만 눈에 보이며 나머지는 가정에 의지해야 한다. 눈에 보이는 부분의 형태와 크기만으로 빙산을 측정할 수밖에 없다. 빙산 일부가 물속에 있을 것이라고 시각화할 수는 있지만, 얼마나 많은 빙산이 물속에 있는지는 상상할 수 없다. 빙산의 형태는 다양하기에 크기를 가늠하기란 매우 복잡하다.

애자일 아키텍처는 고객 필요의 변화에 맞는 가치 전달이라는 관점에서 아키텍처 진화를 촉진한다. 시작 단계에서는 알려진 요구 사항의 20%만 알 수 있으며 나머지는 가정에 의존해야 할 것이다. 그 가정은 고객의 필요를 명확하게 알게 되면서 점점 사라진다 (그림 3.11).

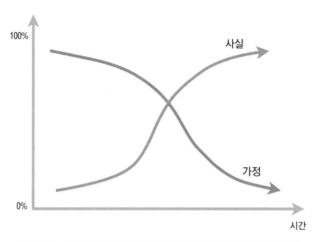

그림 3.11 애자일 아키텍트의 가정은 시간이 지남에 따라 명확해진다.

알려지지 않은 요구 사항을 다루는 애자일 솔루션 개발의 무한한 범위는 애자일 아키텍트들이 겪는 가장 큰 어려움이다. 알려지지 않은 것들을 예상하기 위해서는 매우 깊은 도메인 지식, 기술적 기민함의 전문성 그리고 시장에 대한 뛰어난 식견이 있어야 한다. 알려지지 않은 것들의 범위를 좁힐 수 있도록 진화하는 아키텍처를 개발하는 것 또한 핵심적으로 고려해야 할 측면이다. 마지막으로 가정에 기반한 솔루션 개발 기법을 활용하고 가능한 한 마지막 순간까지 결정을 미루는 것도 애자일 소프트웨어 개발에서 매우 유용하다.

말과 마차 – 말은 언제나 마차보다 앞선다

애자일 소프트웨어 개발에 참여하는 아키텍트들은 본질적으로 현재의 긴급함^{Urgency of Now}의 함정에 빠지지 않아야 한다. 아키텍트들은 항상 미래를 보고 아키텍처에서의 필수적인 변화에 대한 계획을 수립하며, 이러한 변화로 팀의 속도가 떨어지기 전에 설계를 변경해야 한다.

말과 마차 시나리오에서 말은 항상 마차의 앞에서 마차를 올바른 방향으로 이끈다. 말은 마차보다 몇 발자국 앞에서 뛰면서 말과 마차 사이의 리듬을 유지한다. 말과 마차는 잘 연결돼 있기에 둘 중 하나만 빠르게 움직일 수는 없다.

그림 3.12는 말과 마차의 시나리오를 애자일 팀의 다양한 역할과 매핑한 다이어그램이다.

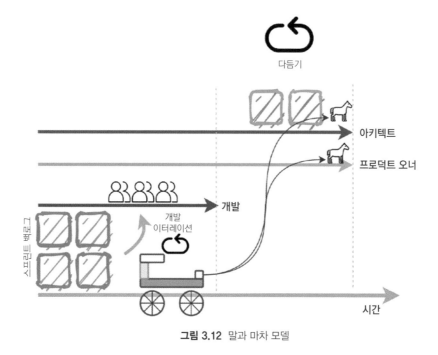

그림 3.12 말과 마차 모델

애자일 개발에서 **프로덕트 오너**^{Product Owner}와 아키텍트는 두 마리 말에 비유된다. 두 역할은 약간 앞서 달리면서 비전과 로드맵을 기반으로 제품을 조금 더 날카롭게 다듬는다. 프로덕트 오너와 아키텍트는 손을 맞잡고 일하면서 제품이 기능 및 비기능 요구 사항을 잘 만족하는지를 보증한다.

카메라 – 마지막 결정적인 순간을 결정한다

아키텍트가 직면한 어려움을 이해하는 데 유용한 세 번째 메타포는 카메라의 노출 설정^{Exposure Control}이다. 노출 설정은 일안 리플렉스^{SLR, Single Lens Reflection} 카메라에서 전형적으로 볼 수 있다.

그림 3.13의 다이어그램은 노출 설정의 세 가지 핵심 요소를 나타낸다.

그림 3.13 노출 삼각형

사진의 품질은 노출 삼각형, 즉 **조리개**^{Aperture}, **셔터 속도**^{Shutter Speed}, **ISO 감도**^{ISO Speed}에 따라 결정된다. 세 가지 파라미터는 자연광을 조정함으로써 더 나은 사진을 얻기 위한 최적의 노출 수준을 결정한다. 전문 사진가는 셔터를 누르기 직전에 각각의 값을 설정하고 셔터를 누른다. 자연광은 지속적으로 변하므로 이 값들을 미리 설정해 두더라도 노출값은 잘못된다. 비행기처럼 움직이는 대상을 찍기는 더욱 어렵다. 가장 마지막의 결정적인 순간에 노출 수준을 설정해야 최고의 사진을 얻을 수 있다. 그러나 너무 늦은 순간까지 기다리다 보면 오히려 노출을 조정할 시간 자체를 확보하지 못할 수도 있다.

애자일 소프트웨어 개발에서 아키텍처에 관한 결정을 내릴 수 있는 최후의 시점이 언제인지 결정하는 것이 핵심이다. 결정을 너무 이른 시점에 내리면 충분한 정보 없이 잘못된 결정을 내리게 될 수 있고, 이는 높은 재작업 비용을 수반하게 된다. 너무 늦은 결정 또한 지연 비용을 발생시킨다. 아키텍트는 재작업 비용과 지연 비용의 균형을 맞춤으로써 **최종 책임 순간**^{LRM, Last Responsible Moment}을 식별해내야 한다.

관제탑 – 지속적으로 항공기의 우선순위를 설정한다

활주로가 하나뿐인 공항에서는 짧은 시간 간격으로 항공기가 한 대씩 이착륙하도록 통제해야 한다. **관제탑**^{ATC, Air Traffic Control}은 '대기 패턴^{Holding Pattern}'을 이용해 활주로의 흐름을 통제한다.

그림 3.14는 전형적인 항공기 대기 패턴을 나타낸다.

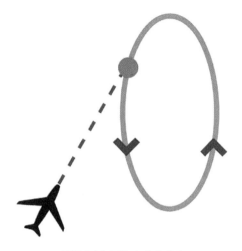

그림 3.14 항공기 대기 패턴

항공기 대기 패턴은 순차적인 착륙 오퍼레이션을 위해 사용하는 접근 방식이다. 항공기가 공항 근처에 있다고 해도 ATC는 즉시 착륙 허가를 하지 않는다. 착륙 허가를 기다리는 항공기들은 대기 패턴에 들어가는데, 이 패턴에서는 각 항공기를 수직 대기열에 넣는다. 가장 먼저 대기 패턴에 진입한 항공기가 수직 대기열의 가장 아래쪽으로 들어가며 새로운 항공기는 수직 대기열 위쪽으로 들어간다. 일반적으로 수직 대기열의 가장 아래쪽 항공기가 먼저 착륙 허가를 받는다. 예외적으로 항공기가 긴급하게 착륙할 때는 이 규칙을 무시하고 먼저 착륙 허가를 받는다. ATC는 항공기의 숫자와 다른 요소를 고려해 착륙 우선순위를 결정한다.

애자일 소프트웨어 개발에서 아키텍트는 프로덕트 오너와 함께 지속적으로 개발 백로그 아이템의 우선순위를 결정한다. 구조화된 방법론과 프랙티스를 이용해 기능 및 기술 백로그 아이템의 우선순위를 결정한다.

잠망경 – 다른 방법으로 볼 수 없는 것들을 본다

옥스포드 고급 사전^{Oxford Advanced Learners Dictionary}에서는 '잠망경^{Periscope}'을 이렇게 정의한다. '튜브와 거울 세트로 이뤄진 특별한 장치이며, 일반적으로 잠수한 상태의 잠수함이나 장애물 너머의 대상을 볼 때 이용한다.'

이 정의의 시나리오는 아래 그림과 같다.

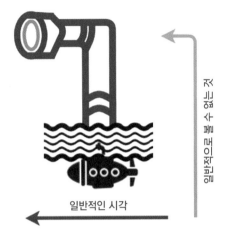

일반적으로 볼 수 없는 것

일반적인 시각

그림 3.15 잠망경은 일반적으로 볼 수 없는 것을 볼 수 있다

아키텍트는 종종 개발자들과는 다른 렌즈를 통해 사물을 관찰한다. 개발자들은 코딩과 전달 관점에서 사물을 보며 즉각적인 어려움의 해결에 집중한다. 반면에 아키텍트는 다른 마인드셋을 갖고 장단기적으로 비즈니스 목적과 가치, 트레이드오프 및 품질을 두루 살핀다.

아키텍트는 시스템 사고 접근 방식을 이용해 파편화된 솔루션을 배포하는 것보다는 시스템을 전체적인 관점에서 이해한다. 시스템 사고는 조그만 조정을 통해 시간이 지남에 따라 시스템 아키텍처가 실질적인 무결성을 달성할 수 있다는 개념에서 아키텍트들로 하여금 때때로 특정 요소를 조금 조정하도록 한다.

애자일 소프트웨어 개발에서 아키텍트의 행동과 의무가 어떻게 달라졌는지 살펴봤다. 이제 다양한 애자일 확장 프레임워크에서 아키텍트의 역할을 어떻게 다루는지 살펴본다.

다양한 확장 프레임워크에서의 아키텍트의 역할

스크럼과 같은 애자일 소프트웨어 개발 방법론에서는 아키텍트 역할을 정의하지 않는다. 이 프레임워크들은 기본적으로 최고의 아키텍처는 자기 조직화된 팀 안에서 창발한다는 애자일 선언의 원칙을 다시 반복한다. 그러나 제품 개발이 여러 팀에 걸쳐 확장되면 아키텍트의 역할은 기술적 리더십과 정렬을 위해 반드시 필요하다. 그래서 대부분의 애자일 확장 프레임워크에서는 명시적으로 애자일 아키텍트의 역할을 부여한다.

Scaled Agile Framework

Scaled Agile Framework[SAFe]에서는 아키텍트를 중요한 원칙 중 하나로 간주하고 세 가지 아키텍트의 역할(엔터프라이즈 아키텍트, 솔루션 아키텍트, 시스템 아키텍트)을 정의한다. 하지만 아키텍트들은 팀 외부에 있으며, 이는 애자일 소프트웨어 개발 선언의 원칙에서는 상당히 벗어난 것이다.

엔터프라이즈 아키텍트는 포트폴리오를 운영하며 비즈니스의 전략적 주제와 기술적 전략을 정렬해 날카롭게 만든다. 린 관점의 예산을 위한 가드레일을 보조하고 솔루션 및 시스템 아키텍트와 협업해서 목적에 부합하며 경제적으로 적절한 비즈니스 솔루션을 만드는 책임을 진다. 여러 포트폴리오를 넘나드는 엔터프라이즈 아키텍트는 포트폴리오 백로그를 잘 알고 있으며, 여러 포트폴리오의 로드맵에서 가치를 얻는다. 엔터프라이즈 아키텍트는 비즈니스, 정보 및 보안 아키텍트와 같은 아키텍처 원칙의 지원을 받으며 아키텍트 팀을 형성해 더욱 큰 포트폴리오를 관리한다. 엔터프라이즈 아키텍트는 솔루션 아키텍트 및 다른 **ART** 구성원들과 밀접한 연결 관계를 유지한다.

SAFe에서 솔루션 아키텍트는 큰 솔루션 트레인에 위치하면서 여러 **ART**와의 솔루션 정렬과 협업에 관한 책임을 진다. 솔루션 트레인의 삼총사[Troika]는 큰 솔루션의 만족스러운 전달을 책임진다. 솔루션 관리[Solution Management]는 콘텐트에 책임을 지며, 솔루션 아키텍트는 구조와 솔루션의 행동에 책임을 진다. 또한 솔루션 트레인 엔지니어[Solution Train Engineer]는 다양한 프로세스와 시간 관리에 관한 책임을 진다.

이 형태는 프로그램 및 필수 레벨에도 반복된다. 솔루션 아키텍트는 시스템 아키텍트로 바뀐다. 솔루션 아키텍트와 시스템 아키텍트의 역할은 상당히 유사하지만 영역이 다르다. 많은 혼합 시스템과 복잡한 기술 영역으로 구성된 큰 **ART**에는 많은 시스템 아키텍트가 존재한다.

Disciplined Agile

Disciplined Agile[DA]에서는 아키텍트를 매우 강조한다. 다른 애자일 개발 프레임워크에 맞춰 DA는 팀 내 시니어 개발자 또는 기술적으로 가장 경험이 많은 개발자 중 한 사람이 지정된 아키텍트 역할을 하도록 권장한다.

작은 팀에서는 팀 구성원 모두가 아키텍처에 관한 책임을 갖는다. 팀 구성원 사이의 의견 충돌을 해소하고 일치된 의견을 관리하기 위해 DA는 **아키텍처 오너**[Architecture Owner] 역할을 제안한다. 아키텍처 오너는 합의를 촉진하고 아키텍처 결정을 담당한다. 일반적으로 지정된 아키텍트 또는 애자일 솔루션 아키텍트는 아키텍처 오너와 같은 역할을 한다. 아키텍처 오너는 독단적으로 아키텍처를 만들지 않는다. 대신 팀을 촉진하고 팀과 협업해 함께 아키텍처 결정에 도달하고 아키텍처를 모델링한다. 팀의 의견이 정렬되지 않을 때는 아키텍트가 아키텍처를 결정할 최종 권한을 갖는다. DA에서는 더 나은 의사 결정을 하기 위한 도메인 이해의 중요성을 강조한다.

DA를 여러 팀으로 확장할 때 DA는 팀을 가로지르는 아키텍트의 가상 협업체 구축을 제안하며, 이를 '아키텍처 오너십' 또는 '리더십 팀'이라 부른다. 각 팀의 아키텍처 오너들이 이 그룹을 구성한다. 아키텍트 팀은 일반적으로 최고 아키텍처 오너가 리드한다. DA에서는 또한 아키텍트를 프로세스 목표의 시작, 수립 및 유지 보수의 핵심 참여자로 간주한다.

Large Scale Scrum

Large Scale Scrum[LeSS]는 명시적으로 아키텍트 역할을 정의하지 않으며, 팀이 모든 결정을 내릴 것을 독려한다. LeSS에는 아키텍트 프로그래머 혹은 마스터 프로그래머가 팀 안에 존재하는데, 이들은 주로 시니어 구성원으로 디자인 액티비티를 리드한다.

LeSS에서의 아키텍트에 관한 흥미로운 관점 두 가지를 소개한다.

- 제품의 진화하는 소스 코드를 직접 다루지 않는 소프트웨어 아키텍트는 현실과 동떨어져 있다.

- 모든 프로그래머는 원하든 원하지 않든 특정한 측면에서 아키텍트다. 모든 프로그래밍 행위는 좋든 나쁘든, 작든 크든, 의도했든 아니든 특정한 형태의 아키텍처 구현 행위다.

LeSS에서는 아키텍처 우주 비행사나 파워포인트 아키텍트와 같이 상위 수준에 머무는 아키텍트는 지속 가능한 설계에 적합하지 않다고 간주한다. LeSS는 아키텍처보다 설계에 초점을 맞추며 다음과 같이 아키텍트 부재 문화를 강조한다.

> "애자일 아키텍처는 애자일 아키텍처를 구현하는 행동에 기반한다. 솔선수범하는 마스터 프로그래머 아키텍트, 코드 전문성에 기반한 문화, 페어 프로그래밍을 통한 고품질의 코드 및 설계 강조, 애자일 모델링 설계 워크숍, 테스트 주도 개발 및 리팩터링 그리고 다른 코드를 직접 다루는 행동이 이에 포함된다."

다양한 애자일 확장 프레임워크들에서 아키텍트 역할을 어떻게 다루는지 살펴봤다. 스노우 인 더 데저트의 교훈을 확인하며 3장을 마무리한다.

∷ 스노우 인 더 데저트에서의 교훈

스노우 인 더 데저트는 SAFe 가이드를 기반으로 애자일 트랜스포메이션 여행을 시작했다. 스노우 인 더 데저트에서 애자일 전달에 가장 문제가 되는 것은 행동과 문화였다. SAFe에 따르면 시스템 아키텍트는 솔루션 관리 및 릴리스 트레인 엔지니어^{RTE, Release Train Engineer}와 함께 ART 리더십 레벨에 위치한다. 아키텍트들이 최고의 프로그래머라 할지라도 개인적인 행동과 이전 조직에서의 습관들이 애자일 아키텍트와 나머지 개발 팀 사이의 마찰을 만들었다. 이 벽은 협업을 저해했고, 결과적으로 팀은 공동의 책임감은 물론 솔루션에 대한 일치된 비전도 없이 운영됐다.

이 어려움을 극복하기 위해 스노우 인 더 데저트는 팀 구성의 노선을 수정했다. 그림 3.16은 스노우 인 더 데저트에서의 다음 단계 진화를 나타낸다.

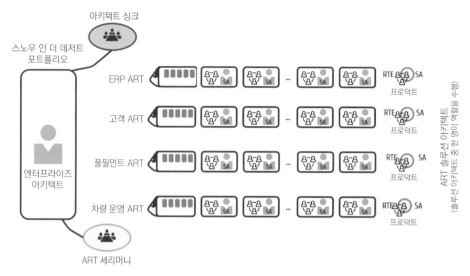

그림 3.16 스노우 인 더 데저트에서 아키텍처의 위치

그림 3.16의 다이어그램에서 보듯 시스템 아키텍트는 ART 리더십에서 각 팀으로 이동했다. 결과적으로 스노우 인 더 데저트에서는 모든 개발 팀에 아키텍트를 포함해 대부분의 다른 애자일 개발 프레임워크를 준수할 수 있게 됐다. 전담 아키텍트들은 대부분 마스터 개발자였으며, 팀 구성원으로서 개발 책임의 일부를 공유했다. 동시에 여전히 아키텍처 활동을 위한 역량을 할당했다. 이들은 팀에서 기술적 리더십을 제공했고 자신들의 동료 네트워크와 연결돼 있으면서 솔루션을 정렬하고 기술을 공유했다.

ART 리더십 레벨에서 아키텍트의 역할은 해당 ART에 속한 각 팀의 시스템 아키텍트 중 가장 역량이 뛰어난 사람이 담당하면서 가상의 역할로 바뀌었다. 역할 혼란을 줄이고 조직 안에서의 역할 수를 제한하기 위해 이들을 '솔루션 아키텍트'라 불렀다. 스노우 인 더 데저트에는 솔루션 트레인이 존재하지 않으므로, 또 다른 솔루션 아키텍트도 없다.

네 개의 비즈니스 유닛에 대한 재정 집행과 통제는 동시에 수행됐기 때문에 스노우 인 더 데저트에는 단 하나의 SAFe 포트폴리오만 존재한다. 포트폴리오 레벨에서 엔터프라이즈 아키텍트는 포트폴리오 전체를 관장한다. 엔터프라이즈 아키텍트는 ART 세리머니와 아키텍트 동기화 회의에 참석함으로써 모든 ART와 잘 연결된다. 엔터프라이즈 아키텍트는 이 포럼들을 사용해 팀에 전략적 방향을 제시하고, 그 방향에 따라 팀을 정렬하고, ART 사이의 아키텍처 런웨이 전략을 동기화하고, 팀으로부터 피드백을 수집한다.

⠿ 정리

전통적인 아키텍처 구축 방법과 애자일 아키텍처의 불일치로 아키텍트는 심각한 역할의 어려움을 겪어 왔다. 기존의 인식이나 경제적 고려사항과 조합된 상아탑, 우주 비행사, 경찰과 같은 행동들은 애자일 소프트웨어 개발의 표면에서 일어난 아키텍트 타파 운동에 기름을 부었다. 3장에서 살펴봤듯 지정 아키텍트 또는 전담 아키텍트가 애자일 팀에서 대단히 중요하다.

협업의 필요성이 극단적으로 높아진 동시에 애자일 아키텍트는 기술, 도메인, 리더십, 전략 등의 모든 분야에 통달해야 한다. 전통적인 건축 아키텍트의 메타포를 정원사, 엘리베이터, 부주방장 그리고 인테리어 디자이너의 메타포로 전환하기 위해서는 급격한 트랜스포메이션이 필요하다. 알려지지 않은 것들을 아는 능력, 적응에 대비하는 능력, 개발자들을 위해 길을 닦아주는 능력, 기술 백로그의 우선순위를 정하고 아키텍처에 관한 결정을 내릴 시점을 판단하는 능력, 시스템 사고에 기반한 솔루션 마인드셋 등은 애자일 아키텍트에게 무엇보다 중요하다.

엔터프라이즈 아키텍트와 솔루션 아키텍트는 애자일 소프트웨어 개발과도 관련 있는 아키텍트의 역할이다. 4장에서는 애자일 소프트웨어 개발에서의 엔터프라이즈 아키텍트의 역할과 책임을 살펴본다.

⠿ 더 읽을거리

- 소프트웨어 아키텍트^{Software Architect}. https://en.wikipedia.org/wiki/Software_architect

- IASA, 아키텍트의 5개 기둥^{IASA Five Pillars of Architect}. https://itabok.iasaglobal.org/itabok/capability-descriptions/

- SFIA, 스킬 프레임워크^{SFIA Skills Framework}. https://sfia-online.org/en/sfia-7/all-skills-a-z

- 조엘 스폴스키, 아키텍처 우주비행사가 당신을 무섭게 하지 말라^{Don't Let Architecture Astronauts Scare You by Joel Spolsky}. https://www.joelonsoftware.com/2001/04/21/dont-let-architecture-astronauts-scare-you/

- 「Accidental Architecture」. http://www.inf.ed.ac.uk/teaching/courses/seoc/2006_2007/resources/Arc_Accidental.pdf

- 브라이언 포스터 & 닐 포드, 우연한 아키텍트가 되기^{Becoming an accidental architect by Brian Foster and Neal Ford}. https://www.oreilly.com/radar/becoming-an-accidental-architect/

- 아키텍트의 중요성에 관한 설문 조사^{Importance of Architects Survey}. https://6point6.co.uk/insights/an-agile-agenda/

- 「A method for valuing architecture-based business transformation and measuring the value of solutions architecture」. https://www.researchgate.net/publication/254874295_A_method_for_valuing_architecture-based_business_transformation_and_measuring_the_value_of_solutions_architecture

- 보다 나은 인테리어 디자이너 되기^{Becoming a Better Interior Designer}. https://www.kathykuohome.com/blog/how-to-handle-clients-from-tricky-questions-to-stubborn-personalities/

- 애자일 프레임워크에서의 아키텍트의 역할^{Architect Role in Agile Frameworks}. https://vmmatthes44.in.tum.de/file/lkrmqwaddo5l/Sebis-Public-Website/-/Investigatingthe-Role-of-Architects-in-Scaling-Agile-Frameworks/Investigating%20the%20Role%20of%20Architects%20in%20Scaling%20Agile%20Frameworks.pdf

04

애자일 엔터프라이즈 아키텍트
– 전략과 코드의 연결

"직접 가서 보고 상황을 완전하게 이해하라(현지 현물^{Genchi Genbutsu})."
– 토요타 원칙 12, 토요타 웨이^{Toyota Principle 12, Toyota Way}

3장에서는 여러 메타포를 이용해 애자일 아키텍트의 의무와 어려움들 그리고 그 역할의 중요성에 관해 살펴봤다. 애자일 아키텍트는 여러 역할을 하지만 엔터프라이즈 아키텍트와 솔루션 아키텍트는 엔터프라이즈 규모의 애자일 소프트웨어 전달에서 가장 중요한 역할을 한다.

4차 산업 혁명은 비즈니스가 불안정한 환경과 시장 불안의 폭풍을 견디게 하는 원동력을 기술이라 간주한다. 엄격한 전략적 계획, 빠른 린 프랙티스를 도입함으로써 조직들은 원하는 기민함의 상태를 달성하는 데 도움을 얻을 수 있다. 엔터프라이즈 아키텍트는 근본적으로 빠른 기술 혁신 사이클을 통해 비즈니스를 기민하게 하는 데 중요한 역할을 한다. 그러나 전통적인 **엔터프라이즈 아키텍처**^{EA, Enterprise Architecture} 접근 방식은 디지털 중심으로 전환하는 비즈니스에는 근본적으로 적합하지 않다. 이러한 비즈니스들은 더 빠르고 빈번한 요구 사이클에 의해 주도되기 때문이다. 린 애자일 프랙티스, 데이터 주도 의사 결정, 가치 주도 전달, 조직의 애자일 소프트웨어 전달 프로세스와 관련된 진화적 협업에 기반을 둔 새로운 원칙들은 엔터프라이즈 아키텍트의 성공을 위한 핵심 요소다. 엔터프라이즈 아키텍트는 다양한 이해관계자와 완벽히 연결되고 조화롭게 협업함으로써 비즈니스 아이디어를 실제적이고 정량적인 비즈니스 가치로 바꾼다. 엔터프라이즈 아키텍트는 비즈니스와 IT 전략의 전체적인 균형을 맞추며 잘 구축된 포트폴리오를 끊임없이 유지한다. 애자일 엔터프라이즈 아키텍처는 여전히 성숙한 프랙티스이며 애자일 소프트웨어 개발이 거쳐야 할 다음 단계로의 커다란 도약이 될 것이다.

4장에서는 측정 가능한 산출물 전달에 집중하면서 EA 프랙티스에 기민함을 적용하는 방법에 관해 살펴본다. 또한 애자일 엔터프라이즈 아키텍트에게 적용되는 완전히 새로운 원칙과 의무도 살펴본다. EA 저장소^{EA Repository}는 높은 가치가 담긴 데이터 및 인사이트 기반의 의사 결정 전달과 관련된 퍼즐의 가장 중요한 부분 중 하나다. 이번 장 마지막에는 스노우 인 더 데저트에서의 교훈을 통해 애자일 확장 프레임워크가 엔터프라이즈 아키텍트들을 어떻게 간주하는지 살펴본다.

이번 장에서는 다음과 같은 주제를 다룬다.

- 린 애자일 엔터프라이즈 아키텍트의 필요성

- 애자일 엔터프라이즈 아키텍트가 비즈니스 기민함의 성공적 달성을 위한 핵심인 이유

- EA 저장소 – 사금 문제^{the Gold Dust Problem}[1]

- 가치 측정과 애자일 성숙 모델

- 다양한 확장 프레임워크에서 보는 엔터프라이즈 아키텍트의 위치

- 스노우 인 더 데저트에서의 교훈

4장에서는 애자일 아키텍트의 렌즈에서 **엔터프라이즈 아키텍트** 영역을 중점으로 다룬다.

---

1   사금 문제는 모든 사람이 얻기 원하기 때문에 달성하기 어려운 문제를 말한다. – 옮긴이

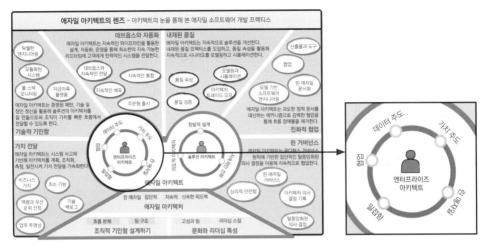

그림 4.1 엔터프라이즈 아키텍트 영역

참조 자료

4장 관련 자료들은 다음 저장소(https://github.com/moseskim/Becoming-an-Agile-Software-Architect/tree/master/Chapter4)에서 다운로드할 수 있다.

린 애자일 엔터프라이즈 아키텍처에서 변화의 필요성

엔터프라이즈 아키텍트는 혁신적인 현재 기술력을 레버리지함으로써 비즈니스의 미래 상태와 관련된 아키텍처를 구성하는 데 중요한 기여를 한다. IT는 비즈니스 기민함을 얻기 위해 광범위한 종단 간 비전, 전략, 개선된 비즈니스 참여를 요구한다. 또한 린 애자일 소프트웨어 전달 프로세스와 프랙티스를 받아들여야만 고객 요구에 빠르고 유연하게 대응함으로써 지속적인 비즈니스 경쟁력을 유지할 수 있다. 애자일 엔터프라이즈 아키텍트는 비즈니스와 IT 전략의 균형을 맞춤으로써 조직이 기민함을 얻는 데 매우 중요한 역할을 한다. 이 과정에서 애자일 엔터프라이즈 아키텍트는 비즈니스와 소프트웨어 개발 팀 사이에서 높은 수준의 결합을 만드는 통로가 된다. 비즈니스와 IT 사이의 정렬은 '페트로나스 타워Petronas Tower' 사이에 다리를 놓는 것과 같다.

그림 4.2는 애자일 엔터프라이즈 아키텍트가 균형을 유지하는 모습을 나타낸다.

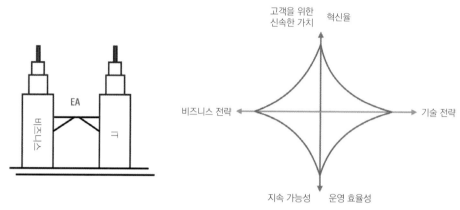

그림 4.2 엔터프라이즈 아키텍트는 균형을 유지한다

애자일 소프트웨어 개발에서 EA가 당면하는 어려움은 핵심 콘셉트나 가치에 관한 것이 아니다. 전통적인 EA 프레임워크에서 제안하는 구현 접근 방식이 원칙적으로 애자일 소프트웨어 개발과 프랙티스 그리고 일하는 방식과 다르다는 점이 문제다. 이 차이는 매우 커서 EA와 애자일 소프트웨어 개발 사이의 적대감을 형성한다. 다음 절에서는 애 자일 소프트웨어 개발 철학에 맞지 않는 몇 가지 전통적인 EA 접근 방식의 요소를 살펴 본다.

EA 프레임워크는 기업을 설명하는 데 집중한다

가트너Gartner 연구 부문 부사장인 브라이언 버키Brian Burke는 '표준 EA 프레임워크에 집 중하는 것이 효과가 없음'을 관찰했다. 많은 EA 프레임워크는 과거의 소프트웨어 개발 마인드셋을 갖고 있었으며, 길고도 직선적인 리드타임에 기반했기 때문에 지속적인 가 치 흐름과 동떨어져 있었다. 그러나 여전히 자신들의 서비스와 도구를 시장에 판매하고 있었다.

대부분의 EA 프레임워크는 애자일 소프트웨어 개발 프랙티스가 각광을 받기 이전의 시기에 만들어졌다. 이러한 이유로 프레임워크는 대부분 전통적인 기업의 언어와 용어 그리고 프랙티스를 사용한다. 스비야토슬라브 코투세프$^{Svyatoslav\ Kotusev}$는 '엔터프라이즈 아키텍처의 역사$^{The\ History\ of\ Enterprise\ Architecture}$'라는 제목으로 EA의 진화에 관해 잘 기록했다. 대부분의 EA 프레임워크에서는 EA를 기업에 관한 기술$^{Description\ of\ the\ Enterprise}$로 정의하는데, 이는 곧 막대한 양의 문서를 암시한다.

많은 EA 프레임워크는 기업을 하향식$^{Top\text{-}down}$ 관점에서 체계적으로 문서화하면서 시작한다. 다시 말해 조직과 비즈니스 역량을 기술하고, 이후 하위 아키텍처를 구체적으로 표현한다. 이 표현은 '현재$^{AS\text{-}IS}$'와 '목표$^{TO\text{-}BE}$' 그리고 그 사이에 하나 이상의 전환 단계를 포함한다(그림 4.3).

현재 상태   전환 상태   목표 상태

그림 4.3 전형적인 EA 로드맵

하향식 문서는 많은 시간을 들여 기업의 수많은 충돌에 대응하는 완전한 아키텍처를 기술하고자 하지만 그 어떤 가시적인 결과물 또는 비즈니스 가치를 만들지 못한다. 가시적인 가치가 없기 때문에 기업의 이해관계자들은 EA 프로그램에 기여하지 않으며, 결과적으로 그 이니셔티브는 도중에 지연되기 십상이다. 또한 아키텍처 문서가 가치를 만들어낼 수 있는 합리적인 단계에 이르는 시점에는 이미 애자일 전달 사이클이 너무 빨라 수집한 데이터들은 구식이 되고 만다.

현실에서는 완전히 동일한 조직은 존재하지 않음에도 불구하고, 수많은 기업은 맹목적으로 EA 프레임워크를 도입한다. 가트너의 리서치 디렉터인 제임스 맥고번^{James} ^{McGovern}은 "잘라 붙이기 방법론을 사용하는 EA 팀들은 조직의 DNA가 완전히 달라서 그 가치를 증명하는 데 골머리를 앓는다"라고 말한다. 많은 기업이 이미 만들어진 EA 프레임워크를 사용해 강제로 애자일 소프트웨어 개발에 맞추려 시도하다가 실질적인 EA의 가치를 보지 못하고 실패한다. 반대로 가트너는 비즈니스 결과물 주도 EA 개념을 소개한다. 이는 프레임워크를 적용할 때 가시적인 비즈니스 가치의 전달로 초점을 돌리는 것이다.

도시 계획의 메타포는 더 이상 유효하지 않다

도시 계획은 EA를 설명하기 위해 사용되던 가장 직관적이고도 전통적인 메타포다. 마스터 도시 계획은 학교, 공원, 거주지 등 구체적인 목적에 따라 도시를 미리 정의한 영역으로 구성한다.

그림 4.4는 도시 계획 일부를 보여준다.

그림 4.4 도시 계획 메타포

그림 4.4와 같이 도시는 특정한 목적에 따른 영역으로 나뉜다. 도로와 다른 경로들은 잘 연결된 방식으로 사전에 설계된다. 마스터 계획이 승인되면 주어진 명세에 따라 마스터 계획에 맞춰 건물들을 점진적으로 건축한다. 이 메타포에서 마스터 계획은 전략적인 EA 계획 및 로드맵과 비교된다. 반면 각 영역 안에서의 개별 건물은 솔루션 아키텍처와 연관된다.

이전 장들에서 건축 아키텍트는 더 이상 애자일 아키텍트에 대한 최고의 메타포가 아니라고 언급했다. 관점을 확장하면 도시 계획 메타포 역시 또 다른 잘못된 비유에 지나지 않는다. 도시 계획은 대부분 수직 방향의 계획이지 수평 방향의 활동이 아니다. 요청에 의한 점진적인 개발 계획은 전통적인 소프트웨어 개발에서는 예측할 수 있지만, 애자일 소프트웨어 개발에서는 전혀 그렇지 않다. 도시 계획은 일반적으로 단계적 접근 방식을 따른다. 정부 기관의 승인을 받은 계획 팀은 건축 시작 전 모든 계획을 승인한다. 이 과정은 다분히 관료주의적이며 거의 예외 없이 법률의 보호를 받는다.

이 메타포는 대기업들이 장기 계획에 치중하던 4차 산업혁명 이전에는 꽤 잘 맞았을 것이다. 그러나 조직의 전략을 예측할 수 없으며 시장의 신호에 따라 크게 흔들리는 매우 불확실한 환경에서 도시 계획은 더 이상 EA를 위한 좋은 메타포가 될 수 없다.

그렇다고 새로운 세상에서 전략적 계획과 로드맵 활동에서 EA를 완전히 없애야 한다는 것은 아니다. 대기업들에게 이는 중요한 가치를 더해준다. 영역 수준에서 EA 계획을 수립하고 개별 영역 개발자들에게 자율성을 부여하며 적절한 수준의 가드레일을 제공하는 것은 여전히 유효하다. 단지 도시 계획이 엄격한 계획을 따르며, 세부적인 설계와 엄격한 통제에 집착하는 것이 애자일 소프트웨어 개발 관점에서 덜 매력적인 메타포라는 의미다.

EA는 아무 목적 없이 운영한다

'조직에 EA가 존재하는 이유는 무엇인가?'라는 질문에 한마디로 답할 수는 없다. EA 프랙티스에는 목적과 컨텍스트가 있어야 한다. EA가 존재하는 이유는 그것이 무엇이든 목적을 만족시키는 것뿐이다. 그 목적은 조직의 장단기적 중점 분야, 다시 말해 전략, 구조, 재무적 제약 사항 등에 따라 다르다.

많은 조직이 엔터프라이즈 아키텍트를 표준적인 정의에 자신들의 조직 구조와 프로세스를 구겨 넣는다. EA가 전달해야 할 목적이나 가치에 대해 명확하게 이해하지 않은 상태에서 말이다. 이럴 때 실패할 가능성이 매우 크다. 방향 없는 엔터프라이즈 아키텍트는 아무런 가치도 나타내지 못하기 때문이다.

그림 4.5는 다양한 조직에서 공통으로 보이는 EA의 목적들을 나타낸다.

전통적인 EA의 공통적인 목적들

① 디지털 트랜스포메이션
엔터프라이즈 아키텍트는 기업의 디지털 트랜스
포메이션에 책임을 지도록 할당된다.
이들은 비즈니스 모델과 전략을 공식화한다.

② EA 저장소
엔터프라이즈 아키텍트는 EA를 관리한다.
역량 유지 보수, 프로세스 매핑, 데이터 연결
등이 여기에 속한다.

③ 관리 컨설팅
엔터프라이즈 아키텍트는 내부 관리 컨설턴트다.
디자인 씽킹 워크숍과 비즈니스 전략 플래닝을
촉진한다.

④ 정보 관리 프로그램
엔터프라이즈 아키텍트는 대규모 정보 관리와
GDPR 같은 규제 프로그램 준수를 관리한다.

⑤ IT 전략
엔터프라이즈 아키텍트는 엔터프라이즈 IT 전략,
기술적 의사 결정 및 클라우드 도입 적용,
자동화 등을 개발하고 추진한다.

⑥ IT 전략 및 아키텍처 거버넌스
엔터프라이즈 아키텍트는 성실히 표준과 정책을
유지 보수하는 거버넌스의 실제로 활동한다.

⑦ 애플리케이션 포트폴리오 관리
엔터프라이즈 아키텍트는 애플리케이션과
기술 포트폴리오 관리를 하며(APM), 정당화,
현대화의 책임을 진다.

⑧ 비즈니스 전략 개발
IT의 종단에서 활동하는 엔터프라이즈 아키텍트는
지속적으로 비즈니스의 전략 개발과 정렬에
참여한다.

⑨ 비즈니스 프로세스 최적화
비즈니스에 거의 소속된(IT에서는 거의 벗어난)
엔터프라이즈 아키텍트는 비즈니스 프로세스
최적화에 관여한다.

⑩ 인수 합병
비즈니스 인수 합병 과정에 기술적 조언자로
참여한다.

그림 4.5 전통적인 EA의 공통적인 목적들

이 목적들은 엔터프라이즈 아키텍트들이 최적의 산출물을 전달하기 위한 조직 형태도 결정한다. 이 문제를 모두 해결할 수 있는 만능 해결책은 없다.

현재 상태를 파고드는 것은 악이다

많은 기업은 기업의 현재 상태, 다시 말해 역량 사이의 관계, 프로세스, 시스템, 인터페이스, 데이터 요소 및 인프라스트럭처 등을 파악하기 위해 많은 시간을 쏟는다. 이러한 일들은 대부분 손이 많이 가는 작업이다. 엔터프라이즈 아키텍트는 현재 상태를 확인하는 데 너무 깊이 집중하는 바람에 토끼 굴 속에 깊이 파묻힌다.

전문가들로부터 데이터를 수집해 기업의 현재 상태를 파악하려면 고도의 집중과 수작업, 많은 시간이 필요하다. 이 활동의 결과로 얻어지는 것이란 대개 사용할 수조차 없는 대량의 문서뿐이다. 이 데이터셋들은 해당 기업에 대한 오랜 지식을 가진 사람들로부터 얻어낸 것이다. 이미 누군가 알고 있는 것을 반복하는 행위는 이해관계자들에게 그 어떤 감명도 주지 못한다.

애자일 선언의 원칙 중 하나인 "완벽한 문서보다 동작하는 소프트웨어를 우선한다Working software over comprehensive documentation"와 LeSS의 아키텍처 원칙인 "소프트웨어의 총합이 진정한 설계의 청사진이자 소프트웨어 아키텍처이다Sum of all the source code is the true design blueprint or software architecture"는 전통적인 EA 프랙티스에서 사용되는 대규모 문서 중심 접근 방식과 정반대이다.

EA는 본래 의도에서 동떨어져 있다

많은 기업에서 엔터프라이즈 아키텍트는 업무를 목적으로 시작한다. 그러나 문화, 구조, 프로세스가 조직에 녹아 있기 때문에 EA는 다음 영역 중 하나에 초점을 맞추게 된다.

- 거버넌스

- 추상적 전략

- 운영 이슈

융통성 없는 정책과 표준은 지식 근로자의 창조적 사고 그리고 결과적으로 엔터프라이즈 아키텍트가 가진 이상적인 혁신을 만드는 능력을 제한한다. 특히 엄격한 표준과 정책이 하향식 지시이고, 고착된 기술 도입 사이클과 맞물린다면 그 파괴력은 상상 이상이다. 근본적인 전략들은 대부분 진행 중인 프로젝트와 운영 시스템에 미치는 영향에 관한 평가 없이 도입됐고, 팀과 엔터프라이즈 아키텍트 사이의 팽팽한 긴장을 야기했다. 엔터프라이즈 아키텍트들은 현실과 동떨어져 아키텍처 평가를 위한 단계를 고수하기에만 집중했고, 이는 업무의 지속적인 흐름을 막았다. 그 결과 소프트웨어 시스템의 애자일 전달은 지연됐고 절차는 산만해졌다.

너무 추상적이고 일반적인 아키텍처 구축 단위들 역시 오해를 일으켰다. 예를 들어 가장 높은 수준의 추상적인 '스케줄링 시스템Scheduling System'은 '스태프 스케줄링Staff Scheduling'은 물론 '차량 스케줄링Vehicle Scheduling'에도 적용될 수 있다. 깊은 이해가 없는 상태의 엔터프라이즈 아키텍트는 동일한 기능 또는 시스템으로 두 가지 스케줄링 시나리오를 모두 다룰 수 있다고 생각할지도 모른다. 이러한 현상으로 개발자의 관점을 증명하기 위한 논의와 증거 수집에 시간이 든다. 비즈니스 커뮤니케이션과 참여는 일반적인 역량 수준의 대화로 가치를 얻을 수 없다. 비즈니스가 실제 고려해야 할 사항들과 동떨어져 있기 때문이다.

일부 조직에서는 엔터프라이즈 아키텍트의 초점을 전략 수립이 아니라 제품 생산 이후의 후폭풍이나 프로젝트 전달의 문제점 리뷰와 같은 일상 업무나 문제점 해결로 옮긴다. 지금 급한 일들에 집중하는 것은 엔터프라이즈 아키텍트가 소프트웨어 개발에서의 가치 사슬에서 벗어나 있을 때 특히 위험하다.

가치를 먼저 보이는 것은 함정이다

'가치를 먼저 보여라Show me the Value'라는 현상은 많은 조직에서 반복됐다. 시니어 리더십은 EA가 무엇을 전달할 수 있는지에 끊임없이 의심의 눈길을 보낸다. EA의 목적을 충분히 이해하지 못한 시니어 리더십은 즉각적으로 실험과 학습 접근 방식을 선택한다. 이들은 아마도 리스크가 가장 낮은 최소한의 투자 옵션을 선택할 것이다. 전문화된 EA 도구조차 없는 작은 팀에서 엔터프라이즈 아키텍트는 그들의 가치를 먼저 증명해야 한다.

이러한 상황에서 엔터프라이즈 아키텍트는 고민에 휩싸인다. 팀은 조직의 프로세스에 완전하게 통합돼 있지 않을 뿐만 아니라, IT 전반에 걸친 승인된 프랙티스로서의 위치를 지키지도 못하기 때문이다. 시니어 리더십의 스폰서십 부족, 이해관계자의 비지속적 참여, 명확한 방향의 부재는 결국 실패로 이어진다. 또한 이러한 성공은 EA 팀 구성원 개개인의 역량에 크게 의존한다.

엔터프라이즈 아키텍트는 비기술적이다

EA 프랙티스들이 겪는 어려움 중 하나는 엔터프라이즈 아키텍트가 기술 주도형이 아니라는 점이다. 설령 그들에게 기술적 배경이 있다고 해도 최신 기술 진화에는 그다지 익숙하지 않다. 이들은 종종 기술 혁신에 관한 헤드라인을 읽기는 하지만 실용적이고 세부적인 지식은 갖고 있지 않다. 이런 엔터프라이즈 아키텍트들은 개발자 커뮤니티로부터 신뢰와 존중을 얻지 못한다.

결과적으로 엔터프라이즈 아키텍트들이 추천한 전략과 솔루션들은 애자일 팀들이 거부한다. 대신 애자일 팀들은 국지적인 솔루션을 사용하게 돼 아키텍처 부식을 야기하고 기업의 전략 및 전달하는 솔루션 사이의 큰 단절을 만들어낸다.

새로운 세계에서 엔터프라이즈 아키텍트는 기술의 최전선에 서야 한다. 산업계의 트렌드를 식별하고, 흐름을 이해하고, 현명한 의사 결정을 통해 기술을 도입함으로써 비즈니스의 경쟁 우위를 확보하는 것이 무엇보다 중요하다. 엔터프라이즈 아키텍트들은 이러한 기술에 관한 뛰어난 지혜를 가져야 하며, 그 기술들을 활용해 비즈니스 기회를 민감하게 포착할 수 있는 역량을 갖춰야 한다.

애자일 엔터프라이즈 아키텍트는 앞에서 설명한 모든 안티패턴을 피하고 새로운 원칙을 받아들여야 한다. 다음 절에서는 애자일 엔터프라이즈 아키텍트가 갖춰야 할 원칙을 더 자세히 살펴본다.

⁞⁞► 원칙과 의무 이해하기

3장에서 엘리베이터 메타포를 통해 전략과 코드의 연결 과정에서 아키텍트 역할의 중요성을 설명했다. 위아래로 이동하는 엘리베이터는 엔터프라이즈 아키텍트의 두 가지 운영 시스템을 나타낸다. 그림 4.6에 표시한 유입과 유출이 바로 그것이다.

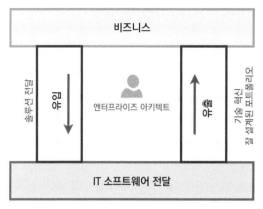

그림 4.6 엔터프라이즈 아키텍트의 두 가지 운영 시스템

애자일 아키텍트는 두 가지 업무 흐름에 정해진 시간과 노력을 충분히 투입해 비즈니스와 개발 팀이 잘 연결돼 있도록 해야 한다. 유입은 IT 솔루션을 전달함으로써 비즈니스 전략을 실현한다. 유출은 혁신적인 기술을 통해 창발하는 비즈니스 기회를 성취하고 잘 설계된 건강한 포트폴리오를 지속적으로 유지 보수한다.

거대한 크루즈선과 고속 보트의 메타포는 비즈니스의 기민함을 나타낼 때 곧잘 사용하는 메타포다. 크루즈선은 그 크기 때문에 계획하지 않은 환경의 영향에 반응하기 위해 항로를 중간에 바꾸기가 매우 어렵다. 그래서 현대 기업들은 크루즈선보다 고속 보트를 선호한다. 이 비유의 범위를 넓혀서 생각해 보면 기존 EA 프랙티스들은 크루즈선과 비슷하다. 너무 무겁고 느리다.

문제는 대기업의 경우 기존 운영 시스템을 둘러싸고 있는 거대한 구조나 프로세스, 복잡성을 제거하는 것이 커다란 도전이라는 점이다. 하룻밤 사이에 고속 보트로 전환하기란 쉽지 않은 일이다. 그러나 점진적으로 장비와 프로세스 도구를 도입함으로써 빠르게 항해할 수 있다. 마찬가지로 EA 개념을 애자일 기업들에도 적용할 수 있지만, 성공을 위해서는 기존과 완전히 다른 접근 방식과 일하는 방식을 갖춰야 한다.

애자일 엔터프라이즈 아키텍트를 위한 성공 원칙

애자일 소프트웨어 개발 선언에서 언급했듯 '가치 있는 소프트웨어를 조기에 지속적으로 전달함으로써 고객을 만족시키는 것'이 최우선이다. 이 원칙을 준수하기 위해 EA 프랙티스들은 외과 수술과 같은 전환을 해야 한다. 비즈니스의 기민함을 달성하기 위해 엔터프라이즈 아키텍트는 점진적이고 가시적으로 가치를 전달하는 예술을 마스터해야 한다. 이를 위해서는 동작하지 않는 소프트웨어를 전달하는 긴 루프를 날카롭게 제거해야 한다.

그림 4.7은 애자일 엔터프라이즈 아키텍트들이 고수해야 할 다섯 가지 원칙을 나타낸다.

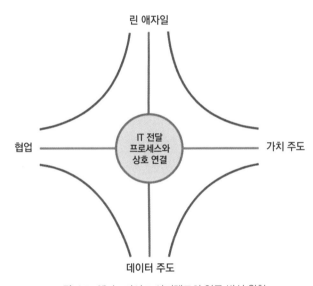

그림 4.7 엔터프라이즈 아키텍트의 업무 방식 원칙

다이어그램에 나타난 원칙들은 엔터프라이즈 아키텍트가 애자일 소프트웨어 개발의 빠르게 변화하는 패러다임을 받아들이는 데 필수적이다. 다섯 가지 원칙을 조금 더 자세히 살펴보자.

엔터프라이즈 아키텍트는 상호 연결된 프로세스를 통해 가치를 더할 수 있다

EA 프로세스와 활동은 통합된 IT 소프트웨어 전달 프로세스의 일부로 상호 연결돼야 한다. 이들은 조직의 일하는 방식과 같아야 한다. 상호 연결된 프로세스를 통해 엔터프라이즈 아키텍트는 주요한 흐름에 합류하며, 비즈니스의 최전선에서 개발 팀을 지원할 수 있게 된다. 수립한 애자일 세리머니를 통해 다양한 IT 및 비즈니스 이해관계자들과 정기적으로 협업하면서 항상 연결돼 있어야 한다.

그림 4.8은 엔터프라이즈 아키텍트가 참여해야 할 몇 가지 핵심적인 기업 포럼과 기능을 보여준다.

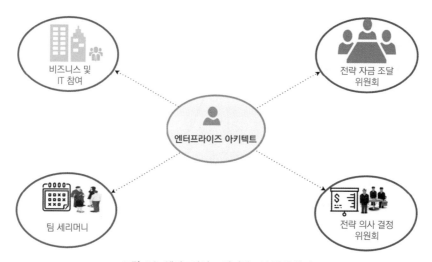

그림 4.8 엔터프라이즈 아키텍트의 핵심 참여

엔터프라이즈 아키텍트는 가치 흐름의 상위에서 활동해야 하는데, 여기에는 전략 및 자금 조달 의사 결정 위원회의 참여가 해당한다. 동시에 팀 세리머니에도 지속적으로 참여해야 한다. 이를 통해 소프트웨어 전달 가치 흐름의 가장 아래에 있는 데브옵스의 실상에 더욱 깊이 연결될 수 있다. 가장 낮은 수준에 참여함으로써 비즈니스 및 IT 리더십과의 대화에서 충분한 이점을 얻을 수 있다. EA는 지속적인 업무 흐름과 관련된 모든 이해관계자의 공유된 책임으로 인식돼야 한다.

애자일 엔터프라이즈 아키텍트는 린 애자일 방식으로 사고하고 행동해야 한다

엔터프라이즈 아키텍트는 린 애자일 마인드셋을 통해 변화를 받아들이고, 그 변화를 생산적이고 효과적으로 리드하면서 비즈니스에 전달되는 솔루션의 지속 가능성과 품질을 보장해야 한다. EA 프랙티스들은 애자일 아키텍처 가이드라인을 포함한 린 애자일의 가치와 원칙을 따라야 한다.

그림 4.9는 엔터프라이즈 아키텍트 컨텍스트에서 몇 가지 중요한 포인트를 나타낸다.

그림 4.9 엔터프라이즈 아키텍트의 린 애자일 요소

애자일 앤터프라이즈 아키텍트는 항상 **바이트 단위 구간**^Byte Size Chunk로 생각해야 하며, 장기적으로 낮은 가치의 전달을 하는 것이 아니다. 비즈니스에 혁신적인 제품, 아키텍처 전략 및 비전을 전달하기 위해 엔터프라이즈 아키텍트는 점진적으로 높은 가치를 만들어내는 빈번하고 작은 이터레이션을 지속적으로 사용해야 한다.

엔터프라이즈 아키텍트는 의식적으로 **조력자 마인드셋**^Enabler Mindset을 가져야 한다. 개발 팀, 시니어 IT 이해관계자, 비즈니스 대표 같은 모든 이해관계자 사이에서 명령과 통제가 아닌 신뢰를 구축해야 한다. 성숙한 EA 프랙티스에서는 모든 이해관계자의 마인드셋이 자동으로 엔터프라이즈 아키텍트로부터 도움을 구하는 방향으로 이어진다.

현실과 동떨어진 상아탑 아키텍트라는 인식을 피하려면 애자일 아키텍트들은 비즈니스 참여와 개발 팀의 세리머니에 자주 참여해야 한다. 엔터프라이즈 아키텍트는 개발자들이 코드를 어떻게 작성하는지 **직접 가서 보고**, 비즈니스 부문을 방문해 어떻게 운영되는지 이해해야 한다.

엔터프라이즈 아키텍트는 애자일의 일하는 방식으로 본인들의 내부 업무를 수행해야 한다. EA 업무를 모든 이해관계자에게 투명하게 시각화하는 것은 애자일 EA에서 필수다. 칸반Kanban 기반의 EA 업무 관리 시각화 접근 방식은 업무의 흐름을 더욱 빠르게 하면서 리스크나 장애물이 표면으로 드러날 때마다 식별하고 완화함으로써 목적한 결과를 달성하게 돕는다.

애자일 엔터프라이즈 아키텍트는 가치 전달에 집중한다

애자일 소프트웨어 개발 프랙티스와 같이 애자일 엔터프라이즈 아키텍트의 가장 중요한 태도는 점진적인 가치를 빈번하게 비즈니스에 전달함으로써 고객 만족에 집중하는 것이다. 애자일 엔터프라이즈 아키텍트는 측정 가능한 가치를 만드는 데 집중하며, 이는 문서에 대한 집착 대신 동작하는 소프트웨어의 형태로 나타난다. 전통적인 엔터프라이즈 아키텍트는 그들이 생성하는 데이터, 다시 말해 역량 지도Capability Map, 프로세스 지도, 시스템 전체의 커버리지 수 등으로 측정됐다. 이와 대조적으로 애자일 엔터프라이즈 아키텍트는 비즈니스 KPI에 맞춰 스스로를 측정한다.

그림 4.10의 다이어그램은 애자일 엔터프라이즈 아키텍트의 관점에서 다양한 차원으로 이뤄지는 가치 전달을 나타낸다.

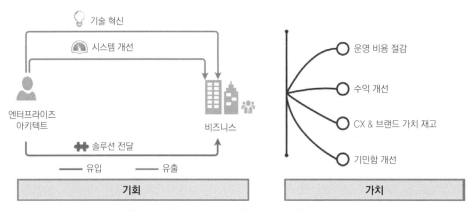

그림 4.10 엔터프라이즈 아키텍트의 가치 전달 시나리오

그림 4.10에서 왼쪽 다이어그램은 엔터프라이즈 아키텍트가 비즈니스에 가치를 전달할 기회를 보여준다. 핵심적인 세 가지 EA 흐름은 다음과 같다.

- **솔루션 전달**^{Deliver Solution}: 가장 중요한 가치 전달 측면은 빠른 학습 및 개선 사이클을 통해 비즈니스 아이디어를 목적에 맞는 고객 중심의 솔루션으로 전환하는 것이다. 가능한 한 최선의 내·외부 솔루션을 탐험하고, 최적의 전달 비용으로 비즈니스 수익을 극대화하는 것이 엔터프라이즈 아키텍트의 핵심 업무다. 동시에 해당 솔루션이 기존 디지털 시스템에 적합한지도 평가하고 결정해야 한다. **솔루션 전달**은 '유입^{IN flow}'에 해당하며 비즈니스에서 엔터프라이즈 아키텍트에게로 요청된다.

- **시스템 개선**^{System Improvement}: 개발 팀과 운영 팀의 협업을 바탕으로 하는 기존 운영 시스템에 대한 끊임없는 개선을 통해 비즈니스의 기민함을 지원하는 것은 또 다른 핵심적인 가치 전달 흐름이다. **시스템 개선**은 '유출^{OUT flow}'에 해당한다. 엔터프라이즈 아키텍트는 가치 생산 아이디어를 갖고 비즈니스에 접근한다.

- **기술 혁신**^{Technology Innovation}: 기술 혁신을 적극적으로 판매하고 배포함으로써 비즈니스의 어려움을 해결하는 것이 마지막 가치 전달 흐름이다. **기술 혁신**은 '유출'에 해당한다. 엔터프라이즈 아키텍트는 비즈니스에 적극적으로 접근한다.

결과적으로 엔터프라이즈 아키텍트는 그림 4.10의 오른쪽 다이어그램처럼 가시적인 비즈니스 가치를 기준으로 자신을 측정한다. 비즈니스 가치는 IT 및 비즈니스 운용 비용 절약, 현재 자원과 새로운 자원을 통한 수익 개선, 고객 경험과 브랜드 가치 재고, 비즈니스 및 IT 조직의 기민함 도입으로 나타난다.

엔터프라이즈 아키텍트는 데이터 주도 의사 결정을 한다

전통적인 엔터프라이즈 아키텍트는 매우 많은 양의 불필요한 데이터 수집과 모델 생산 및 인사이트 분석에 극단적으로 긴 시간을 들여 의사 결정을 했다. 결과적으로 모든 문서는 사용할 수 없는 것이며, 오래되고 품질이 낮았기 때문에 실질적인 의사 결정은 엔터프라이즈 아키텍트의 해당 주제에 대한 직관이나 지식을 기반으로 내려졌다.

애자일 엔터프라이즈 아키텍트는 이런 의사 결정 피라미드를 뒤집어서 수행한다. 이를 **DIMD**(결정^{Decision}, 통찰^{Insight}, 모델^{Model}, 데이터^{Data}) 모델이라 부른다(그림 4.11).

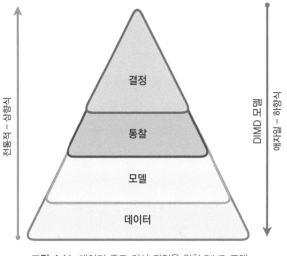

그림 4.11 데이터 주도 의사 결정을 위한 DIMD 모델

전통적인 엔터프라이즈 아키텍트는 상향식 접근 방식으로 결과물을 만들었다. 긴 사이클과 부정확한 데이터 때문에 이 방식으로 성공을 거둔 조직은 많지 않다.

그림 4.12는 DIMD 모델을 활용한 예시다.

그림 4.12 DIMD 모델 활용 예시

애자일 EA에서 엔터프라이즈 아키텍트는 중단할 애플리케이션의 식별과 같은 명확한 산출물에서 시작한다. 다음 단계로 의사 결정을 위한 접근 방식과 파라미터들을 설정한다. 이 과정에서 **TIME**(허용Tolerate, 투자Invest, 이주Migrate, 제거Eliminate) 모델의 **퇴역**RETIRE 사분면 등을 이용한다. TIME 모델은 가트너에서 제안한 것으로 비즈니스 가치, 기술 조건을 기반으로 애플리케이션 포트폴리오를 평가하기 위해 사용한다. TIME 모델은

비즈니스 목표를 만족시키기 위한 애플리케이션의 역량 리뷰에 유용하다. 현재 기술 상태에서 투자 잠재성을 결정하고 어떤 모델을 만들지 결정한다. 마지막 단계로 모델 구축을 위한 최소한의 정확한 데이터가 무엇인지 확인한다. 예시에서는 애플리케이션 데이터, 기술 조건, 애플리케이션의 비즈니스 가치가 여기에 해당한다. 빈번한 변화를 수반하는 점진적인 MVP 중심의 마인드셋을 이용해 충분한 확신 수준에 도달하면 결정을 내린다.

데이터 주도 의사 결정은 혁신의 기회, 점진적인 개선이 가능한 잠재적인 영역, 전략 수립, 전략적 투자 결정 지시에 주로 사용된다. 데이터 주도의 통찰력은 모호함이 사라진 기업의 스토리를 공유하며 IT와 비즈니스 이해관계자와의 커뮤니케이션을 위한 최고의 수단이다.

엔터프라이즈 아키텍트는 더 나은 결과물을 위해 협업한다

엔터프라이즈 아키텍트는 이해관계자와 신뢰에 기반한 관계를 맺고 의사소통하고 협업하고 정렬하며 기회를 잡는다. 그림 4.13은 애자일 엔터프라이즈 아키텍트의 중요한 협업 대상을 보여준다.

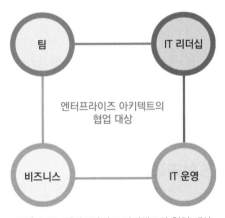

그림 4.13 엔터프라이즈 아키텍트의 협업 대상

엔터프라이즈 아키텍트 협업 매트릭스의 네 가지 대상은 다음과 같다.

- **IT 리더십**^{IT Leadership}: 엔터프라이즈 아키텍트는 IT 리더십에게 신뢰받는 조언자와 같이 행동함으로써 전략을 수립하고 운영하게 한다. 엔터프라이즈 아키텍트는 가치 흐름을 둘러싼 솔루션, 시스템, 도구를 조직화함으로써 IT 조직의 전달 흐름을 지속적으로 개선하는 데 도움을 준다.

- **IT 운영**^{IT Operation}: 엔터프라이즈 아키텍트는 IT 운영과 지속적이고도 견고하게 연결돼 실제 환경에서의 시스템 운영에 관한 어려움을 이해한다. 운영을 잘 이해함으로써 새로운 기능과 기술 부채 사이의 균형 있는 투자, 개선 영역 식별과 확인, 비용 최적화를 위한 기회와 기술 도입 의사 결정의 균형을 잡는 데 도움을 준다.

- **애자일 팀**^{Agile Team}: 엔터프라이즈 아키텍트는 팀과 건강하고 믿을 수 있는 관계에 있어야 한다. 솔루션과 비즈니스 목적에 대한 공통의 이해를 바탕으로 협업해야 한다. 엔터프라이즈 아키텍트는 애자일 팀이 전략적 정의를 점진적 개선으로 올바르게 이끄는 여행에 함께하도록 이끌어야 한다.

- **비즈니스 경영진**^{Business Executive}: 비즈니스 경영진과의 협업과 협조는 비즈니스의 기민함을 얻기 위한 기본이다. 엔터프라이즈 아키텍트는 비즈니스 전략 형성에서 핵심적인 역할을 한다. 기술을 기반으로 한 가능성을 공유하고 시연함으로써 비즈니스 운영을 진화시키고 최적화한다.

엔터프라이즈 아키텍트는 지속적으로 전략과 비전을 팀과 공유하고 정렬함으로써 팀이 목적에 맞는 솔루션을 전달함을 보장한다. 다음 절에서는 애자일 엔터프라이즈 아키텍트의 의무를 자세히 살펴본다.

애자일 엔터프라이즈 아키텍트의 의무

앞에서 논의했듯 엔터프라이즈 아키텍트는 전략과의 정렬, 아이디어의 비즈니스 가치 전환, 솔루션 셋의 지속적인 개선 등에 집중한다(그림 4.14).

그림 4.14 아이디어의 비즈니스 가치 전환

잘 구축된 포트폴리오 전략과 비전을 만듦으로써 개발 팀에게 비즈니스의 장기적인 달성 목표가 무엇인지 명확하게 공유할 수 있다. 개발 팀은 이를 참조 모델로 활용함으로써 장기적인 목표를 이해하고 이를 달성하기 위해 포트폴리오를 점진적으로 어떻게 전달해야 할지 추적한다. 엔터프라이즈 아키텍트는 비전, 기술적 선택, 아키텍처 패턴, 개발 가이드라인을 유지 보수하고 지속적으로 리뷰함으로써 기술 흐름을 유지한다. 지속 가능하면서 가장 짧은 경로를 통해 아이디어를 가치로 바꿈으로써 비즈니스는 적응력과 탄력성, 경쟁력을 확보하게 된다. 빠른 전달이 가장 중요한 요소이며, 지속 가능하고 건강한 포트폴리오를 유지함으로써 비즈니스는 빠르게 변화하는 고객의 필요를 더욱 저렴하고 신속하게 달성할 수 있다. 이와 관련해 조금 더 자세히 살펴본다.

IT와 비즈니스 사이에서의 전략적 정렬

엔터프라이즈 아키텍트는 비즈니스와 IT 팀 모두의 이익 균형을 맞춘다. 엔터프라이즈 아키텍트는 중립적인 조언자이며 인플루언서이자 협상가의 역할을 담당한다. 그림 4.15는 전략적 측면의 정렬에 관한 엔터프라이즈 아키텍트의 활동을 나타낸다.

그림 4.15 전략적 정렬에서의 엔터프라이즈 아키텍트의 역할

비즈니스 부문은 디지털 트랜스포메이션의 비즈니스 모델, 전략 그리고 목표에 초점을 둔다. 한편, 엔터프라이즈 아키텍트는 시스템 사고적 관점에서 비즈니스 이해관계자와의 협업을 통해 전략을 개발하고, 이를 일련의 실행 가능한 기술 전략들로 바꾼다. 또한 엔터프라이즈 아키텍트는 IT 이해관계자와의 협업을 통해 IT 기술 전략을 개발한다. IT 전략은 일반적으로 IT 운영 비용을 줄이고 IT 시스템의 안정성, 성능, 확장성, 지속 가능성을 개선하는 것을 목적으로 한다. 장기적으로 IT 전략은 비즈니스가 이익을 실현하도록 돕는다. 그러므로 비즈니스 전략과 IT 전략의 균형을 맞추는 것은 중요하다.

엔터프라이즈 아키텍트는 비즈니스 전략과 IT 전략을 정렬하고 균형을 맞춤으로써 미래 3년을 위한 응집된 아키텍처 비전을 수립한다. 엔터프라이즈 아키텍트는 아키텍처 비전을 IT 및 비즈니스 이해관계자들과 투명하게 소통한다. 아키텍처 비전을 바탕으로 엔터프라이즈 아키텍트는 '수평적 투자Investment by Horizon' 모델과 같은 자금 조달 모델을 개발한다. '수평적 투자'는 지속 가능한 자금 조달 모델로 2000년도에 『Alchemy of Growth』(Perseus, 2000)라는 책을 통해 소개됐다. 맥킨지 컴패니McKinsey & Company Inc는 '3단계 수평 모델Three Horizon Model'이라는 이름으로 다양한 유형의 투자에 자금을 할당하는 방법을 제안했다. 이 모델은 모든 이니셔티브에 대한 전략적 자금 조달을 위한 린한 가드레일을 제공한다.

아이디어에서 가치를 전달할 수 있도록 촉진하고 협업한다

엔터프라이즈 아키텍처는 지속적인 가치 전달에서 중요한 역할을 한다. 여기에는 종단 간 업무 흐름 설계도 포함된다. 다음 다이어그램은 아이디어에 가치를 만드는 흐름 위에서 엔터프라이즈 아키텍처가 갖는 의무의 다양한 측면을 나타낸다(그림 4.16).

그림 4.16 아이디어에서 전달까지의 흐름

그림 4.16의 다이어그램에서 볼 수 있듯 엔터프라이즈 아키텍트는 비즈니스 부문과 협업하면서 비즈니스 목표 달성을 가속할 수 있는 기술적 필요를 발견한다. 전형적으로 비즈니스와 함께하는 설계 워크숍에서 얻어지는 결과는 새로운 솔루션 개발 또는 기존 솔루션의 개선이다. 이러한 워크숍에서 엔터프라이즈 아키텍트는 아키텍처 비전, 혁신적 기술에 대한 지식 그리고 시장에 관한 통찰력을 활용해 비즈니스 사고에 불을 붙여 아이디어로 전환되도록 한다.

이 아이디어들은 리뷰 단계를 거쳐 승인을 얻으면 개발 팀의 제품 백로그로 들어간다. 이 과정에서 엔터프라이즈 아키텍트는 전체 시스템 범위의 컨텍스트에서 아이디어의 영향을 분석한다. 엔터프라이즈 아키텍트는 높은 품질을 갖추면서도 경제적으로 확장 가능한 솔루션을 전달하는 데 필요한 추가적인 기술 컴포넌트를 탐색한다. 엔터프라이즈 아키텍트는 팀과 함께 전체적인 아키텍처를 함께 개발한다. 마지막으로 그들은 아키텍처 의존성과 아키텍처 로드맵에 대한 리스크를 식별하고 이니셔티브의 순서를 조정한다. 엔터프라이즈 아키텍트는 비즈니스 케이스의 준비를 지원하고 전략 자금 조달 승인을 돕는다.

개발 팀이 개발 백로그 아이템을 결정하면 엔터프라이즈 아키텍트는 지속적으로 팀과 협업하며 컨텍스트, 목적, 이유, 비즈니스 영향에 관한 공동의 이해를 만든다. 엔터프라이즈 아키텍트는 팀의 일부로 행동하면서 비전과 비즈니스 케이스에 정렬된 좋은 품질의 솔루션을 전달한다.

좋은 아키텍처의 포트폴리오를 지속적으로 유지 보수한다

건강한 포트폴리오를 진화 및 성장시키는 것은 새롭고 점진적인 혁신을 전달하는 것만큼 중요하다. 엔터프라이즈 아키텍트는 기술과 아키텍처 로드맵을 적극적으로 고안함으로써 기존 기술과 새로운 기술의 균형을 맞추고, 핵심 시스템을 보호하고, 아키텍처를 단순화하며, 새로운 기술을 레버리지해서 솔루션을 혁신한다. 엔터프라이즈 아키텍트는 자산 중복 최소화, 시스템 통합, 가치를 상실한 기술의 폐기, 기술 라이선싱과 지원비용 최소화를 통한 합리화에 집중한다. 엔터프라이즈 아키텍트는 포트폴리오의 아키텍처 소유자와 같이 행동한다. 높은 가치의 애플리케이션을 끈기 있게 개선하고 개발 및 운영 팀과 밀접하게 협업한다.

요약하자면 엔터프라이즈 아키텍트는 세 가지 영역, 즉 전략의 정렬, 목적에 부합하는 지속 가능한 솔루션의 빠른 전달, 좋은 아키텍처의 포트폴리오 유지 보수에 집중한다. 다음 절에서는 EA 저장소를 다룰 때 따라야 할 원칙을 살펴본다.

EA 저장소 - 사금 문제

대부분 기업은 EA 도구를 구입하면서 EA 여행에 발을 디딘다. 이내 기업들은 번쩍이는 EA 도구가 데이터 없는 무용지물이라는 것을 깨닫는다. 이러한 문제를 해결하려면 조직의 수많은 부분에서 데이터를 수집하고 기록해서 EA 저장소에 저장하는 수년간의 프로젝트를 진행해야 한다. 사람들이 이미 알고 있는 것을 문서화하는 데 오랫동안 공들이며 아무런 결과도 만들지 못하는 것은 그야말로 낭비일 뿐이다.

엔터프라이즈 아키텍트가 크게 성공하기 위해서는 통찰력과 데이터 주도 의사 결정 능력이 매우 중요하다. 그러나 EA 저장소의 가용성과 완전성은 매우 큰 어려움이기도 하다. 전통적으로 엔터프라이즈 아키텍트들은 수많은 시간을 들여 EA 저장소를 만들었지만, 이 저장소는 효과적인 의사 결정을 위한 지속적인 데이터의 가용성을 보장하지 않는다. 엔터프라이즈 아키텍트들은 EA 저장소 구현과 같은 내부 산출물 구축에서 비즈니스 가치를 전달하는 결과물을 만드는 쪽으로 시선을 옮겼다.

그림 4.17의 다이어그램은 EA 저장소와 관련해 애자일 엔터프라이즈 아키텍처가 반드시 피해야 할 세 가지 안티패턴을 나타낸다.

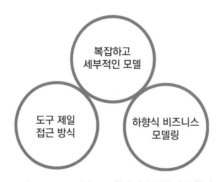

그림 4.17 EA 저장소 구현에서의 공통적인 함정

단순한 모델, 통찰, 시각화를 통해 기업에 관한 이야기를 C 레벨 경영진에게 더 잘 전달할 수 있다. 하향식 비즈니스 모델링에 기반해 EA에 도구 제일 접근 방식을 취하는 것은 복잡하고, 많은 시간이 소비되며 즉각적인 가치를 실현하기 어렵다. 현대 EA 도구들은 대부분 네트워크 모델을 제공한다. 이 모델들은 시스템 모델링에 대한 하향식 역량이 아니라 투자 대상 시스템 관점의 차원으로 점차 진화할 수 있다.

EA 저장소 역량을 활용하기 위해 애자일 엔터프라이즈 아키텍트는 다음 원칙을 따라야 한다.

- **단순하게 유지하며 너무 과학적으로 접근하지 않는다**Keep it simple, don't be too scientific. DIMD 접근 방식을 따른다. 간단한 결정에서 시작하고 너무 완벽하거나 과학적이지 않은 모델을 만든다. 통찰을 시각화하고 피드백을 통해 모델을 개선한다. 복잡한 대시보드 모델을 리스크와 비용의 통찰력으로 바꾼다. 예를 들어 스파게티 통합 차트는 사람들을 겁에 질리게 할 뿐이다. 대신 비즈니스 리스크와 인터페이스의 각 지점의 유지 보수 비용에 관한 통찰을 제공한다.

- **필요할 때 만든다**Build it when you need it. 결과물이 없거나 마음속 결정에만 따르는 역량 또는 프로세스 맵, 시스템 범위를 만드는 데 시간을 들이지 않는다. DIMD 접근 방식을 사용해 반복적으로 EA 저장소를 만든다. 의사 결정 포인트에서 시작해 통찰, 모델, 데이터를 식별한다. 엔터프라이즈 아키텍트가 결과물과 의사 결정의 품질에 만족할 때까지 모델을 지속적으로 다듬는다. 그런 다음 의사 결정 포인트로 이동한다.

- **가능한 한 모든 것을 자동화한다**Automate everything possible. 많은 경우 EA 저장소는 시스템 체계, 시스템 의존성, 기술 스택, 배포 상세, 운영 비용, 사고 등을 요구한다. 이 모든 요소가 신뢰할 수 있는 데이터 소스(CMDB, TISM 및 TIBM 시스템 등)로부터 가능한 한 자동으로 흐르게 한다.

- **유지 보수할 수 없는 것은 하지 않는다**Don't do it, if it cannot be maintained. EA 저장소에 설계나 코드 모델과 같은 휘발성이 높은 데이터를 담지 않는다. 이러한 설계나 모델은 사실 분석이나 통찰 과정에 필요 없을 수 있다. 수많은 노력을 요구하며 지속적으로 유지 보수할 수 없게 된다.

- **메타 모델에서 진화시킨다**Allow the meta-model to evolve. EA 도구는 종종 엄격하며 사전에 정의된 메타 모델에서 시작한다. 이 접근 방식에서 팀은 메타 모델에 기술된 모든 데이터 요소들을 예외 없이 잡아내야 하며, 이는 결과적으로 관리하기 어려운 복잡한 데이터 구조로 이어진다. 애자일에서 EA 메타 모델은 반드시 점진적으로 진화해야 한다. 메타 모델의 시작점은 결과물과 해당 결과물을 지원하는 데 필요한 데이터 요소에 근거해야 한다.

EA 저장소는 필수적이며 단순함과 반복적인 개발이 성공의 핵심이다. 다음 절에서 엔터프라이즈 아키텍트의 성공을 측정하는 방법을 살펴본다.

⋮⋮⋮ 엔터프라이즈 아키텍트 측정

린하고 반복 가능한 지속적인 모델은 애자일 조직의 측정에 효과적이다. 그림 4.18의 다이어그램은 애자일 엔터프라이즈 아키텍트의 측정 프레임워크를 나타내며, 엔터프라이즈 아키텍트의 원칙들을 5점 척도로 평가한다.

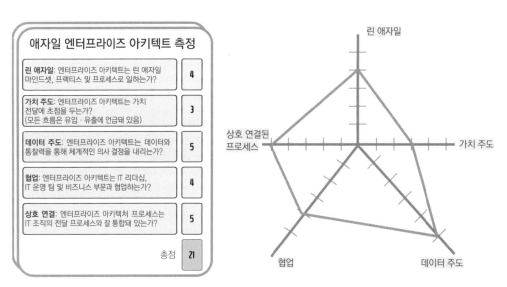

그림 4.18 엔터프라이즈 아키텍트의 측정 프레임워크

그림 4.18에서 보듯 엔터프라이즈 아키텍트는 이해관계자와 협업하면서 각 파라미터에
1~5점의 점수를 매긴다. 다음 링크(https://github.com/moseskim/Becoming-an-Agile-
Software-Architect/blob/master/Chapter4/EA-Measure.png)에서 점수를 매기는 데 필요한
힌트를 얻을 수 있다.

다이어그램 오른쪽의 거미줄 차트는 평가 결과를 시각화한 것이다. 각 항목의 점수를
모두 더해 전체 점수를 계산했다면 그림 4.19의 성숙도 모델을 사용해서 엔터프라이즈
아키텍트의 현재 성숙도를 확인할 수 있다.

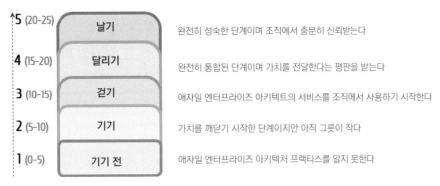

그림 4.19 애자일 엔터프라이즈 아키텍트 성숙도 모델

엔터프라이즈 아키텍트 측정은 이해관계자와의 협업을 통해 수시로 수행할 것을 권장
한다. 가장 좋은 방법은 리뷰나 회고 미팅에서 쪽지를 활용해 엔터프라이즈 아키텍트를
측정하는 것이다. 다음 절에서는 다양한 애자일 확장 프레임워크에서의 엔터프라이즈
아키텍트의 역할을 살펴본다.

⁛ 애자일 프레임워크에서의 엔터프라이즈 아키텍트의 역할

애자일 소프트웨어 전달 방법론을 대규모 조직에 확장해서 사용한다면 엔터프라이즈
아키텍트의 역할이 필요하다. 시스템 체계가 복잡하고 비즈니스 부문이 분산돼 있으며
하향식으로 전략 자금 조달이 이뤄지고, 투자 의사 결정이 IT와 비즈니스 리더십의 협

업으로 이뤄지는 환경일수록 엔터프라이즈 아키텍트의 부재는 더욱 심각한 문제로 이어진다.

Scaled Agile Framework^{SAFe}와 **Disciplined Agile**^{DA}는 공통적으로 엔터프라이즈 아키텍트의 역할을 강조한다. 반면 **Large Scale Scrum**^{LeSS}에서는 엔터프라이즈 아키텍트의 역할에 관해 거의 언급하지 않는다.

SAFe에서의 엔터프라이즈 아키텍트의 역할

SAFe에서는 엔터프라이즈 아키텍트의 역할을 SAFe의 포트폴리오 레벨에서 정의한다. 엔터프라이즈 아키텍트는 비즈니스, 에픽 오너$^{Epic\ Owner}$, 애자일 PMO$^{Agile\ PMO}$, **린 포트폴리오 매니지먼트**$^{LPM,\ Lean\ Portfolio\ Management}$와 밀접하게 정렬돼 있으며 각각의 ART와 가까운 관계를 갖는다.

엔터프라이즈 아키텍트는 포트폴리오 레벨에서 아키텍처 비전의 정렬과 균형을 맞춘다. 비즈니스 및 IT 전략에 맞춰 포트폴리오 캔버스와 린 예산 가드레일을 조정한다. 엔터프라이즈 아키텍트는 비즈니스 경영진과 에픽 소유자들과 밀접하게 협업한다. 이들은 비즈니스 이니셔티브를 소유하고 조정한다. 엔터프라이즈 아키텍트는 LPM에게 조언자 역할을 한다. 포트폴리오 솔루션 셋이 올바른 방향으로 꾸준히 진화하도록 보장함으로써 비즈니스의 전략적 목적, 아키텍처 비전과 원칙들을 만족하게 한다. 비즈니스 및 IT 부문의 시니어 인원으로 구성된 LPM은 포트폴리오가 그들의 전략적 필요를 만족할 수 있도록 정렬되고 자금을 조달받는지에 관한 책임을 진다. LPM은 또한 비즈니스 마일스톤을 달성하도록 포트폴리오 이니셔티브들이 잘 편성돼 있는지, 전략적 투자가 린 거버넌스를 통해 잘 보호되고 있는지에 관한 책임도 진다. 엔터프라이즈 아키텍트는 이 모든 활동 과정에서 LPM과 밀접하게 협업한다.

엔터프라이즈 아키텍트는 지속적으로 포트폴리오 솔루션을 진화시킨다. 정기적으로 포트폴리오의 건강을 개선할 기회를 탐지하고 언제든 비즈니스 성장을 도울 준비가 돼 있다. 엔터프라이즈 아키텍트의 몇 가지 핵심적인 책임은 다음과 같다.

- ART와 밀접하게 협업한다. 조사와 적응 세션, 솔루션 데모에 참석해 피드백을 교환한다.

- 솔루션 아키텍트와 아키텍트 동기화 미팅에 참석해 현재 이니셔티브들과 시스템 체계에 관한 피드백을 받는다.

- 비즈니스의 전략적 비전과 목적 및 목표를 개발 팀 그리고 운영 팀과 소통하는 챔피언이 되게 한다.

- ART가 아키텍처 런웨이 전략을 개발하고 발전시키도록 안내한다. 적절한 촉진자 에픽을 ART와 연결한다.

- 데브옵스, 지속적인 전달과 같은 기술 전략을 홍보한다.

엔터프라이즈 아키텍트는 린 애자일 마인드셋을 갖고 일하며 지속적으로 시스템 사고와 경제적 감각을 이용한다. 엔터프라이즈 아키텍트는 다양한 아키텍처 실천가 그룹을 이끌거나 참여한다. SAFe에서는 비즈니스 아키텍처나 인포메이션 아키텍처와 같은 다른 아키텍처 프로세스들을 지원 메커니즘으로 분류한다. 엔터프라이즈 아키텍트는 포트폴리오 칸반과 포트폴리오 백로그를 이용해 전달 파이프라인에서의 촉진자의 업무 진척을 투명하게 모니터링한다.

DA에서의 엔터프라이즈 아키텍트의 역할

DA에서는 엔터프라이즈 아키텍트가 팀과 협업하는 협업적 접근 방식을 독려한다. DA에서는 EA를 엔터프라이즈 수준에서 애자일 소프트웨어 전달의 중요한 촉진자로 인식한다. 그리고 DA에서는 EA가 애자일 팀으로 하여금 아키텍처 패턴과 솔루션 컴포넌트들을 재사용함으로써 가치를 만드는 데 집중하도록 하는 것으로 본다. 여러 팀으로 구성된 대규모 조직에서 EA는 높은 수준의 일관성을 제공한다.

엔터프라이즈 아키텍트는 초기 아키텍처 시각화에 참여하고, 비즈니스 및 IT 이해관계자와 협업해 아키텍처 자산을 진화시킨다. DA에서는 엔터프라이즈 아키텍트가 팀의 능동적인 구성원으로서 기회와 기술 부채의 재사용을 식별하는 과정을 돕기를 권장한다. 엔터프라이즈 아키텍처는 고수준의 아키텍처 뷰, 모델, 가이드라인 및 로드맵을 개발해 개발 팀을 안내한다.

DA에서는 엔터프라이즈 아키텍트들이 청사진을 그리기보다는 진화적 협업, 완벽함보다는 커뮤니케이션, 검사보다는 촉진, 세부적인 문서보다는 고수준의 모델, 관료주의적 프로세스보다는 린 가이드라인에 집중할 것을 권장한다.

LeSS에서의 엔터프라이즈 아키텍트의 역할

LeSS에서는 팀이 아키텍처에 관한 의사 결정을 더 많이 내릴 것을 권장하기 때문에 엔터프라이즈 아키텍트에 관해 거의 언급하지 않는다. 팀 안에서 접근할 수 있는 EA에 관한 폭넓은 비전과 지식을 요구한다.

다음 절에서는 SAFe에 기반한 스노우 인 더 데저트의 몇 가지 실제적인 예제를 통해 4장에서 설명한 내용을 더욱 깊이 이해해 본다.

⁙ 스노우 인 더 데저트의 엔터프라이즈 아키텍트

3장에서 언급했듯 스노우 인 더 데저트의 IT 소프트웨어 전달은 한 명의 엔터프라이즈 아키텍트가 관리하는 하나의 포트폴리오로 구성돼 있다. 전통적인 세상에서 엔터프라이즈 아키텍트는 비즈니스 아키텍처, 정보 아키텍처, 애플리케이션 아키텍처, 기술 아키텍처와 같은 다양한 아키텍처 원칙을 수평적으로 다뤘다. 여러 아키텍처를 수평적으로 잘라서 보는 것은 솔루션의 체계적인 뷰에 영향을 준다. 아키텍트들의 시각이 제한되면 좁은 마음의 프레임으로 솔루션을 다루게 되기 때문이다. 계층형 아키텍처와 같이 설계상 수평적으로 정렬된 조직들은 EA 레이어 사이에 추상화된 영역을 만드는데, 이는 복잡성을 유발하고 품질을 떨어뜨린다.

비즈니스의 기민함을 추구하는 근대 조직에서는 비즈니스 포트폴리오에 엔터프라이즈 아키텍트를 수직적으로 정렬함으로써 더 나은 가치를 전달하고자 한다. 수직적으로 정렬된 설계는 포트폴리오에 관한 더 나은 오너십과 긍정적인 성장을 독려함으로써 솔루션 설계를 크게 간소화한다.

엔터프라이즈 아키텍트 프로파일

전통적으로 엔터프라이즈 아키텍트는 직접 기술을 탐험하지 않았다. 이는 엔터프라이즈 아키텍트로 하여금 기술적 혁신을 비즈니스에 판매하기 어렵게 만들었다. 또한 올바른 기술과 아키텍처 패턴을 활용해 규모에 적합한 최대한의 가능한 가치를 전달하기 어렵게 만들었다. 스노우 인 더 데저트의 리더십은 그림 4.20과 같이 균형 잡힌 프로파일을 가진 엔터프라이즈 아키텍트를 지정하기로 신중한 의사 결정을 내렸다.

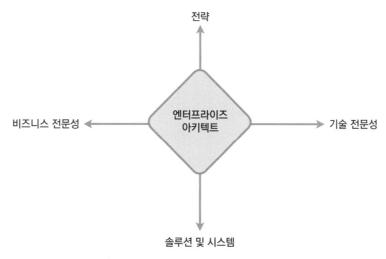

그림 4.20 엔터프라이즈 아키텍트 프로파일

이러한 결정을 내린 이유가 있다. 비즈니스 부문과의 대화에 깊이 참여하려면 비즈니스 도메인 지식이 꼭 필요하다. 학습 마인드셋을 가진 호기심 가득한 사람들은 개발자 커뮤니티에서도 존중을 받기 때문이다. 전략적인 레벨의 추상화를 잘하면서도 필요한 순간에는 세부적인 내용을 들여다볼 수 있는 역량 또한 애자일 엔터프라이즈 아키텍트가 갖춰야 할 요건이다. 전체적인 사고를 할 수 있으며 기술에도 익숙한 최고 아키텍트 프로파일은 근대 애자일 엔터프라이즈 아키텍트에 훨씬 잘 들어맞는다.

포트폴리오 흐름의 이해

스노우 인 더 데저트의 엔터프라이즈 아키텍트는 4개의 비즈니스 유닛(프런트 오피스, 현장 운영, 백 오피스, 차량 및 자산 관리)과 밀접하게 협업하면서 어려움 포인트, 전략적 방향, 비즈니스 목표 등을 이해한다. 엔터프라이즈 아키텍트는 정해진 주간 일정을 사용해 비즈니스 경영진과 협업하면서 전략적 주제, 리뷰 기술의 필요성 및 피드백을 파악한다. 엔터프라이즈 아키텍트가 파악한 전략들을 그림 4.21에 간략하게 나타냈다.

그림 4.21 현장 운영과 프런트 오피스의 전략적 주제

그림 4.21은 현장 운영 유닛과 프런트 오피스 비즈니스 유닛의 전략적 주제를 나타낸다. 전략적 주제는 장기 비즈니스 비전에 정렬된 중기 목표에 가깝다. 엔터프라이즈 아키텍트는 세심하게 전략적 비즈니스 주제를 IT의 전략적 주제와 정렬함으로써 조화로운 아키텍처 비전을 만든다. 그림 4.22는 현장 운영과 관련된 아키텍처 비전을 나타낸다.

엔터프라이즈 아키텍트는 지속적으로 시니어 비즈니스 이해관계자와 함께 혁신적인 기술 솔루션을 레버리지해서 어려운 비즈니스 문제를 극복할 수 있는 잠재적인 기회를 식별해야 한다. 이러한 아이디어들은 포트폴리오 퍼널로 유입돼 그림 4.16과 유사한 포트폴리오 칸반 흐름을 촉발한다.

그림 4.22 비즈니스 전략과 IT 전략을 조합한 아키텍처 비전

다양한 비즈니스 부문에서 퍼널로 아이디어들이 유입될 것이다. 현장 운영의 전략적 주제에 기반한 아이어 중 하나는 **자동 차량 추적 시스템**AVTS, Automatic Vehicle Tracking System 개발이다. 이 아이디어들은 에픽에 포함되고, 비즈니스와 다른 IT 포트폴리오 이해관계자들의 리뷰를 통해 하나의 솔루션 가정으로 만들어진다. 이후 에픽들은 **최소 가중치 업무 우선**WSJF, Weighted Shortest Job First 방법론을 이용해 우선순위가 정해진다. WSJF 방법론은 인식된 비즈니스 가치에 기반해 상대적으로 점수를 매기는 것으로 6장, '새로운 일하는 방식을 통한 가치 전달'에서 살펴본다. 리뷰 프로세스의 산출물은 에픽의 우선순위 리스트이며 투자 규모를 결정하기 위한 추가 분석을 위해 사용된다. 이러한 절차들이 지연 없이 진행됨을 보장하기 위해 **진행 중 업무**WIP, Work In Progress 방법론을 사용한다. WIP는 WSJF와 함께 6장에서 자세히 소개한다.

스노우 인 더 데저트의 예에서 봤듯 엔터프라이즈 아키텍트는 현재 포트폴리오에 대한 정확한 갭 분석을 수행하기 위한 우선적인 수단으로 EA 저장소를 활용한다. 이 단계에서 엔터프라이즈 아키텍트는 기존 시스템이나 서비스를 재사용할 기회를 찾는다. 이는 의도한 비즈니스 목적을 달성하기 위해 현대화가 필요한 시스템과 같은 기존 포트폴리오에 영향을 미치거나 폐기한다. 엔터프라이즈 아키텍트는 새로운 에픽과 진행 중인 다른 에픽 사이의 의존성을 결정한다.

예시의 AVTS 컨텍스트에서 엔터프라이즈 아키텍트는 솔루션 아키텍트 그리고 '풀필먼트 ART'와 '차량 운영 ART'의 각 팀 구성원들과 협업함으로써 솔루션 비전, 가드레일,

비기능 요구 사항, 경제적 프레임워크, 솔루션 컨텍스트와 의도적인 아키텍처를 정의한다. 솔루션 관점에 관해서는 5장에서 논의한다. 몇몇 경우 엔터프라이즈 아키텍트가 확장 및 지속 가능한 솔루션을 전달하는 데 필요한 기술 촉진인자를 발견하기도 한다. AVTS를 구현하는 이번 예시에서는 추적 데이터에 관한 접근을 지원하기 위해 새로운 **API 게이트웨이**^{API Gateway}가 필요하다.

명확한 솔루션 비전이 있는 엔터프라이즈 아키텍트는 팀이 문제를 작은 단계로 쪼개 가능한 한 조기에 MVP를 통해 가치 실현을 할 수 있도록 돕는다. 팀은 MVP 비용과 전체 비용을 포함해 솔루션을 평가하고 LPM의 승인을 받는다. 엔터프라이즈 아키텍트는 아키텍처 로드맵을 만들어 아키텍처 의존성, 올바른 실행 순서, 잠재적인 아키텍처 리스크를 식별한다. 그림 4.23은 3개년 아키텍처 로드맵의 핵심을 나타낸다.

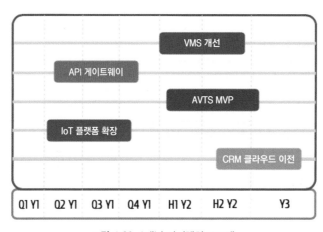

그림 4.23 3개년 아키텍처 로드맵

스노우 인 더 데저트에서는 포트폴리오 백로그, 포트폴리오 칸반, 아키텍처 로드맵을 지라 어드밴스드 로드맵^{JIRA Advacned Roadmap}으로 구현했다. 아키텍처 로드맵은 포트폴리오 로드맵에 추가적인 필터를 사용해 아키텍처 관점에서 중요한 이니셔티브를 확인할 수 있다.

비즈니스 부문의 아이디어에 더해 엔터프라이즈 아키텍트는 지속적으로 ART의 솔루션 아키텍트 및 엔지니어들과 협업하면서 현재 운영 중인 기존 시스템의 문제점과 개선점을 이해한다. 작은 개선과 기술 부채는 팀에서 자체적으로 관리한다. ART에 충분한 역량이 없어 기술 개선을 할 수 없다면 엔터프라이즈 아키텍트는 포트폴리오 퍼널로 해당 이슈에 대한 리뷰를 요청한다. 그림 4.23에서의 **CRM 클라우드 이전**이 이에 해당한다.

> **엔터프라이즈 아키텍트의 하루**
>
> 스노우 인 더 데저트의 엔터프라이즈 아키텍트의 하루는 다음 링크(https://github.com/moseskim/Becoming-an-Agile-Software-Architect/blob/master/Chapter4/EA-day-In-the-life.png)에서 다운로드할 수 있다.
>
> 스노우 인 더 데저트에서 업무가 진행됨에 따라 달라지는 엔터프라이즈 아키텍트의 퍼소나에 관한 자료는 다음 링크(https://github.com/moseskim/Becoming-an-Agile-Software-Architect/blob/master/Chapter4/EA-personas.png)에서 다운로드할 수 있다.

⠿ 정리

전통적인 EA에서는 상용 EA 프레임워크의 도입에 집중한다. 프레임워크 주도의 EA는 독단적으로 문서 중심이며, 이는 엔터프라이즈 아키텍트로 하여금 대규모의 세부적인 모델과 문서를 만들도록 강요한다. 그러나 가치 실현까지 너무 많은 시간이 소요된다. 이러한 방법론을 주장하던 대부분 기업은 큰 실패를 경험했다. 이들은 자신들의 약속과 가치를 전달하지 못했다. 프레임워크 중심 EA는 더 이상 기민함을 추구하는 조직에 적합하지 않다.

애자일 엔터프라이즈 아키텍트는 애자일 프랙티스를 사용해 EA를 운영한다. 애자일 엔터프라이즈 아키텍트들은 다섯 가지 원칙(린 애자일, 가치 주도, 데이터 주도, 협업, 상호 연결된 IT 전달 프로세스)을 고수한다. 문제를 작은 덩어리로 자르고, 반복을 사용하고, 가장 짧은 리드타임으로 가치를 전달하는 데 집중한다. 애자일 엔터프라이즈 아키텍트들은 고객에게 빠르고 지속 가능한 방법으로 가치를 전달하는 것의 균형을 맞춘다. DIMD 접근 방식을 이용하며 애자일 마인드셋으로 데이터 주도의 의사 결정을 내린다. 엔터프라이즈 아키텍트들은 두 가지 운영 시스템 모델을 따르며 세 가지 영역(기술 혁신, 시스템 개선, 솔루션 전달)에 집중한다. 애자일 엔터프라이즈 아키텍트는 EA 저장소를 지원 메커니즘으로 활용하며, 이는 전통적인 저장소 우선 접근 방식과 대비된다. 애자일 엔터프라이즈 아키텍트는 자동화된 데이터 수집을 통해 점진적으로 저장소의 콘텐츠를 풍부하게 만든다.

엔터프라이즈 아키텍트는 솔루션 아키텍트 및 팀과 밀접하게 협업함으로써 핸드오프로 인해 발생하는 낭비를 회피한다. 열린 마음으로 케이던스 기반 세리머니^{Cadence-based Ceremonies}를 활용해 끊임없이 사람들을 만나고 아이디어와 이해를 논의하며 공유한다. 5장에서는 솔루션 아키텍트의 역할과 책임을 살펴보자.

⠿ 더 읽을거리

- 스비야토슬라브 코투세프, 엔터프라이즈 아키텍처의 역사 - 증거 기반 리뷰^{The History of Enterprise Architecture - An Evidence-Based-Review by Svyatoslav Kotusev}. https://www.researchgate.net/publication/308936998_The_History_of_Enterprise_Architecture_An_Evidence-Based_Review

- EA 프레임워크 잘라 붙이기^{Cut and Paste of EA Framework}. https://blogs.gartner.com/james-mcgovern/2017/04/17/cut-and-paste-enterprise-architecture/

- 『Collaborative Enterprise Architecture』(MK, 2012). https://books.google.ae/books/about/Collaborative_Enterprise_Architecture.html?id=dgegYa2qOokC&source=kp_book_description&redir_esc=y

- 『Alchemy of Growth』(Perseus, 2000). http://growthalchemy.com/introduction/the-alchemy-of-growth/

05

애자일 솔루션 아키텍트
- 진화하는 시스템의 지속적 설계

"여러분은 아키텍트로서 과거에 관한 깨달음을 통해 근본적으로 알려지지 않은 미래를 위한
현재를 설계한다."

– 노만 포스터Norman Foster(세계 최대의 교량 '밀라우 비아덕트Millau Viaduct' 설계자)

4장에서는 전략과 코드의 연결이라는 관점에서 엔터프라이즈 아키텍트라는 역할의 중
요성을 살펴봤다. 5장에서는 애자일 소프트웨어 전달에서 신뢰할 수 있는 솔루션을 전
달하는 관점에서 가장 중요한 솔루션 아키텍트의 역할을 살펴본다.

애자일 소프트웨어 개발에서 솔루션 아키텍트는 신속하게 솔루션을 전달하는 것에 집
중한다. 이 솔루션은 가장 빠른 지속 가능한 속도, 최적 비용, 최대 가치로 고객의 단기
적인 필요를 만족시키는 품질을 갖춘다. 지속 가능한 전달에 성공하려면 흐름의 장애물
을 끊임없이 제거함으로써 지속적인 흐름을 가능케 해야만 한다. 전체적인 비전을 제공
하고, 솔루션을 바이트 단위의 덩어리로 분해하고, 트레이드오프를 분석하고, 아키텍처
를 상상하고, 필요한 의사 결정을 기대하는 것이 솔루션 아키텍트의 중요한 책임이다.
조사와 적응 세리머니에 적극적으로 참여함으로써 비침해적으로 기술에 정렬하고, 흐

름 자동화를 통해 신속한 사이클을 만들고, 권위가 아닌 영향력을 통해 올바른 설계로 인도함으로써 아키텍처가 비전에 따라 만들어짐을 보장한다. 애자일 팀의 일원으로서 사람들을 보살피고 팀에 권한을 위임함으로써 탈중앙화된 의사 결정을 내리도록 한다. 성장 마인드셋을 촉진하고 기술적 기민함을 양성하고 장인 정신을 고양하는 것은 솔루션 아키텍트가 가져야 할 리더십 특성이다.

5장에서는 애자일 솔루션 아키텍트의 목표와 의무를 깊게 살펴보고, 스노우 인 더 데저트의 예시를 통해 내용을 강화한다. 그리고 다양한 애자일 확장 프레임워크에서 솔루션 아키텍트를 어떻게 다루는지 살펴본다. 4장과 마찬가지로 솔루션 아키텍트의 성공을 측정할 수 있는 프레임워크에 관해서도 살펴본다.

이번 장에서는 다음과 같은 주제를 다룬다.

- 솔루션 아키텍트 – 애자일 팀의 일벌

- 가치 최대화와 흐름 방해물 제거

- 솔루션 아키텍트의 의무

- 성공 측정과 성숙도 모델

5장에서는 애자일 아키텍트의 렌즈에서 **솔루션 아키텍트** 영역에 집중한다.

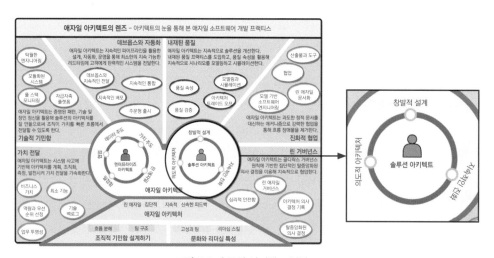

그림 5.1 솔루션 아키텍트 영역

참조 자료

솔루션 아키텍트의 하루는 다음 링크(https://github.com/moseskim/Becoming-an-Agile-Software-Architect/blob/master/Chapter5/SA-day-in-the-life.png)에서 다운로드할 수 있다.

솔루션 아키텍트의 다른 퍼소나에 관한 자료는 다음 링크(https://github.com/moseskim/Becoming-an-Agile-Software-Architect/blob/master/Chapter5/SA-personas.png)에서 다운로드할 수 있다.

솔루션 아키텍트 – 애자일 팀의 일벌

2000년대 초, 솔루션 아키텍트라는 역할은 소프트웨어 개발에서 공식적인 원칙으로 널리 인식되지 않았다. IASA 글로벌IASA Global은 「The Architectural Journal」에서 솔루션 아키텍트에게 엔터프라이즈 아키텍트와 기술 아키텍트 사이에 있으면서 전략의 정렬, 솔루션과 기술에 관한 의사 결정, 팀 내부 협업 그리고 '기술적 충돌, 구현 문제 또는 의사 결정에 참여하는 사람'이라는 역할을 부여했다. 그림 5.2는 솔루션 아키텍트의 위치를 나타낸다.

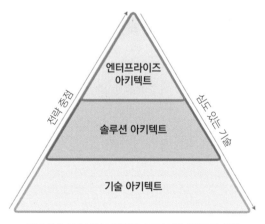

그림 5.2 IASA에서 정의한 솔루션 아키텍트의 위치

솔루션 아키텍트의 책임을 설명하기 위해 식당의 한 손님이 저녁 식사로 어떤 음식을 요청하는 상황을 그려보자. 여기에서 엔터프라이즈 아키텍트는 고객에게 최상의 식사 경험을 할 수 있는 저녁 메뉴를 제공할 책임이 있으며, 솔루션 아키텍트는 최고의 요리를 만드는 레시피를 제공할 책임이 있다. 마지막으로 엔지니어는 최고 품질의 재료를 찾아 음식을 만들 책임이 있다.

자동차 제조를 예로 들 수도 있다. 프로덕트 오너는 기능적 피처를 책임진다. 솔루션 아키텍트는 올바른 엔진의 선택, 엔진과 기어박스의 연결 방법 등에 책임이 있으며 고객 만족, 장기 운영, 이익 마진의 완벽한 균형을 이루는 엔진을 선택한다. 엔진 설계에는 개발이 적극적으로 개입한다.

스크럼 얼라이언스Scrum Alliance의 창시자 중 한 명인 마이크 콘Mike Cohn은 이렇게 말한다. "만약 우리가 스크럼 팀을 자동차라고 생각한다면 프로덕트 오너는 운전사이고 자동차가 올바른 방향으로 주행하는지에 책임을 진다. 스크럼 마스터는 최고 메커닉으로 자동차가 올바른 성능을 내는 것에 책임을 진다." 부연하면 솔루션 아키텍트는 솔루션의 기술적 측면을 탐색하는 보조 운전사이기도 하다.

요약하자면 솔루션 아키텍트는 애자일 소프트웨어 개발에서 프로덕트 오너나 스크럼 마스터만큼 중요하다. 다음 절에서는 솔루션 아키텍트의 중요성을 조금 더 살펴본다.

솔루션 아키텍트의 마인드셋 - 잠망경의 전문가

앞서 3장, '애자일 아키텍트 – 성공의 핵심'에서 논의했듯 아키텍트의 마인드셋은 **잠망경**Periscope에 가깝다. 잠망경은 다른 방법으로는 볼 수 없는 대상을 보기 위해 사용한다. 이를 '아키텍처적 사고Architectural Thinking'라 부른다.

지인 중 한 명이 비즈니스 사용자와 매우 열정적이고 실력이 뛰어난 프론트엔드 개발자 사이에서 일어난 대화에서의 흥미로운 경험을 공유했다. 비즈니스 사용자는 외부 에이전시에게 노출된 기존 사용자 인터페이스로부터 고객 데이터를 검색할 수 있도록 새로운 텍스트 필드를 추가하고자 했다. 개발자는 즉각적으로 'typeahaed' 텍스트 박스를 추가했다. 이 텍스트 박스는 검색어의 첫 번째 세 글자를 입력하면 텍스트 박스가 입력한 내용과 일치하는 고객의 이름 목록을 자동으로 표시한다. 개발자의 접근 방식은 고객 데이터를 중앙의 고객 데이터베이스에서 얻는 것이었고, 이는 REST 엔드포인트를 통해 공개돼 있었다. 비즈니스 사용자는 뛰어난 사용성 때문에 이 아이디어가 마음에 들었다.

사고를 조금 더 확장해보자. (개발자가) 제안한 솔루션은 GDPR 같은 규제를 준수하는 데 문제가 없는가? 새로운 서비스가 중앙 고객 데이터베이스에 얼마나 많은 부하를 더 할 것인가? 에이전시에 고객의 이름이 제공돼도 문제가 없는가?

많은 개발자는 곧바로 코드(그중에서도 자신이 친숙한 코드)를 만든다. 때로 개발자들은 고객의 요청에 담긴 목적이나 가치를 간과한다. 반면 경험이 풍부한 솔루션 아키텍트는 항상 목적, 가치, 전체적인 그림, 트레이드오프를 고려한 뒤 올바른 솔루션을 결정한다.

3장, '애자일 아키텍트 – 성공의 핵심'에서 논의했던 것처럼 기술을 좇는 개발자는 진흙 덩어리 패턴에 빠진다. 그러나 솔루션 아키텍트는 기술 너머의 지원 가능성, 운영 비용, 기술 수명, 라이선스 영향, 재사용, 성능 수용성, 무중단 서비스까지 자연스럽게 고려한다.

린 실천가인 메리 포펜딕^{Mary Poppendieck}은 이렇게 말한다. "소프트웨어 집약적인 ^{Software-intensive} 시스템이 실패하는 가장 큰 원인은 기술적 문제가 아닌 잘못된 것을 만드는 것이다." 명확한 이해 없이 설계를 약속하는 것은 잘못된 결과물로 이어질 수 있다. 같은 선상에서 앨런 맥스위니^{Alan McSweeney}는 "성공적인 전달은 '올바른 솔루션을 성공적으로 구현할 때' 달성된다"라고 말한다.

그림 5.3은 성공적인 가치 전달을 위해 아키텍트가 고려해야 할 네 가지 핵심 파라미터를 나타낸다.

파라미터 사이에는 가치의 중심이 존재한다. 올바른 문제를 올바른 컨텍스트에서 올바른 솔루션으로 올바르게 구현했을 때 고객에게 최대 가치를 전달할 수 있다.

문제와 컨텍스트를 올바르게 이해하려면 솔루션 아키텍트는 전략에 연결돼 있어야 한다. 이는 엔터프라이즈 아키텍트의 중요한 의무이기도 하다. 다음 절에서는 엔터프라이즈 아키텍트와 솔루션 아키텍트의 역할 중첩에 관해 살펴본다.

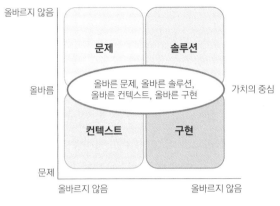

올바르지 않음

문제

솔루션

올바름

올바른 문제, 올바른 솔루션,
올바른 컨텍스트, 올바른 구현

가치의 중심

컨텍스트

구현

문제

올바르지 않음

올바르지 않음

그림 5.3 가치의 중심

엔터프라이즈 아키텍트와 솔루션 아키텍트의 역할 중첩

앞서 4장에서 엔터프라이즈 아키텍트는 비즈니스 전략을 실행 가능한 IT 아키텍처로 바꿈으로써 전략과 코드를 연결한다고 했다. 그리고 엔터프라이즈 아키텍트는 개발자와 밀접하게 협업함으로써 팀이 아키텍처 비전을 실현하는 올바른 코드를 만들도록 지원한다. 3장, '애자일 아키텍트 – 성공의 핵심'에서 살펴봤듯 엔터프라이즈 아키텍트와 솔루션 아키텍트는 기업의 위아래로 빈번하게 움직인다.

엔터프라이즈 아키텍트와 솔루션 아키텍트는 일상에서도 자주 마주친다(그림 5.4).

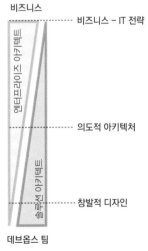

비즈니스

비즈니스 – IT 전략

엔터프라이즈 아키텍트

의도적 아키텍처

솔루션 아키텍트

창발적 디자인

데브옵스 팀

그림 5.4 엔터프라이즈 아키텍트와 솔루션 아키텍트의 중첩된 역할

144

엔터프라이드 아키텍트가 상층에 무게를 두고 상층과 하층을 연결하는 것에 비해, 솔루션 아키텍트는 하층에 무게를 두고 하층과 상층을 연결한다. 삼각형의 넓이는 이들이 해당 영역에서 사용하는 시간의 양을 나타낸다. 소규모 조직에서는 솔루션 아키텍트가 엔터프라이즈 아키텍트의 의무를 담당하기도 한다.

요약하자면 애자일 개발 프레임워크에서 명확하게 정의하지는 않지만, 솔루션 아키텍트는 문제와 컨텍스트를 이해함으로써 올바른 솔루션을 제공하는 데 핵심적인 역할을 한다. 솔루션 아키텍트는 전략적 단계에 참여함으로써 비즈니스의 목적과 목표들이 명확히 이해됐음을 보장한다. 솔루션 아키텍트는 마치 일벌처럼 많은 일을 하지만 이들은 궁극적으로 몇 가지 목표에 관심을 둔다. 다음 절에서는 이 목표들을 살펴본다.

가치를 최대화하고 흐름 방해를 제거한다

애자일 및 린 소프트웨어 개발 프랙티스들은 흐름을 방해하는 장애물들을 적극적으로 제거한다. 여기에는 전통적인 소프트웨어 개발에 존재하는 단계 게이트 확인, 핸드오프, 수작업 검증, 배포, 불규칙한 출시 등이 해당한다. 그리고 애자일 소프트웨어 개발 프랙티스들은 지속적이고 방해받지 않는 일관적인 가치 흐름을 보임으로써 변화무쌍한 고객의 필요에 빠르게 대응한다. 애자일 소프트웨어 전달의 핵심 역할자인 솔루션 아키텍트는 속도를 개선하는 데 무엇보다 더 집중한다. 빠른 속도로 가치를 전달하고 고객과 기업 모두에 더 나은 이익을 제공한다.

솔루션 아키텍트는 비즈니스 가치를 최대화하고 흐름을 빠르게 만들기 위해 다섯 가지 영역(비즈니스 가치, 지속 가능성, 재작업, 반려 사이클, 리드타임)에 에너지를 투입해야 한다 (그림 5.5).

그림 5.5에서 볼 수 있듯 솔루션 아키텍트는 목적에 맞는 지속 가능한 솔루션을 빠르게 전달함으로써 비즈니스 가치를 최대화한다. 솔루션 아키텍트들은 반려 사이클, 과도한 리드타임, 전달한 솔루션의 재작업 비용 같은 흐름의 방해물을 제거하는 데 집중한다. 각각의 항목을 조금 더 자세히 살펴본다.

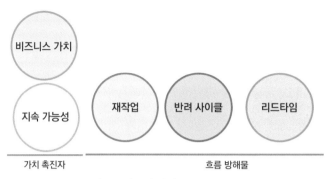

그림 5.5 솔루션 아키텍트의 핵심 목표

비즈니스 가치에서 출발하기

가치 흐름을 최대화하기 위해 아키텍트는 아키텍처 업무의 모든 부분이 고객에게 빈번하게 가치를 전달함을 보장해야 한다. 복잡한 아키텍처와 설계, 상상에 의존해 만든 가공의 미래, 존재하지 않는 요구 사항, 맹목적 기술 사용은 불필요한 아키텍처이며 이는 실질적인 가치가 고객에 흐르는 것을 막는다.

매우 유명한 동기 부여 강연자인 사이먼 시넥Simon Sinek은 "사람들은 당신이 하는 것을 사지 않고, 당신이 그것을 하는 이유를 산다"라고 말한다. 그러므로 항상 이유Why에서 시작해야 한다고 강조한다. 애자일 팀에서 프로덕트 오너는 항상 특정한 피처가 요청된 이유와 그 피처가 해결할 문제를 들고 시작한다. 솔루션 아키텍트는 기술적인 피처의 가치를 이해해야 한다. 비즈니스 가치의 관점은 6장, '새로운 일하는 방식을 통한 가치 전달'에서 살펴본다.

지속 가능한 품질에 집중하기

「Journal of Systems and Sofware」에 게재된 훌륭한 기사 '소프트웨어 지속 가능성: 소프트웨어 아키텍처 관점에서의 연구와 사례Software Sustainablity: Research and Practice from a Software Architecture Viewpoint'에서는 소프트웨어의 지속 가능성이란 변화에 대한 소프트웨어의 회복 능력이며, 이는 구조의 진화를 통해 달성할 수 있다고 설명한다. 이 기사에서는 다양한 소프트웨어 지표를 소개하는데, 이 지표들은 아키텍처의 지속 가능성과 유지 보수 및 진화 전반에 걸친 아키텍처 지식을 측정하는 데 유용하다.

솔루션 아키텍트는 빠른 전달 흐름을 만드는 것에 집중하면서 2장, '애자일 아키텍처 – 애자일 전달의 근간'에서 설명한 것처럼 속도와 지속 가능성의 균형을 이뤄야 한다. 지속 가능성의 가장 중요한 측면은 기술 부채^{Technical Debt}를 피하는 것이다. 기술 부채는 소프트웨어 유지 보수와 운용 부담을 증가시키고 전달 속도를 늦추며, 코드 악취와 아키텍처 부패를 일으키고 소프트웨어 품질을 떨어뜨린다.

반려 사이클 줄이기

솔루션 아키텍트는 불완전하고, 불분명하며, 부정확한 아키텍처가 팀 사이에 공유돼 뒤늦게 당황하는 상황이 일어나지 않도록 해야 한다. 이를 '반려 사이클^{Reject Cycle}'이라 부른다. 반려 사이클은 흐름률에 매우 큰 영향을 미친다.

Scaled Agile Framework^{SAFe}에서는 **완료 및 정확률** 개념을 반려 사이클의 좋은 측정 지표로 사용한다. 완료 및 정확률은 후속 고객에게 그들이 받은 그대로 사용할 수 있는 업무를 얼마나 받았는지 질문해서 얻는다.

솔루션 아키텍트는 반려 사이클 최소화에 집중한다. 고객 중심의 디자인 씽킹, 사용 분야에 대한 고려, 준비 정의^{Definition of Ready} 유지, 테스트 케이스 우선 접근 방식 아키텍처 사용, 충분한 모델링과 시뮬레이션 적용, 집단적 의사 결정, 효과적인 스파이크^{Spike}[1] 사용 등을 통해 이를 달성할 수 있다.

리드타임 최소화하기

지속적인 흐름이라는 컨텍스트에서 **리드타임**^{Leadtime}이란 다음 단계의 행동을 하기 위해서 업무를 이동시키는 데 소요된 시간을 의미한다. 리드타임은 솔루션 아키텍트가 창발

---

1   스파이크는 가능한 한 가장 간단한 프로그램을 활용해 잠재적인 솔루션을 탐색하는 제품 개발 방법으로 익스트림 프로그래밍에서 시작됐다. – 옮긴이

적 디자인을 위한 백로그 아이템을 만들어낸 시점부터 준비 정의에 기반해 배포를 마친 시점의 차이다.

계획되지 않은 과도한 리드타임을 피하려면 세심한 계획을 세워야 한다. 백로그 아이템에 필요한 아키텍처 결정 사항을 식별하고 미리 계획을 수립해야 한다. 우선순위를 선정하고 개발 시간을 고려해야 하며 결정 사항들을 모든 이해관계자에게 투명하게 공유하고 가정을 제거함으로써 지속적으로 의사 결정 백로그를 보완하는 과정을 통해 리드타임을 최소화할 수 있다.

재작업 줄이기

과도한 재작업은 가치 전달 속도에 큰 영향을 미친다. 재작업과 리팩터링은 소프트웨어를 재개발하는 데 필요한 노력을 기준으로 측정하며 기술 비용, 인프라스트럭처 비용, 스킬 향상 비용 등 비소프트웨어 비용을 야기한다.

재작업을 줄이려면 진화적 솔루션 아키텍처 프랙티스를 도입하고 구현해야만 한다. 조기 발견 및 수정, 결함 리팩터링, 지속적인 기술 부채 해결, 단순한 아키텍처 유지, 높은 품질의 의사 결정, 최후 책임 순간을 활용한 올바른 옵션 선택, 지속적인 전달 파이프라인의 촉진을 통해 재작업을 줄일 수 있다.

이 목표를 달성하기 위해 솔루션 아키텍트는 솔루션 수명 주기에 걸쳐 다양한 활동을 수행한다. 다음 절에서는 솔루션 아키텍트의 여러 의무를 살펴본다.

⁝⁝ 솔루션 아키텍트의 의무

솔루션 아키텍트는 다양한 규모의 가치를 빠르게 구현할 수 있도록 지원하는 경제적 관점을 갖고 고객, 비즈니스 이해관계자, 애자일 팀, 외부 공급자 및 다양한 IT 팀과 함께 기술 솔루션을 정의하고 진화시킨다.

애자일 소프트웨어 개발에서는 솔루션 아키텍트의 의무를 명확히 구분하지는 않지만,

팀과 협업해 아키텍처를 전달하는 방법은 전통적인 프랙티스들과 매우 다르다. 애자일 솔루션 아키텍트와 그 의무는 다양한 확장 애자일 프레임워크에서 크게 다르지 않다.

SAFe에서는 솔루션 공간에서 솔루션 아키텍트와 시스템 아키텍트의 두 가지 역할을 정의한다. 솔루션 아키텍트와 시스템 아키텍트의 역할과 책임은 같지만 운영 범위가 다르다. 솔루션 아키텍트는 대규모 솔루션 트레인의 일부이며, 여러 **애자일 릴리스 트레인** ART, Agile Release Train에 걸쳐진 종단 간 솔루션을 엮는다. 솔루션 아키텍트와 시스템 아키텍트는 프로덕트 매니지먼트 및 릴리스 트레인 매니지먼트 기능과 함께 해당 솔루션 트레인과 ART 레벨에서의 트로이카를 형성한다.

Disciplined AgileDA에서는 솔루션 아키텍트를 '아키텍처 오너Architecture Owner'라 부르기도 한다. 아키텍처 오너는 팀에서 아키텍처의 진화를 이끄는 책임을 진다. DA에서는 또한 팀 구성원 모두가 아키텍처에 책임질 것을 권장한다. 솔루션 아키텍트의 핵심 활동을 초기 아키텍처 상상, 개발 팀과의 협업, 이해관계자에게 아키텍처 전달, 아키텍처 제품 업데이트라는 네 가지로 정의한다.

Large Scale Scrum LeSS에서는 솔루션 아키텍트의 명확한 역할을 정의하지 않는다. 대신 팀의 마스터 프로그래머가 솔루션 아키텍트의 의무를 수행한다고 가정한다.

의도적 아키텍처 개발, 창발적 설계를 위한 준비, 솔루션의 지속적 진화 촉진은 애자일 소프트웨어 개발에서의 솔루션 아키텍트에게 주어진 세 가지 기본 의무다. 그림 5.6의 다이어그램은 세 가지 관점을 정리한 것이다.

그림 5.6 솔루션 아키텍트를 위한 애자일의 핵심 임무

의도적 아키텍처는 새로운 솔루션 요구에 주로 적용되며, 창발적 설계를 위한 준비와 지속적 진화를 촉진하는 것은 아키텍트의 일상 업무의 일부다. 이 세 가지 핵심 의무를 더 자세히 살펴본다.

의도적 아키텍처 개발하기

소프트웨어 전달 사이클은 기업이 혁신을 이끌 만한 새로운 기회를 발견하거나, 잠재적인 기술 변화를 통해 어려운 비즈니스 문제를 해결하고자 할 때 시작된다. 두 경우 모두 '솔루션 탐험Solution Exploration'을 유발하는데, 이는 해당 요구를 만족시키는 올바른 솔루션을 식별하는 과정이다. 솔루션 아키텍트는 엔터프라이즈 아키텍트와 협업하며 솔루션 비전, 솔루션 컨텍스트, 의도적 아키텍처를 개발하는 데 크게 기여한다. 이를 위해 외부 구매 및 내부 구현과 같은 핵심적인 조기 아키텍처 관련 의사 결정을 지원한다.

그림 5.7은 솔루션 탐험 단계의 핵심을 나타낸다.

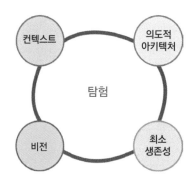

그림 5.7 솔루션 탐험 단계의 다양한 단계

솔루션 아키텍트는 비즈니스의 전략적 목표, 필요, 제약 사항을 명확하게 이해함으로써 다른 이해관계자들과 밀접하게 협업해 비즈니스 아이디어를 완성해 나간다. 탐험 단계에서는 시장의 인사이트와 트렌드를 수집하고 현행 시스템을 레버리지할 기회를 찾으며, 바람직한 아키텍처를 상상하고 스파이크를 시뮬레이션함으로써 잠재적으로 적용 가능한 솔루션을 식별한다.

솔루션 비전 함께 이해하기

솔루션 비전은 솔루션의 운영 목적, 사용자, 가치, 사용 규모에 관한 정보를 담은 중요한 산출물이다. 프로덕트 오너는 솔루션 비전을 수립할 책임이 있으며, 솔루션 아키텍트는 의도한 솔루션을 만들기 위한 기술 전문성과 품질 제약 사항을 제공한다.

SAFe에서는 솔루션 비전이라는 용어를 사용해 다양한 이해관계자 사이에서 공동의 이해를 조성한다. 솔루션 비전은 솔루션 개발에 관련된 모든 이해관계자에게 명확함과 방향을 제공하며 솔루션의 목적, 솔루션의 고객, 솔루션이 제공하는 이익 같은 가장 핵심적인 측면을 담는다.

비전은 가능한 한 간단하게 유지해야 한다. 그래야만 이해관계자들이 비전을 쉽게 이해할 수 있다. 4장에서 **자동 차량 추적 시스템**^{ATVS, Automatic Vehicle Tracking System} 솔루션 구축 시나리오를 소개했다. 여기서도 같은 시나리오를 참조한다. 그림 5.8은 AVTS 솔루션의 비전을 나타낸다.

그림 5.8 AVTS 솔루션 비전

그림 5.8에서 보듯 고객, 솔루션의 목적, AVTS를 통해 얻을 수 있는 이익을 몇 개의 문장으로 나타냈다. AVTS의 에픽 오너^{Epic Owner}는 엔터프라이즈 아키텍트, 솔루션 아키텍트, '풀필먼트 ART^{Fulfilment ART}'와 '차량 운영 ART^{Fleet Ops ART}'의 프로덕트 오너와 밀

접하게 협업하며 솔루션 비전을 총체적으로 정의한다. 다음 절에서는 솔루션 컨텍스트에 관해 살펴본다.

솔루션 컨텍스트 기반의 운영 환경에 대한 기대 설정

솔루션 컨텍스트는 명확성을 제시함으로써 솔루션 운영 컨텍스트에 관한 기대를 설정한다. 솔루션 컨텍스트에는 배포 환경, 사용자, 지역적 위치, 최종 사용자 장치, 통합 지점 등이 포함된다. IEEE 저널의 기사 '아티클 시스템 컨텍스트 아키텍처 관점The System Context Architectural Viewpoint'에서 오언 우즈Eoin Woods는 고려 대상 **시스템**System, 의존 시스템과 같은 외부 **엔티티**Entity, 환경과 사람, 인터페이스와 프로토콜 같은 **연결**Connection, 시스템과 외부 엔티티를 연결하는 **연결자**Connector의 조합으로 시스템 컨텍스트를 정의한다.

솔루션 컨텍스트는 팀이 솔루션에 관한 큰 그림의 관점을 갖도록 시각화한다. 그림 5.9는 AVTS의 솔루션 컨텍스트를 나타낸다.

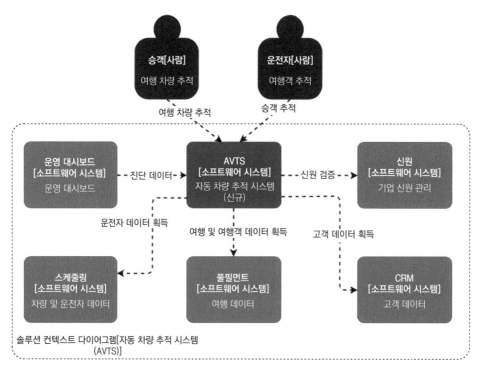

그림 5.9 AVTS 솔루션 컨텍스트

그림 5.9에서 솔루션 컨텍스트는 조직 경계, 사용자, 상호 작용, 통합 지점을 담고 있다. 이 다이어그램은 C4 모델에 기반하고 있다. 이는 10장, '협업을 통한 린 문서화'에서 살펴본다.

의도적 아키텍처를 활용한 솔루션 설계 안내하기

솔루션 아키텍트는 의도적 아키텍처를 개발한다. 의도적 아키텍처는 솔루션에 관한 개념적 관점이며 일련의 가이드라인, 원칙, 의사 결정을 조합한 것이다. 이 의사 결정과 원리 중 일부는 절충할 수 없다. 이들은 비즈니스 케이스와 강하게 연결돼 있어 사소한 차이가 비즈니스 케이스를 망쳐버릴 수 있다. 의도적 아키텍처의 몇몇 부분은 이 새로운 정보를 진화시킬 수 있다. 솔루션 비전, 컨텍스트 및 의도적 아키텍처는 직선적으로 개발되지 않으며 탐험 단계에서 서로에게 영향을 미치며 함께 진화한다.

AVTS 시나리오에서 의도적 아키텍처는 솔루션의 전체적인 개념의 뷰와 일련의 원칙 및 가이드라인을 보여준다(그림 5.10).

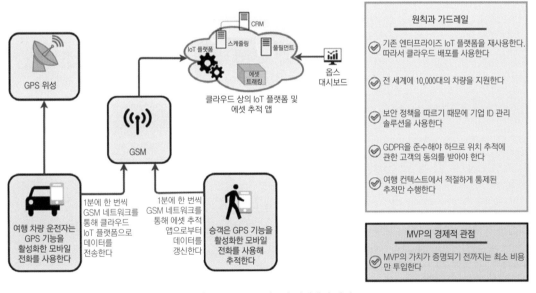

그림 5.10 AVTS 의도적 아키텍처 관점

이 다이어그램은 개념적 아키텍처, 원칙과 가드레일, 경제적 제약 사항 컴포넌트를 포함한다. 내부 아키텍처는 전체 아키텍처를 IT와 비즈니스 이해관계자들에게 충분히 전달할 수 있을 만큼 단순하다.

최소 기능 제품(MVP)을 이용한 조기 가치 실현하기

많은 투자를 하지 않고 가치를 조기에 빠르게 전달하는 것이 애자일 소프트웨어 개발의 핵심이다. 솔루션 아키텍트는 잠재적인 솔루션의 MVP 범위를 식별하는 데 기여한다. 이를 위해서는 비즈니스 가치, 아키텍처의 생존 가능성, 전달 최적 비용을 고려해야 한다. 스노우 인 더 데저트에서는 '모든 것은 MVP에서 시작하고, 그 가치가 입증돼야만 대규모 투자를 진행한다'라는 철칙을 지킨다.

SAFe에서 권장하듯 개발은 린 스타트업^{Lean Startup}으로 시작해 리스크를 식별하고 조기 가치 전달을 실현한다. 스노우 인 더 데저트에서는 솔루션 아키텍트, 엔터프라이즈 아키텍트, 제품 관리가 협업해서 MVP의 범위를 정의한다. 솔루션 아키텍트가 이끄는 팀은 **최소 기능 아키텍처**^{MVA, Minimum Viable Architecture}를 설정한다. MVA에 관해서는 뒤에서 솔루션 설계의 부분으로 자세히 살펴본다.

조직의 전략적 자금 조달 메커니즘에 기반해 탐험 단계의 마지막에는 승인을 목적으로 하는 린 비즈니스 케이스를 준비하기도 한다. 탐험 단계를 마치면 아키텍트는 창발적 설계를 준비한다. 다음 절에서는 창발적 설계 준비에 관해 살펴본다.

창발적 설계 준비하기

의도적 아키텍처, 비즈니스 케이스, MVP 실행 계획은 팀이 개발 스프린트를 시작할 수 있는 기반이 된다. 프로덕트 오너가 주관하는 고정된 케이던스 기반의 백로그 리파인먼트^{Backlog Refinement}는 개발 전 수행해야 하는 매우 중요한 활동이다. 이를 통해 팀은 개발을 시작할 수 있음을 의미하는 **준비 정의**^{DOR, Definition of Ready}가 완료됐음을 확인한다.

그림 5.11은 아키텍트의 렌즈에서의 백로그 리파인먼트 단계를 나타낸다. 리파인먼트 모델에서 소개된 요소들은 순차적이지 않다. 각 항목을 주제로 조금 더 살펴본다.

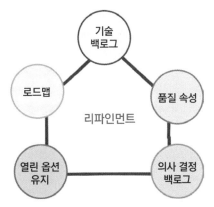

그림 5.11 백로그 리파인먼트에서의 솔루션 아키텍트의 역할

기술 백로그 아이템을 이용한 지속 가능성 촉진하기

솔루션 아키텍트는 백로그 리파인먼트를 통해 API 게이트웨이 플랫폼 도입과 같이 기술 컴포넌트, 플랫폼, 프레임워크를 식별할 기회를 얻으며 이를 활용해 오래 유지되고 확장 가능한 솔루션을 만든다. 또한 새로운 솔루션을 위한 품질을 실현하는 데 필요한 업무도 식별한다. 솔루션 아키텍트들은 기존 솔루션들의 품질 개선에 필요한 업무에도 집중한다. 이러한 업무에는 성능 개선, 기술 부채 완화, 인프라스트럭처 업그레이드, 자동화 등이 포함된다. 솔루션 아키텍트는 프로덕트 오너와 함께 기술 백로그 아이템들을 다룬다. 비즈니스 가치를 정의하는 책임을 지고 요구 사항과 인수 기준을 기술하며 리파인먼트 활동을 이끈다.

SAFe에서는 네 가지 유형의 기술 백로그 아이템을 정의하고 '조력자[Enabler]'라 부른다. 조력자는 다음과 같다.

- **인프라스트럭처**[Infrastructure]: 개발, 빌드, 테스트, 생산 환경을 위한 새로운 인프라스트럭처를 만들거나 기존 인프라스트럭처를 업그레이드한다.

- **탐험**[Exploration]: 업계 조사를 통해 새로운 솔루션을 발견한다. 기존 솔루션의 포지션을 바꾸거나 목적을 재정립하고 혁신적인 솔루션의 프로토타입을 만든다.

- **아키텍처**[Architecture]: 새로운 기술 컴포넌트, 아키텍처 스파이크, 소프트웨어 업그레이드를 통해 솔루션과 시스템을 진화시킨다.

- **규제 준수**Compliance: 소프트웨어 솔루션에 필요한 로컬, 엔터프라이즈 및 업계 규제를 구축하고 검증한다.

SAFe는 아키텍처 런웨이를 이용해 비즈니스 피처를 구축하기 위한 조력자들을 파악하고, 팀이 이터레이션을 진행하면서 지속적으로 진화시킨다. 이 조력자들은 관련된 비즈니스 피처와 함께 적시에 구현되며 기술 컴포넌트의 비가용성에 따른 지연을 피한다.

다음 다이어그램은 AVTS MVP 컨텍스트에서 MVP 피처 및 조력자들을 나타낸다(그림 5.12).

그림 5.12 AVTS MVP 피처 및 조력자

조력자 피처는 백로그에 포함되고 아키텍처 런웨이에서 구현된다. 아키텍처 런웨이는 스노우 인 더 데저트에서 통합 프로세스 일부다. 지라Jira로 구현된 아키텍처 런웨이는 아키텍처 업무를 투명하게 공유하기 위한 계획 및 소통의 도구다. 5장 후반에서 AVTS의 아키텍처 런웨이에 관해 살펴본다.

품질 속성을 통한 내적 품질 촉진하기

품질 속성은 예를 들어 콜센터에서 한 시간 동안 처리돼야 하는 통화 횟수처럼 비즈니스의 필요에서 시작된다. 팀은 시간이 지남에 따라 더 많은 품질 속성을 발견하거나 추가하게 된다. 품질 속성에 담긴 비즈니스의 내적 의미, 다시 말해 이익 손실, 고객 경험 저하, 운영 비용 증대 등에 관해 이해하는 것은 매우 중요하다. 품질 속성을 개발하는 데는 비용이 들기 때문이다. 품질 전달에 관한 올바른 결정을 내리기 위해서는 지속적인 트레이드오프 프레임워크와 경제적인 관점을 지녀야 한다.

그림 5.13은 AVTS 컨텍스트에서 고객 만족을 위해 달성해야 하는 품질 요구 사항을 나타낸다.

그림 5.13 AVTS 품질 속성

솔루션 아키텍트는 지속적 전달 파이프라인의 아키텍처와 품질 속성 테스트 케이스 자동화를 촉진한다. 품질 속성에 관해서는 9장, '품질 및 품질 속성을 위한 아키텍트 만들기'에서 자세히 살펴본다.

의사 결정 백로그를 통한 진화 계획하기

아키텍처 관련 의사 결정 포인트를 조기에 식별함으로써 의사 결정 시기를 이해하고 재작업을 피할 수 있다. 비즈니스, 인프라스트럭처, 보안, 데이터 등과 같은 다양한 시점을 활용해 필요한 의사 결정을 식별한다. 솔루션 아키텍트는 분할 정복^{Divide and Conquer} 기법을 이용해 전체적인 비전을 유지하면서 복잡한 문제를 작은 문제들로 나눈다.

그림 5.14는 AVTS MVP의 아키텍처 관련 의사 결정 목록을 나타낸다.

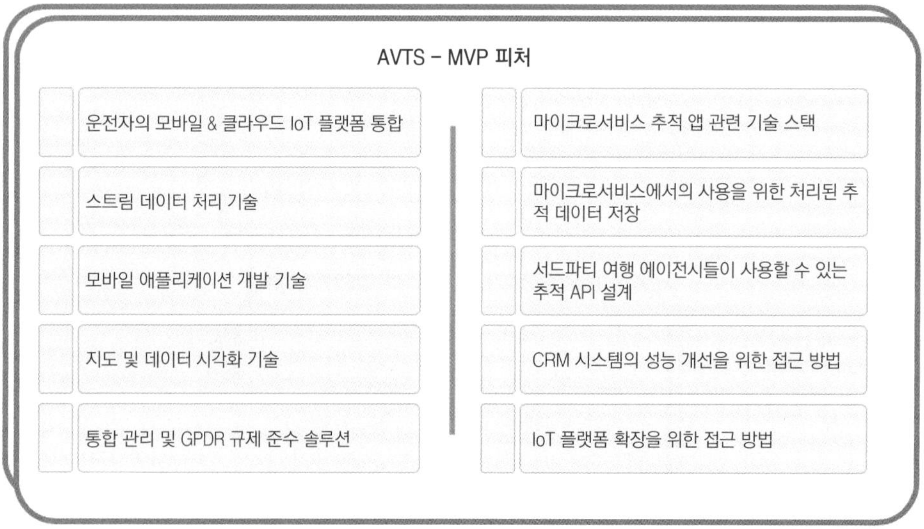

AVTS – MVP 피처

운전자의 모바일 & 클라우드 IoT 플랫폼 통합	마이크로서비스 추적 앱 관련 기술 스택
스트림 데이터 처리 기술	마이크로서비스에서의 사용을 위한 처리된 추적 데이터 저장
모바일 애플리케이션 개발 기술	서드파티 여행 에이전시들이 사용할 수 있는 추적 API 설계
지도 및 데이터 시각화 기술	CRM 시스템의 성능 개선을 위한 접근 방법
통합 관리 및 GPDR 규제 준수 솔루션	IoT 플랫폼 확장을 위한 접근 방법

그림 5.14 AVTS MVP 아키텍처 의사 결정 백로그

스노우 인 더 데저트에서는 아키텍처 의사 결정 백로그들을 지라의 ART 레벨로 관리함으로써 아키텍처 의사 결정을 추적한다(기술 백로그 아이템과 동일하다). 솔루션 아키텍트는 피처 백로그 리파인먼트Feature Backlog Refinement 세션에 반드시 참석해야 한다. 제품 관리가 주도하는 이 세션에서는 아키텍처 관련 의사 결정이 모두 포함됐는지 확인한다.

아키텍처 관련 의사 결정이 모두 포함되면 솔루션 아키텍트는 이 의사 결정들의 순서를 정한다. 이 과정에서 각 의사 결정이 포함할 수 있는 옵션을 열어두는 **최종 책임 순간**LRM, Last Responsible Moment을 식별한다.

열린 옵션을 이용한 의사 결정 늦추기

솔루션 아키텍트는 모든 의사 결정 백로그 아이템에 관한 사실과 가정 및 가설을 수집한다. 옵션들을 지속적으로 분석함으로써 알려지지 않은 것을 제거하고, 그 숫자를 실행 가능한 수준까지 줄인다. 이 과정에서 사실 수집, 마켓 리서치 수행, 아키텍처 스파이크 모니터링, 모델링 및 각 옵션에 대한 시뮬레이션 등을 수행한다.

애자일 솔루션 아키텍트의 핵심 목표 중 하나는 의사 결정을 할 수 있을 만큼의 충분한 정보를 수집할 때까지 결정을 늦추는 것이다. 그러나 일부 의사 결정은 여전히 미리 내려야 한다. AVTS 시나리오에서는 두 가지 의사 결정이 여기에 해당한다. 차량에서 사용할 장치, AVTS 솔루션의 구매 혹은 직접 개발 여부다. 이 결정은 근본적으로 솔루션의 전달에 직접적인 영향을 미친다.

스노우 인 더 데저트의 솔루션 아키텍트들은 셋 기반 설계^{Set-based Design}를 이용해 솔루션을 확정했다. 셋 기반 설계는 6장, '새로운 업무 방식을 통한 가치 전달'에서 살펴본다.

앞에서 설명한 두 가지 옵션은 여행 차량에서 신호를 수집하는 기능과 관련된다. 차량에 장착한 GPS 추적 장치를 사용하거나 운전자의 모바일 전화를 사용할 수 있다. 두 가지 가능성을 동시에 검토하고 트레이드오프 프레임워크를 이용해서 평가한다. 재무적 가드레일은 투자 금액을 최소화할 것을 제안하므로, 이에 기반해 아키텍트는 운전자가 자신의 모바일 기기를 사용하는 옵션을 선택한다.

두 번째 의사 결정에서도 두 가지 옵션을 고려해야 한다. 직접 개발하거나 서드파티 서비스를 이용할 수 있다. 팀은 두 가지 옵션을 꼼꼼하게 따져보고 내부에서 직접 개발하는 옵션을 선택했다. 이미 IoT 플랫폼과 데이터 플랫폼을 포함한 대부분의 인프라스트럭처를 사용할 수 있었기 때문이다. 스노우 인 더 데저트는 낮은 비용으로 모바일 애플리케이션을 개발할 수 있는 충분한 능력 그리고 CRM과 풀필먼트 시스템을 통합할 수 있는 전문성을 갖추고 있었다. 차량 추적 이외에도 솔루션을 직접 개발하면 경로 최적화를 위한 추적처럼 미래에 필요할 수도 있는 피처로 확장할 기회를 제공할 것이다. 내부에서 직접 개발하는 편이 비즈니스적으로도 훨씬 타당하며 효율적이었다. 아키텍처의 트레이드오프 분석과 관련된 의사 결정에 관해서는 9장, '품질 속성을 이용한 품질 아키텍트 만들기'에서 자세히 살펴본다.

다른 의사 결정들은 시급하지 않으므로 이후 잠재적인 옵션들을 확인하면서 순차적으로 결정한다.

로드맵을 이용한 진척 시각화하기

아키텍처 로드맵은 일반적으로 시계열 간트 차트^{Gantt chart}로 나타난다. 간트 차트는 현재 스프린트를 기점으로 향후 6~9개월의 시계열 정보를 포함한다. 이 기간이 지나면 가치가 없는 불필요한 업무가 생성되고 개발 현실과 계획이 동떨어지게 된다. 로드맵은 아키텍처 의사 결정, 기술적 촉진자, 기존 시스템에 관한 중요한 업그레이드 및 개선 사항을 포함한다.

그림 5.15는 AVTS MVP의 아키텍처 런웨이를 나타낸 것으로 세 개의 **프로그램 증분** PIs, Program Increments을 포함하고 있다.

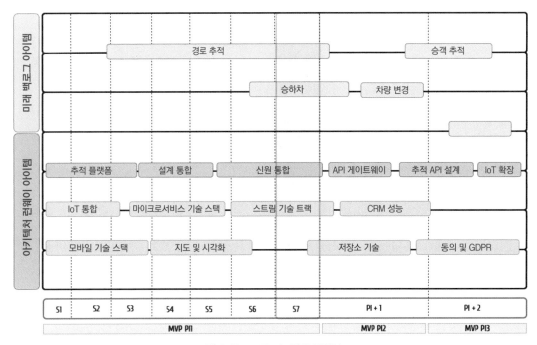

그림 5.15 AVTS 아키텍처 런웨이

스노우 인 더 데저트에서의 아키텍처 런웨이는 지라의 어드밴스드 로드맵 플러그인 JIRA's Advanced Roadmap Plugin을 이용해 구현했다. PI 로드맵에는 아키텍처 런웨이 아이템에 필요한 태그들을 붙였다.

앞의 다이어그램에서 MVP PI1, MVP PI2, MVP PI3는 AVTS MVP의 프로그램 증분들이다. 프로그램 증분이란 SAFE에서 사용하는 개념으로 향후 6~7개 스프린트의 업무 범위를 나타낸다. 7번째 스프린트는 주로 혁신과 개선에 집중한다. 아키텍트들은 현명하고 명확하게 프로그램 증분을 계획함으로써 개발 전 아키텍처 조력자와 의사 결정들을 다룬다.

모든 프로그램 증분은 PI 플래닝 세션^{PI Planning Session}으로 시작한다. PI 플래닝 세션은 사전 계획^{Pre-planning}, 계획^{Planning}, 사후 계획^{Post-planning}의 세 단계로 나뉘며 보통 2일간 수행한다. 솔루션 아키텍트들은 PI 플래닝 프로세스에서 매우 중요한 역할을 한다. 사전 계획은 가용한 ART 지원들에 기반해 다음 PI를 위한 계획을 세우는 데 도움이 된다.

솔루션 아키텍트와 시스템 아키텍트는 PI 계획 단계에서 다음을 주관한다.

- 아키텍처 비전을 제시하고 비기능 요구 사항^{NFR, Non-Functional Requirement}을 다듬고 의존 관계를 식별하고 개발 구현 패턴과 모범 사례를 공유한다.
- 팀의 어려움을 확인하고 솔루션 아키텍처 관련 질문에 답변함으로써 팀을 정렬하고 리스크를 완화한다.
- 포스트 PI 세리머니의 일환으로 PI 이벤트에 관한 피드백을 리뷰하고 반영하며 소통하고 공유한다.
- PI 플래닝 세션의 피드백을 기반으로 솔루션 비전, 의도적인 아키텍처, 아키텍처 범위를 조정한다.

아키텍트는 PI 플래닝을 통해 다음 스프린트 셋을 위한 아키텍처 런웨이를 고정할 수 있다. 솔루션 아키텍트는 이 명확함을 근거로 개발 팀과 밀접하게 협업하며 진화 가능한 솔루션을 설계하고 개발한다. 다음 절에서는 솔루션 설계와 개발 측면에 관해 살펴본다.

지속적 진화를 가능케 하기

의사 결정과 집단적 오너십을 위한 협업은 애자일 소프트웨어 개발에서의 탈중앙화된 의사 결정^{Decentralized Decision Making}의 근간이다. 솔루션 아키텍트는 솔루션의 비전, 목적, 사용 컨텍스트를 강화하고 모든 이해관계자가 목적에 기여하게 한다.

그림 5.16은 솔루션 설계, 개발 및 지원 관점에서 솔루션 아키텍트의 협업과 기여를 나타낸다.

그림 5.16 설계, 개발, 지원에서의 솔루션 아키텍트의 협업 포인트

다음으로는 협업 포인트를 자세히 살펴보자.

솔루션 설계를 위한 협업

핸드오프가 없는 집단적 의사 결정을 위해서는 개발을 시작하기 전, 백로그 리파인먼트 이후 총체적인 솔루션 설계 워크숍을 수행하는 것이 중요하다. 솔루션 아키텍트는 의도적인 아키텍처, 고객 중심 마인드셋, 디자인 씽킹을 활용해 전체 아키텍처 비전을 이끌고 조정하고 보호한다. 때로는 설계 워크숍에서 수준 설정을 위해 기술 및 아키텍처 기법에 관한 교육을 받아야 할 수도 있다. 솔루션 아키텍트는 사실 기반의 논의, 프로토타이핑, 스파이크들을 주도해 충돌이 일어날 때 효과적으로 의사 결정을 해야 한다.

솔루션 설계 워크숍의 개념은 LeSS에서 시작됐다. LeSS에서는 설계 워크숍을 요구 사항 워크숍^{Requirements Workshop}, 백로그 리파인먼트와 동등한 수준으로 중요하게 여긴다. 주로 매 이터레이션 시작 시점에 수행하는 설계 워크숍에는 관심을 가진 모든 부문이 참여한다. 솔루션 설계 워크숍은 2시간에서 2일 동안 이뤄지며 교차 폴리네이션^{Cross-pollination}, 지식 공유, 낭비와 핸드오프를 제거할 기회를 만든다. 거대한 화이트보드를 이용해 솔루션 모델링을 한다. 솔루션 모델이 그려진 화이트보드를 이터레이션 동안 옆에 둠으로써 팀들은 개발 과정에 영감을 얻을 수 있는 대화를 하게 된다. 여러 팀이 참여하는 설계 워크숍을 통해 여러 팀 사이의 아키텍처 의존성을 설계한다. 이 워크숍은 2~3회가량의 이터레이션 이후에 실행한다. 설계 워크숍은 바람직한 다음 단계를 달성하기 위한 설계 모델링에 초점을 둔다.

SAFe에서 권장하는 **모델 기반 시스템 엔지니어링**^{MBSE, Model-Based Systems Engineering} 설계

를 빠르게 학습하고 검증하기 위해 모델링을 강조한다. DA 역시 오류를 조기에 발견하는 근본적인 메커니즘으로서의 모델 기반 설계에 초점을 맞출 것을 권장한다. 앞에서 언급한 것처럼 스노우 인 더 데저트는 여러 팀이 참여하는 설계 워크숍을 통해 솔루션을 총체적으로 설계함으로써 설계 모델을 개발한다.

그림 5.17은 디자인 워크숍의 예시 결과물이다. AVTS 컨텍스트에서 MVA를 담은 C4 컨테이너 모델이다.

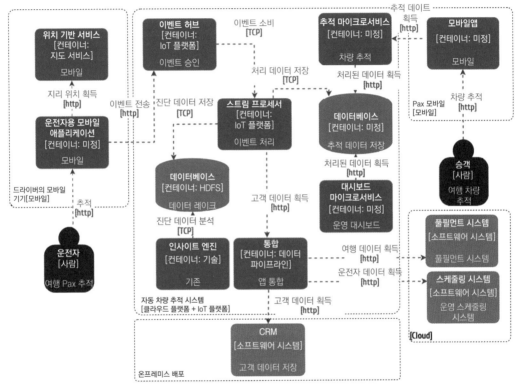

그림 5.17 AVTS MVA

그림 5.17에서 보듯 MVA는 이미 몇 가지 기술적인 결정 사항을 포함하고 있지만, 더 많은 결정이 LPM 원칙에 따라 정해지지 않은 상태다. 설계 워크숍의 다른 산출물 중 하나는 **아키텍처 의사 결정 기록**ADRs, Architecture Decision Records이다. 아키텍처 의사 결정 기록에 관해서는 11장, '린 애자일 거버넌스의 촉진자로서의 아키텍트'에서 더 자세히 살펴본다. MVA를 활용해 팀은 첫 스프린트에서의 피처의 우선순위를 결정한다.

개발 팀 지원하기

솔루션 아키텍트들은 아키텍처 패턴을 거대한 문서가 아니라 코드로 개발하고 공유함으로써 개발 팀과 팀 구성원에게 더 높은 생산성과 일관성을 제공한다. 스프린트가 진행되는 동안 솔루션 아키텍트들은 일정 수준 이상의 역량을 확보해 개발 팀을 지원한다. 솔루션 아키텍트들은 의사 결정, 코드 리뷰, 팀 세리머니에 참석하며 때로는 직접 코딩하기도 한다. 솔루션 아키텍트들은 팀과 협업하면서 가능한 한 조기에 아키텍처 장애물 및 기술적 장애물들을 이해하고 해결한다.

LeSS에서는 '호랑이 팀Tiger Team' 개념을 소개한다. 호랑이 팀은 프로젝트 초기 또는 대규모의 아키텍처 업무가 필요할 때 만들어진다. 호랑이 팀에서는 훌륭한 프로그래머와 아키텍트가 같은 위치에서 함께 일한다. 호랑이 팀은 핵심 태스크들을 완수하면 피처 팀으로 돌아가 구성원들이 빠르게 정착하도록 돕는다. LeSS에서는 호랑이 팀의 마지막 단계에서 **시스템 아키텍처 문서화**SAD, System Architecture Documentation 워크숍을 열어 초기 아키텍처 구현 단계에서 얻은 지식을 다른 팀들에 공유할 것을 권장한다. SAD 워크숍은 보통 첫 번째 코딩 단계를 완료한 뒤 수행한다. SAD 워크숍에서는 완료된 시스템을 돌아보면서 커뮤니케이션을 위해 이를 모델링한다. 이 과정에서 아키텍처에 관해 학습하고 개선할 영역을 식별할 수 있다.

조기 검증 및 피드백을 통한 정렬

시연과 회고Retrospection를 통해 의도적인 아키텍처 및 비전과 솔루션을 정렬할 수 있다. 잦은 메모와 지속적인 전달 파이프라인을 활용함으로 자율성과 권한 위임을 훼손하지 않는 방법으로 아키텍처를 검증할 수 있다. 조기에 피드백을 얻고 결함을 식별함으로써 팀은 안전망을 확보하고, 심리적 안전함을 바탕으로 두려워하지 않고 혁신을 달성할 수 있다.

솔루션 아키텍트는 이터레이션 플래닝, 리뷰, 데모 등의 세리머니에 참석한다. 솔루션 아키텍트는 이를 효과적인 피드백 메커니즘으로 이용한다. SAFe에는 이러한 메커니즘의 하나로 '아키텍트 동기화Architect Sync'를 정의한다. 솔루션 아키텍트들은 여러 ART에 이를 적용해 엔터프라이즈 아키텍트와 협업함으로써 솔루션에 관해 논의하고 정렬할 수 있다. 솔루션 아키텍트들은 백로그 리파인먼트 세션, PI 플래닝 이벤트, ART 동기화, 아키텍트 동기화, 조사와 적응, 데모, 회고, 스탠드업과 같은 수많은 세리머니에 참석함으로써 팀과 업무 흐름의 연결을 유지한다.

스노우 인 더 데저트의 솔루션 아키텍트들은 ART와 솔루션 레벨에 대한 건강 대시보드Health Dashboard를 이용해 AWS에서 제안한 **웰 아키텍티드 프레임워크**WAF, Well-Architected Framework의 다섯 기둥을 기준으로 아키텍처 효과를 시각화했다. 이 대시보드를 이용해 실시간으로 솔루션을 모니터링하고 주기적으로 솔루션을 평가하며 기술 부채 완화 상태를 확인한다.

기술적 전문성 함양

기술적 정렬은 개발 팀들이 공동 비전에 맞는 응집된 솔루션을 개발하기 위한 핵심 요소다. 솔루션 아키텍트는 팀들이 공통의 목적을 달성하도록 기술, 도구, 디자인 패턴, 코딩 스타일 등을 잘 정돈해야 한다. 스킬 향상과 공유는 개발자의 장인 정신을 개선하는 데 필수적이다. 솔루션 아키텍트는 성장 마인드셋을 갖고 현재와 미래의 기술적 필요를 달성할 수 있도록 팀들이 스킬을 향상하고 공유할 수 있게 지도하고 도와야 한다.

솔루션을 지속적으로 진화시키기 위해서는 모든 팀 구성원의 집단적 노력이 필요하며 솔루션 아키텍트도 이에 참여해야 한다. 솔루션 아키텍트가 이러한 의무를 성실히 수행해야 애자일 개발에서 성공할 수 있다. 다음 절에서는 성공의 측정에 관해 살펴본다.

⁙ 솔루션 아키텍트의 성공 측정하기

엔터프라이즈 아키텍트의 성공을 측정할 때 사용했던 프레임워크와 마찬가지로, 솔루션 아키텍트의 성공을 측정할 때도 린하고 간단한 프레임워크를 사용한다. 이 측정 프레임워크는 앞서 '가치를 최대화하고 흐름 방해를 제거한다' 절에서 살펴봤던 다섯 가지 목표에 정렬돼 있다. 솔루션 아키텍트는 핵심 이해관계자들과 함께 회고와 같은 환경에서 상대적인 수치를 이용해 성과(역량)를 리뷰할 수 있다.

그림 5.18은 솔루션 아키텍트의 성과를 5점 척도로 측정한 예시를 나타낸다.

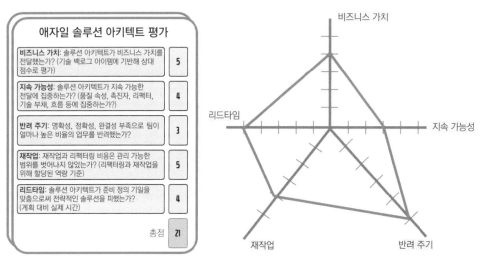

그림 5.18 솔루션 아키텍트 성공 측정 프레임워크

그림 5.18에서 보듯 솔루션 아키텍트는 다른 이해관계자들과 협업을 통해 각 파라미터에 1~5점 척도로 점수를 매긴다. 다이어그램 오른쪽에 거미 차트로 측정 결과를 나타냈다.

각 점수를 모두 더해 총점을 계산하면 다음 다이어그램의 성숙도 모델을 이용해 솔루션 아키텍트의 현재 성숙도를 확인할 수 있다(그림 5.19).

솔루션 아키텍트는 지속적으로 건강한 포트폴리오를 유지한다

솔루션 아키텍트는 가치를 전달하며 극적으로 흐름을 개선한다

솔루션 아키텍트는 기민함을 유지하면서 지속 가능한 솔루션에 초점을 맞춘다

솔루션 아키텍트는 팀의 일부이며 현재는 급한 일에만 집중하고 있다

대규모 제품임에도 불구하고 솔루션 아키텍트가 존재하지 않는다

그림 5.19 애자일 솔루션 아키텍트 성숙도 모델

4장에서 살펴본 것처럼 모든 이해관계자와 함께 엽서나 메모지를 활용해 자주 점수를 측정하는 것을 권장한다.

⁂ 정리

애자일 팀에서 솔루션 아키텍트는 프로덕트 오너만큼 중요하다. 솔루션 아키텍트는 고품질의 지속 가능한 솔루션을 최적의 비용으로 전달함으로써 품질에 타협하지 않고 고객의 요구를 빠르게 만족시키는 과정에서의 기술적 리더의 역할을 한다. 솔루션 아키텍트는 올바른 컨텍스트에서 올바른 문제가 올바른 방법으로 해결됐음을 보장하고 개발팀이 이를 정확히 구현할 수 있게 안내해야 한다.

애자일 팀의 솔루션 아키텍트는 비즈니스 가치와 지속 가능성의 향상을 목표로 활동한다. 그리고 재작업과 리드타임, 반려 사이클을 최소화함으로써 흐름의 방해물을 식별하고 제거한다. 솔루션 아키텍트는 의도적인 아키텍처와 솔루션 비전, 컨텍스트를 정의함으로써 새로운 솔루션을 탐험한다. 프로덕트 오너와 백로그 아이템을 함께 다듬고 기술적 필요, 품질 속성, 아키텍처 관련 의사 결정 사항을 식별한다. 기술적 촉진자들과 아키텍처 의사 결정 백로그 아이템들은 LRM에 기반해 3~9개월짜리 로드맵에 포함된다. 솔루션 아키텍트들은 설계 워크숍에서 협업을 하고 개발을 지원하며 빠른 피드백 사이클에 기반한 조기 검증 방법을 찾는다. 또한 운영 중인 시스템을 지속적으로 개선하기 위해 부단히 노력하며 기술적 리더십을 양성한다. 마지막으로 솔루션 아키텍트는 비즈니스 가치, 지속 가능성, 재작업, 리드타임, 반려 사이클에 기반해 반복적으로 측정된다.

엔터프라이즈 아키텍트와 솔루션 아키텍트는 함께 일하고 엘리베이터의 여행 과정에서 만나며 책임을 공유한다. 두 역할은 애자일 소프트웨어 전달 성공에 매우 중요하다. 6장에서는 애자일 아키텍트가 가치를 시각화하기 위해 사용할 수 있는 팁과 기법을 살펴본다.

⁝⁝→ 더 읽을거리

- 다양한 아키텍트의 역할^{Different architect roles}. https://www.iasa.se/wp-content/uploads/2009/08/TAJ15.pdf

- 기술을 넘어 사고하기^{Thinking beyond technology}. https://www.slideshare.net/alanmcsweeney/why-solutions-fail-and-the-business-value-of-solution-architecture

- 소프트웨어 지속 가능성: 소프트웨어 아키텍처 관점에서의 연구와 사례^{Software sustainability: Research and Practice from a Software Architecture Viewpoint}. https://www.researchgate.net/publication/321940604_Software_Sustainability_Research_and_Practice_from_a_Software_Architecture_Viewpoint

- 시스템 컨텍스트 아키텍처 관점^{The System Context Architectural Viewpoint}. https://www.researchgate.net/publication/224605931_The_System_Context_Architectural_Viewpoint

3부

성공적인 애자일 아키텍트가 되기 위한 필수 지식

3부에서는 역할과 책임 이상의 실질적인 몇몇 어려움에 관한 훌륭한 힌트를 얻을 수 있다. 그리고 이러한 어려움을 해결하는 데 도움이 될 만한 트릭과 팁도 살펴본다.

3부는 다음과 같은 주제로 구성된다.

- 6장, 새로운 일하는 방식을 통한 가치 전달

- 7장, 기술적 기민함 – 패턴과 테크닉

- 8장, 데브옵스와 지속적인 전달 – 흐름 가속화

- 9장, 품질 속성을 이용한 품질 설계

- 10장, 협업을 통한 린 문서화

- 11장, 린 애자일 거버넌스의 조력자

06

새로운 일하는 방식을 통한
가치 전달

"순수한 아키텍처에서 가장 작은 디테일은 그 자체로 의미를 갖거나 목적을 보조해야 한다."
– 아우구스투스 푸긴Augustus W. N. Pugin(빅 벤Big Ben 설계자)

지금까지 **애자일 아키텍처**의 개념과 애자일 아키텍트의 의무를 살펴봤다. 6장에서는 아키텍처와 관련된 업무의 모든 측면에서 가치가 전달됐음을 보장하는 데 필요한 기법들을 살펴본다.

애자일 소프트웨어 개발에서는 가치를 조기에 지속적으로 전달함으로써 고객의 필요를 만족시키는 것을 가장 우선한다. 린 원칙의 **무다**Muda[1]는 가치를 더하지 못하는 활동을 피해 낭비를 줄임으로써 고객에게 가치를 전달할 것을 강조한다. 아키텍처도 예외는 아니다. 모든 아키텍처 관련 활동은 가치를 전달해야 한다. 지속적이고 시의적절하게 설계된 아키텍처 솔루션은 재작업을 피하고 품질을 개선하며 지속 가능한 전달을 돕는다. 기술 백로그 아이템을 기한 내에 정확하게 전달하려면 기능 및 기술 백로그 아이템의

---

1   일본어의 '낭비'를 음차한 것이다. – 옮긴이

우선순위를 엄격하게 결정해야 한다. 옵션들을 열린 상태로 둠으로써 의사 결정을 늦추면서 올바른 결정을 내릴 기회를 더 많이 제공할 수 있다. 이 의사 결정들은 특정한 시점에서의 고객의 컨텍스트를 이해하고 균형을 잡을 수 있도록 실용적이어야 한다. 리스크, 가치, 리드타임 그리고 비용을 고려해 MVP의 범위를 올바르게 산정했다면 비즈니스 부문은 더욱 수월하게 대규모 투자 결정을 내릴 수 있다.

6장에서는 애자일 아키텍처의 비즈니스 가치의 중요성 그리고 아키텍트들이 린 마인드셋을 갖고 가치 전달에 집중할 수 있는지를 설명한다. 또한 애자일 아키텍트들이 성공을 거두기 위해 필요한 핵심 기법들을 간단히 살펴본다.

이번 장에서는 다음과 같은 주제를 다룬다.

- 비즈니스 가치 이해하기

- 아키텍처 액티비티와 비즈니스 백로그 연결하기

- 아키텍처의 비즈니스 가치 결정하기

- 우선순위 결정을 위한 역량 할당하기

- 업무를 투명하게 만들기

- 개발 예측하기

- 실용적인 마인드셋으로 일하기

- 옵션을 열어두기

- MVA를 이용해 조기에 가치 전달하기

- 기술 부채 관리하기

6장에서는 애자일 아키텍트의 렌즈에서 **가치 전달 영역**에 집중한다.

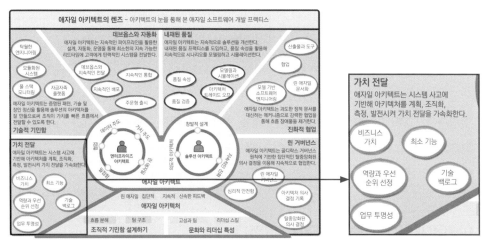

그림 6.1 가치 전달 영역

이번 장에서도 스노우 인 더 데저트의 예시를 활용해 학습을 강화한다. 또한 다양한 애자일 확장 프레임워크에서의 관점도 살펴본다.

⁞⁞ 참조 자료

6장의 설명과 관련된 추가 자료들은 다음 링크(https://github.com/moseskim/Becoming-an-Agile-Software-Architect/tree/master/Chapter6)에서 다운로드할 수 있다.

⁞⁞ 비즈니스 가치 이해하기

이번 절에서는 비즈니스 가치가 무엇인지 학습하고 아키텍처의 가치를 입증하기가 쉽지 않음을 이해한다.

비즈니스 가치를 빠르게 자주 전달하는 것은 애자일 소프트웨어에서 가장 중요한 측면이다. 애자일 소프트웨어 선언의 서명자 중 한 명인 짐 하이스미스^{Jim Highsmith}는 비즈니스의 가치를 '고객이 기대한 피처들을 가진 동작하는 소프트웨어를 가장 높은 수준의 품질과 감당 가능한 비용 및 시간 제약 안에서 전달하는 것'이라고 정의했다. 비즈니스 가치는 고객의 요청에 대한 실제적 응답으로 만들어진다.

애자일 조직은 점진적으로 집중하는 영역을 이해관계자의 가치로부터 고객에게 지속적이고 빠르게 기쁨을 전달하는 것으로 바꿔 나간다. 대부분의 애자일 조직은 그들이 무엇인가를 전달한 결과에서 직접적인 이익을 얻지는 못한다. 대신 지속적인 가치 전달 자체를 이익으로 간주한다. 이들은 실질적인 이익에 집중하는 것이 짧은 시각, 최적화되지 않은 전달 그리고 참여 저하로 이어진다고 믿는다.

아키텍처의 가치를 보이기는 어렵다

고객에게 가치를 전달하는 것은 매우 중요하지만, 고객이 요청하지 않은 모든 활동을 흐름에서 무시하고 가치에만 집중하는 것도 잘못이다. 이런 조직은 장기적으로 제품의 품질과 전달 흐름 유지에 영향을 주는 아키텍처 그리고 기술적인 활동들에 낮은 우선순위를 부여한다. 이러한 조직의 애자일리스트들은 **큰 레보스키의 법칙**The Big Lebowski Dude's Law을 들어 스스로의 행위를 정당화한다. 레보스키의 법칙은 'V = W/H'로 정의된다. 여기에서 **가치**Value(V)는 **목적**Why(W)을 **방법**How(H)으로 나눈 값이다. 고객의 기대를 'W'라 하면 'H'를 구현하는 데 적은 시간을 쓸수록 'V'는 증가한다. 고객은 다양한 아키텍처 관련 활동을 직접 요청하지는 않으므로, 이러한 조직에서는 아키텍처와 관련된 활동을 'H'를 증가시키는 오버헤드로 간주한다.

지속 가능성은 자주 간과되는 매우 중요한 관점이며 수많은 아키텍처 및 설계 노력을 요구한다. 크레이그 라만Craig Larman과 바스 보드Bas Vodde는 논문 「Lean Primer」에서 '가치를 빠르게 전달하면서도 지속할 수 있는 능력Sustainability while delivering value fast'을 유지하는 것의 중요성을 거듭 이야기한다. 논문 저자들은 지속 가능한 가장 짧은 리드타임, 최고의 품질과 가치(사람과 사회에 대해), 가장 큰 고객 만족, 가장 낮은 비용, 높은 도덕성과 안전함을 지속 가능한 전달의 원칙으로 꼽았다. 그리고 그 증거를 이렇게 제시한다. "토요타는 사이클 타임을 줄이고자 노력했다. 그러나 그들은 날카로운 모서리를 깎아내거나 품질을 낮추거나 지속 가능하지 않은 또는 안전하지 않은 속도에 의존하지 않았다. 오히려 성실하게 지속적으로 개선했다." 지속 가능성을 무시해서 얻을 수 있는 결과란 일시적인 솔루션, 최적화되지 않은 설계, 품질에 대한 고려의 부족뿐이다. 지름길을 선택함으로써 초기 전달 속도를 약간 높일 수 있을지 모르나 2장, '애자일 아키텍처 – 애자일 전달의 근간'에서 살펴본 것처럼 시간이 지남에 따라 흐름의 속도를 유지하기는 매우 어려워진다.

아키텍트의 진정한 가치는 지속 가능한 좋은 품질의 솔루션을 전달하는 그들의 능력에 있다. 그러나 많은 조직에서 아키텍트는 가치를 보이지 못하고 실패한다. 비즈니스는 오로지 제품 피처에만 관심이 있을 뿐 아키텍처는 안중에 없다. 아키텍처와 관련된 업무는 고객의 눈에 보이지 않기에 아키텍트는 자신들이 한 일을 알리는 데 시간과 에너지를 써야 한다. 이들은 아키텍처를 알리기 위해 비즈니스 언어와 경제적 용어를 사용한다.

아키텍처와 관련된 가치들은 리스크, 비용, 고객 만족 및 경쟁 우위라는 용어들로 치환된다(그림 6.2).

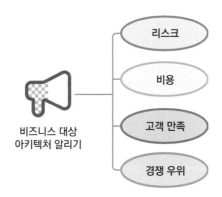

그림 6.2 아키텍처를 알리기 위한 비즈니스 언어

레이몬드 슬롯Raymond Slot, 귀도 데덴Guido Dedene, 릭 마에Rik Maes는 「Business Value of Solution Architecture」라는 논문에서 소프트웨어 개발 프로젝트에서 솔루션 아키텍처의 비즈니스 가치를 정략적으로 측정해서 제시했다. 저자들은 고객 만족을 정량적인 측정을 위한 인수로 사용했다. 그리고 고객 만족이 아키텍트의 경험 수준과 직접적인 관련이 있다는 것, 다시 말해 아키텍트의 경험 수준이 낮을수록 고객 만족도가 낮다는 것을 관찰했다.

이후에는 아키텍처 관련 업무의 가치를 표현하는 데 유용한 기법을 중점적으로 살펴본다. 다음 절에서는 아키텍처 백로그 아이템의 관련성을 향상하는 방법을 살펴본다.

⁝⁝⁝ 아키텍처 관련 활동을 비즈니스 백로그와 연결하기

아키텍트는 자신의 유일한 업무 할당 자원인 백로그를 활용해 지속성의 원칙을 고수해야 한다. 아키텍트가 자신이 하는 일을 알리는 가장 쉽고 간단한 방법은 팀의 케이던스에 맞춰 기능 및 기술 백로그 아이템과 동일한 백로그에 자신이 하는 일을 넣는 것이다. 아키텍처 관련 백로그 아이템을 제품 백로그에 포함함으로써 **차단된**Blocked By, **관련된**Related, **의존하는**Depends**2**과 같은 전통적인 의미의 관념들을 이용해 아키텍처 관련 활동을 시각화할 수 있다.

비기술적 이해관계자들에게 (아키텍처 관련) 업무를 인식시키기 위한 세 가지 다른 시나리오를 소개한다.

- **직접적인**Direct: 비즈니스 부문은 이 세 가지 유형의 기술 백로그 아이템이 비즈니스 백로그 아이템과 직접 관련이 있음을 이해한다. 예를 들어 애플리케이션 사용자 로그인은 **싱글 사인 온**SSO, Single Sign-On 또는 서드파티 접근을 위한 구식의 API가 있어야 한다.

- **파생된**Derived: 이 기술 백로그 아이템들은 비즈니스 피처를 지원하기 위한 것이다. 비즈니스 이해관계자들은 기술 백로그 아이템을 이해한다. 백로그 아이템들은 비즈니스의 요청, 예를 들어 이후의 소프트웨어 출시를 지원하기 위한 하드웨어 업그레이드, GDPR 규제 준수를 위한 설계 또는 이러한 비즈니스 피처 중 하나를 지원하는 목적의 플랫폼 선정 등과 관련돼 있기 때문이다.

- **간접적인**Indirect: 이 기술 백로그 아이템들은 비즈니스의 필요를 직접 지원하지 않으므로 비즈니스 백로그 아이템과 직접적으로 연결하기 어렵다. 때문에 기술적으로 덜

---

2 지라에서 이슈의 관계를 연결할 때 사용하는 용어다. – 옮긴이

견고한 비즈니스는 백로그의 중요성을 간과할 수 있다. 아키텍트는 자신들의 가치를 비즈니스 용어로 표현해야 한다. 예를 들어 **지속적인 통합과 지속적인 전달**CI/CD, Continous Integration and Continuous Delivery 파이프라인 또는 마이크로서비스 같은 아키텍처 스타일과 패턴 구현이 이에 속한다. 이러한 백로그 아이템은 **에픽**Epic 처럼 높은 수준의 백로그와 연결돼야 한다.

5장에서는 스노우 인 더 데저트의 자동 차량 추적 시스템에서 MVP 피처 및 관련된 기술 피처들을 살펴봤다. 스노우 인 더 데저트의 아키텍트들은 부지런히 모든 기술 백로그 아이템을 비즈니스 백로그 아이템과 연결한다. 아키텍트들은 상대 점수 메커니즘을 이용해 촉진자 기능의 비즈니스 가치를 계산한다(그림 6.3).

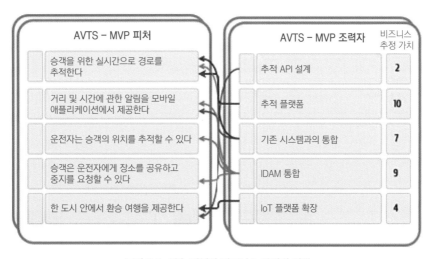

그림 6.3 기술 피처와 비즈니스 가치의 연결

그림 6.3에서 보듯 모든 기술 백로그 아이템은 하나 혹은 여러 비즈니스 백로그 아이템과 연결된다. 예를 들어 IoT 플랫폼이 한 도시에서의 승하차 추적 솔루션을 구현하려면 확장해야만 한다. 그러므로 이 두 아이템 사이에는 의존 관계가 있다.

기술 백로그 아이템을 비즈니스 백로그 아이템과 연결하는 것은 아키텍처 관련 업무의 필요성을 전달하는 데 중요하다. 다음 절에서는 기술 백로그 아이템의 비즈니스 가치를 결정하는 방법을 설명한다.

아키텍처의 비즈니스 가치 결정하기

많은 조직에 각 백로그 아이템의 가치를 측정하는 프랙티스가 없어 실질적인 비즈니스 가치를 정확히 측정하기란 매우 어렵다. 전체적인 이니셔티브의 이익을 측정하는 방법으로 이익 증가, 운영 비용 감소, 고객 행복, 고객 획득 및 고객 유지 등을 주로 이용한다.

애자일 개발에서는 주로 **인지된 비즈니스 가치**Perceived Business Value를 사용해 우선순위 결정과 팀 효율을 측정한다. 인지된 비즈니스 가치는 프로덕트 오너와 비즈니스 부분의 긴밀한 협업을 통해 다양한 방법으로 계산할 수 있다. 비즈니스 가치는 이익 증대, 수익 마진, 더 나은 고객 케어, 고품질 결과물, 리스크 감소, 직원 만족, 오버헤드 감소, 운영 비용, 서비스 전달 증대와 같이 영리 혹은 비영리 옵션과 일반적으로 매핑된다.

추정된 비즈니스 가치 측정에는 비용 이익 분석Cost-Benefit Analysis, 현금 흐름 분석Cash Flow Analysis, 순 현재 가치Net Present Value 같은 복잡한 방법을 사용할 수 있다. 그러나 애자일 소프트웨어 개발에서 이처럼 고도화된 방법을 사용하는 것은 많은 시간을 소요할 뿐만 아니라 정확도와 보장성도 부족하다. 그래서 많은 애자일 프랙티스에서는 간단한 상대 척도에 기반한 방식을 이용해 기대하는 비즈니스 가치를 정의한다.

그림 6.4는 이 접근 방식을 나타낸다.

| 후보 백로그 아이템 | 가장 높은 가치를 N(5)으로 유지 | 가치 할당 후의 백로그 |

그림 6.4 백로그 아이템에 비즈니스 가치 할당하기

그림 6.4에서 보듯 주어진 백로그 아이템 중에서 한 백로그 아이템에 가장 높은 비즈니스 가치와 점수를 할당(여기에서는 5점)한다. 나머지 피처들은 가장 점수가 높은 백로그

아이템과 비교해 상대적으로 가치를 매긴다. 기술 백로그 아이템에도 같은 방식을 적용할 수 있다.

Scaled Agile Framework[SAFe]에서는 인지된 비즈니스 가치에 1~10점의 상대 점수를 적용할 것을 권장한다. 비즈니스 가치는 해당 아이템과 밀접하게 관련된 비즈니스 오너들이 매 **Program Increment**[PI] 초기에 계산한다. 실제 인지된 가치는 PI 마지막에 계산해서 팀의 성과를 측정한다.

그림 6.3에서 보듯 추적 플랫폼은 가장 중요한 기술적 촉진자이므로 가장 높은 비즈니스 가치 점수를 부여한다. 추적 API는 서드파티의 접속을 위한 것이며 가장 중요한 MVP 기술 피처는 아니므로 가장 낮은 가치 점수를 부여한다.

다음 절에서는 비즈니스 가치를 역량 할당[Capacity Allocation]과 함께 사용해 우선순위를 결정하는 방법을 살펴본다.

우선순위에 따른 역량 할당하기

이번 절에서는 역량 할당을 이용해 기술 백로그 아이템을 비즈니스 백로그의 우선순위에 맞춰 결정하는 방법을 살펴본다.

오랜 기간 지속되는 견고한 시스템을 개발하기 위해서는 기능 백로그 아이템과 비기능 백로그 아이템의 적절한 균형을 유지해야 한다. 기능 백로그 아이템을 중시할수록 운영 오버헤드가 증가하고 고객의 필요에 빠르게 대응하는 조직의 능력을 떨어뜨린다. 필립 크루첸은 IEEE의 논문 「Agility and Architecture: Can They Coexist?」에서 **지퍼 메타포**[Zipper Metaphor]를 이용해 기능적 액티비티와 아키텍처 관련 액티비티를 연결하는 것의 중요성을 역설한다. 그는 계획에 아키텍처 요소를 끼워 넣는 것이 우연한 아키텍처를 회피하는 데 필수적임을 관찰했다.

애자일 팀에서는 개발 피처의 우선순위를 선정하는 과정에서 프로덕트 오너와 아키텍트 사이에 자주 마찰이 일어난다(그림 6.5).

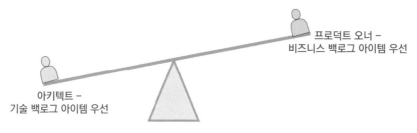

프로덕트 오너 –
비즈니스 백로그 아이템 우선

아키텍트 –
기술 백로그 아이템 우선

그림 6.5 아키텍처와 제품 사이의 마찰

그림 6.5에서 보듯 기술적으로 덜 성숙한 프로덕트 오너는 비즈니스 백로그 아이템을 기술 백로그 아이템보다 항상 앞세우려 한다. 이를 해결하는 방법의 한 가지로 각 액티비티에 역량을 미리 할당할 수 있다(그림 6.6).

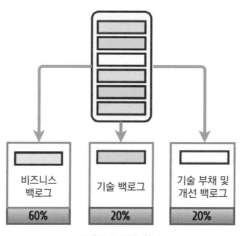

비즈니스
백로그

기술 백로그

기술 부채 및
개선 백로그

60% 20% 20%

그림 6.6 역량 할당

그림 6.6에서 보듯 팀 역량의 20%는 기술 백로그 아이템을 확보해 비즈니스 이니셔티브를 지원하고 20%는 기술 부채 해결에 사용한다. 역량 할당은 우선순위 결정을 위한 넓은 수준의 가드레일을 제공하며, 팀은 더욱 유연하게 스프린트를 운영할 수 있다. 또한 아키텍트는 의미 있고 안전하게 우선순위 결정에 관한 논의를 나눌 수 있다. SAFe는 ART 레벨과 팀 레벨 모두에서 역량을 할당할 것을 권장한다.

스노우 인 더 데저트에서는 역량 할당을 이용해 투자 균형을 맞춘다. 그림 6.7은 다음 PI에 대한 ART별 역량 할당 모델을 나타낸다.

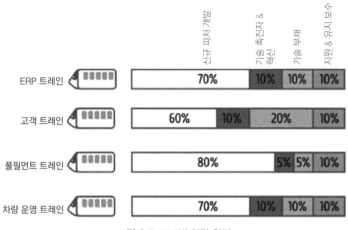

그림 6.7 ART별 역량 할당

앞의 다이어그램에서 보듯, 역량 할당은 트레인의 백로그와 컨텍스트에 따라 다를 수 있다는 점이 중요하다. 역량 할당은 일반적으로 일관성과 추적을 위해 조직 수준에서 관리한다.

마크 슈워츠[Mark Schwartz]는 "가치는 가능한 한 빠르게 (작은 단위로) 전달돼야 하며, 피처는 전달하는 가치의 양에 기반해 우선순위가 결정돼야 한다"라고 말했다. 비즈니스 백로그 우선순위 결정은 일반적으로 비즈니스 가치에 기반하는 것에 비해 기술 백로그 우선순위 결정에서는 다른 전략을 이용할 수 있다(그림 6.8).

그림 6.8 기술 백로그 아이템의 우선순위 결정 전략

그림 6.8에서 TB는 **기술 백로그**Technical Backlog, LR은 **낮은 리스크**Low Risk, MR은 **중간 리스크**Middle Risk, HR은 **높은 리스크**High Risk를 의미한다. 뒤의 숫자는 인지된 비즈니스 가치를 의미하며 10이 가장 높은 값이다. 세 가지 전략을 자세히 설명하면 다음과 같다.

- **높은 가치 우선**: 기능 백로그 아이템과 아무 관련이 없다. 비즈니스 추정 가치가 가장 높고, 개발 추정 비용이 가장 낮은 기술 백로그 아이템을 먼저 선택한다.

- **의존적인 기능 백로그의 높은 가치 우선**: 가장 높은 비즈니스 추정 가치를 갖는 비즈니스 백로그 아이템이 의존하는 기술 백로그 아이템을 조기에 선택한다. 해당 비즈니스 백로그 아이템들이 개발 단계에서 우선 선택된다고 가정한다.

- **높은 가치, 높은 리스크 우선**: 리스크가 높고 상대적 가치가 높은 기술 백로그 아이템을 먼저 선택한다. 여기에서 리스크란 비즈니스 리스크 혹은 재작업 리스크, 높은 유지 보수 비용의 리스크 등이다.

SAFe에서는 **최단 가중치 업무 우선**WSJF, Weighted Shortest Job First 방식으로 백로그 우선순위를 결정한다. **Disciplined Agile**DA에서는 비즈니스 가치, 리스크, 마감일, 의존성, 운영 긴급성을 조합해 백로그 우선순위 결정에 이용할 것을 권장한다. **Large Scale Scrum**LeSS에서 프로덕트 오너는 고객 가치를 전달하는 데 끊임없이 집중하며 백로그 우선순위를 결정함으로써 제품이 진화할 방향을 결정한다. 이 의사 결정은 이익 인자Profit Driver, 전략적 고객, 비즈니스 리스크 등을 고려해 이뤄진다.

기술 백로그 아이템에 관한 우선순위가 결정되면 그 진척을 투명하게 나타내야 한다. 다음 절에서는 업무를 투명하게 나타내는 기법들을 살펴본다.

⸭ 업무를 투명하게 나타내기

투명성Transparency과 **개방성**Openness은 애자일 소프트웨어 개발 프레임워크의 근간이 되는 원칙이다. 투명성과 개방성은 모든 레벨에서 개인과 팀이 수행한 업무의 가치를 나타내는 데 도움을 준다. 이해관계자들에게 업무를 지속적으로 보여주는 업무 투명성은 아키텍트에게 매우 중요하다.

아키텍처 관련 업무를 투명하게 나타내 보일 수 있는 몇 가지 방법을 소개한다.

- **칸반 보드**^{Kanban board}, 번업^{Burn-up} 및 번다운 차트^{Burn-down Chart}는 애자일 팀이 업무 시각화를 위해 지속적으로 사용한다. 아키텍처 관련 업무들을 여기에 통합함으로써 아키텍처 관련 활동을 훌륭하게 나타낼 수 있다.

- 시간에 따른 의사 결정 내용과 촉진자들을 나타내는 아키텍처 로드맵을 이용해 아키텍트가 현재 진행하는 활동을 간단히 나타낼 수 있다. 로드맵은 이니셔티브 레벨은 물론 팀 레벨에서도 존재할 수 있다.

- 현재 상태와 바람직한 다음 상태를 나타내는 애플리케이션 건강 대시보드^{Application Health Dashboard}를 이용해 애플리케이션의 안전한 상태를 유지하기 위한 백로그 아이템들의 지속적인 개선 상황을 나타낼 수 있다.

- 아키텍처 성숙도 대시보드^{Architecture Maturity Dashboard}를 이용해 일하는 방식에 관련된 이슈나 문제를 나타낼 수 있다. 당장의 긴급함, 아키텍처 비전 미준수, 기술 부채 누적, 아키텍처 리스크 등이 여기에 해당한다.

- **데브옵스 건강 레이더**^{DevOps Health Radar}는 애플리케이션 자동화와 관련된 것으로 이를 이용해 개발 중인 솔루션의 자동화와 지속적인 전달 상태를 나타낼 수 있다.

사무실 벽을 이용한 **쇼 월**^{Show Wall}은 아키텍처 관련 업무를 알리고 설명할 수 있는 훌륭한 커뮤니케이션 도구다. 복도와 팀 사무 공간의 벽에 아키텍처 모델을 붙여둠으로써 오랜 기간 이해관계자들의 인식을 촉진할 수 있다.

SAFe에서는 포트폴리오, 솔루션, ART 레벨에서 칸반과 로드맵을 사용해 업무 투명성을 확보할 것을 권장한다. SAFe와 마찬가지로 DA에서는 태스크 보드, 칸반, 벨로시티 번다운 차트 등을 이용해 업무 투명성을 확보할 것을 권장한다.

다음 절에서는 현재의 긴급함에서 벗어나 개발 사이클보다 한발 앞서서 일하는 것의 중요성을 살펴본다.

개발보다 한발 앞서기

단기적 또는 중기적 관점에서 일어날 일을 예측하지 않고 솔루션을 개발하면 많은 이슈가 발생한다. 당장의 긴급함으로 솔루션 아키텍처는 점점 퇴화하며, 우연한 아키텍처로 높은 운영 비용이 발생하고 기민함이 저하된다. 즉각적인 의사 결정과 지연된 의사 결정은 임시 솔루션을 늘린다. 잠시 속도는 증가하지만 높은 재작업 비율로 속도는 결국 감소한다. 임시 솔루션은 출시 프로세스의 기술적 품질과 예측성에 영향을 미친다. 안정성, 신뢰성, 성능 같은 솔루션 품질은 시간이 지남에 따라 낮아진다.

3장, '애자일 아키텍트 – 성공의 핵심'의 말과 마차 비유에서 논의했듯 아키텍트는 프로덕트 오너와 함께 미래 이터레이션에 관한 협업을 통해 개발 스프린트 시점에 백로그 아이템이 충분히 명확한 상태에 있도록 해야 한다. 개발을 시작하기 이전, 적절한 시점에 **준비 정의**^{DOR, Definition of Ready}를 만들고 속도와 예측성을 높일 수 있다. 아키텍트에게 예측은 매우 중요하다. 복잡한 아키텍처와 디자인 문제를 해결하는 탐험에 충분한 시간을 투입함으로써 솔루션 개발에 필요한 접근 방식과 옵션들을 찾아낼 수 있다. DA에서는 이를 예측 플래닝^{Look-Ahead Planning} 및 모델링이라 부른다.

아키텍트는 한발 앞서 예측하면서도 개발 팀과 계속해서 연결돼 있어야 한다. 예를 들어 아키텍트는 70%의 업무 시간은 미래 예측을 통해 개발 팀이 가야 할 길을 준비하는 데 사용하고, 30%의 업무 시간은 팀과 함께 현재의 문제들을 해결하는 데 사용할 수 있다.

대단히 복잡하고 혼란한 환경에서는 완벽한 아키텍처가 고객의 필요를 만족하는 최고의 가치를 전달하지 못할 수 있다. 그러므로 아키텍트는 때때로 실용주의 마인드셋을 갖고 새로운 제약 사항에 기반해 비전과 로드맵을 조정해야 한다. 이에 관해서는 다음 절에서 더 자세히 살펴본다.

실용주의 마인드셋으로 일하기

나사^{NASA}의 **아폴로 13**^{Apollo 13} 프로젝트의 미션 디렉터였던 진 크란츠^{Gene Kranz}는 "나는 설계된 것들에는 전혀 신경 쓰지 않는다. 내가 할 수 있는 것에만 신경을 쓴다"라고 말했다. 고객에겐 시스템의 가용성이 중요할 뿐 솔루션 뒤편의 복잡성은 관심거리조차 되지 않는다. 그러므로 아키텍처와 관련된 의사 결정은 장기적인 지속 가능성과 고객의 단기적인 필요의 균형을 맞춰서 내려야 한다.

이번 절에서는 비즈니스에 빠르게 가치를 전달하기 위한 아키텍처 관련 업무를 수행할 때 가져야 할 실용주의의 중요성을 살펴본다.

최종 책임 순간 이해하기

애자일 소프트웨어 전달에서 의사 결정을 지연하는 것은 바람직하지만, 아키텍트는 '목적Why'과 '시점When'에 관해 명확하게 고려해야 한다. 간단히 말하자면 고객이 특정한 기능을 필요로 하는 시점에 의사 결정을 해야 한다. 예를 들어 MVP는 높은 가용성이 없어도 동작하며 비즈니스가 해당 솔루션을 더 많은 시장으로 확장할 준비가 됐을 때만 필요하다. 그러므로 높은 가용성에 관한 의사 결정은 해당 시점으로 미룰 수 있다. DA에서는 되돌릴 수 없는 의사 결정 시점, 즉 **최종 책임 순간**LRM, Last Responsible Moment을 정하고 약속을 지연시킬 것을 권장한다.

그림 6.9는 LRM과 그로 인한 다양한 영향을 나타낸다.

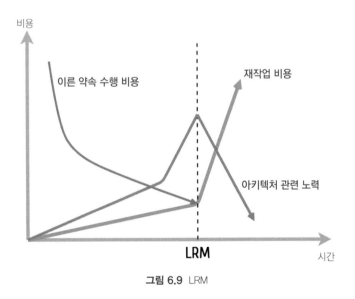

그림 6.9 LRM

그림 6.9에서 보듯 이른 약속 수행 비용Cost of Early Commitment은 LRM에 가까워질수록 낮아진다. 그리고 재작업 비용Cost of Rework은 LRM을 지나는 순간 잘못된 솔루션 혹은 임시 솔루션을 채택하면서 급격하게 높아진다. LRM은 이해하기에 다소 혼란스럽다. 일반적으로 LRM은 근삿값으로 계산한다. 다이어그램에서 보듯 아키텍처 관련 업무는 매우 앞선 시점에 시작되며, 이는 LRM 추정과 관련된 리스크를 줄인다.

최종 무결성 이용하기

때로 비즈니스는 기대한 것보다 이른 시점에 특정한 기능을 필요로 한다. 예측하지 못한 상태에서 고객이나 시장의 요구가 갑자기 변하기 때문이다. 또한 기술적 어려움을 적시에 해결하는 데 실패하는 것 또한 예상하지 못한 상황으로 이어진다. 이러한 상황에서는 지속 가능성과 시장 제공 시점Time-to-Market을 절충함으로써 우선순위를 다시 결정해야 한다.

이때 아키텍트들은 제안된 솔루션을 재평가하고 본질적으로 임시적인 대안 솔루션 옵션을 제공함으로써 비즈니스의 즉각적인 필요를 지원해야 한다. 이러한 의사 결정은 필연적으로 기술 부채를 수반한다. 아키텍트들은 누적된 기술 부채를 바로잡을 수 있는 로드맵을 투명하게 만들어 최종 무결성에 관해 절충해야 한다.

리스크 주도 및 비용 주도 접근 방식 사용하기

조지 페어뱅크스George Fairbanks는 아키텍처와 관련한 노력은 '실패 리스크에 비례해야 한다'라는 것을 핵심 원칙으로 제안했다. 그는 이렇게 비유한다. "보안 리스크가 걱정되지 않는다면 보안 설계에 시간을 투입하지 말라. 반면 성능이 프로젝트를 위협한다면 문제에 집중하고 반드시 해결하라."

리스크 주도 및 비용 주도 아키텍처RCDA, Risk-and Cost-Driven Architecture는 CGIcgi.com가 제안한 접근 방식이다. RCDA는 엘조 푸어트Eltjo R. Poort가 IEEE 콘퍼런스에서 발표한 논문 「Architecting as a Risk-and Cost Management Discipline」에서 소개했다. 저자는 "아키텍처 관련 고려 비용은 개발 비용과 실패 리스크에 관련된 비용의 합으로 간주할 것"을 권장했다.

RCDA 접근 방식에서는 모든 것을 리스크 최우선 접근 방식으로 치환한다. 아키텍트는 특정한 걱정과 관련된 리스크가 있을 때만 활동한다. 이런 의사 결정을 무시했을 경우 전달 비용을 증가시킬 수 있다. 이 접근 방식은 아키텍처 관련 의사 결정 백로그의 우선순위를 선정하는 수단으로서 유용하다.

반점착성 보장하기

점착성^{Viscosity}이란 객체 지향 프로그래밍에서 나타나는 형편없는 아키텍처의 징후 중 하나다. 로버트 마틴^{Robert C. Martin}이 '설계 원칙과 설계 패턴^{Design Princsiples and Design Patterns}'에서 **경직성**^{Rigidity}, **파손성**^{Fragility}, **부동성**^{Immobility} 등의 다른 원칙들과 함께 제안했다.

점착성은 **설계**와 **환경**의 두 가지 형태로 나타난다. 설계 점착성은 솔루션이 의도했던 설계와 다를수록 높게 나타난다. 이것은 개발자가 어떤 문제를 원래 설계보다 더 쉽게 풀 수 있는 접근 방식을 찾아낸 결과에 기인한다. 환경 점착성은 머신의 성능 부족 등 최적화되지 않은 환경 때문에 성능의 절충 등을 했을 때 높아진다. 점착성이 높을수록 장기적으로 솔루션의 지속 가능성에는 부정적인 영향을 미친다.

애자일 소프트웨어 개발에서는 대안적 솔루션 선택을 탐색하고 논의하기 위해 팀 구성원들과 협업하는 것이 매우 중요하다.

이번 절에서는 실용주의 마인드셋을 살펴봤다. 최종 무결성을 활용하는 LRM에 관해서도 학습했다. 리스크 주도 및 비용 주도 접근 방식과 반점착성을 유지하는 방법도 이해했다.

다음 절에서는 옵션을 열린 상태로 유지하는 접근 방식을 살펴본다.

⁝⁝ 옵션을 열린 상태로 유지하기

아키텍처 관련 업무는 LRM보다 훨씬 앞서 시작된다(그림 6.8). 이 기간에 아키텍트는 다양한 접근 방식을 이용해 솔루션을 탐험하고 의사 결정을 내릴 수 있다.

이번 절에서는 의사 결정 백로그를 다듬고 옵션을 분석함으로써 최종 솔루션에 도달하는 몇 가지 접근 방식을 살펴본다. 옵션들을 조기에 제거해야 할 때도 있지만, 그렇지 않다면 가능한 한 많은 옵션을 열린 상태로 유지하는 것이 더 적합하다.

가설 기반 솔루션 이용하기

가설 기반 솔루션^{HBS, Hypothesis-Based Solution}이란 포인트 기반 설계^{Point-Based Design}에 근거해서 솔루션을 탐색, 분석, 완성하는 구조화된 메커니즘이다. HBS 접근 방식은 아키텍트가 경험이나 전문성에 기반해 모든 요구 사항이 알려지기 이전에 특정한 솔루션에 확신이 있을 때 특히 유용하다.

이때 아키텍트는 하나의 잠재적인 솔루션을 기반으로 그 제안을 부정할 수 있을 만한 부정적인 케이스를 발견하기 전까지는 열린 마음으로 해당 솔루션을 계속 탐색한다. 그러나 LRM에서는 최종 의사 결정을 반드시 내려야만 한다. 예를 들어 온라인 쇼핑 관련 서비스 개발 경험이 많은 아키텍트는 여러 요구 사항이 확실해지기 이전에 큰 노력 없이도 온라인 쇼핑 솔루션을 설계할 수 있을 것이다. 이 접근 방식은 많은 옵션을 탐색하는 데 필요한 노력을 상당히 줄여준다. 또한 스파이크, 모델 기반 시뮬레이션, 전문가 참여 등을 통해 해당 솔루션을 조기에 검증할 수도 있다.

그림 6.10은 HBS 접근 방식을 나타낸다.

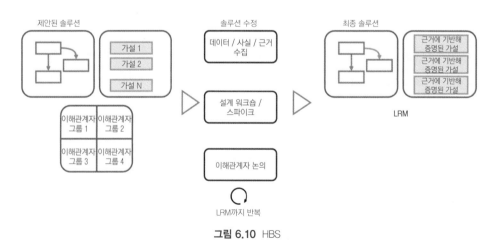

그림 6.10 HBS

HBS는 다양한 가정에 기반한 잠재적 솔루션에서 시작한다. 시간이 지나면서 이 가정들은 여러 문제와 사실을 제공하며 가치를 더하는 중요 이해관계자들에 의해 검증된다. 아키텍트는 가정 대부분이 증명된 시점에서 의사 결정을 한다.

실제 옵션 이론 이용하기

실제 옵션 이론^{Real Options Theory}은 1980년대 초반 금융 도메인에서 투자 의사 결정을 하는 도구로 소개됐다. 그림 6.11은 실제 옵션 이론의 핵심 요소를 나타낸다.

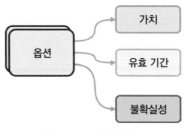

그림 6.11 실제 옵션 이론

현재 손에 쥐고 있는 옵션들은 고객 만족과 같이 관련된 이익 또는 가치를 갖는다. 모든 옵션은 전달 시점과 같은 유효 기간을 포함하고 있으며 유효 기간이 지나면 해당 옵션은 아무런 가치도 지니지 않는다. 그리고 모든 옵션은 불확실성을 포함한다. 불확실성을 포함한 옵션은 올바른 선택이 아니며 제거돼야 한다.

셋 기반 동시 엔지니어링 이용하기

셋 기반 동시 엔지니어링^{SBCE, Set-Based Concurrent Engineering}은 워드^{Ward}가 「Toyota's Principles of Set-Based Concurrent Engineering」이라는 논문을 통해 소개했다. SBCE 혹은 **셋 기반 설계**^{Set-Based Design}는 토요타에서 사용했던 제품 개발 프로세스 관리 기법이다. 셋 기반 설계 접근 기법에서는 모든 설계에 대해 대안적인 솔루션을 만들고 탐색하고 평가한 뒤 최고의 솔루션을 선택한다.

셋 기반 설계를 활용해 아키텍트는 여러 옵션을 동시에 탐색한 뒤, 경제적 프레임워크에 기반한 트레이드오프를 고려하고 최종 의사 결정을 한다. 이 과정을 통해 아키텍트들은 왜 특정한 의사 결정을 내리지 않았는지, 어떤 추가 정보가 필요한지 설명할 수 있다. LRM에서 최종 의사 결정을 할 때 뛰어난 가정들은 리스크 스테이트먼트로 바뀐다.

그림 6.12는 셋 기반 설계 접근 방식을 나타낸다.

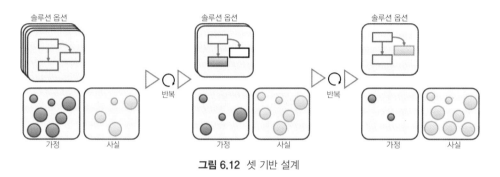

그림 6.12 셋 기반 설계

그림 6.12에서 보듯 이터레이션이 반복되면서 가정은 줄어들고 사실은 늘어난다. 아키텍트들은 의사 결정을 위해 시간을 사용하지만 몇 가지 핵심적인 의사 결정들은 사전에 이뤄져야 한다. 특히 MVP 사이클에서 혁신이 시작될 때는 더욱 그렇다.

DA에서는 두 개의 가능한 솔루션 옵션을 판단할 때 기술 스파이크 증명Proof of Technology Spike과 셋 기반 설계를 사용할 것을 권장한다. SAFe에서도 의사 결정 과정에서 셋 기반 설계를 이용하며 필요한 모든 정보를 이용할 수 있을 때까지 여러 옵션을 동시에 탐색한다.

스노우 인 더 데저트에서 아키텍트들은 셋 기반 설계와 HBS를 이용해 솔루션 옵션을 분석한다. 예를 들어 모바일 애플리케이션 기술 스택을 분석할 때는 HBS를 이용한다. 스노우 인 더 데저트는 **리액트 네이티브**React Native에 관한 전문성을 보유하고 있기 때문이다. 그래서 아키텍트들은 모바일 애플리케이션 개발에서는 리액트 네이티브를 사용할 것이라 가정한다. 물론 팀은 열린 마음을 유지하면서 그들의 가정에 대한 변경이나 문제를 기꺼이 받아들인다. 한편 스트리밍 솔루션에 관한 기술 선정에 있어서는 셋 기반 설계를 이용한다(그림 6.13).

그림 6.13 셋 기반 설계 예시

그림 6.13에서 보듯 시간이 지남에 따라 열린 포인트는 사실로 치환되며 옵션들이 제거된다. 예를 들어 카프카^{Kafka}는 스킬과 지원 부문에서 기업에 추가적인 비용을 더하므로 제거된다. 다른 두 가지 옵션은 이미 스노우 인 더 데저트의 생태계에 포함돼 있기 때문에 즉시 활용할 수 있다.

이번 절에서는 LRM이 될 때까지 옵션들을 열린 상태로 유지함으로써 최종 의사 결정을 하기까지 가능한 한 많은 정보를 얻는 기회를 확보하는 방법을 살펴봤다. 다음 절에서는 MVP의 아키텍처적 측면을 살펴본다.

⠿ MVA를 이용한 조기 가치 전달하기

조기 검증, 피드백, 학습 사이클은 애자일 소프트웨어 개발의 핵심 프랙티스다. MVP를 개발함으로써 기업은 운영 환경에서 새로운 혁신을 시도할 수 있고 충분한 고객 피드백을 일찍 확보함으로써 리스크를 줄이고 더욱 큰 규모의 투자를 할 수 있다.

아키텍트는 MVP의 기술 범위를 정의하는 동시에 **최소 기능 아키텍처**$^{\text{MVA, Minimum Viable}}$ ^{Architecture} 설계에서도 중요한 역할을 한다. 무엇보다 비즈니스 가치가 높은 피처들을 먼저 전달함으로써 비즈니스가 최고의 가치를 우선 얻도록 해야 한다. MVP의 범위를 결정할 때는 리스크와 가치를 적절하게 조합해 피처를 신중하게 결정해야 한다(그림 6.14).

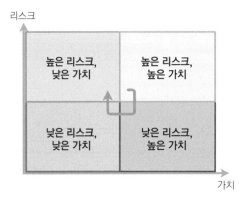

그림 6.14 리스크 및 가치 기반 MVP 우선순위 결정

그림 6.14의 다이어그램은 켄 콜리어$^{Ken\ W.\ Collier}$의 비즈니스 피처 우선순위 결정 접근 방식에서 유용한 것이다. 그러나 이 접근 방식은 비즈니스 솔루션을 기술보다 우선하는 경우에만 유효하다. 예를 들어 솔루션이 **블록체인**^{Blockchain}에 기반하고 있다면 블록체인을 만족하는지부터 증명해야 한다. 반대로 비즈니스에서 **직원 채용 시스템**$^{Staff\ Rostering\ System}$을 구현하고 싶다면 기술 자체는 MVP로서 검증하지 않아도 된다. 이 시나리오에서 MVA는 최소 개발 비용, 리드타임, 리스크로 최대의 가치를 전달하는 옵션으로 계산된다(그림 6.15).

$$\text{MVA} = \frac{\text{가치}}{\text{비용} + \text{리드타임} + \text{리스크}}$$

그림 6.15 MVA 계산 공식

이 공식은 2장, '애자일 아키텍처 – 애자일 전달의 근간'에서 논의한 사전 설계인 **VRC 모델**$^{VRC\ Model}$을 확장한 것이며 파라미터에 리드타임을 추가해 MVP의 시장 출시$^{Time-to-Market}$ 관점을 고려했다. 그림 6.16은 MVA를 설계하는 두 가지 접근 방식을 나타낸다.

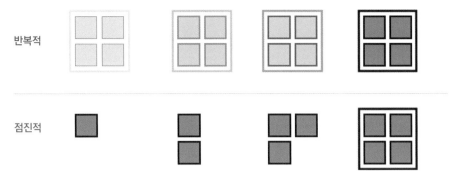

그림 6.16 반복적 개발과 점진적 개발

그림 6.16에서 보듯 반복적Iterative 모델은 최고 상태의 솔루션 버전을 미리 만들고 이터 레이션을 거듭하면서 해당 모델을 보완한다. 알리스테어 코크번은 이를 **걸어 다니는 해 골**Walking Skeleton이라 표현했다. 반면 점진적Incremental 개발은 시스템의 특정한 부분에서 시작해 점진적으로 다른 부분을 추가한다. 애자일 소프트웨어 전달에서는 MVA에 언제 나 반복적 모델을 사용할 것을 권장한다.

SAFe에서는 린 스타트업 사이클을 도입해 새로운 혁신의 가능성을 만들고 측정하며 학습한다. 지금까지 아키텍트의 업무를 시각화하고 가치를 나타내는 많은 기법을 살펴 봤다. 다음 절에서는 기술 부채의 중요성을 살펴본다.

⁝⁝ 기술 부채 관리하기

워드 커닝햄Ward Cunningham은 **기술 부채**Tech Debts라는 용어를 처음 소개했다. 그는 「OOPSLA 92 Experience Report – The WyCash Portfolio Management System」 에서 은행의 비유를 들어 기술 부채를 설명했다. 워드는 "부채를 만드는 것은 대출을 갚 지 않는 것과 같으며 한두 번 갚지 않아도 큰 문제는 없지만, 그 이상 계속되면 되돌릴 수 없는 상황에 이른다"라고 부연한다.

기술 부채는 **순수한**Genuine 기술 부채와 **만들어진**Manufactured 기술 부채로 구분된다. 순수 한 기술 부채란 비즈니스가 갑작스러운 고객의 필요를 만족하도록 지원하기 위한 것이다. 반면 만들어진 기술 부채는 아키텍처 노화, 구성원들의 지식 부족, 동기 부족, 원칙 부재, 현재의 긴급함, 전달의 압력, 올바른 것을 하고자 하는 의도의 부족, 아키텍처 설계에 관한 집중도 부족 등에 기인한다.

로버트 마틴은 '엉망진창이 기술 부채는 아니다A Mess is not a Technical Debt'라는 제목의 글을 통해 수용 가능한 기술 부채 상황에서 "의사 결정은 그 상황에서 고객에게 빠르게 가치를 전달하기 위한 실제적 의도에 기반해 트레이드오프를 적절하게 고려해 의사 결정을 내려야 한다"라고 말했다.

애자일에서 기술 부채를 피할 수는 없다. 그러나 지속적으로 기술 부채를 리팩터링하고 완화하는 것은 지속 가능한 소프트웨어 시스템 개발에 필수적이다. 그림 6.17의 그래프는 기술 부채의 다양한 측면을 나타낸다.

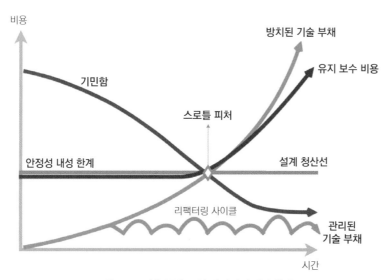

그림 6.17 기술 부채 곡선 및 안정성 내성 한계

지속적인 리팩터링 사이클을 통해 잘 관리된 기술 부채는 안정성 내성 한계Stability Tolerance Limit 아래로 유지 보수 비용을 유지하는 데 도움이 된다. 안정성 내성 한계를 넘으면 유지 보수 비용은 급격히 증가한다. 안정성 내성 한계 이상으로 시스템 안정성을 개선하기 위해서는 기능 피처를 제한하고 기술 부채를 완화해야 한다. 마틴 파울러는 그의 아티클 '설계 체력 가설Design Stamina Hypothesis'에서 이를 **설계 청산선**Design Pay-Off Line

이라 불렀다. 이 지점을 넘어서면 피처와 품질을 절충할 수 없게 된다. 안정성 내성 한계를 넘어 관리되지 않은 기술 부채는 비즈니스의 기민함에 심각한 영향을 준다.

「The Evolution of the Laws of Software Evolution: A Discussion Based on a Systematic Literature Review」에서 소개된 레만의 8번째 법칙Eighth Laws of Lehman은 소프트웨어 품질을 저하하는 요소와 시스템 진화 진적의 균형을 잡는 여러 가지 법칙을 제안한다. 변화 지속Continuing Change, 복잡성 증가Increasing Complexity, 품질 저하Declining Quality의 법칙은 기술 부채와 관련된 중요한 법칙들이다.

카롤라 릴리엔탈Carola Lilienthal은 아키텍트가 팀 논의에 정기적으로 참여하고, 올바른 아키텍처 스타일과 패턴을 사용하고, 도메인 주도 설계를 도입하고, 자동화된 테스팅 구현을 통한 리팩터링을 지원하고, 도구를 활용해 지속적으로 아키텍처를 분석하고, 아키텍처 리뷰 및 교육을 통해 아키텍처의 퇴화를 방지함으로써 기술 부채를 피할 수 있음을 관찰했다.

스노우 인 더 데저트는 자체적인 역량 할당을 통해 기술 부채와 리팩터링에 특별히 주의를 기울인다. 그림 6.18은 기술 부채 관리 프로세스 흐름을 간단히 나타낸다.

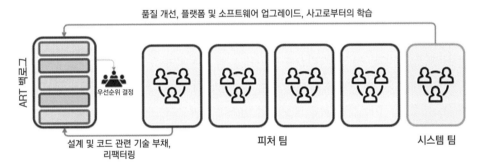

그림 6.18 기술 부채 관리 프로세스

그림 6.18에서 볼 수 있듯 시스템 팀은 모든 ART에서 매우 특별한 팀이다. 시스템 팀은 자동화 도구와 매뉴얼 도구를 활용해 지속적으로 애플리케이션을 모니터링 및 프로파일링하면서 시스템을 평가한다. 개선 아이템을 발견하면 해당 아이템을 백로그에 추가한다. 예를 들어 특정한 사고 발생에 따른 새로운 모니터링 시스템에 관한 요구 사항을

백로그에 추가할 수 있다.

스노우 인 더 데저트에서는 다양한 자기 평가 모델을 사용해 가치 전달의 다양한 측면을 측정한다. 다음 깃헙 저장소(https://github.com/moseskim/Becoming-an-Agile-Software-Architect/blob/master/Chapter6/Self-Assessment-Models.png)에서 이 평가 모델들을 다운로드할 수 있다.

⋮⋮ 정리

아키텍트는 프로덕트 오너나 스크럼 마스터 같이 애자일 개발에서의 표준 역할은 아니지만 여러 핵심적인 활동을 수행하는 데 대단히 중요하다. 아키텍트들은 아키텍처 관련 아이디어를 활성화하기 위해 비즈니스 언어를 이용하는 등 스스로 업무의 가치를 투명하게 내보여야 한다.

6장에서는 고객의 필요를 조기에 자주 만족시키는 것이 애자일 소프트웨어 개발의 핵심임을 학습했다. 요구 기반의 당김 시스템$^{Pull System}$에 관한 관점은 종종 아키텍처 관련 활동을 어렵게 만든다. 그러나 견고하면서도 진화하는 아키텍처는 현실에서 지속 가능한 흐름에 기반해 높은 품질의 솔루션을 전달하는 데 대단히 중요하다.

아키텍트가 가치와 유용한 기법들을 나타내 보이는 것의 중요성 또한 살펴봤다. 애자일의 아키텍처는 엄격하면서도 투명하게 동작하면서 가치를 명확히 해야 한다. 공유된 프로덕트 백로그를 이용하고 기술 백로그와 비즈니스 백로그를 연결함으로써 아키텍트는 자신의 업무 가치를 보일 수 있다. 아키텍처 백로그 아이템, 역량 할당, 효과적인 우선순위 결정의 비즈니스 가치를 결정함으로써 기능과 품질의 올바른 균형을 맞출 수 있다. 아키텍트는 미래를 내다보고 다가올 백로그 아이템들에 일정 이상의 시간을 투입함으로써 실제적인 가치를 더한다. 아키텍트들은 LRM까지 결정을 미루고, 최종 무결성을 기준으로 차이를 받아들이고, 적절하게 RCDA를 도입하는 등 실용주의 마인드셋을 갖고 솔루션에 접근해야 한다. 셋 기반 설계, HBS, 실제 옵션 이론 등을 활용해 옵션을 열린 상태로 유지함으로써 의사 결정을 미룬다. 높은 리스크와 높은 가치의 아키텍처와 백로그 아이템들은 MVP의 대상이며 비용, 가치, 리드타임, 리스크가 균형을 이루도록 세심하게 살펴야 한다. 마지막으로 기술 부채에 관해 살펴봤다. 정기적인 솔루션을 최적의 전달 및 유지 보수 비용으로 운영하려면 기술 부채를 지속적으로 관리해야 한다.

6장에서는 아키텍트들이 애자일 개발에서 자신들의 가치를 나타내는 데 유용한 기법들을 다뤘었다. 그러나 프로세스 전문성만으로는 가치를 전달할 수 없다. 7장에서는 올바른 아키텍처 패턴과 프랙티스를 분석해보면서 기술 전문성 영역을 살펴본다.

⠿ 더 읽을거리

- 큰 레보스키의 법칙The Big Lebowski Dude's law. https://digitalcommons.pace.edu/cgi/viewcontent.cgi?article=1938&context=plr

- 「Lean Primer」. https://www.leanprimer.com/downloads/lean_primer.pdf

- 솔루션 아키텍처의 비즈니스 가치Business value of solution architecture. https://silo.tips/download/business-value-of-solution-architecture

- 지퍼 모델Zipper model. https://www.researchgate.net/publication/224118841_Agility_and_Architecture_Can_They_Coexist

- 최종 책임 순간LRM, Latest Responsibility Moment. https://iglcstorage.blob.core.windows.net/papers/attachment-b9415f20-aa6a-4f80-a7d7-ea3f06529ec3.pdf

- RCDA. https://www.researchgate.net/publication/252019959_Architecting_as_a_Risk_and_Cost_Management_Discipline

- 점착성Viscosity. http://www.cvc.uab.es/shared/teach/a21291/temes/object_oriented_design/materials_adicionals/principles_and_patterns.pdf

- 실제 옵션Real options. https://www.infoq.com/articles/real-optionsenhance-agility/

- 셋 기반 설계Set-based design. https://sloanreview.mit.edu/article/toyotasprinciples-of-setbased-concurrent-engineering/?gclid=CjwKCAjw0On8BRAgEiwAincsHGCq

acQF5lcfdm9FjPLUBu_PhwuLsrAH_inf-0hb3vXz8Ru0i_89GRoCbdMQAvD_
BwE

- 기술 부채^{Tech debt}. http://c2.com/doc/oopsla92.html, https://sites.google.com/
site/unclebobconsultingllc/a-mess-is-not-a-technical-debt

- 레만의 법칙^{Lehman's law}. https://www.researchgate.net/publication/262297736_
The_Evolution_of_the_Laws_of_Software_Evolution_A_Discussion_Based_on_
a_Systematic_Literature_Review

- 설계 체력 가설^{Design stamina hypothesis}. https://martinfowler.com/bliki/
DesignStaminaHypothesis.html

07

패턴과 테크닉을 활용한
기술적 기민함

"모터 없이는 날 수 있지만, 지식과 스킬 없이는 날 수 없다."
- 윌버 라이트^{Wilbur Wright}(미국 발명가, 비행사)

6장에서는 지속 가능한 가장 짧은 시간에 품질을 절충하지 않으면서 가치를 전달하는 프로세스의 탁월함을 살펴봤다. 7장에서는 지속 가능성과 리드타임을 잃지 않고 높은 품질의 솔루션을 성공적으로 전달하는 데 필요한 기술적 탁월함을 살펴본다.

아키텍트는 빠르게 움직이는 기술 기반 세계에서 높은 품질의 솔루션을 전달하기 위해 기술적 진보의 최전선에 서야만 한다. 이를 위해서는 끊임없이 학습하고 새로운 기술들을 적용해야 한다. 올바른 유스 케이스, 올바른 기술을 적용함으로써 기술적인 기민함, 품질 그리고 고객 만족을 높일 수 있다. 조직은 기술적인 기민함을 최대화해야 하며 이를 위해서는 개인의 장인 정신 육성에 투자해야 한다. 기술적 기민함은 주로 패턴과 테크닉을 적용하면서 데브옵스 문화를 육성함으로써 달성할 수 있다. 고객의 요구 사항 변화에 빠르게 대응하는 진화적인 아키텍처, 결합을 줄이는 모듈화된 애플리케이션, 현대적 기술의 적용은 기술적 기민함을 촉진하는 필수 요소다. 새롭게 만드는 시스템은 관리하기 쉽지만, 많은 조직은 오랜 기술 부채와 레거시 시스템을 끊임없이 다뤄야 했다. 계속해서 가치를 전달하려면 점진적인 현대화를 통해 해당 시스템을 받아들일 수 있는 기술적 수준에 이를 때까지 재플랫폼화해야 한다. 테스트 가용성과 풀스택 진단에 기반한 좋은 코딩 프랙티스를 따름으로써 팀은 더 나은 품질의 솔루션을 전달할 수 있다.

아키텍트는 앞에서 설명한 것처럼 높은 품질의 솔루션을 신속하게 전달함으로써 이익을 얻는 기술적 기민함을 가능케 해야 한다. 그래서 패턴과 테크닉을 지속적으로 적용해 기술적 기민함을 높이는 예술을 익혀야 한다. 7장에서는 기술적 전문성에 관한 전체적인 컨텍스트를 확립하고 아키텍처 패턴과 테크닉을 활용한 기술적 기민함의 측면을 살펴본다. 기술적 기민함을 달성하기 위해 아키텍트가 집중해야 할 다양한 영역을 다룬다. 또한 레거시 시스템을 현대적으로 우아하게 업그레이드하는 방법도 살펴본다.

이번 장에서는 다음과 같은 주제를 다룬다.

- 기술적 탁월함을 통해 기민함을 증폭하기

- 패턴과 테크닉을 활용한 기술적 기민함 만들기

- 변화에 대응하는 아키텍처 만들기

- 엔지니어링 탁월함을 통해 좋은 코드 개발하기

- 엔터프라이즈 통합 이해하기

- 테스트 가능성을 고려한 개발하기

- 클라우드를 활용해 인프라스트럭처를 소프트웨어처럼 다루기

- 풀스택 진단을 활용해 모든 것을 모니터링하기

7장에서는 애자일 아키텍트의 렌즈에서 **기술적 기민함**의 영역에 초점을 둔다.

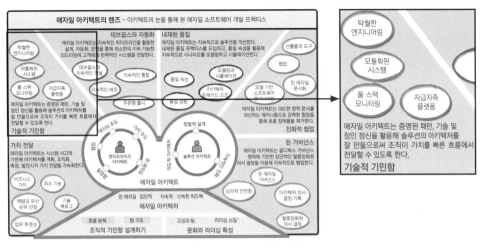

그림 7.1 기술적 기민함 영역

⫶ 기술적 탁월함을 통해 기민함을 증폭하기

기술적 탁월함Technical Excellence은 소프트웨어 엔지니어링뿐만 아니라 여러 영역에서 사용되는 용어다. 특정한 전문 분야에서 개인이나 조직이 가진 견고하고 뛰어난 품질 또는 역량을 의미한다.

폴 길Paul S Gill과 윌리엄 본William W. Vaughan은 「Technical Excellence: A Requirement for Good Engineering」이라는 논문에서 나사NASA의 탁월함을 '소프트웨어 엔지니어링에 적용된 기술적 완전함과 견고함'이라고 설명했다. 또한 '기술적 탁월함은 개인적인 책임이자 조직적인 책임'이라고도 말했다. 기술적 탁월함은 조직의 특정한 상태를 나타내며, 이 조직에서 구성원들은 잘 부서지지 않고 신뢰할 수 있는 내구성을 가진 솔루션을 최적의 비용으로 전달하기 위해 자신들의 의무를 뛰어넘는 기술을 기꺼이 적용한다. 애자일 개발 선언문의 서명자 중 한 사람인 짐 하이스미스가 제안했듯 기술적 탁월함은 '고객의 현재 필요를 만족시키는 솔루션을 전달하는 능력과 미래의 필요에 대한 적응력으로 측정'된다.

애자일 소프트웨어 개발 선언의 원칙 중 하나는 기술적인 탁월함 그리고 좋은 설계에 지속적으로 주의를 기울임으로써 기민함을 높이는 것이다. 애자일 소프트웨어 개발 선언이 공개되고 10년이 지난 후 서명자들은 2011년에 스노버드에 다시 모여 그 적용 상태를 확인했다. 당시 도출된 핵심 메시지 중 하나는 기술적 탁월함에 대한 요구였다. 서명자들은 애자일 커뮤니티가 다음을 통해 기술적 탁월함을 요구해야 한다고 주장했다.

- 개인적인 변화를 촉진하고 조직적인 변화를 이끈다.

- 지식을 조직화하고 교육을 개선한다.

- 모든 프로세스를 통해 가치 창출을 최대화한다.

이는 애자일 소프트웨어 개발에서 기술적 탁월함이 필요함을 잘 나타낸다.

Large Scale Scrum^{Less}에서는 기술적 탁월함의 성숙도가 조직의 기민한 정도를 제한한다고 간주한다. 기술적 탁월함을 핵심 조력자로 삼아 기민함을 얻기 위해 경쟁하고 노력하는 학습 조직의 핵심적인 특징으로 적응적인 문화, 소프트웨어 장인 정신, 기술적 전문성, 기술 발전에 관한 지속적인 학습을 들 수 있다. 스노우 인 더 데저트는 사내 아카데미^{Internal Academy}를 만들고 산학 협업을 통해 지속적인 학습을 양성했다. 직원들의 높은 동기를 유지하기 위해 보상, 인정, 리더 보드 등을 만들었다.

잘 엔지니어링된 제품들은 변화에 적응하면서도 서비스 가용성, 전달 속도, 비용에 큰 영향을 주지 않는다. 종종 유지 보수 비용을 기술적 탁월함의 측정 지표로 간주하기도 한다. 최고의 품질에 대한 집착과 운영 오버헤드를 최소화하고자 하는 강한 의지는 기술적 탁월함을 나타내는 긍정적인 신호다.

그림 7.2는 소프트웨어 수명 주기에서 기술적 탁월함이 미치는 영향을 나타낸다.

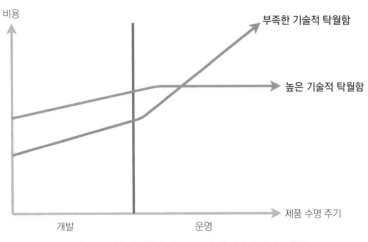

그림 7.2 기술적 탁월함이 소프트웨어 전달에 미치는 영향

그림 7.2에서 보듯 조직이 기술적 탁월함에 집중할 때는 개발 비용이 상당히 높을 수 있다. 그러나 장기적으로 보면 유지 보수 비용이 초기 투입된 개발 비용을 상쇄한다.

아키텍트는 기술적 탁월함을 촉진하고 달성하는 데 매우 중요한 역할을 담당한다. 기술적 탁월함은 올바른 기술과 테크닉을 도입함으로써 달성할 수 있는데, 이를 위해서는 기술적인 사고를 하는 리더십을 제공하며 복잡한 문제에 간단하면서도 지속 가능한 솔루션으로 대응해야 한다. 애자일 아키텍트는 비판적인 시각으로 계속해서 자신의 기술적 지식을 돌아보고 개선해야 한다.

기술적 탁월함에는 두 가지 측면이 있다(그림 7.3).

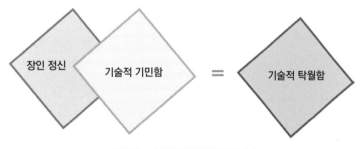

그림 7.3 기술적 탁월함의 구성 요소

소프트웨어 장인 정신 정신^{Software Craftmanship}은 개인과 관련이 있고, 기술적 기민함은 조직 및 팀과 관련이 있다. 이에 관해 다음 절에서 자세히 살펴본다.

소프트웨어 장인 정신 도입하기

잘 엔지니어링된 소프트웨어 제품을 전달하는 조직에서 높은 동기를 가진 개인은 본질적으로 귀중한 자산이다. 이들은 의무가 아니라 습관처럼 솔루션의 품질에 집중한다. 프로세스와 관계없이 개인에게 오너십이 있을 때 장인 정신은 소프트웨어의 성공적 전달, 품질, 유지 보수성을 극적으로 개선한다.

소프트웨어 장인 정신에 관한 가장 공식적인 문서는 2009년에 정의된 '소프트웨어 장인 정신 선언문^{Manifesto for Software Craftmanship}'이다. 이 선언문에서는 전문적인 소프트웨어 개발 기술에 관한 연습과 교육을 통해 잘 만들어진^{Well-Crafted} 동작하는 소프트웨어를 전달함으로써 비즈니스 변화에 지속적인 가치를 더할 수 있다고 말한다. 소프트웨어 장인 정신 실천가들은 전문가 커뮤니티를 양성하고 고객과 단순한 협업 관계를 넘어 생산적인 파트너십을 만든다.

잘 만들어진 소프트웨어 솔루션을 전달해 가치를 더하는 것은 소프트웨어 장인 정신 선언문의 핵심 중 하나다. 소프트웨어 장인 정신은 자기 개선, 학습에 대한 호기심, 더 나은 품질을 위한 노력에 개인적인 헌신을 요구한다. 마스터 프로그래머에게 소프트웨어 장인 정신은 아키텍트 역할을 위한 핵심 요소다. 소프트웨어 장인 정신은 성장 마인드셋을 가진 개인이 다음과 같은 일을 할 때의 상태를 나타낸다.

- 새로운 스킬을 얻기 위해 지속적으로 노력함으로써 편안한 영역^{Comport Zone}을 끊임없이 확장한다.

- 두려움 없이 좋은 기술적 프랙티스들을 도입한다.

- 열정, 엄격함, 완전함을 바탕으로 학습한 내용을 체계적으로 적용한다.

- 주위 사람들의 발전을 위해 학습한 것들을 아낌없이 공유한다.

이러한 영감과 원칙에 입각한 개인들은 일을 마치는 것뿐만 아니라 자신들이 만든 코드를 보살피고 코드의 가치가 떨어지지 않도록 시간을 투자한다. 이들은 간결한 설계를 사용해 깔끔하고 명확한 코드를 만들고 일상적인 태스크를 자동화한다. 버그가 없는 코드를 전달하는 데 자부심이 있고 자기 발전을 위해 현재에 끊임없이 도전한다. 또한 같은 업무를 혁신적으로 수행하는 방법을 개발함으로써 스스로 만족하는 동시에 더 좋고 빠르며 저렴한 솔루션을 전달한다.

소프트웨어 장인 정신은 조직의 많은 격려와 지원이 있을 때만 개개인이 달성할 수 있다. 조직은 개인의 기술적인 스킬에 투자해야 한다. 지속적으로 학습을 증진하고 개선된 내용을 계속해서 반영해야 한다.

기술적 기민함을 통해 품질 향상하기

애자일 개발과 전달 프랙티스 도입만으로는 기민함을 달성할 수 없다. 조직은 기민함을 달성하기 위해 기술을 효과적으로 사용해야 한다. 예를 들어 새로운 서버의 구매나 프로비저닝Provisioning에 수개월이 소요되는 내부 개발 인프라스트럭처를 사용하는 애자일 소프트웨어 개발은 흐름을 방해한다.

팀은 클라우드, 마이크로서비스, 자동화 같은 현대적 기술을 적절히 도입해 전달 흐름을 지속하도록 가속화함으로써 기술적 기민함을 높일 수 있다. 고성과 팀은 깨끗한 코드, 검증된 엔지니어링 프랙티스, 적절한 기술 패턴 활용, 객체 지향 개념과 설계 기법 준수 등의 원칙을 고수함으로써 기민함을 가능하게 한다.

기술적 기민함에 초점을 맞춤으로써 조직은 현재 기술을 유지하면서도 새로운 기술을 빠르고 쉽게 받아들일 수 있다. 기술적 기민함은 과도한 재작업을 줄이고 생산성을 개선하며 빠른 시장 진입과 높은 품질, 더 나은 수명, 운영 비용 감소, 개선된 조직적 기민함을 보장한다.

그림 7.4는 기술적 기민함을 세 가지 요소로 나누어 나타낸다.

그림 7.4 기술적 기민함의 구성 요소

세 가지 요소는 다음과 같다.

- 패턴과 테크닉은 높은 품질의 진화하는 솔루션을 전달하는 데 도움을 준다.

- 데브옵스와 자동화는 지속적인 가치의 빠른 흐름을 지원한다.

- 내재된 품질은 높은 성능의 확장 가능하고 지속 가능한 솔루션을 지원한다.

Scaled Agile Framework^{SAFe}에서는 기술적 기민함을 일곱 가지 경쟁력 중 하나로 설명한다. 기술적 기민함은 고성과 팀이 높은 품질의 솔루션을 개발하고 고객에게 전달하기 위해 필요한 핵심적인 기술들과 경쟁력으로 구성된다.

지금까지 기술적 탁월함에 관해 살펴봤다. 기술적 탁월함은 소프트웨어 장인 정신과 기술적 기민함으로 구성된다. 기술적 기민함의 중요성과 특성에 관해서도 살펴봤다. 다음 절에서는 기술적 기민함의 원칙을 몇 가지 소개한다.

⁙ 패턴과 테크닉을 활용한 기술적 기민함 만들기

새로운 기능을 추가하거나 점진적으로 운영 중인 시스템을 방해하지 않으면서 개선 과정에 새로운 기술을 도입하기 위해서는 진화하는 아키텍처가 필요하다. 신중하게 선택한 올바른 패턴과 테크닉은 소프트웨어를 진화시키고 결과적으로 기술적 기민함을 높인다.

소트웍스의 닐 포드는 진화적인 아키텍처를 '다양한 차원에서 안내된 점진적인 변화를 지원하는 아키텍처'라고 정의했다. 진화 가능성은 기술적 기민함을 얻고자 할 때 가장 중요하게 고려해야 할 부분이다. 견고하고 진화 가능한 아키텍처는 단순함, 잘 다듬어진 구조, 모듈화되고 재사용할 수 있는 컴포넌트 같은 패턴과 테크닉을 갖추고 있다.

현실 세계에서의 놀라운 건축물들(타지 마할^{Taj Mahal}이나 타워 브리지^{Tower Bridge} 등)도 이러한 특성을 보인다. 이 거대한 건축물들은 자기 복제적인 형태, 건축 요소의 대칭성 같은 원칙에 기반해 세워졌다(그림 7.5).

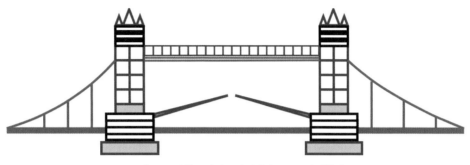

그림 7.5 타워 브리지 – 아키텍처 요소들의 대칭성

그림 7.5에서 보듯 단순하고 독립적이고 복제된 컴포넌트들이 통합돼 대칭을 이루면서 전체적인 구조를 이룬다. 아키텍처는 이러한 반복 구조를 여러 방향으로 확장하면서 진화한다. 소프트웨어 엔지니어링에서는 단순하고 작은 시스템의 부분들이 스스로 동작하고 통합하면서 더 큰 시스템을 구성한다. 동일한 구조적 패턴을 다른 방식으로 반복함으로써 더 큰 시스템을 안정적으로 빠르게 만들 수 있다.

진화적인 아키텍처 패턴과 테크닉을 활용해 기술적 기민함을 달성하는 것은 다섯 가지 핵심 원칙으로 요약할 수 있다(그림 7.6).

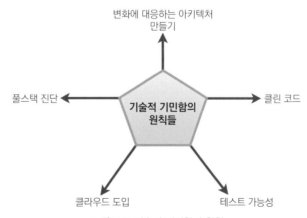

그림 7.6 기술적 기민함의 원칙

기술적 기민함의 원칙들은 개발자들이 실패를 두려워하지 않고 변화를 받아들일 수 있게 한다. 다음 절에서 다섯 가지 원칙을 자세히 살펴본다.

변화에 대응하는 아키텍처 만들기

변화에 대응하는 아키텍처를 만드는 것은 예술이다. 어떤 시스템을 새로 구축하든, 기존 시스템을 개선하든 변화에 민감한 마인드셋을 요구한다. 여기에서는 변화에 대응하는 아키텍처를 만드는 다양한 패턴과 테크닉을 살펴본다.

단순함을 통한 기술적 기민함 주도하기

'단순하게 유지하라고, 멍청아!KISS, Keep It Simple, Stupid' 원칙은 좋은 디자인과 엔지니어링에 관한 고전 원칙 중 하나다. 미국 항공 엔지니어인 켈리 존슨Kelly Johnson으로부터 알려졌으며, 전쟁터에서 한정된 공구만으로도 수리할 수 있도록 군용 항공기들을 단순하게 설계해야 함을 나타낸다. 이 원칙은 단순한 설계의 시스템이 복잡한 설계의 시스템보다 잘 동작함을 강조한다. 단순함은 소프트웨어의 진화를 지원하기 위해 변화에 대응하는 아키텍처를 만드는 것과 관련된 핵심 목표 중 하나다.

단순함은 **오캄의 면도날**Occam's Razor 또는 **파시모니의 법칙**Law of Pasimony에도 잘 드러난다. 이 법칙들은 문제 해결에 관한 원칙으로 하나의 솔루션에 대한 가설이 여럿 존재할 때 가장 적은 가정을 포함하는 가설을 선택해야 한다고 제안한다. 포함하는 가정이 적을수록 명확하고 단순하다.

다음 항목은 복잡한 설계에 따르는 부작용이다.

- 과도한 엔지니어링으로 인한 복잡한 설계는 변경, 진화 및 유지 보수 비용을 증가시킨다.

- 너무 많은 기능으로 인한 복잡한 설계는 기능 구현을 위해 솔루션에 필요 이상의 추가적인 노력을 야기한다.

- 리팩터링 부족으로 인한 복잡한 설계는 소프트웨어 팽창으로 이어지며, 결과적으로 더 많은 자원을 소비하고 시스템의 속도를 늦춘다.
- 컴포넌트, 의존성, 환경 설정, 기술, 레이어와 같이 많은 동적 부분을 수반하는 복잡한 설계는 생산성을 떨어뜨리고 오류를 증가시킨다.

로버트 마틴이 정의한 깨끗한 아키텍처의 원칙을 도입함으로써 가장 직관적이고 효과적인 형태의 계층적 아키텍처를 구현할 수 있다. 설계를 단순하게 유지하기 위해서는 좋은 엔지니어링 프랙티스와 개인의 높은 성숙도가 필수적이다.

단순함만으로는 필요한 수준의 기술적 기민함을 달성할 수 없다. 설계에 의한 고립 Isolation by Design은 기술적 기민함을 가능케 하는 핵심적인 설계 관점이다. 다음 절에서는 설계에 의한 고립을 위한 다양한 패턴과 프랙티스를 살펴본다.

설계에 의한 고립을 통한 진화

설계에 의한 고립은 변화에 대응하는 아키텍처를 만드는 핵심 원칙 중 하나다. 설계에 의한 고립은 이렇게 정의할 수 있다. 소프트웨어가 진화하려면 강한 의존성을 지닌 컴포넌트들이 함께 머물면서 높은 수준으로 응집Cohesion돼 있어야 한다. 반면에 변화되기 쉬운 컴포넌트들은 느슨한 통합 패턴과 테크닉을 이용해 분리돼야 한다.

설계에 의한 고립과 관련된 다양한 패턴과 테크닉을 소개한다.

아키텍처를 수직으로 잘라내기

아키텍처를 조직화할 때는 전통적으로 기술 계층을 경계로 애플리케이션을 수평으로 잘라냈다. 제품 중심 개발은 애자일 소프트웨어 개발의 표준 프랙티스 중 하나다. 아키텍처는 이전과 같이 기술을 중심으로 수평으로 자르지 않고, 제품을 경계로 수직으로 잘라내야 한다. 이를 통해 시스템 변경에 의한 영향 범위를 최소화할 수 있다.

수평적 슬라이스와 수직적 슬라이스 접근 방식은 그림 7.7에서 볼 수 있다.

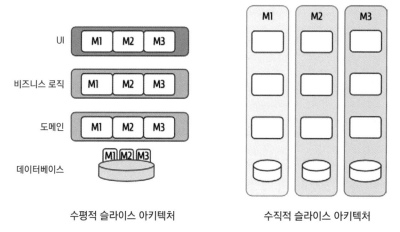

UI M1 M2 M3

비즈니스 로직 M1 M2 M3

도메인 M1 M2 M3

데이터베이스 M1 M2 M3

수평적 슬라이스 아키텍처

M1 M2 M3

수직적 슬라이스 아키텍처

그림 7.7 수평적 및 수직적 슬라이스 아키텍처

그림 7.7에서 **M**은 기능 모듈^{Functional Module}을 나타낸다. 수직적 슬라이스는 전체 시스템의 미니어처 버전이며 최소한의 투자로 피드백 사이클을 가속화하는 데 도움을 준다. 기술과 계층들은 수직적 슬라이스 안에서 추상화되며 풀스택 개발자로 구성된 제품 팀에 권한과 자율성을 부여한다. 수직적 슬라이스 안의 컴포넌트들은 강하게 결합돼 있으며, 슬라이스들은 느슨하게 연결된다. 이 수직적 슬라이스들은 해당 슬라이스의 사용자 스토리를 기반으로 다른 슬라이스를 방해하지 않으면서 점진적으로 개선된다.

수직적 슬라이스는 영향 범위를 줄일 뿐만 아니라 대체 가능성^{Substisuability}과 유지 보수성을 높인다. 또한 고객에 집중하고, 혁신을 가속화고, 팀을 잘 이해함으로써 조직을 개선하고, 빠른 빌드 사이클을 달성하면서 통합을 구조화하고, 테스트 가용성을 높이고, 배포를 자동화하고, 분할된 전달을 촉진하고, 파이프라인을 출시하고, 더 나은 성능을 달성하며 운용 비용을 줄인다.

도메인 주도 설계를 이용해 분해하기

도메인 주도 설계^{DDD, Domain-Driven Design}는 기능 및 제품 경계에 걸쳐 더욱 큰 규모의 시스템을 수직으로 슬라이스하는 효과적인 접근 방식이다. DDD는 에릭 에반스^{Eric Evans}가 제안한 접근 방식으로 복잡한 로직과 데이터 모델을 '경계 컨텍스트^{Bounded Context}'를 이용해 조직화함으로써 진화하는 시스템을 구현하는 데 도움을 준다. 경계 컨텍스트란 시스템의 여러 부분 사이의 기능적 경계를 만드는 메커니즘이다.

그림 7.8은 도메인 객체와 경계 컨텍스트를 나타낸다.

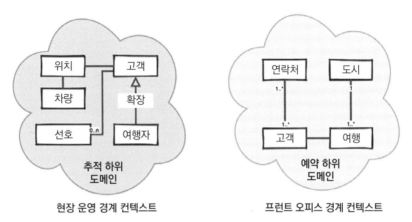

그림 7.8 경계 컨텍스트를 사용한 DDD

2장, '애자일 아키텍처 – 애자일 전달의 근간'에서 스노우 인 더 데저트에는 프런트 오피스Front Office, 백 오피스Back Office, 현장 운영Field Operation, 차량 및 자산 관리Vehicle and Asset Management의 4개 부서가 있다고 소개했다. 이 부서들은 종종 경계 컨텍스트로 간주된다. 이들은 도메인 객체, 동일한 비즈니스 언어, 관계를 공유하기 때문이다. 도메인 분해는 일반적으로 이 같은 상위 레벨의 경계 컨텍스트에서 시작하며, 이들은 더 작은 하위 도메인으로 분해할 수 있다.

현장 운영 도메인은 풀필먼트 하위 도메인, 일정 하위 도메인, 계획 하위 도메인으로 분해할 수 있다. 풀필먼트 하위 도메인은 추적 하위 도메인과 기타 하위 도메인으로 분해할 수 있다. 마찬가지로 프런트 오피스 도메인은 예약 하위 도메인 같은 작은 도메인으로 분해할 수 있다.

그림 7.8은 스노우 인 더 데저트에서의 경계 컨텍스트 두 개를 나타낸다. 현장 운영과 프런트 오피스는 추적과 예약 하위 도메인에 집중한다. 다이어그램에서 볼 수 있듯 고객 도메인 객체는 두 경계 컨텍스트에서 반복되지만 의미는 전혀 다르다.

DDD는 도메인 객체, 객체 지향 원칙, 비즈니스 언어를 이용해 복잡한 문제를 모델링한다. 관련이 없는 도메인 객체와 비즈니스 언어는 이들이 서로 다른 경계 컨텍스트에 속함을 의미한다. 한 그룹의 도메인 객체들은 매우 강하게 응집돼 있으며 다른 도메인 경계의 객체들은 느슨하게 연결돼 있다. 전형적으로 경계 컨텍스트는 비즈니스 부문이 소유하며 개발 팀과 정렬된다.

이 모델은 실제 비즈니스의 상호 작용과 행동을 반영한다. 새로운 시나리오가 출현할 때마다 새로운 관계와 객체를 추가하면서 진화한다. 모델들은 비즈니스 언어와 이해관계를 사용하므로 개발에 앞서 경험을 통한 피드백을 쉽게 검증하고 공유할 수 있다.

객체 지향 패턴과 원칙을 이용해 개발된 좋은 도메인 모델은 급격한 변경을 줄이고 모듈성을 높이며 더 나은 품질의 깨끗한 코드를 낳는다.

마이크로서비스를 활용해 수직적 슬라이스와 DDD 구현하기

마이크로서비스는 비교적 새로운 개념이지만 데이빗 박사^{Dr. E. E. David}는 1968년 개최된 '나토 소프트웨어 엔지니어링 콘퍼런스^{NATO Software Engineering Conference}'에서 대규모 시스템 개발은 "작은 하위 시스템을 개발한 뒤 이를 기반으로 개발하고 배포하는 데서 시작하며, 시스템은 모듈로 설계함으로써 독립적으로 구현, 테스트, 진화해야 한다"라고 말했다.

마이크로서비스는 데이빗 박사의 비전을 구체화한 것이다. 마이크로서비스의 아키텍처 스타일은 기본적으로 수직적 슬라이스와 경계 컨텍스트 구현을 지원한다. 마이크로서비스 접근 방식은 큰 규모의 애플리케이션을 자율적인 소규모 서비스(최소한으로 통합된 느슨한 결합 설계)로 분해한다. 이 서비스들의 도입에서 운영에 이르는 수명 주기 상태는 상대적으로 독립된다.

그림 7.9는 마이크로서비스의 개념을 나타낸 것으로 DDD와 수직적 슬라이스 방식이 조합돼 있다.

그림 7.9 마이크로서비스 아키텍처

그림 7.9에서 보듯 애플리케이션 컴포넌트, 인프라스트럭처, 개발 팀, 비즈니스는 다른 서비스로부터 고립돼 있으며 높은 자율성을 갖는다.

애자일 소프트웨어 개발에서 마이크로서비스를 활용해 얻을 수 있는 몇 가지 핵심적인 이익은 다음과 같다.

- 서비스 경계를 따라 팀을 조직함으로써 상호 조정을 위한 노력을 줄이고 자율성을 높이며 비즈니스에 더욱 깊이 관여한다.
- 배포 파이프라인과 인프라스트럭처를 서비스별로 분리함으로써 팀은 배포 주기를 결정하고 독립적으로 출시를 할 수 있다.
- 대규모 모놀리틱 시스템에 비해 빌드, 테스트, 인프라스트럭처 프로비저닝 및 배포 자동화를 손쉽게 할 수 있다.
- 폴리글랏[Polyglot][1] 기술을 적용함으로써 팀은 최적의 비용으로 최대의 가치를 전달하는 목적에 맞는 적절한 기술을 결정할 수 있다.
- 빠른 테스트 학습 사이클을 통해 혁신을 가능케 함으로써 실패의 영향 범위를 적은

---

1   하나의 시스템에서 여러 프로그래밍 언어 또는 프레임워크 등을 혼합해서 사용하는 기법을 말한다. – 옮긴이

단위의 기능 셋으로 제한한다.

- 선택적인 자동 규모 확장과 서비스 기반 가용성을 통해 운영 비용을 절감한다.

5장, '애자일 솔루션 아키텍트 – 진화하는 시스템의 지속적 설계'에서 스노우 인 더 데저트의 AVTS를 예로 들어 2개의 마이크로서비스를 컨테이너 다이어그램으로 소개했다. 이를 한층 확장한 **추적 마이크로서비스**^{Tracking Microservice} 컴포넌트 뷰를 그림 7.10에서 볼 수 있다.

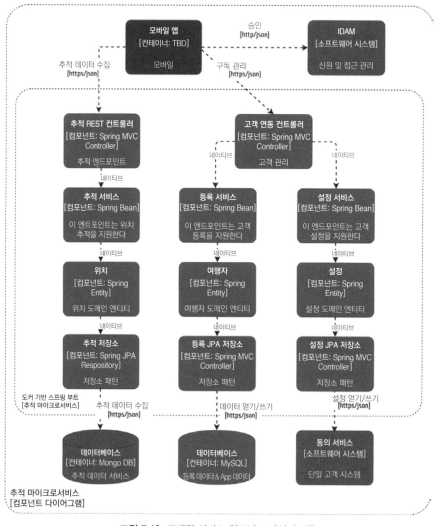

그림 7.10 트래킹 서비스 컴포넌트 다이어그램

그림 7.10에서 보듯 **추적 마이크로서비스**는 자바와 스프링 프레임워크 기반의 명확하고 직관적인 구조를 사용한다. 독립된 솔루션은 컨테이너화된 스프링 부트 애플리케이션으로 배포되며 고립된 지속적인 통합 및 배포 파이프라인을 운영하는 독립 팀들이 관리한다.

설계에 의한 고립 기법은 신규 시스템 개발 시 직관적으로 적용할 수 있다. 그러나 레거시 모놀리틱 애플리케이션에 적용하기에는 너무 복잡하며 실용적이지 않다. 다음 절에서는 레거시 애플리케이션을 효과적으로 다루는 몇 가지 패턴을 살펴본다.

레거시 현대화 아키텍처

오랜 레거시를 가진 대규모 기업에서 아키텍트들은 운영 중인 레거시 시스템을 다뤄야 한다. 이 시스템들은 변경, 테스트, 배포, 모니터, 확장이 매우 어렵다. 컨테이너, 클라우드, 인프라스트럭처 애즈 코드, 지속적인 전달 파이프라인 같은 현대적 기술이나 기법들과는 호환되거나 대응하지 않는다.

레거시 시스템을 현대화하기 위해서는 막대한 투자가 필요하다. 대규모 개선을 통해서 얻는 비즈니스 가치보다 변경 비용이 훨씬 크다. 그러므로 이러한 접근 방식은 현실적이지 않다. 대신 작고 점진적으로 시스템을 바로 다음 단계의 바람직한 상태로 바꿔 나가는 것이 좋다. 비교적 손쉽게 레거시 시스템을 우아하게 변경할 수 있는 몇 가지 패턴을 소개한다.

교살자 패턴

교살자 패턴Strangler Pattern은 핵심 레거시 시스템 외부에서 새로운 변경이 발생하거나 핵심 시스템에서 외부로 일부 기능을 점진적으로 이동시킬 때 이용할 수 있다. 레거시 시스템 외부에서 만들어지는 서비스들은 현대적인 아키텍처와 엔지니어링 프랙티스를 따른다. 모든 피처가 새로운 아키텍처로 이전되면 레거시 시스템의 수명이 다하게 된다.

그림 7.11은 교살자 패턴의 여러 단계를 나타낸다.

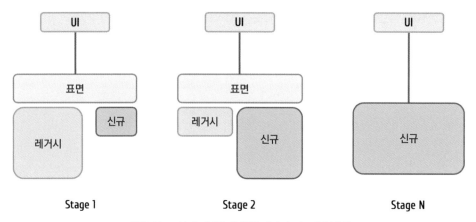

그림 7.11 교살자 패턴을 활용한 레거시 시스템 현대화

그림 7.11에서 보듯 UI와 백엔드 사이의 퍼사드^{Facade}는 고객의 혼란을 줄일 수 있는 부분이다. 교살자 패턴은 마이그레이션 리스크와 고객 서비스의 혼란을 효과적으로 완화한다. 그러나 점진적인 마이그레이션은 프런트엔드 애플리케이션에서 적용하기가 쉽지 않다. 마이그레이션 기간에 사용자들은 최적화되지 않은 경험을 할 수 있기 때문이다.

교살자 패턴 적용 중에 가장 일반적으로 만나는 어려움은 도중에 마이그레이션을 멈추는 것인데, 이는 마이그레이션 혼재^{Migration Flux}를 야기한다. 마이그레이션 혼재란 이전 시스템과 신규 시스템이 더 이상 마이그레이션 되지 않고 오랫동안 함께 동작하는 복잡한 상황을 가리킨다. 스폰서들의 완전한 헌신과 적극적인 마이그레이션 계획이 있어야만 이를 피할 수 있다.

부패 방지 계층

부패 방지 계층^{Anti-Corruption Layer}은 레거시 마이그레이션에 적용할 수 있는 유용한 패턴 중 하나다. 기존 시스템은 이전 방식의 동작을 유지하며 새로운 시스템이 새로운 기능을 지원한다.

그림 7.12는 부패 방지 계층 패턴을 나타낸다.

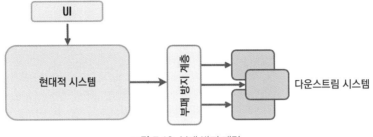

그림 7.12 부패 방지 패턴

그림 7.12에서 보듯 이전 시스템에 의존하는 다운스트림 시스템은 완전하게 마이그레이션돼 새로운 시스템과 호환되기까지 많은 시간이 걸린다. 부패 방지 계층은 이전 시스템과 새 시스템 사이에서 다리 역할을 한다. 이 접근 방식을 이용하면 새 시스템은 레거시 시스템을 오염시키지 않으며, 이전 시스템을 새로운 기술이나 테크닉과 호환되도록 하기 위해 막대한 투자를 할 필요도 없다. 교살자 패턴과 마찬가지로 부패 방지 계층은 전환을 위한 임시 단계에 불과하다. 불필요한 복잡성과 유지 보수 오버헤드를 없애기 위해서는 이전 시스템을 새로운 기술 및 테크닉과 호환되도록 변경해야만 한다.

지금까지 기술적 기민함을 지원하는 변화를 위한 아키텍트 만들기에 도움이 되는 몇 가지 전략을 살펴봤다. 다음 절에서는 기술적 기민함과 관련된 엔지니어링 탁월함 측면에 관해 살펴본다.

엔지니어링 탁월함을 통해 좋은 코드 개발하기

DDD를 이용해 적절하게 모델링된 도메인은 진화하는 시스템을 구축하기 위한 훌륭한 시작점이며 강력한 근간이다. 아키텍트들은 기회를 식별하고 좋은 기술 프랙티스를 양성하고 시연하며 지속적으로 강화한다. 팀의 기술은 팀 리더의 기술적 경쟁력과 직결된다.

높은 품질의 코드를 개발하려면 다양한 엔지니어링 원칙을 적용해야 한다. 이를 위해 핵심 프랙티스와 가장 핵심적인 원칙, 기법, 패턴에 관해 설명한다.

코딩 원칙, 기법, 패턴 적용하기

보다 오랫동안 유지되는 서비스 기간에 대응하는 미션을 완수하는 데 중요한 탄력적인 시스템을 개발하기 위해서는 좋은 품질의 코드에 집중해 투자해야 한다. 이번 절에서는 오래 지속되는 시스템을 구현하기 위한 기법과 패턴 설계를 살펴본다.

테크닉 촉진하기

소프트웨어 디자인 패턴과 프랙티스들은 근본적으로 객체 지향 프로그래밍의 다양한 촉진 테크닉에 기반을 둔다. 여기에는 추상화, 캡슐화, 정보 숨김, 모듈화, 걱정의 분리 Separation of Concern, 결합과 응집, 구현과 인터페이스 분리 등이 포함된다. 이 테크닉들을 충분히 연습하는 것은 강건한 기반의 설계와 코드 개발에 도움이 된다.

기반 패턴

갱 오프 포 GoF, Gang of Four 디자인 패턴은 반복되는 문제에 대한 솔루션을 제공한다. 이 솔루션들은 잘 구조화되고 증명된 코드들을 이용해 가장 우아하고 최적화된 방법을 제공한다. GoF 패턴과 함께 **솔리드**SOLID 기법과 **반복하지 말라**DRY, Don't Repeat Yourself 같은 원칙들은 탄력적인 시스템을 개발하는 데 매우 효과적이다. 로버트 마틴은 기고문 '디자인 원칙과 디자인 패턴The Design Principles and Design Patterns'에서 좋은 품질의 코드를 개발하는 데 필요한 여러 디자인 원칙과 패턴을 문서화했다.

엔터프라이즈 애플리케이션 패턴

엔터프라이즈 레벨에서는 GoF 및 다른 기본 패턴이 해결하는 것을 넘어 더욱 복잡하고 어려운 문제들을 풀어야만 한다. 엔터프라이즈 패턴들은 반복되는 복잡한 애플리케이션 설계와 관련된 문제들, 예를 들어 웹 애플리케이션 개발과 프런트 컨트롤러Front Controller의 **모델 뷰 컨트롤러**MVC, Model View Controller 같은 문제들을 해결한다. 이 원칙들은 애플리케이션 컴포넌트 계층화, 도메인 로직과 웹 애플리케이션 구조화, 데이터베이스 연결, 세션 핸들링 등과 관련 있다. 이벤트 소싱Event Sourcing, **명령어 쿼리 책임**CQRS, Command Query Responsibility, 서킷 브레이커Circuit Breaker 같은 다양한 상위 레벨 디자인 패턴은 엔터프라이즈 애플리케이션 아키텍처 문제 해결에 유용하다. 마이크로소프트 클라우드 설계 패턴Microsoft Cloud Design Pattern(https://docs.microsoft.com/en-us/azure/architecture/patterns/)에서는 현대적인 클라우드 기반 애플리케이션 구축 시 유용한 애플리케이션 레벨 패턴을 제공한다.

스노우 인 더 데저트에서는 아키텍처와 디자인 패턴을 깃 저장소에서 '패턴 애즈 코드Patterns as Code'로 개발 및 유지 보수함으로써 쉬운 접근과 사용을 보장한다.

좋은 코딩 프랙티스

좋은 코딩 프랙티스는 경험과 장인 정신에서 비롯한다. 위대한 프로그래머는 엔터프라이즈 코딩 가이드라인을 정의하고 지속적으로 준수한다. 가이드라인에는 명명법Naming 및 구조화 표준이 포함되며 일관적이고 유지 가능한 코드를 만드는 데 도움을 준다. 일반적으로 개발자들은 문제를 만났을 때만 예외를 처리하지만, 좋은 프로그래머들은 시간이 걸리더라도 예외를 일으키는 근본 원인을 수정한다.

너무 많은 제어문은 가독성과 코드 성능을 저하시키므로, 마스터 프로그래머는 제어문 대신 객체 지향 구조를 사용한다. **순환 복잡도**Cyclomatic Complexity는 널리 사용되는 코드 복잡도 지표로 소스 코드에 존재하는 독립적인 제어 흐름의 수를 측정한다. 로버트 마틴은 『클린 코드』(인사이트, 2013)에서 적절한 수준의 추상화와 좋은 가독성을 가진 단순하고 구조화되고 정돈된 우아한 방식으로 코드를 작성할 것을 제안한다.

스노우 인 더 데저트에서는 지속적으로 코딩 및 디자인 가이드라인을 개선하고, 이를 통합 개발 환경IDE과 지속적인 통합 도구에 자동으로 적용한다. 코딩 프랙티스와 패턴에 관한 지식은 러닝 세션과 코드 축제Code Fest를 통해 공유된다.

지속적인 리팩터링

애자일 개발에서의 지속 가능한 소프트웨어 전달을 위해서는 지속적으로 시스템을 개선해야 하며, 이를 위해서는 지속적인 리팩터링이 필요하다. 리팩터링은 선택 사항이 아니라 모든 구성원의 일상 업무가 돼야 한다. 많은 개발자가 만든 변화가 누적되면서 설계와 코드의 복잡도는 필연적으로 증가한다. 리팩터링은 새로운 마인드셋을 요구한다. 개발자들은 어떤 코드가 초기에 아무리 잘 작성됐더라도 새로운 요구 사항을 구현하면서 코드가 바뀔 것이라고 기대해야 한다.

리팩터링이란 솔루션의 동작을 유지하면서 코드의 구조를 변경하는 것이다. 솔루션의 동작이 영향을 받지 않았음을 보장하기 위해 자동화된 리그레션 테스트^{Regression Test}가 필요하다. 리팩터링은 UI나 데이터베이스처럼 모든 레이어에 걸쳐 적용할 뿐만 아니라 아키텍처, 디자인, 코드 레벨에도 적용해야 한다.

6장, '새로운 업무 방식을 통한 가치 전달하기'에서 언급한 것처럼 작지만 반복되는 리팩터링이 복잡도, 기술 부채, 코드 악취를 줄이는 데 더욱 효과적이다. 리팩터링은 솔루션의 성능과 리소스 효율성을 높이고 가독성을 개선하며 재사용성을 촉진한다.

12요소 원칙

12요소 원칙^{Twelve-Factor Principles}은 헤로쿠^{Heroku}(현재는 세일즈포스^{Salesforce}의 자회사)가 보편화한 방법론이며 현대 클라우드 제공 애플리케이션들의 특성을 설명한다.

현대적인 클라우드 기반의 확장 가능한 분할 애플리케이션을 만드는 개발자들은 좋은 코딩 프랙티스는 물론 다양한 기본 코딩 프랙티스를 준수해야 한다. 이 원칙들은 코딩, 환경 설정, 의존성 및 배포와 관련이 있으며, 애플리케이션 코드를 클라우드 환경, 즉 인프라스트럭처의 휘발성에서 분리하는 데 도움을 준다. 예를 들어 내부 URL과 서비스 URL은 코드에서 분리해 외부 환경 설정 파일에 설정돼야 한다. 결과적으로 개발자들은 배포 환경에 따라 코드를 바꾸지 않아도 된다.

이제 엔터프라이즈 통합에 관해 살펴보자.

⁝ 엔터프라이즈 통합 이해하기

애자일 프랙티스를 따르는 현대 소프트웨어 개발은 통합을 중요하게 고려해야 한다. 근시안적인 통합은 즉시 흐름을 방해하게 된다. 애자일 소프트웨어 개발에서는 조기에 지속적으로 테스팅을 통합함으로써 이 문제를 해소한다.

견고한 통합을 설계하고 개발할 때는 다음을 포함한 여러 사항을 고려해야 한다.

- 올바른 결합 수준을 위해 통합 형태나 프로토콜을 선택한다. 동기적 vs. 비동기적 방식, HTTP vs. TCP/IP 등을 고려할 수 있다.

- 비기능적 요구 사항을 고려한다. 내장애성, 성능, 데이터 전송 크기, 전송 비용, 확장성 등이 포함된다.

- 적절한 데이터 교환과 전송 메커니즘을 고려한다.

- 적절한 보안 제어를 구현한다.

반응적인 이벤트 주도 서비스를 설계함으로써 유기적으로 진화하는 시스템의 하위 시스템 간 의존성을 최소화할 수 있다. 경계 컨텍스트^{Bounded Context}를 따라 팀을 조직함으로써 느슨하게 결합된 API 우선 원칙을 이용해 팀 사이의 커뮤니케이션을 제한할 수 있다. 발행 구독^{Publish-subscribe}, 메시지 라우팅^{Message Routing}, 메시지 전송^{Message Transformation}, 메시지 소비^{Message Consumption} 같은 엔터프라이즈 통합 패턴을 사용해 가장 일반적인 통합 패턴들을 해결할 수 있다.

그림 7.13은 스노우 인 더 데저트에서 느슨하게 결합된 이벤트 주도 인터페이스를 통해 트레인과 시스템 사이에서 커뮤니케이션하는 방법을 나타낸다.

스노우 인 더 데저트에서 **예약 시스템**^{Booking System}은 **고객 트레인**^{Customer Train}의 한 부분이고, **물류 시스템**^{Fulfilment System}은 **물류 트레인**^{Fulfilment Train}의 한 부분이며, 두 시스템은 하나의 메시지 버스를 통해 상호 작용한다. 예약이 완료되면 예약 시스템은 물류 시스템이 구독하는 주제인 주문^{Orders} 이벤트를 발행한다. 팀들은 서로 교환하는 이벤트에 관해 합의해야 한다. 이런 방식으로 두 시스템, 다시 말해 두 팀은 최소한으로 의존하면서 일한다.

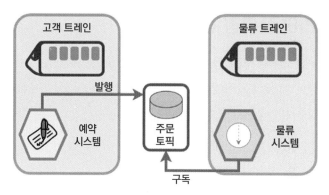

그림 7.13 팀과 시스템은 이벤트 주도 인터페이스를 통해 소통한다

요약하자면 클린 코드를 개발하기 위해서는 디자인 원칙, 패턴, 가이드라인을 지속적인 리팩터링과 함께 부지런히 적용해야 한다. 다음 절에서는 기술적 기민함의 테스트 가능성Testability 측면에 관해 살펴본다.

⁝⁝ 테스트 가능성을 고려한 개발하기

애자일 소프트웨어 개발에서는 반복적인 자동화 테스팅을 구현함으로써 빠른 테스트와 학습 사이클에 집중한다. 그러므로 테스트 가능성을 고려해 시스템을 개발해야 한다. 완전히 자동화된 리그레션 테스트를 통해 개발자들은 두려움 없이 코드를 변경할 수 있다. 자동화된 테스트가 고객에게 서비스를 제공하기 전에 전달 사이클의 조기 단계에서 결함을 찾아내기 때문이다.

테스트 가능성은 애플리케이션 코드를 가능한 한 자동화된 형태로 테스트할 수 있는 능력(또는 가능성)을 의미한다. 테스트 가능성과 자동화 가능성Automatability은 피드백 사이클을 빠르게 하고 거부를 줄이며 운영 환경에서의 결함을 최소로 한다. TDD 접근 방식과 함께 이것이 어떻게 동작하는지 살펴본다.

테스트 주도 개발

테스트 주도 개발^{TDD, Test-Driven Development}은 테스트 케이스를 제품 코드보다 먼저 작성하는 소프트웨어 개발 접근 방식이다. 제품 코드는 미리 작성한 테스트 케이스, 즉 고객이 필요로 하는 시나리오에 맞춰 작성된다. TDD는 전형적으로 '빨강 초록 리팩터^{Red-Green-Refactor}' 방식을 따른다.

1. 먼저 테스트 케이스를 작성한다. 제품 코드가 없으므로 테스트 케이스는 실패한다.

2. 다음으로 테스트를 성공시키는 가장 직관적인 제품 코드를 작성한다.

3. 마지막으로 제품 코드에 기능을 추가하고 리팩터링해서 더 구조화되고 효율적이며 좋은 코드로 만든다.

TDD를 이용하면 테스트 케이스를 만족시키는 만큼만 제품 코드를 작성하므로 과도한 엔지니어링을 피할 수 있다. 또한 테스트가 결함을 발견함으로써 명확하게 고객의 기대를 만족시키면서 새로운 기능을 추가할 수 있다. 대부분 개발자는 TDD와 함께 TDD의 개념을 확장한 **행동 주도 개발**^{BDD, Behavior-Driven Development}도 적용한다.

계약 우선 설계^{Contarct-First Design}와 '가짜 테스트 더블^{Test Double}'을 사용함으로써 생산자와 소비자를 동시에 개발할 수 있다. 생산자는 계약을 만족하는 만큼의 코드만 개발하고 고객의 계약을 만족하는지 테스트하면서 동작을 변경할 수 있다.

TDD를 활용해 테스트 가능성과 자동화를 함께 구현함으로써 전달 품질을 보장할 수 있다. 다음 절에서는 기술적 기민함의 인프라스트럭처 측면에 관해 살펴본다.

⠿ 클라우드를 활용해 인프라스트럭처를 소프트웨어처럼 다루기

기업들이 비즈니스 기민함을 달성하려면 클라우드를 이용한 애플리케이션 배포를 해야 한다. 애자일 소프트웨어 개발, 마이크로서비스(또는 느슨하게 결합된 아키텍처), 데브옵스, 클라우드는 기업이 비즈니스의 기민함을 달성하도록 돕는 중요한 요소다.

신속하게 가치를 전달하는 것에 중점을 둔다면 전통적인 인프라스트럭처 관리 방식은 더 이상 유효하지 않다. 애자일 소프트웨어 개발에서 전통적인 인프라스트럭처 모델을 사용하면 많은 단점이 따른다.

- 노동 집약적이고 덜 반응적인 전통적인 인프라스트럭처 관리 방식은 애자일 소프트웨어 개발에서 흐름의 장애물로 간주된다. 리드타임, 개발자 생산성, 운영의 탁월함, 지식 습득의 어려움에 영향을 미친다.

- 전통적 접근 방식에서 아키텍트와 개발자는 비즈니스 솔루션 개발에 집중하는 대신 인프라스트럭처와 소프트웨어 플랫폼의 아키텍처를 만들고 배포하고 유지관리하는 데 상당한 시간을 들인다.

전통적인 데이터 센터 접근 방식 대신 클라우드를 적극적으로 도입하면 여러 이점을 얻을 수 있다. 핵심적인 몇 가지 이점은 다음과 같다.

- 클라우드는 관리하기 쉬운 소프트웨어 기반 환경을 기업에 제공한다. 기업은 하드웨어 요소나 기술 플랫폼을 구입, 소유, 유지 보수할 필요가 없다.

- 클라우드는 현대적인 엔터프라이즈 레벨의 서비스를 제공한다. 이 서비스들은 최적의 비용으로 확장성, 가용성, 탄력성, 내장애성, 성능을 확보할 수 있도록 테스트됐다.

- 클라우드를 도입한 기업들은 기민함, 생산성, 운영 비용 측면에서 상당한 개선을 실현한다.

- 클라우드를 활용하면 가용성을 예측하지 않고도 인프라스트럭처와 플랫폼 서비스를 점진적으로 확장할 수 있어 아키텍처 진화가 가능해진다.

- 클라우드를 활용하면 보안과 규제 준수 수준을 낮추지 않으면서 높은 수준의 자동화를 통해 빈번한 릴리스를 할 수 있다.

- 클라우드 환경은 빠른 개발, 테스팅, 비즈니스 애플리케이션 출시를 지원한다. 낮은 투자와 사전 계약 약정을 통해 인프라스트럭처와 플랫폼 서비스를 빠르게 프로비저닝할 수 있다.

- 데이터베이스 애즈 어 서비스^{Database as a Service}, 메시징 애즈 어 서비스^{Messaging as a} ^{Service}, 컨테이너, 서버리스 컴퓨팅^{Serverless Computing}, API, CI/CD 파이프라인, 애플리케이션 진단^{Application Telemetry} 같은 플랫폼 서비스는 기반 시스템 구축에 관해 많은 시간을 사용하지 않고도 현대적인 애플리케이션 개발을 빠르게 할 수 있게 해준다.

클라우드 서비스는 API 기반이므로 중앙 인프라스트럭처 팀에 대한 의존도를 줄이면서 자율성을 확보할 수 있다. 개발 팀은 손쉽게 인프라스트럭처를 코드처럼 프로비저닝하거나 설정 및 운영할 수 있다. 모든 작업 내용은 다른 코드들처럼 버전 관리 저장소에서 유지 보수된다.

진화하는 아키텍처를 만들기 위해 마지막으로 고려해야 할 원칙은 풀스택 모니터링^{Full-Stack Monitoring}이다. 다음 절에서는 기술적 기민함의 모니터링 측면에 관해 살펴본다.

풀스택 진단을 활용해 모든 것을 모니터링하기

적극적으로 데이터를 수집해 발생할 수 있는 장애를 결정하면 **평균 장애 복구 시간**^{MTTR,} ^{Mean Time To Recovery}을 개선함으로써 결과적으로 고객 서비스의 장애를 최소화할 수 있다. 진단^{Telemetry}은 신속한 자동화 피드백 메커니즘으로 다양한 데이터 소스로부터 측정을 목적으로 하는 데이터를 수집한다. 풀스택 인스트루멘테이션 및 진단^{Full Stack Instrumentation and Telemetry}은 효율적인 모니터링을 위한 주춧돌이다. 이는 인프라스트럭처, 네트워크, 애플리케이션, 고객 상호 작용을 연결함으로써 운영의 종단 간 가시성을 제공한다.

산출물 기반 모니터링^{Outcome-Based Monitoring}, 제품 중심 모니터링^{Product-Centric Monitoring} 및 관측 가능성은 현대적인 시스템 모니터링을 위한 모범 사례로 기술적 기민함을 달성하게 한다. 다음 절에서는 이 주제에 관해 자세히 다룬다. 먼저 산출물 기반 모니터링을 살펴본다.

점진적 개선을 통한 산출물 기반 모니터링

모니터링을 활용해 시스템의 서비스 가능성을 최대화하기 위해서는 애플리케이션, 인프라스트럭처, 네트워크, 플랫폼, 인터페이스, 보안에 걸친 다양한 지표가 필요하다. 로그, 지표, 사용자 활동, 보안, 파이프라인, 분산 시스템 추적 등 다양한 데이터를 수집해야 한다. 전통적인 모니터링은 수집한 데이터로 그 범위가 국한됐지만, 현대적인 모니터링 시스템은 **핵심 성능 지표**^{KPI, Key Performance Indicators}와 함께 가치를 모니터링할 수 있어야 한다. KPI는 비즈니스, IT 서비스 관리, 제품, 인프라스트럭처와 같은 다양한 수준을 포함한다(그림 7.14).

그림 7.14 다양한 모니터링 레벨

KPI와 산출물 중심 모니터링은 사건의 영향을 정량적으로 결정하는 데 도움을 준다. 예를 들어 30분간의 온라인 쇼핑 웹사이트 중단으로 인한 손실은 비즈니스 KPI에 해당한다.

잘 정의된 절차를 통해 점진적으로 모니터링 역량을 개선함으로써 서비스의 방해를 최소화할 수 있다. 다시 말해 고객 만족을 개선하고 손실을 줄일 수 있다. 이런 절차를 바탕으로 한 모든 근본 원인 분석은 이슈를 해결할 뿐만 아니라, 모니터링 자체를 개선함으로써 동적으로 미래에 일어날 수 있는 유사한 사건들을 발견하고 예방할 수 있다.

제품 중심 모니터링으로의 이동

전통적 접근 방식에서는 모니터링이 파편화돼 있었다. 현재의 스택 기반 모니터링Stack-Based Monitoring 프랙티스는 데이터베이스, 서버, 네트워크와 같은 설계에 의한 고립된 기술 컴포넌트와 계층에 중점을 둔다. 제품 중심 환경에서 개발 팀은 가능한 한 자율적이어야 한다.

그림 7.15는 전통적인 모니터링과 제품 중심 모니터링의 차이를 나타낸다.

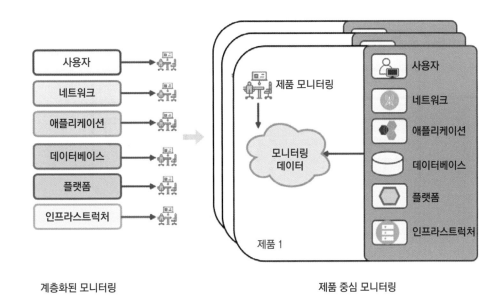

계층화된 모니터링   제품 중심 모니터링

그림 7.15 제품 중심 모니터링

전통적 모니터링에서는 인사이트를 수집하고 만들어내기 위해 별도의 노력이 필요했지만 제품 중심 모니터링에서는 이 과정이 자연스럽게 이뤄진다. 제품 중심 모니터링 접근 방식은 수평적 모니터링에서 수직적 풀스택 모니터링을 통해 개발 팀에 종단 간 진단 정보를 제공함으로써 다른 개발 팀(또는 제품)과의 의존성을 최소화한다. 이런 제품 중심 팀들은 컨텍스트 기반의 시각적 디스플레이를 사용해 진단용 지표와 로그에 실시간으로 접근한다.

관측 가능한 시스템 구축하기

현대 시스템들은 투명한 시계 같아야 한다. 즉 바깥에서 내부 메커니즘을 들여다볼 수 있어야 한다. 소프트웨어 시스템의 관측 가능성Observability은 이러한 투명성과 관련된 개념이다.

관측 가능성은 시스템의 내부 상태, 즉 내부 컴포넌트로부터 만들어진 신호의 수집 상태를 이해하는 데 도움을 준다. 관측 가능성은 신호에서 시작하며 이는 모니터링 요구 사항이나 지표들과 대비된다.

그림 7.16은 관측 가능한 시스템 모니터링의 전형적인 절차를 나타낸다.

그림 7.16 관측 가능성 기반 아키텍처

그림 7.16에서 볼 수 있듯 관측 가능성을 위한 신호 수집의 핵심 패턴은 지표, 추적, 이벤트 로그다. 취합Aggregation, 저장Storing, 시각화Visualization는 풀스택 진단을 위한 부가 기능들이다. 통찰력Insight과 경고Alert는 수집한 데이터 분석의 결과로 얻어진다. **AI 옵스** AI Ops, Artificaial Intelligent for IP Operations는 각광 받는 트렌드로 패턴을 식별하고 처리해서 통찰력과 자동화된 행동을 만들어낸다. 로그를 적절히 구조화하고 다양한 레벨에 인스트루멘테이션을 추가하고 신호들을 이벤트로 방출하고 분산 추적을 적용하는 것은 풀스택 진단을 위한 좋은 설계 패턴이다.

∷ 정리

기술적 탁월함은 높은 품질을 개발할 수 있게 하고 조직의 기민함을 개선한다. 기술적 기민함과 소프트웨어 장인 정신은 기술적 탁월함을 가능하게 하는 힘이다. 기술적 기민함은 내재된 품질과 자동화를 활용한 아키텍처, 개발, 테스팅, 배포를 위한 좋은 프랙티스를 의미하는 반면, 소프트웨어 장인 정신은 기술에서의 전문성을 보이는 개개인의 능력을 말한다.

학습하는 조직은 좋은 설계와 코딩 프랙티스를 도입하고 강력한 데브옵스와 자동화 테크닉을 구현함으로써 기술적 기민함을 높인다. 기술적 기민함은 원칙과 설계, 코딩, 테스팅 및 운영에 전체적으로 적용됐을 때 아키텍처를 진화시킨다. 솔루션을 수직으로 자르고 DDD를 통해 분해하고 마이크로서비스 형식의 아키텍처를 구현함으로써 변화를 위한 아키텍처를 만들어낼 수 있다. 깔끔한 설계와 클린 코딩 기법, 원칙, 패턴들을 활용함으로써 품질과 지속 가능성을 높일 수 있다. TDD를 활용한 테스트 케이스 작성에 투자하고 자동화된 리그레션 테스트를 개발함으로써 개발자들이 두려움 없이 코드를 변경하는 데 도움을 줄 수 있다. 클라우드, 플랫폼 서비스, 인프라스트럭처 애즈 코드를 신중하게 도입하는 것은 현대적 애플리케이션 개발에 반드시 필요하다. 다양한 환경에서의 풀스택 진단과 관측 가능성을 통해 고객의 서비스를 방해하는 결함들을 조기에 식별하고 최소화할 수 있다.

7장에서는 기술적 기민함과 관련된 패턴 및 기법을 살펴봤다. 8장에서는 기술적 기민함에 더욱 초점을 두고 데브옵스와 자동화 측면에 관해 자세히 살펴본다.

∷ 더 읽을거리

- 기술적 탁월함^{Technical excellence}. https://www.researchgate.net/publication/228956099_Technical_Excellence_A_Requirement_for_Good_Engineering

- 소프트웨어 장인 정신을 위한 선언^{Manifesto for software craftmanship}. https://manifesto.softwarecraftsmanship.org

- 단순하게 유지하라[Keep it simple]. https://www.interaction-design.org/literature/topics/keep-it-simple-stupid

- 『클린 코드』(인사이트, 2013)

- 디자인 원칙과 디자인 패턴[Design principles and design patterns]. https://fi.ort.edu.uy/innovaportal/file/2032/1/design_principles.pdf

- 클라우드 패턴 저장소[Cloud pattern repository]. https://docs.microsoft.com/en-us/azure/architecture/patterns/

- 리팩터링[Refactoring]. https://sourcemaking.com/refactoring

- 12요소 원칙[12-factor principles]. https://12factor.net

- 「Software Engineering, NATO Science Committee Report」. https://www.scrummanager.net/files/nato1968e.pdf

- 『스프링 5.0 마이크로서비스 2/e』(에이콘, 2018)

08

데브옵스와 지속적인 전달을 통한 흐름 가속화

"린은 지속적인 째깍거림이지, 가끔 하는 발길질이 아니다."
– 알렉스 밀러^{Alex Miller}(테네시 주립대 경영학 교수)

7장, '패턴과 테크닉을 활용한 기술적 기민함'에서는 기술적 탁월함에 관해 설명하고 기술적 기민함을 얻기 위한 패턴과 테크닉에 집중했다. 8장에서는 데브옵스와 자동화에 초점을 맞춘다. 이들은 기술적 기민함을 달성하기 위한 두 번째 조각이다.

데브옵스는 지난 몇 해 동안 중요한 순간들을 맞이했으며 많은 기업에서 성공을 거뒀다. 소프트웨어 개발과 운영에서 더 나은 협업, 운영에서의 탁월함을 통해 신뢰할 수 있는 시스템을 빠르게 전달하기 위해서는 데브옵스 문화의 도입이 필요하다. 지속 가능한 빠른 속도와 품질 그리고 오류가 없는 솔루션을 통해 지속적으로 가치를 전달하기 위해서는 고도의 자동화가 필요하다. 제품이 올려진 상태에서 여러 단계를 거치는 제조업의 컨베이어 벨트처럼 완전히 자동화된 전달 파이프라인은 정해진 절차에 따라 코드를 이동시킨다. 코드는 빌드, 검증, 배포, 운영 환경으로 출시되고 결과적으로 고객의 손에 주어진다. 점진적인 빌드, 빈번한 반복 테스팅, 무중단 배포, 꾸준한 출시가 가능한 아키텍처를 만드는 것은 데브옵스와 지속적인 전달을 성공적으로 도입하는 데 매우 중요하다.

8장에서는 데브옵스와 데브섹옵스^{DevSecOps} 문화의 중요성을 설명하고 구체적인 데브옵스 프랙티스에 관해 논의한다. 또한 지속적인 전달 파이프라인의 아이디어를 논의하고 지속적인 통합, 자동화된 배포, 주문형 출시^{Release on Demand}와 관련된 기법과 패턴을 살펴본다. 또한 보안 애플리케이션을 전달함에 있어 설계에 의한 보안성의 중요함에 관해 논의한다.

이번 장에서는 다음과 같은 주제를 다룬다.

- 데브옵스 문화 포용하기

- 지속적인 전달을 통한 흐름 활성화하기

- 지속적인 통합 도입하기

- 자동으로 운영 환경에 배포하기

- 주문형으로 출시하기

- 설계를 통한 시스템 보호하기

풀스택 진단을 지속적인 파이프라인에 완전히 통합함으로써, 배포되는 시스템과 서비스의 기민함과 안정성을 측정할 수 있다. 가능한 모든 공격 요소들에 대해 높은 보안성을 가지며 충분히 테스트된 시스템들을 속도를 유지하면서 전달하기 위해서는 제로데이 착취^{Zero-Day Exploit}를 포함한 보안 취약점을 조기에 발견하고 수정할 수 있도록 세심하게 아키텍처를 고려해야 한다.

8장에서는 애자일 아키텍트의 렌즈에서 **데브옵스와 지속적인 전달** 영역에 관해 살펴본다.

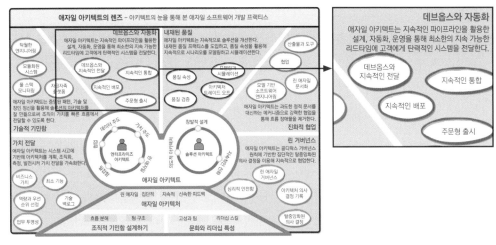

그림 8.1 데브옵스와 지속적인 전달 영역

데브옵스 문화 포용하기

https://devops.com/에 언급돼 있듯 데브옵스는 패트릭 드보아^{Patric Devois}가 처음 제안한 개념으로 개발 팀과 운영 팀 사이에 존재하는 혼란의 벽^{Wall of Confusion}과 응집력 부재를 없애는 것이다. 전통적인 소프트웨어 전달 프랙티스에서는 개발 팀이 벽 너머에 있는 운영 팀에게 코드를 던지곤 했다. 데브옵스는 개발 팀과 운영 팀의 노력, 비전, 역량을 정렬함으로써 이 혼란의 벽을 제거하고 비즈니스와 고객을 위한 가치 있는 산출물을 생산한다.

그림 8.2는 데브옵스가 전통적인 핸드오프를 피하는 방법을 보여준다.

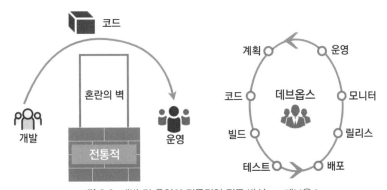

그림 8.2 개발 및 운영의 전통적인 접근 방식 vs. 데브옵스

혼란의 벽^{Wall of Confusion}은 개발 팀이 업무 부하에 관한 충분한 지식을 갖지 못하도록 막았고, 결과적으로 최적화되지 않고 에러를 내포한 배포를 하게 만들었다. 데브옵스는 개발 팀과 운영 팀을 견고하게 묶어서 이 벽을 제거한다. 협업, 자동화, 전달 속도를 축으로 하는 데브옵스의 개념은 팀 토폴로지^{Team Topology} 구현, 프로세스 자동화^{Automating Process}, 현대적 기술 프랙티스 적용을 통해 도입할 수 있다.

클라우드 인프라스트럭처는 소프트웨어 기반으로 진화하고 있으며, 덕분에 개발자들은 인프라스트럭처를 여느 소프트웨어처럼 다룰 수 있게 됐다. 그리고 시스템 관리자들은 이들의 관련성을 유지하기 위해 애플리케이션 지식을 얻고자 노력한다. 데브옵스는 완전히 다른 문화를 요구한다. 개발 팀과 운영 팀은 린 애자일 원칙을 도입하고 빌드, 테스트, 배포에 대한 공동의 책임을 지며 최소한의 리드타임으로 고객에게 최대의 가치를 지속적으로 전달하는 시스템을 운영한다.

제즈 험블^{Jez Humble}은 데브옵스를 위한 **CALMS** 원칙을 소개했다.

- **문화**^{Culture}: 높은 품질의 보안 솔루션을 빠르게 전달하는 것은 팀 전체의 책임이며 팀 안에서는 편협적인 사고 또는 목표의 충돌이 없어야 한다.

- **자동화**^{Automation}: 전달 파이프라인을 자동화함으로써 고된 일을 없애고 흐름을 예측하게 하고, 신뢰할 수 있으며 반복 가능하게 한다.

- **린**^{Lean}: 핸드오프 및 대기 시간 같은 낭비를 제거하는 데 집중하고 흐름의 방해물을 제거함으로써 반려 사이클을 줄이고 리드타임을 개선한다.

- **측정**^{Measurement}: 측정 가능한 시스템으로부터 신호를 지속적으로 수집해 정보 방열기^{Information Radiator}를 만들어 개선할 수 있는 영역을 결정한다.

- **공유**^{Sharing}: 개발 팀과 운영 팀은 같은 목적의식을 갖고 투명하게 소통하며 밀접하게 협업한다.

아키텍트는 린 애자일 리더십을 통해 데브옵스 문화를 양성한다. 또한 점진적으로 테스트, 배포 및 출시 가능한 모듈화된 신뢰성 높은 솔루션 아키텍처를 만듦으로써 지속적인 가치 흐름을 가능하게 한다.

Scaled Agile Framework^{SAFe}는 **CALMS**의 정의를 약간 바꿔 **공유**^{Share} 대신 **복구** ^{Recovery}를 사용한다. 예상치 못한 배포의 실패를 원복할 수 있는 자동화된 복구 메커니즘의 구축은 높은 처리량을 제공하는 배포^{High-Throughput Deployment}에 있어 매우 중요하다.

시간이 흐름에 따라 데브옵스 실천가들은 데브옵스에 보안을 녹여내는 것의 중요성을 깨달았고, 그 결과 데브섹옵스^{DevSecOps}가 만들어졌다. 다음 절에서는 데브섹옵스의 개념을 살펴본다.

데브섹옵스를 이용한 보안성 개선하기

모든 비즈니스에서 보안^{Security}은 매우 중요하다. 보안의 타협은 심각한 피해를 초래할 수 있기 때문이다. 핵심적인 데이터 유출로 기업의 존속 자체를 뒤흔들 수도 있다. 그러므로 보안은 기능 피처, 비용, 전달 속도와 교환할 수 없다.

대기업에서는 사이버 보안 부서가 가장 강력한 힘을 가진 부서 중 하나이며, 실제 운영 중인 프로젝트가 보안 가드레일에 부합하지 않으면 해당 프로젝트를 중단시키기도 한다. 보안은 모든 소프트웨어 시스템에서 가장 중요한 비기능 측면이다. 전통적인 단계 기반의 보안 검증은 느린 속도로 출시되는 시스템이나 서비스에는 유효하지만, 빠른 속도로 출시되는 프로젝트에서는 리드타임을 증가시킬 뿐이다.

데브섹옵스는 데브옵스 프랙티스를 한 단계 진화시킨 것이다. 데브섹옵스는 보안 관련 사항들을 전달 사이클의 앞쪽으로 옮겨서 보안을 일상적인 프로그래밍과 전달 프랙티스에 포함시킴으로써 시간과 비용을 절약한다. 데브섹옵스에서는 사이버 보안 담당자를 포함한 모든 팀 구성원이 공동의 책임을 갖고 전달 속도와 고객 만족을 절충하지 않으면서 보안 애플리케이션을 개발하는 데 마찰을 일으키지 않고 협업해야 한다.

애자일 소프트웨어 개발에서 보안 엔지니어들은 데브섹옵스 팀의 구성 요소다. 그러나 모든 팀에 보안 엔지니어가 존재하기는 쉽지 않다. 보안 엔지니어는 매우 희소한 자원이며 비용이 많이 들기 때문이다. 개발자들이 보안 코딩 프랙티스에 관한 스킬을 높이도록 하고 보안 검증 기능을 가능한 수준까지 자동화하는 것은 조직 전체에 보안 정책과 프랙티스를 일관적으로 도입하기 위해 필수적이다.

데브섹옵스에서 보안은 코딩 그 이상이다. 보안은 아키텍처는 물론 설계에까지 녹아들어야 한다. 데브섹옵스의 기본 원칙은 다음과 같다.

- 보안 코딩, 테스팅, 수정은 개발 팀이 수행한다.

- 보안 요구 사항 및 고려 사항들은 지속적으로 백로그에 추가한다.

- 보안 실패가 식별되면 백로그에 기술 부채로 기록한다.

모든 팀 구성원은 아키텍처를 포함해 보안 애플리케이션 개발에 대한 책임을 진다. 아키텍트는 보안 아키텍트를 만들고 설계하는 데 매우 중요한 역할을 한다.

사이트 신뢰성 엔지니어링^{Site Reliability Engineering}은 데브옵스의 여러 프랙티스와 중복된다. 다음 절에서는 사이트 신뢰성 엔지니어링에 관해 살펴본다.

사이트 신뢰성 엔지니어링과 만나기

사이트 신뢰성 엔지니어링^{SRE, Site Reliability Engineering}은 구글에서 적극적으로 실행된 소프트웨어 엔지니어링 접근 방식이다. SRE 프랙티스에서는 믿을 수 있는 소프트웨어 시스템 배포와 운영을 위해 엔지니어링 접근 방식을 취한다. 뛰어난 엔지니어링 백그라운드와 시스템 내부 설계를 깊게 이해하는 사람들을 채용한다. 이들이 가진 설계 지식과 운영 경험에서 얻어낸 문제 해결 및 분석 스킬은 시스템을 가장 효율적이고 효과적으로 관리하기 위한 필수적인 특성이다. 개발 팀이 새로운 피처를 개발하는 데 집중하는 반면, SRE는 시스템의 운영과 신뢰성 관점에서 이를 보완한다.

데브옵스가 개발과 운영 사이의 협업에 관한 개념이라면 SRE 프랙티스는 데브옵스의 철학을 실질적으로 구현한 것이다. SRE는 개발 팀의 일부이며 애플리케이션 설계를 더 잘 이해하고 있기 때문에 개발 팀을 도와 운영 측면에서의 탁월함을 바탕으로 애플리케이션을 배포하고 운영한다. 데브옵스는 원칙적으로 자동화에 집중하는 반면, SRE는 가용성과 신뢰성이 높은 시스템 전달에 더 집중한다. 자동화는 필요한 요소 중 하나에 불과하다.

SRE는 리스크 기반 접근 방식에 기초해 시스템의 기술적 측면을 구현한다. 이는 리스크가 없으면 개선도 필요하지 않다고 보는 **리스크 및 비용 주도 아키텍처**RCDA, Risk-and Cost-Driven Architecture와 유사하다.

스노우 인 더 데저트의 모든 **ART**Agile Release Train는 시스템 팀을 포함한다. 시스템 팀은 피처 팀을 대상으로 인프라스트럭처, 전달 파이프라인 자동화, 시스템 품질 검증을 지원한다. 그림 8.3은 시스템 팀의 개념을 나타낸다.

그림 8.3 스노우 인 더 데저트의 시스템 팀과 활성화 팀

시스템 팀은 SRE 프랙티스를 따르며 여기에는 인프라스트럭처, 보안 전문가 및 다른 전문가의 지원 역할이 포함된다. 그림 8.3에서 보듯 모든 ART에는 활성화 팀Enabler Team이 존재한다. 활성화 팀은 특정한 미션(자동화된 전달 파이프라인 통합을 위한 새로운 도구 운영 등)을 달성하기 위해 짧은 기간만 ART에 합류한다. 미션을 달성하면 이들은 있던 곳으로 돌아간다. 활성화 팀은 **구현-운영-전달**BOT, Build-Operater-Transfer 원칙에 따라 일한다.

데브옵스가 넓은 범위의 원칙과 철학을 가진 반면, 지속적인 전달 프랙티스들은 가시적인 원칙과 프랙티스를 정의하고 가치를 빠르게 전달한다. 다음 절에서는 지속적인 전달의 패턴과 프랙티스들을 살펴본다.

지속적인 전달을 통한 흐름 활성화하기

애자일 소프트웨어 개발 선언의 원칙 중 하나는 '가치 있는 소프트웨어를 조기에 지속적으로 전달해 고객을 만족시킨다'이다. 린 애자일 개발 프랙티스를 도입하는 것만으로는 업무 흐름의 속도를 높이기에 충분하지 않다. 빌드-테스트-배포-출시 사이클 또한 린하고 지속적이어야 한다. 지속적인 전달은 데브옵스에서 빌드-테스트-배포-출시 사이클을 자동화하기 위한 가장 기본적인 프랙티스다.

CI와 CD는 애자일 소프트웨어 전달과 데브옵스에서 함께 사용되는 개념의 약어다. CI는 **지속적인 통합**Continuous Integration을 의미하며 빌드, 테스트, 패키징, 배포를 자동화하는 엔지니어링 프랙티스의 진화된 형태로 널리 알려져 있다. 반면 CD는 다소 혼동의 여지가 있다. 일반적으로 CD는 '지속적인 배포Continuous Deployment와 지속적인 전달 Continuous Delivery의 두 가지 의미'로 함께 사용된다. 최근의 데브옵스 경향에 관한 보고서인 「Accelerate: State of DevOps 2019」에서는 **지속적인 전달**Continuous Delivery을 CD로 정의했으며, 이 책에서도 그 정의를 그대로 사용한다.

그림 8.4는 데브옵스의 자동화 측면과 관련된 다양한 용어를 나타낸다.

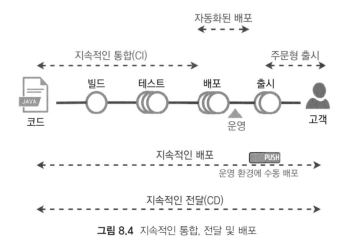

그림 8.4 지속적인 통합, 전달 및 배포

그림 8.4에서 보듯 종단 간 지속적인 전달 파이프라인은 3개의 주요한 요소로 구분된다.

- **지속적인 통합**Continuous Integration: 통합된 빌드를 수행하고 산출물을 패키징한다. 패키지를 다양한 사전 운영Pre-production 환경에 배포하고 검증을 수행한다.
- **자동화된 배포**Automated Deployment: 패키지로 만들어 검증된 산출물을 운영Production 환경에 잠정 출시Dark Launch한다.

- **주문형 출시**^{Release on Demand}: 이미 운영 환경에 배포된 신기능을 활성화해서 고객이 사용하도록 한다.

CI는 첫 번째 단계인 빌드, 테스트 그리고 일정 수준의 배포를 자동화한다. 지속적인 전달에서는 종단 간 파이프라인상에서 빌드, 통합, 테스트, 배포, 출시 사이클을 연결한다. 모든 단계의 마지막에서는 산출물들이 다음 단계로 자동 배포된다. 반면 지속적인 배포에서는 운영 환경으로의 배포는 수작업으로 진행한다.

CD는 빌드, 테스트, 환경 설정, 배포, 출시부터 운영 환경으로의 경로를 최소한의 지속 가능한 리드타임으로 수행할 수 있도록 자동화하는 린 프랙티스다. CD는 혁신, 점진적인 코드, 환경 설정 변경, 버그 수정을 수 분 이내에 운영 환경으로 이동시키며 개발 이후 사람의 개입을 최소화함으로써 낭비를 줄이고 리스크를 최소화하며 품질을 보장한다.

Disciplind Agile^{DA}에서는 이해관계자들이 빈번하고 점진적으로 변경되는 솔루션을 필요로 하고, 조직이 간소화된 배포 프랙티스와 절차를 갖고 있으며, 데브옵스 프랙티스의 성숙도가 높을 때 CD가 가장 적합하다고 제안한다.

CD를 적절하게 구현함으로써 애자일 기업은 많은 이익을 얻을 수 있다. 이제 CD를 통해 얻을 수 있는 핵심적인 몇 가지 이익을 살펴본다.

CD를 통해 얻을 수 있는 이익

CD를 도입하면 빠르고 방해받지 않는 가치 흐름을 만들어 주는 여러 이익을 얻을 수 있다.

- **리드타임과 비용 감소**: 자동화를 통해 핸드오프를 제거함으로써 가치를 더 빠르고 지속적으로 전달할 수 있고, 결과적으로 리소스 비용을 낮춘다.
- **예측 가능성 확보**: 완전히 자동화된 CD 파이프라인은 운영 환경에서의 시스템 동작에 관한 예측 가능성을 높인다.

- **리스크 감소:** 빈번한 커밋, 점진적인 빌드, 지속적인 코드 통합, 자동화된 테스트 케이스 실행은 실패의 리스크를 낮춘다.
- **품질 향상:** 자동화된 테스트는 빠르고 빈번한 피드백 사이클을 제공함으로써 제품의 품질을 높인다.

애자일 소프트웨어 개발 프랙티스들과 함께 CD는 조직의 기민함도 크게 개선한다. 하지만 CD 파이프라인을 최대한으로 활용하기 위해서는 시스템 아키텍처가 특정한 형태로 구성돼 있어야 한다. 이에 관해 다음 절에서 조금 더 살펴본다.

지속적인 전달을 위한 아키텍처 만들기

CD는 소프트웨어 시스템 빌드, 배포, 출시의 자동화에 그치지 않는다. 아키텍처와 관련된 선택들은 달성할 수 있는 자동화의 수준과 실제적 가치에 큰 영향을 미친다. 7장에서 설명한 패턴과 프랙티스들, 예를 들면 수직적 슬라이싱이나 마이크로서비스들은 작고 독립적이며 점진적인 빌드, 배포, 출시를 달성하는 기계적인 기법이다. IEEE의 논문인 「Architecting Toward Continuous Delivery」에서 리안핑 첸Lianping Chen은 "전통적인 품질 속성과 함께 배포 가능성Deployability, 보안성Security, 로그 가능성Logability, 수정 가능성Modifiability, 모니터링 가능성Monitorability, 테스트 가능성Testability 같은 여러 특성이 CD를 위한 아키텍처 구축에 영향을 미친다"라고 말했다.

CD를 위한 솔루션의 아키텍처를 만드는 것과 함께, 파이프라인 자체의 아키텍처를 만드는 것 역시 중요하다. 이때 다음과 같은 사항을 고려해야 한다.

- 올바르게 확장할 수 있는 CD 파이프라인 설계에 충분한 시간을 투자한다. 주어진 시스템에 특별히 필요한 단계들을 식별하고 조직화해야 한다.
- 강력한 출시 관리 전략, 견고한 버전 통제, 잘 관리된 의존성은 매우 중요하다.
- 효율성을 측정해 병목을 식별하고 지속적으로 올바른 기법들을 재설계하고 도입함으로써 근본 원인을 해결하는 것이 성공의 핵심이다.

- 아키텍처, 보안 및 다른 시스템 품질 속성에 관한 자동화된 규제 준수를 구현하는 것은 전달 속도와 품질을 크게 개선한다.
- CD 파이프라인에 관련된 여러 팀 사이의 지속적인 협업을 높이는 것은 기술적 리더로서 아키텍처가 담당해야 할 핵심적인 책임의 하나다.

CD 파이프라인을 구현하는 만능 솔루션은 없다. 시간을 투자해 적절한 CD 파이프라인을 설계하고 꾸준히 개선해야만 지속 가능한 전달을 달성할 수 있다.

이제 CD를 위한 아키텍처를 만드는 것의 중요함을 알았다. 다음으로 지속적인 전달의 성공을 측정할 수 있는 다양한 지표를 살펴본다.

지속적인 전달의 효과 측정하기

CD의 효율성을 측정함으로써 문제가 되는 영역을 결정하고 점진적으로 개선함으로써 더 나은 결과를 얻을 수 있다. 「Accelerate: State of DevOps 2019」보고서에서 정의한 **소프트웨어 전달 및 운영**SDO, Software Delivery and Operational 성능은 다음 네 가지 측정 지표를 통해 CD를 평가한다.

- **변경 리드타임**Leadtime for Change: 파이프라인에서 머무르는 시간은 코드 커밋 시점에서 해당 피처가 운영 환경에서 성공적으로 동작하는 시점까지 측정한다.
- **배포 빈도**Frequency of Deployment: 특정한 시간 안에 의도한 고객에게 전달되는 특정한 시스템 혹은 서비스의 변경 출시 수로 측정한다.
- **복구 시간**Time to Restore: 사용자에게 영향을 미치는 장애가 발생한 후의 평균 복구 시간MTTR, Mean Time To Restore으로 측정한다.
- **변경 실패율**Change Failure Rate: 운영 환경으로의 배포 성공과 실패의 비율로 측정한다.

네 가지 지표를 측정함으로써 넓은 레벨에서의 두 가지 KPI를 얻을 수 있다. 전달 프로세스의 처리량과 배포 안정성이 그것이다. 보고서에서는 이 지표들이 상충하지 않으며, 동일하게 중요한 산출물임을 강조한다.

새로 구현하는 애플리케이션에서는 CD를 구현하기 쉽지만, 레거시 애플리케이션에서는 어렵다. 다음 절에서는 레거시 시스템에서 CD를 관리하는 데 도움이 되는 몇 가지 사항을 살펴본다.

레거시 애플리케이션을 위한 지속적인 전달 구현하기

모놀리틱 레거시 애플리케이션에 CI와 CD를 도입하기는 매우 고통스럽다. 기술 스택의 크기, 복잡도, 의존성, 레거시 특성이 자동화를 방해한다고 해도 적절한 CD 전략을 도입함으로써 전달 처리량과 안정성을 충분히 개선할 수 있다. 연구 보고서인 「An Empirical Study of Architecting for Continuous Delivery and Deployment」에서는 모놀리스^{Monolith}와 CD가 본질적으로 모순되지 않는다고 말한다. 레거시 시스템에 CD를 통합하는 효과적인 접근 방법이 많다.

레거시 애플리케이션에 CD를 도입하는 몇 가지 핵심 전략은 다음과 같다.

- 커스터마이즈된 CD 접근 방식, 도구, 자동화 기법을 적용한다.
- 시스템을 블랙 박스로 다룸으로써 지속적으로 인터페이스를 테스트한다.
- 인프라스트럭처 애즈 코드를 배포 자동화에 도입한다.
- 환경 설정과 코드를 분리한다.
- 기능 요구 사항 및 비기능 요구 사항에 대한 테스트 케이스를 점진적으로 자동화한다.
- 배포와 유지 보수를 촉진할 수 있는 부분에 컨테이너화 정책을 적용한다.

변경 리드타임, 배포 빈도, 복구 시간 및 변경 실패율에 기반해 지속적으로 효율을 측정함으로써 더 많은 개선 영역을 결정할 수 있다. 레거시 애플리케이션에서는 테스트, 학습, 개선 사이클과 함께 CD 프랙티스를 점진적으로 도입해야 한다. 지속적으로 코드 복잡도를 측정하고 점진적으로 여러 하위 시스템의 아키텍처 결합을 분리함으로써 안정성을 높이고 처리량을 개선할 수 있다.

이번 절에서는 애자일 소프트웨어 개발에서의 CD의 목적, 이를 통해 얻을 수 있는 이점을 살펴봤다. 다음 절에서는 CD의 다양한 측면을 살펴본다. CI부터 시작하자.

⫸ 지속적인 통합 도입하기

익스트림 프로그래밍에서 시작된 CI는 자동으로 끊임없이 코드를 빌드, 통합, 검증하는 개발 프랙티스를 확장한 것이다. 개발자들에게 리스크에 관한 피드백을 가급적 빨리 제공함으로써 전달 속도에 미치는 영향을 최소화하고 통합과 품질 오류를 수정하도록 돕는다. 빈번하지 않은 수동 빌드와 통합이라는 전통적인 접근 방식은 빠른 속도로 진행되는 개발과 배포에 더 이상 적합하지 않다. 자동화되지 않은 빌드-통합-테스트-수정 사이클은 지속적인 업무 흐름을 방해한다.

그림 8.5는 전통적인 CI 처리 흐름을 보여준다.

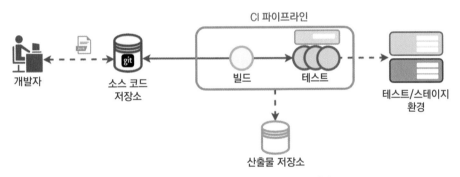

그림 8.5 데브옵스와 지속적인 전달 집중 영역

개발자^{Developer}는 공용 **소스 코드 저장소**^{Source Code Repository}에 지속적으로 코드를 커밋하고, 코드 커밋과 함께 **CI 파이프라인**^{CI Pipeline}이 실행된다. 사전 커밋^{Pre-commit}을 도입함으로써 오류를 가진 코드가 코드 저장소로 유입되는 것을 막을 수 있다. 품질 보증 루틴은 새로운 코드에 대해 자동으로 수행됨으로써 패키지된 산출물이 정해진 품질 조건을 만족하는 것을 보장한다. **CI 파이프라인**은 검증된 결과물을 중앙 **산출물 저장소**^{Artifact Repositoy}에 발행한다. CI의 마지막 단계에서는 새롭게 발행된 패키지를 하나 이상의 사전 운영 환경^{Pre-production} 환경에 배포한다. 어떤 조직은 산출물을 하나의 통합 서버로

배포하는 데만 CI를 사용하고, 다른 배포는 자동화된 배포 기능에 맡기는 방식으로 운영하기도 한다. CI는 한 차례의 빌드로 패키지된 산출물을 여러 환경에 배포함으로써 일관성을 제공한다.

잘 구현된 CI 파이프라인 아키텍처를 이용하면 다음과 같은 이점을 얻는다.

- 태스크들을 순차적 혹은 병렬적으로 실행할 수 있는 유연성

- 큰 코드 베이스를 다룰 수 있는 확장성

- 비용이 적은 최적화된 자원 활용성

- 높은 성능의 짧은 사이클 타임

- 새로운 시스템과 하위 시스템을 위한 손쉬운 파이프라인 프로비저닝과 설정

- 종단 간 모니터링과 알림

- 부가적인 처리 단계를 추가 또는 제거할 수 있는 자유로움Pluggability

팀은 또한 환경 설정과 **인프라스트럭처 애즈 코드**Infrastructure as Code를 CI 파이프라인용 소스 코드 저장소에 저장한다. 파이프라인을 모니터링하고 안전성을 보장하는 것 또한 효율적인 CI 구현에서 중요하다.

Large Scale Scrum LeSS에서는 CI를 빌드, 테스트 자동화 수단 이상의 것으로 간주한다. CI는 **테스트 주도 개발**, 작은 점진적 변경, 빈번한 통합, 빠른 피드백 사이클 및 트렁크 기반Trunk-Based 같은 여러 프랙티스를 포함한다.

좋은 CI 파이프라인은 더 좋은 개발과 소스 코드 관리 프랙티스에서 시작된다. 다음 절에서 이에 관해 살펴본다.

개발 및 소스 코드 관리 개선하기

좋은 개발 및 소스 코드 관리 프랙티스를 적용함으로써 CI의 가치를 높일 수 있다. 7장에서는 짝 프로그래밍, 동료 코드 리뷰, 좋은 개발 프랙티스와 함께 깨끗한 코드를 작성

하는 프랙티스들에 관해 설명했다. 통합 개발 환경IDE 기반의 코드 분석기를 사용하고, 기능 및 성능 단위 테스트를 수행하고, 테스트 더블을 이용해 통합 테스팅을 수행한 뒤 코드를 커밋함으로써 빈번하게 가치를 더한다.

깃Git과 같은 정교하고 세련된 공용 소스 코드 관리 시스템의 효과적인 브랜칭 전략을 이용하는 것은 소스 코드 관리에 필수적이다. 그림 8.6은 널리 알려진 두 가지 소스 코드 관리 전략인 **다중 저장소**Multirepo 전략과 **단일 저장소**Monorepo 전략을 나타낸다.

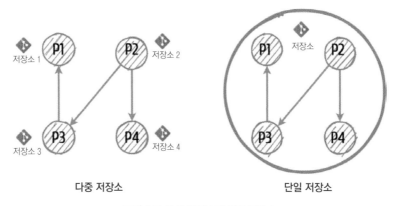

그림 8.6 다중 저장소와 단일 저장소

단일 저장소 전략에서는 여러 프로젝트를 같은 저장소에 공유하고 각 프로젝트의 의존성을 유지 보수한다. 이 접근 방식은 변경을 실시간으로 확인할 수 있어 일관적인 개발자 경험을 제공한다. 변경이 발생했을 때 다른 프로젝트에게 미치는 영향을 곧바로 식별할 수 있기 때문에 의존성 관리 오버헤드를 줄일 수 있다. 반면 **다중 저장소** 전략에서는 프로젝트별로 빌드 시 의존성이 발생하지 않는 별도의 소스 코드 저장소에서 관리한다.

많은 대규모 조직이 효과적으로 단일 저장소 정책을 사용한다. 하지만 단일 저장소 전략을 실행하려면 단일 저장소에 너무 많은 브랜치나 풀 리퀘스트가 발생하지 않도록 여러 가지 도구를 적용해서 복잡성을 줄여야 한다. 또한 잠재적인 혼란을 줄이기 위해 팀의 성숙도가 매우 높아야 한다. 이질적인 애플리케이션을 개발하는 복잡한 기업 또는 제품 개발 기업들은 제품 관리의 용이성이 더 중요하기 때문에 다중 저장소 전략을 선호하기도 한다. 단일 저장소 전략을 실행하기 위해서는 강력한 원칙이 필요하다. 우발적인 실수가 동료 개발자의 코드에 예기치 못한 오류를 일으킬 수 있기 때문이다. 단일 저장소 전략은 전체 코드 베이스를 다운로드해야 하는 작업 부하로 인한 어려움도 발생시킬 수 있다. 모든 경우를 만족하는 전략은 없으므로 저장소 전략 또한 신중하게 고려해서 결정해야 한다.

CI를 구현할 때는 올바른 브랜칭 전략을 선택하는 것도 매우 중요하다. 그림 8.7은 두 가지 브랜칭 전략을 나타낸다.

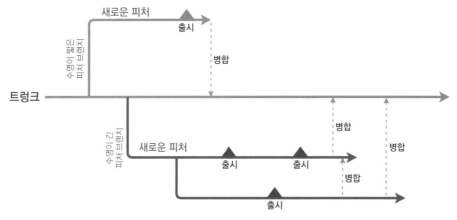

그림 8.7 트렁크 기반 개발과 피처 기반 개발

피처 브랜치 전략(또는 깃플로GitFlow)에서는 모든 새로운 피처별로 수명이 긴 브랜치를 만들고 개발이 완료됐을 때만 트렁크로 다시 머지한다. 그림 8.7에서 **트렁크**Trunk 아랫부분에 해당한다. 이 방식에서는 서로 다른 피처 사이에서의 의존성이 최소한이라고 가정한다. 그러나 피처 브랜칭 전략은 풀 리퀘스트Pull Request를 사용해 복잡하고 오랜 시간을 들여 병합해야 한다.

트렁크 기반 개발TBD, Trunk-Based Development은 시간이 지남에 따라 빌드 시스템이 복잡해지는 수명이 긴 피처 브랜치를 지양한다. 개발한 코드를 즉시 트렁크로 커밋하거나, 하루 또는 이틀 정도 단위로 풀 리퀘스트 없이 병합할 수 있는 수명이 짧은 피처 브랜치를 사용할 것을 권장한다.

두 전략에는 각각 장단점이 있다. 피처 브랜치 전략은 출시 빈도가 길고, 피처들이 독립적이며, 피처들이 함께 출시되지 않을 때 유리하다. 애플리케이션 모듈 사이에 최소한의 의존 관계를 갖도록 잘 모듈화돼 있고 출시 빈도가 매우 높다면 트렁크 기반 전략이 효율적이다. 제품 성숙도 또한 브랜칭 전략 도입에 영향을 준다. 초기에는 TBD 전략을 사용하다가 안정성을 확보하고 시장에서 어느 정도 위치를 차지하면서 피처 브랜칭 전략으로 변경할 수도 있다.

소노우 인 더 데저트에서는 단일 저장소 정책과 다중 저장소 정책을 함께 사용한다. 모든 레거시 애플리케이션은 다중 저장소 정책, 새로운 마이크로서비스 개발들은 단일 저장소 정책을 사용하지만 비즈니스 경계에 따라 구분해서 적용한다. 마찬가지로 스노우인 더 데저트에서는 트렁크 기반 개발과 피처 브랜치 전략을 조합해서 사용한다. 오래된 시스템들은 출시가 빈번하지 않기 때문에 수명이 긴 피처 브랜치를 이용하는 피처브랜치 전략을 계속 사용하고, B2C 온라인 프런트엔드와 같은 현대적인 애플리케이션에서는 트렁크 기반 개발 전략을 사용한다.

좋은 개발 프랙티스와 함께 좋은 테스팅 프랙티스 역시 성공적인 CI를 위해 매우 중요하다. 이에 관해 다음 절에서 살펴본다.

품질 보증 자동화하기

자동화된 테스팅은 반복적인 예측 가능한 출시를 통해 안정성을 높이고 품질을 개선하는 CI의 근본적인 측면이다. 자동화 테스팅은 단위 테스팅Unit Testing, 기능 테스팅Functional Testing, 통합 테스팅Integration Testing, 보안 테스팅Security Testing 및 다른 종류의 테스팅을 포함한다. 반복적으로 실행되는 리그레션 테스트 스윗은 개발자들에게 자신감을 주며 불안정한 코드가 운영 환경으로 유입되는 것을 막는다.

자동화 테스팅 파이프라인은 성능, 보안, 결합도, 복잡성, 의존성과 같은 아키텍처 및 품질 관련 테스트도 자동화한다. 현실적인 결과를 얻기 위해서는 적절한 규모의 환경을 이용해야 한다. 카오스 멍키Chaos Monkey와 같은 실패 추적 및 내파괴성 확인은 시스템의 탄력성을 보장한다. 테스트 데이터 관리, 독립적인 테스트 케이스 작성, 테스트 더블(목^{Mock}, 스텁^{Stub}, 페이크^{Fake} 등)을 활용한 서비스 시각화 도입은 테스트 자동화 시 필수적으로 고려해야 한다.

엄격한 테스팅 문화를 구축하는 것 또한 테스트 자동화에서의 성공에 중요하다. 자동화된 지속적인 테스팅은 자원의 효용을 높이고 일관성을 개선하며 심리적 안전함을 만들어 준다.

이제까지 CD의 첫 단계인 CI에 관해 살펴봤다. 다음 절에서는 자동화된 배포에 관해 살펴본다.

⠿ 자동으로 운영 환경에 배포하기

자동화된 배포는 지속적으로 시스템과 서비스를 중단하지 않고 운영 환경에 배포하는 메커니즘이다. 자동화된 배포 파이프라인은 CI가 성공적으로 수행된 뒤 시작되고, 산출물 저장소에서 산출물을 지정된 운영 환경으로 소리 없이 옮긴다(이를 잠정 모드^{Dark Mode}라 부른다). 자동화된 배포에서는 배포를 위해 **인프라스트럭처 애즈 코드** 같은 이뮤터블^{Immutable} 인프라스트럭처 개념을 이용한다.

지속적인 배포는 시스템을 배포하기 전 인프라스트럭처 애즈 코드를 이용해 대상 환경을 프로비저닝하고 설정하는 과정을 포함한다. 규모에 맞춰 완전하게 자동화된 운영 환경으로의 배포는 매우 높은 수준의 일관성, 반복성을 제공하며 실패로부터 시스템을 보호한다. 어떤 조직은 CI 도구를 자동화된 배포까지 수행하도록 확장하며, 어떤 기업은 CI와 다른 도구를 통합해 자동화된 배포를 수행한다. 피처 기반 마이크로 배포 같이 작은 변경과 높은 빈도의 배포는 자동화된 운영 환경에 대한 배포의 효율성을 다루는 좋은 방법이다. 실패가 발생하면 자동화된 롤백^{Rollback} 루틴이 서비스를 안정된 상태로 복구한다.

고객에게 영향을 미치지 않고 운영 환경에 배포하는 몇 가지 기법이 있다. 다음 절에서는 그중 한 가지 방법인 잠정 모드 배포^{Dark Mode Deployment}를 살펴본다.

잠정 출시를 통해 조기 피드백 받기

잠정 출시는 운영 환경에 조용히 애플리케이션을 배포하고 테스팅하는 널리 알려진 기법이다. 잠정 출시를 활용하면 개발 팀은 운영 시스템의 안정성에 영향을 미치지 않으면서 빠르게 배포할 수 있다.

많은 기업에서는 출시 빈도가 그리 높지 않기 때문에 비즈니스에서는 일반적으로 특정한 피처를 출시할 적절한 시점을 기다린다. 그러나 개발 팀은 출시와 배포를 분리함으로써 자동화된 파이프라인을 이용해 고객이 피처를 사용하지 않게 하면서도 솔루션을 지속적으로 배포하고 테스트할 수 있다. **피처 플래그**Feature Flag와 **블루 그린**Blue-Green 배포는 운영 환경에 영향을 주지 않고 잠정 출시를 하는 데 유용하다. 잠정 출시를 활용하면 일부 사용자(주로 개발 팀과 비즈니스 사용자)들만 새로운 내용에 접근하고 검증하도록 할 수 있다.

피처 플래그는 애플리케이션을 운영 환경에 조용히 배포하는 또 다른 기법이다. 다음 절에서는 피처 블래그를 사용하는 방법을 살펴본다.

피처 플래그를 사용해 선택적으로 피처를 출시하기

피처 플래그 Feature Flag는 프로그램의 제어 흐름을 컨텍스트에 따라 결정하는 메커니즘이며, 토글 방식으로 출시 가능한 또는 불가능한 피처를 실시간으로 결정한다. 피처 플래그는 잠정 출시와 점진적 출하의 기반이다.

그림 8.8은 피처 플래그 사용법을 나타낸다.

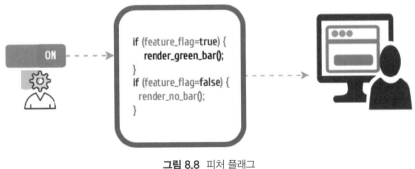

그림 8.8 피처 플래그

그림 8.8에서 보듯 토글 상태에 따라 제어 흐름을 새로운 피처 혹은 기존 피처로 전환한다.

엔터프라이즈 수준의 피처 플래그 솔루션은 중앙 대시보드를 제공하며, 높은 성능의 아키텍처를 활용해 쉽고 효율적으로 피처를 관리하고 모니터링할 수 있다. 피처 플래그 사용은 매우 잘 통제돼야 한다. 그렇지 않으면 통제되지 않은 플래그들이 늘어나고, 이는 높은 수준의 기술 부채를 야기할 수 있다. 피처 플래그 관리 방법의 하나로 플래그마다 만료 기간을 설정하고, 해당 기간이 종료됐을 때 그 내용을 검증하는 테스트 케이스가 실패하도록 할 수 있다. 피처 플래그는 서비스를 방해하지 않는 블루 그린 배포 전략을 위한 데이터베이스의 점진적 개선을 관리하는 데도 유용하다.

블루 그린 배포는 기존 서비스를 방해하지 않고 운영 환경에 신규 출시를 빠르게 적용하는 패턴의 하나다. 그림 8.9는 블루 그린 배포를 나타낸다.

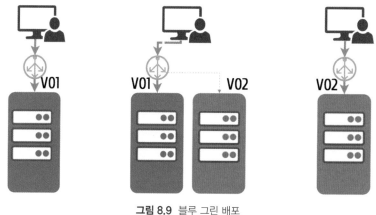

그림 8.9 블루 그린 배포

블루 그린은 동일한 두 개의 운영 환경을 나타낸다. 새로운 코드는 새롭게 프로비저닝한 그린 환경에 배포된다. 그린 환경은 이후 운영 환경에서의 새니티 테스트^Sanity Test^, 혼돈 테스트^Chaos Test^, 시스템 품질 테스트, 사용자 경험 테스트를 거친다. 테스트 대부분은 배포 파이프라인의 일부로 자동 수행된다. 풀스택 진단을 활용해 오류를 모니터링하고 처리한 뒤 사용자를 그린 환경으로 전환한다. 블루 그린 배포는 예기치 못한 실패로부터의 자동 복구도 지원한다.

자동화된 피처 기반 배포를 위한 시스템의 아키텍처를 만드는 것은 빠른 수정을 중심으로 하는 사이클을 통해 고객에게 안정적이고 신뢰할 수 있는 소프트웨어를 출시하기 위한 핵심 요건이다. 규모에 맞게 피처 플래그를 구현하고 관리하기 위해서는 피처 플래그가 범람하지 않도록 아키텍처 관점의 사고를 해야 한다. 무상태^{Statelessness}, 클라우드, 컨테이너 같은 올바른 아키텍처 패턴과 기법을 활용함으로써 블루 그린 배포를 가능케 할 수 있다.

지금까지 CD의 첫 두 단계인 지속적인 통합과 자동화된 배포에 관해 살펴봤다. 다음 절에서는 CD의 마지막 단계인 주문형 출시에 관해 살펴본다.

⠿ 주문형으로 출시하기

주문형 출시^{Release on Demand}는 SAFe에서 제안한 것으로 배포와 고객에 대한 실질적인 소프트웨어 출시를 분리하기 위한 것이다. 지속적인 배포는 고객의 사용에 크게 영향을 주지 않으면서 운영 환경으로 소프트웨어를 보낸다. 배포와 출시 사이의 시간은 피처 출시 시점에 고객에게 안정적인 피처를 사용할 수 있음을 보장하기 위한 안전 마진이다.

일반적으로 출시 시점, 출시 대상 피처, 출시 대상 사용자는 시장의 이벤트와 마일스톤에 따라 비즈니스에서 결정한다. 배포와 출시를 분리함으로써 비즈니스는 확신을 갖고 시장에 진출할 수 있다. 피처들이 이미 운영 환경에서 사용 가능하며 테스트됐기 때문이다.

안전 마진 기간에 개발 팀과 비즈니스 사용자들은 배포된 피처의 기능과 비기능을 테스트하고, 적은 수의 사용자들에게 점진적으로 출시해 피드백을 수집하고, 이 피드백들을 적용한 뒤 더욱 많은 사용자에게 출시한다.

카나리 릴리스를 활용해 점진적으로 출시하기

카나리 릴리스Canary Release는 새로운 소프트웨어를 점진적으로 출시하는 전략의 하나로 실사용자들로부터 서비스 초기에 받을 수 있는 피드백의 리스크를 줄인다. 그림 8.10은 카나리 릴리스 접근 방식을 나타낸다.

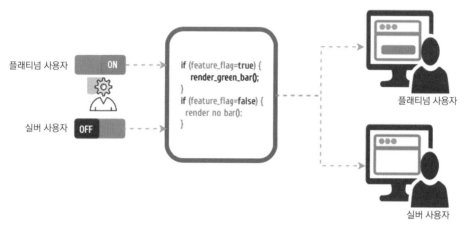

그림 8.10 단계별 사용자 커뮤니티를 위한 카나리 릴리스

그림 8.10에서 보듯 트래픽은 새로운 소프트웨어로 할당된다. 스크린에는 추가적인 바가 표시되며 사용자 선택 전략을 기반으로 점차 대상 사용자들에게 배포된다. 대상 사용자를 선택하는 전략으로는 무작위 사용자, 내부 사용자, 프리미엄 사용자, 시장 기반 등을 택할 수 있다. 일반적으로 올바른 카나리 사용자 세그먼트를 선택할 때는 피드백 수집이 핵심적인 제약의 하나가 된다. 전형적으로 카나리 릴리스는 전체 사용자 중 2~5%에 해당하는 변화 에이전트Change Agent를 대상으로 시작한다. 잠정 출시와 카나리 릴리스는 조금 다르다. 카나리 릴시스는 이미 정보를 가진 커뮤니티를 주요 대상으로 한다. 대조적으로 잠정 모드 출시는 내부 사용자에게 제한적으로 적용되며 실제 고객에게는 적용되지 않는다.

카나리 릴리스 방식과 함께 기업들은 A/B 테스팅을 이용해 조기 피드백을 수집한 뒤 혁신적인 변경 사항을 대규모 사용자에게 출시한다. 다음 절에서는 A/B 테스팅에 관해 더 자세히 살펴본다.

A/B 테스팅을 활용해 피드백을 조기에 수집하기

A/B 테스팅[A/B Testing] 또는 **분할 테스팅**[Split Testing]은 실험적인 피처로부터 빠른 피드백을 우선적으로 받을 수 있는 또 다른 출시 전략으로 그림 8.11과 같다.

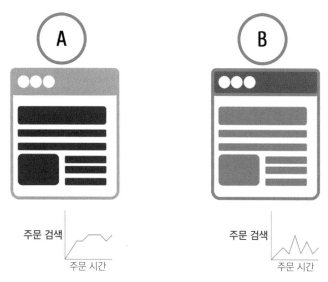

그림 8.11 A/B 테스팅(또는 분할 테스팅)

A/B 테스팅에서는 서로 다른 고객(사용자 전체 또는 일부 사용자)에게 기존 버전의 피처와 새로운 버전의 피처를 각각 보여준다. 사용자의 상호 작용으로부터 얻은 데이터를 비교해 새로운 버전의 사용자 경험이 기존 버전에 비해 개선된 정도 등의 효과를 확인하고 결정한다. 그림 8.11에서 보듯 사용자 경험, 다시 말해 **주문 검색**[Search to Order] 트랜잭션을 이용해 주문까지 걸리는 시간을 기존 버전(A)과 새로운 버전(B)에서 측정하고 판단 결과에 따라 B를 전체 고객에게 출시한다.

아키텍트는 주문형 출시의 진정한 가치를 얻기 위해 시스템과 서비스 아키텍처 및 설계에 충분한 주의를 기울여야 한다. 다음 절에서는 핵심적인 설계 요소들을 살펴본다.

주문형 출시를 위한 아키텍트 만들기

운영을 위한 아키텍처 만들기는 주문형 출시에 있어 매우 중요하다. 아키텍트는 시스템이나 서비스의 아키텍처가 다음 사항을 지원하도록 해야 한다.

- **점진적으로 출시 가능하다.** 점진적으로 배포할 수 있는 서비스와 시스템 컴포넌트는 하나 이상의 출시 전략에 따라 점진적으로 출시할 수 있다.

- **운영 환경에서 테스트 가능하다.** 시스템과 서비스들은 운영 환경에서 테스트를 가능케 함으로써 출시 이후의 예기치 못한 결함을 회피한다.

- **풀스택 진단이 가능하다.** 적절한 모니터링과 분석을 점진적인 출시 과정에서 제공함으로써 충분한 정보 수집을 통해 의사 결정을 할 수 있도록 보장한다.

- **운용 비용 모니터링이 가능하다.** 구현 비용을 모니터링함으로써 인프라스트럭처 효율을 검증하고 비용 낭비를 줄인다.

- **복원 가능하다.** 안전망 내에서 실패했을 때 배포를 쉽게 복원함으로써 전체 사용자에게 영향을 미치지 않는다.

지금까지 CD와 CI의 다양한 측면을 포함해 자동화된 배포와 주문형 출시에 관해 살펴봤다. 소프트웨어 전달의 중요한 측면은 운영 환경까지 서비스와 시스템을 안전하게 유지하는 것이다. 애자일 소프트웨어 개발에서는 보안에 각별히 주의해야 한다. 다음 절에서는 설계로 시스템을 보호하는 것을 살펴본다.

⠿ 설계를 통한 시스템 보호하기

보안은 CD의 모든 단계에 적용해야 하는 중요한 요소다. 여기에선 CD의 보안 측면을 살펴본다.

데브옵스와 애자일 소프트웨어 개발에서는 종종 보안을 속도와 기민성과 타협하며, 보안 애플리케이션을 전달하는 중요성을 벗어나곤 한다. 보안의 중요성을 인식하고 내재된 보안 통제를 구축함으로써 적절하게 자산을 보호하는 기업들은 데이터 유출, 재무적 손실 및 브랜드 명성 저하를 방지하는 데 강한 면모를 보인다.

역사적으로 사이버 보안 부서들은 소프트웨어 보안과 관련된 사항을 강조하고 관리함으로써 조직의 지적 재산권을 보호하는 책임과 권한을 가졌다. 그러나 전통적인 단계 기반의 사이버 보안 부서의 절차는 매우 복잡하고 많은 수작업과 시간을 필요로 했다. 그래서 전통적인 보안 접근 방식은 애자일 소프트웨어 개발에서의 빠른 개발과 잦은 빈도의 출시 사이클에 많은 지연을 일으켰다. 이러한 이유로 사이버 보안 부서는 흐름을 방해하는 존재에서 기민함을 촉진하는 존재로 다시 자리 잡아야 했다.

애자일 소프트웨어 개발에서 보안은 업무의 지속적인 흐름에 통합돼야 하며 모두가 함께 빠르게 안전한 소프트웨어를 전달함으로써 고객의 필요를 만족시켜야 한다. 빠른 전달을 가능케 하려면 린 애자일 마인드셋을 가진 보안 엔지니어가 올바른 현대적 도구와 기법을 도입해 시프트 레프트Shift-Left 패턴을 보안 통제에 적용해야 한다. 시프트 레프트 패턴은 침투 테스팅Penetration Testing이나 취약성 테스트Vulnarability Test를 소프트웨어 개발 프로세스 초기에 도입한다. 결함을 일찍 발견함으로써 코드-테스트-배포 사이클에 소요되는 시간을 줄인다.

애자일에서 보안은 지속적이며 아키텍처, 개발, CD 파이프라인과 운영 모두에 널리 적용된다. 보안 통제는 팀이 식별, 개발, 테스트하며 문제가 발생했을 때도 함께 해결한다.

보안을 중시하는 팀의 몇 가지 특성은 다음과 같다.

- **보안 활동의 백로그화**: 애자일에 공짜는 없다. 보안을 포함한 모든 업무는 백로그로 관리한다. 백로그로 투명하게 관리되는 보안은 흐름 안에서 보안 활동을 계획하고 실행하는 데 도움을 준다. 보안 검증 에러, 피드백, 리스크는 백로그에 포함돼 우선순위가 결정된다.

- **코드 보안**: 사이버 보안은 개발 팀에 보안 코딩 프랙티스Secure Coding Practice를 교육함으로써 보안을 가장 중요한 요소로 여기도록 해야 한다. 팀은 다양한 보안 위협을 이해하기 위해 **오픈 웹 애플리케이션 보안 프로젝트**OWASP, Open Web Application Security Project 같은 업계 표준 프랙티스를 참조해 새로운 보안 개발 스킬을 의식적으로 높여야

한다. 정적·동적 코드 분석과 코드 리뷰 도구를 이용해 표준을 높이고 최적의 프랙티스를 적용함으로써 효율성, 속도, 일관성, 코드 보안 효과를 향상한다. **소프트웨어 구성 분석**SCA, Software Composition Analysis을 활용하면 오픈 소스 라이브러리의 잠재적인 취약점을 식별할 수 있다.

- **아키텍처 보안**: 위협 경계를 식별함으로써 위협을 모델링하는 경량의 지속적인 접근 방식을 이용하는 것은 시스템을 내부 및 외부 공격으로부터 보호하는 올바른 보안 아키텍처를 식별하는 데 중요하다. 공격 표면Attack Surface을 줄이고, **API**를 보호하고, 메시지 교환을 암호화하고, 설계 프랙티스를 통해 보안을 촉진하고, 적절한 규제 준수 도구를 사용함으로써 안전한 보안 애플리케이션을 만들 수 있다.

- **인프라스트럭처 보안**: 보안 정책을 인프라스트럭처 애즈 코드의 일환으로 **CD 파이프라인**에 통합함으로써 인프라스트럭처 보안 설정에 관련된 잠재적인 사람의 실수를 줄일 수 있다. 최소한의 접근 권한 부여 원칙Principle of Least Privileged Access을 적용하고, 중앙화된 식별 및 접근 관리를 통합하고, 최약점에 대한 자동 보안 패치를 지속적으로 적용하고, 운영 환경에 대한 보안 위협을 지속적으로 모니터링하는 것은 안전한 시스템을 운영하기 위한 최고의 프랙티스다. 공격에서 얻은 학습 결과를 기반으로 코드를 수정하는 잘 수립되고 통합된 프로세스를 갖춘 기업은 환경에 잘 적응할 수 있다.

- **데브섹옵스 프랙티스**: 팀 구성원 모두가 공동의 책임을 진다는 마인드셋은 보안 애플리케이션 개발에 있어 매우 중요하다. 전달 파이프라인의 일환으로 코드, 인프라스트럭처, 라이브러리의 취약점을 알아내기 위한 지속적인 스캐닝은 잠재적 취약점을 가장 초기에 발견할 기회를 준다. 자동화된 테스팅을 할 수 없다면 보안 전문가가 팀에 포함돼 전달 흐름에 심각한 지연이 발생하지 않도록 해야 한다. **완료 정의**DoD, Definition of Done와 인수 기준Acceptance Criteria 제약 조건에 적절하게 설정된 보안 시나리오를 통해 중요한 코드들이 충분한 보안 통제 없이 운영 환경에 전달되는 것을 막을 수 있다.

아키텍트는 팀이 지속적으로 적절한 보안 고려 사항과 좋은 프랙티스를 따르도록 해야 한다. 보안과 피처 개발 속도를 절충해 즉각적인 고객의 필요는 만족시킬 수 있겠지만 장기적으로 고객의 신뢰에 훨씬 치명적인 영향을 미칠 수 있다.

:::: 정리

7장에서 살펴본 것처럼 기술적 기민함의 두 번째 영역은 데브옵스와 자동화다. 다시 말해 데브옵스 문화를 포용하고 CD를 구현하는 것이다. 데브옵스는 혼란의 벽을 부수고 개발 팀과 운영 팀을 통합하는 문화다. 데브섹옵스는 데브옵스가 진화한 것으로 애자일 소프트웨어 개발의 모든 단계에서 보안을 중시한다.

8장에서는 CD에 관해 살펴봤다. CD는 새로운 피처, 개선 사항, 수정 사항을 자동으로 운영 환경으로 옮기는 프랙티스로 리드타임을 줄이고 예측 가능성을 개선한다. 지속적으로 CD를 실행함으로써 전달의 처리량과 시스템 및 서비스의 안정성을 극적으로 향상시킬 수 있다. CD 프랙티스는 CI, 자동화된 배포, 주문형 출시로 구성된다. CI는 애플리케이션 빌드, 테스트 및 하나 이상의 환경으로의 배포를 돕는 확장된 개발 프랙티스다.

다음으로 단위 테스트, 기능 테스트, 통합 테스트를 CI 파이프라인의 일부로 통합하는 자동화된 테스트에 관해 살펴봤다. 자동화된 배포는 테스트에 성공한 패키지를 운영 환경으로 잠정 모드로 전달하며 새로운 기능을 고객에게 활성화하지 않고 블루 그린 배포를 이용한다. 이러한 잠정 모드 배포는 피처 플래그를 이용해 기능을 고객에게 출시하기 전에 운영 환경에서 피처를 검증한다. 주문형 출시는 카나리 릴리스나 A/B 테스팅 같은 프랙티스를 이용해 고객에게 점진적으로 피처를 출시한다. CD를 위한 아키텍트를 만들기 위해서는 점진적인 빌드, 자동화 가능성, 테스트 가능성, 배포 가능성과 관련된 특별한 사항을 고려해야 한다. 마지막으로 CD 프랙티스에서 보안이 파이프라인의 모든 단계에 적용되는 매우 중요한 활동임을 확인했다. 데브섹옵스와 CD에서의 보안은 팀 구성원 모두가 함께 책임져야 하는 지속적인 프로세스다.

8장에서는 기술적 기민함의 두 번째 영역인 데브옵스와 자동화를 살펴봤다. 9장에서는 기술적 기민함 중에서 내재된 품질 측면을 살펴본다.

⁝⁝ 더 읽을거리

- 데브옵스의 역사^{History of DevOps}. https://devops.com/the-origins-of-devopswhats-in-a-name/

- ACM 컴퓨팅 서베이^{ACM computing survey}. https://arxiv.org/pdf/1909.05409.pdf

- 「State of DevOps 2019 report」. https://services.google.com/fh/files/misc/state-of-devops-2019.pdf

- 사이트 신뢰성 엔지니어^{Site reliability engineers}. https://landing.google.com/sre/

- 지속적인 전달^{Continuous delivery}. https://martinfowler.com/bliki/ContinuousDelivery.html, https://continuousdelivery.com

- 「An empirical study of architecting for continuous delivery and deployment」. https://www.researchgate.net/publication/327536527

- 「Towards architecting for continuous delivery」. https://www.researchgate.net/publication/280776459

09

품질 속성을 이용한
품질 아키텍처 만들기

"건축은 시간과 장소를 나타내야 하지만 영원을 갈망해야 한다."
- 프랭크 기어리Frank Gehry(프라하 댄싱 하우스Dancing House in Prague 건축가)

8장에서는 기술적 기민함과 관련해 데브옵스와 자동화 영역에 관해 설명했다. 데브옵스 문화 양성과 지속적인 전달을 위한 아키텍처의 중요성을 살펴봤다. 9장에서는 기술적 기민함의 세 번째 영역인 **내재된 품질**Built-in Quality을 살펴본다.

미션 달성에 핵심적인 애플리케이션들은 쉽게 부서지지 않고, 품질을 떨어뜨리지 않으면서 지속적으로 서비스를 전달해야 한다. 실패는 이익 손실, 고객 만족, 심지어 어떤 경우에는 건강이나 안전과 관련된 이유로 이어져 비즈니스에 심각한 영향을 미칠 수 있다. 그러므로 체계적인 접근 방식을 통해 소프트웨어 개발 프로세스에 품질을 구축해야 한다. 이를 위해서는 이익 손실과 같이 측정할 수 있는 비즈니스 결과물과 확장성 같은 품질 속성을 연결할 수 있는 메커니즘을 학습해야 한다. 내재된 품질을 위해 리스크와 비용의 균형을 맞춤으로써 잠재적인 낭비를 제거해야 한다. 품질을 얻는 데는 비용이 든다. 이를 학습하기 위해서는 점진적으로 품질을 정의, 협의, 측정, 개선하는 애자일 접근 방식을 양성해야 한다. 아키텍트는 시스템 사고의 마인드셋을 포용함으로써 품질 수명 사이클에 중요한 역할을 한다.

9장에서는 소프트웨어 시스템에서의 품질의 중요성, 품질의 진화 가능성, 시스템 사고의 실용성 및 내재된 품질의 개념을 설명한다. 그리고 다양한 품질 속성 모델, 품질 속성을 지속적으로 문서화하는 다양한 방법을 살펴본다. 또한 다양한 품질 수명 사이클 단계 및 전달 단계에서 품질을 절충하지 않았음을 보장하는 여러 활동을 살펴본다. 마지막으로 규모에 따른 솔루션의 품질을 보장하는 과정에서의 아키텍트의 역할을 설명한다.

이번 장에서는 다음과 같은 주제를 다룬다.

- 소프트웨어 품질 이해하기

- 품질 속성 모델 도입하기

- 품질 속성 문서화하기

- 애자일 소프트웨어 개발에서 품질 수명 주기 사용하기

- 품질 속성 식별 및 다듬기

- 모델링과 시뮬레이션하기

- 아키텍처 트레이드오프 적용하기

- 품질 속성 개발하기

- 시스템 품질 평가하기

이번 장에서는 애자일 아키텍처의 렌즈에서 **내재된 품질**Built-in Quality 영역에 초점을 맞춘다.

먼저 소프트웨어 품질의 기본 그리고 신뢰 가능하며 쉽게 부서지지 않는 시스템을 만드는 것의 중요성을 살펴본다.

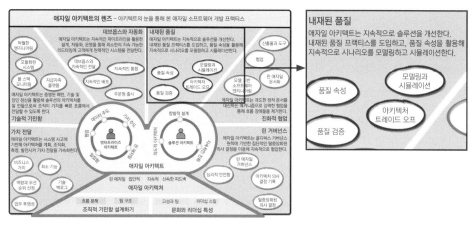

그림 9.1 내재된 품질 영역

소프트웨어 품질 이해하기

시스템 품질 System Quality은 특정한 운영 환경에서 시스템이 잘 동작하는가, 미래의 요구를 만족시킬 수 있도록 잘 진화하는가를 측정한다. 애자일 아키텍트의 중요한 책임 중 하나는 점진적이고 명시적으로 품질 요구 사항을 확인해서 이를 아키텍처 의사 결정과 백로그로 연결하는 것이다. 품질 특성Quality Characteristic, 품질 속성Quality Attribute, 품질 고려 사항Quality Concern, 아키텍처 고려 사항Architecture Concern, 기술 요구 사항Technical Requirement, **아키텍처 관점에서의 중요 요구 사항**ASR, Architectureally Significant Requirment 및 **비기능 요구 사항**NFR, Non-Functional Requirement 같은 다양한 용어는 소프트웨어 시스템의 품질 속성을 나타내기 위해 상호 호환적으로 사용된다. 이 책에서는 아키텍처 그리고 설계와 관련된 의사 결정을 제언하거나 영향을 주는 품질 요구 사항을 가리키는 용어로 품질 속성과 ASR을 사용한다.

품질 속성을 잘못 식별하거나 구현하면 시스템 내구성에 나쁜 영향을 줄 수 있고, 이는 높은 유지 보수 및 운영 비용으로 이어진다. 품질이 좋지 않은 솔루션은 품질 문제의 뒤늦은 식별, 재작업, 재테스트 등으로 사이클 타임을 크게 늘린다. 과거 글로벌 패스트 푸드 체인인 맥도널드McDonald에서는 **이노베이트**Innovate라는 이름의 과감하면서 비용이 높은 프로그램을 운영했다. 10억 달러의 예산으로 1999년에 시작한 이노베이트는 모든 소매점의 판매를 자동화하는 소프트웨어 구축 프로젝트였다. 모든 소매점에서 정보를 수집해 위원회 리더십이 실시간으로 모니터링할 수 있도록 하는 것이 목적이었다. 불행히도 이노베이트 프로그램은 1억 7천만 달러의 예산을 사용하고 2002년에 취소됐다. 여러 연구에서는 이노베이트가 실패한 원인으로 기술적 복잡성 그리고 사용자 요구 사항 너머의 품질 요구 사항에 대한 이해 부족을 꼽았다. 품질 속성에 주의를 기울이는 것은 대단히 중요하다.

IEEE 0161-1998 「Standard for a Software Quality Metrics Methodology」에서는 소프트웨어 품질을 소프트웨어가 가진 신뢰성, 상호 운용성 등을 보일 수 있는 능력으로 정의한다. 품질 속성과 관련된 아키텍처를 만드는 만능 메커니즘은 존재하지 않는다. 이들은 운영 환경, 사용 패턴, 비즈니스 컨텍스트에 직접적인 영향을 받기 때문이다.

그림 9.2는 품질에 영향을 미치는 세 가지 요소를 보여준다.

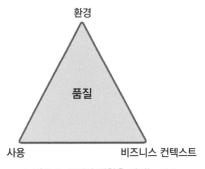

그림 9.2 품질에 영향을 미치는 요소

예를 들어 성능 향상을 목적으로 하는 아키텍처 메커니즘에서는 모바일에 배포되는 애플리케이션과 클라우드 환경에 배포되는 애플리케이션이 다를 수 있다. 솔루션은 사용 패턴(하루에 한 번 접속하는 솔루션과 초당 100번씩 소비되는 솔루션 등)에 따라서도 달라진다. 또한 은행이라는 컨텍스트에서 사용하는 솔루션과 우버Uber 스타일의 운행 서비스에서 사용하는 추적 솔루션의 성능 메커니즘도 다르다.

이러한 요소를 명확하게 이해하기 위해 아키텍트는 시스템 사고 콘셉트를 사용해야한다. 다음 절에서는 시스템 사고 콘셉트를 살펴본다.

시스템 사고를 통한 품질 개선하기

복잡한 웹 기반의 신뢰할 수 있는 시스템을 만드는 아키텍트는 폭넓은 비전과 비즈니스 그리고 IT 생태계에 관한 포괄적인 지식이 있어야 한다. 국지적 설계, 특정 컴포넌트의 최적화로는 비즈니스가 궁극적으로 요구하는 가치를 전달하지 못한다. 제한된 사고와 좁은 솔루션 마인드셋은 시간이 지남에 따라 품질을 떨어뜨린다.

시스템 사고System Thinking는 시스템 역학System Dynamic 부문에서 기인한 것으로 MIT 교수인 제이 포레스터Jay Forrester가 1956년에 제안했다. 시스템 사고는 시스템 컴포넌트, 경계, 상호 작용 및 환경을 명확히 이해함으로써 시스템 전체의 문제를 해결하는 데 도움을 주는 접근 방식이다.

그림 9.3은 시스템 사고의 핵심 요소를 보여준다.

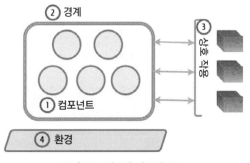

그림 9.3 시스템 사고의 요소

전통적인 접근 방식에서는 시스템의 개별 컴포넌트에 집중하는 반면, 시스템 사고에서는 확장된 영역의 표면에 집중하고 이웃하는 시스템과의 상호 작용이나 환경 공유에 따른 잠재적인 영향을 추가함으로써 시스템 전체를 이해하는 데 집중한다.

대니얼 애런슨Daniel Aronson의 논문인 「Overview of Systems Thinking」은 훌륭한 메타포로 시스템 사고를 설명한다. 그는 곤충에 의한 농작물의 피해를 줄이려 하는 사람의 행동을 예시로 든다. 곤충이 농작물을 먹어 치우면 농부는 즉각 살충제를 뿌려 모든 곤충을 효과적으로 죽일 것이다. 겉으로 볼 때 이는 완벽한 대처로 보인다. 하지만 농부가 문제를 해결하기 전에 조금 더 넓은 시각으로 바라봤다면 훨씬 나은 해결책을 얻을 수도 있다. 살충제를 뿌리면 A라는 곤충은 확실히 죽일 수 있겠지만 B라는 곤충은 더 번성할 수도 있다. 곤충 A는 곤충 B의 천적이기 때문이다. 이럴 때 장기적으로 곤충으로 인해 일어난 문제를 해결할 수 없으므로, 곤충 A를 죽이는 것은 최적의 해결책이 아니다. 곤충 A의 천적을 투입하는 통합 해충 관리가 더 나은 해결책이다.

시스템 사고 철학은 시스템 컴포넌트들이 고립돼 있을 때와 시스템 안에 있을 때 행동을 다르게 한다는 신념에 기반한다. 소란스러운 이웃은 컴포넌트 운영 환경에 부정적인 영향을 줄 수 있다.

애자일 소프트웨어 개발에서 시스템 사고는 매우 중요하다. 개발 팀은 언제나 점진적인 변화를 함께 다루는데, 이는 잠재적으로 고립된 솔루션으로 이어진다. 사일로에서 설계된 솔루션들은 전체적인 솔루션 비전에 맞지 않거나 확장된 규모에서 운영될 때 실패하기도 한다. 아키텍트는 전체적이고 상호 연결된 시스템 관점에 기반해 올바른 방향을 제공해야 한다.

시스템 사고는 물론 품질은 일회성 활동이 아님을 인식해야 한다. 품질은 비즈니스 요구 사항과 함께 진화해야 한다. 다음 절에서는 품질의 진화적 측면을 살펴본다.

구축하고 적응하기 전략을 이용해 점진적으로 품질을 적용하기

품질은 믿을 수 있는 솔루션 전달에 있어 매우 중요하지만, 너무 이른 시점에 품질에 과도하게 집중하면 오히려 고객에게 솔루션을 전달하지 못하게 될 수도 있다. 구축하고 유지하기Build to Last 전략과 구축하고 적응하기Build to Adapt 전략은 솔루션을 개발하는 동안 품질을 융합하는 데 사용하는 일반적인 전략이다. 구축하고 유지하기 전략은 5개년 역량 평가 및 구현, 실수 방지 시스템 구축, 미래 증명을 통한 설계 등이 포함된다. 반면 구축하고 적응하기 전략은 진화하는 아키텍처, 주문형의 유연한 규모 조정, 잘 부서지지 않는 시스템 등이 포함된다. 애자일 아키텍처는 근본적으로 **과도한 사전 설계**BUFD, Big

Upfront Design를 피하는 것을 전제로 하며 품질 구축 역시 예외는 아니다.

촐루테카 다리^{Choluteca Bridge}는 '구축하고 적응하기 전략'이 '구축하고 유지하기 전략'보다 뛰어나다는 증거다. 그림 9.4는 촐루테카 다리의 현재 상태를 나타낸다.

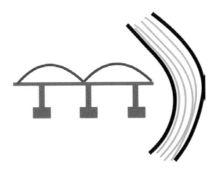

그림 9.4 촐루테카 다리

촐루테카 다리는 1998년 온두라스^{Honduras}의 촐루테카 지역에 세워진 484m 길이의 다리인데, 이 지역은 자연재해가 자주 일어난다. 촐루테카 다리를 세울 때의 목표는 그 어떤 자연재해도 견딜 수 있는 튼튼한 다리를 만드는 것이었다. 1998년 후반, 태풍 미치^{Mitch}가 온두라스의 많은 지역을 초토화시켰으며, 거기에는 근처에 있는 다리들과 인프라스트럭처도 포함돼 있었다. 매우 높은 품질의 구조물인 촐루테카 다리는 아무런 손상 없이 태풍을 견뎌냈다. 하지만 안타깝게도 촐루테카 강^{Choluteca river}이 다리 아래가 아닌 옆으로 흐르면서 더 이상 쓸모없어져 버렸다.

구축하고 적응하기 전략은 애자일 소프트웨어에 더 적합하다. 전달의 마지막 단계에서도 요구 사항이 설계를 바꿀 수 있기 때문이다. 구축하고 적응하기 전략은 품질을 확장할 뿐만 아니라 제한하기도 한다. 예를 들어 예기치 못했던 전 세계적인 COVID 19 팬데믹으로 인해 많은 기업이 비즈니스 운영 규모를 줄였는데, 이는 현재 거래 상태에 적합하도록 IT 운영 비용을 낮춰야함을 의미한다.

점진적인 품질 개발 또한 과도한 사전 투자의 필요성을 줄인다. 예를 들어 스노우 인 더 데저트의 컨텍스트에서 **자동 차량 추적 시스템**^{ATVS, Automatic Vehicle Tracking System}의 추적 마이크로서비스 프로젝트는 **최소 기능 제품**^{MVP, Minimum Viable Product} 단계에서는 서비스 가용성^{Availablity}이 높지 않아도 된다. 하지만 콘셉트가 증명되고 여러 시장으로 확장할 준비가 된 시점에는 높은 가용성이 매우 중요하다.

지속적인 품질 진화를 위해서는 지속적인 품질 보증이 돼야 한다. 이를 위한 효과적인 접근 방식은 사후 품질 보증을 소스에 대한 품질 보증으로 바꾸는 것이다. 다음 절에서는 애자일 소프트웨어 개발의 내재된 품질 측면을 살펴본다.

품질을 내재해 낭비를 제거하기

내재된 품질^{BIQ, Built-In Quailty} 또는 지도카^{Jidoka}[1]는 토요타 생산 시스템^{TPS, Toyota Production System}에서 시작된 린 제조의 한 축이다. BIQ는 프로세스의 모든 단계에서 품질을 구축하며 이는 과거의 사후 개발 품질 보증 루틴과 대조된다. BIQ는 사후 개발에서의 재호출, 재작업, 재테스트 사이클 타임을 줄임으로써 낭비를 제거한다.

BIQ는 지속적인 가치 개선을 위한 린 애자일 프랙티스다. BIQ를 효과적으로 도입하려면 품질 기반 문화를 위한 마인드셋의 큰 전환이 필요하다. 빌드한 뒤 테스트하는 사이클에서 벗어나 신속한 점진적 테스팅 및 피드백 사이클을 통해 품질을 지속적으로 개선해야 한다. BIQ는 비즈니스 가치를 전달하는 궁극적인 목표를 달성하고자 하는 목적의식을 가진 팀 구성원 모두가 공유하는 책임이다. BIQ는 소스 단계의 품질을 구축하고 그 뒤 다양한 KPI를 기준으로 테스팅을 함으로써 예방에 집중한다. BIQ를 이용해 높은 품질의 솔루션을 만들고 고객 만족을 높이며 전달 속도를 개선할 수 있다.

BIQ는 모든 것에 품질 의식을 도입함으로써 품질 최우선 접근 방식을 촉진한다. 여기에는 올바른 아키텍처, 패턴 그리고 기법을 사용해 솔루션을 설계하고 좋은 코딩 프랙티스를 도입하며 개발과 지속적인 전달 파이프라인에 올바른 품질 보증 루틴을 추가하는 것이 포함된다.

그림 9.5는 BIQ 성숙도 3단계를 나타낸다.

---

1   일본어의 자동화(Automation) 발음을 음차한 표현이다. - 옮긴이

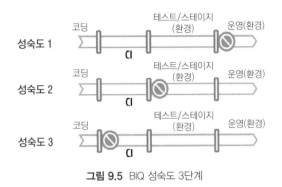

그림 9.5 BIQ 성숙도 3단계

그림 9.5에서 보듯 **BIQ**는 결함을 가진 업무 산출물이 지속적인 전달 파이프라인으로 흘러 들어가는 것을 제한한다. 성숙도는 오류가 다음 단계로 흘러 들어가는 것을 방지하는 지점이 어디인지에 따라 결정된다. 예를 들어 가장 성숙한 단계인 **성숙도 3**의 조직에서는 개발 시점에 잘 구축된 예방 지표를 도입함으로써 결함이 CI 파이프라인으로 흘러 들어가는 것을 방지한다.

품질을 정확하게 구현하기 위해서는 품질 속성을 지속적으로 정의하고 도입해야 한다. 다음 절에서는 다양한 표준 품질 속성 모델을 살펴본다.

⁞ 품질 속성 모델 도입하기

품질 요구 사항 Quality Requirement은 시장 진입 시점Time to Market, 아키텍처 품질(또는 ASR), 시스템 품질 같은 비즈니스 품질로 분류된다. 전형적인 소프트웨어 품질 속성 모델은 시스템 품질에 관한 정의를 분류한다. 업계에서는 다양한 품질 속성 모델을 사용한다.

널리 사용되는 몇 가지 품질 속성 모델은 다음과 같다.

- **IASA**는 품질 속성을 '컴포넌트 또는 시스템의 비기능적 특성'으로 정의하고 이를 사용, 개발, 운영, 보안의 4가지 범주로 나눈다. 각 범주는 하위 범주를 포함한다.

- **FURPS**는 널리 사용되는 품질 모델로 **기능성**Functionality, **사용성**Usability, **신뢰성**Reliability, **성능**Performance 및 **지원 가능성**Supportability을 의미한다. SAFe에서는 FURPS

를 이용해 비기능 요구 사항^{NFR}을 설명한다.

- **IEEE 표준 1061**^{IEEE Standard 1061} 품질 속성 모델은 품질 속성을 효율성^{Efficiency}, 기능
성^{Functionality}, 유지 보수성^{Maintaiability}, 이식성^{Portability}, 신뢰성^{Reliability} 및 사용성
^{Usability}으로 분류한다.

- **ISO 25010**은 현대적인 품질 속성 모델 중 하나로 2007년 정의됐다. 맥콜^{McCall}과 보
엠^{Boehm}에서 기인한 ISO 9126을 기반으로 한다.

「Review of Software Quality Models for the Evaluation of Software Products」에
서는 1977년 맥콜부터 2013년 미다스^{MIDAS}에 이르기까지 수년 동안 만들어진 다양한
품질 모델을 정의했다. 이 연구에서는 ISO 25010을 소프트웨어 중심 시스템에 대한 가
장 전체적인 품질 속성 모델로 꼽았다.

그림 9.6은 ISO 25010 품질 속성 모델 기반의 품질 속성을 나타낸다.

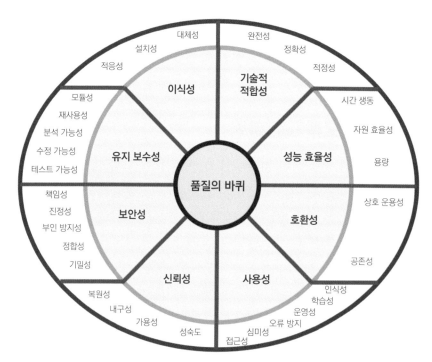

그림 9.6 ISO 25010 기반의 품질 속성 모델

스노우 인 더 데저트에서 ISO 25010 품질 속성 모델은 모든 팀과 ART에 적용돼 비즈니스는 물론 IT 이해관계자를 포함한 모두가 단일한 품질 속성을 참조하도록 하고 있다. 단순한 정의를 넘어 품질 속성을 효과적으로 커뮤니케이션하고 관리하기 위해서는 구조화된 문서화 또한 중요하다. 다음 절에서는 품질 속성을 문서화하는 방식을 살펴본다.

⠿ 품질 속성을 문서화하기

품질은 정확하며 구조화된 그리고 지속적인 품질 속성의 정의에서 시작된다. 품질 속성은 그 수명이 길고, 시스템이 운영 환경에 배포된 후에도 지속적인 개선을 위해 필요하다. 그러므로 품질 속성은 정기적인 리뷰를 통해 체계적으로 유지 보수해야 한다.

매니언Mannion과 키펜스Keepence는 **스마트**SMART(구체적이고Specific, 측정할 수 있고Measurable, 달성할 수 있고Attainable, 실현할 수 있으며Realizable, 추적할 수 있는Traceable) 모델을 사용해 측정 가능한 품질 속성을 모호하지 않고, 가능한 한 정확하게 측정할 것을 권장한다. 이번 절에서는 품질 속성을 문서화하기 위한 다양한 스마트 접근 방식을 살펴본다.

확장된 애자일 접근 방식을 사용해 품질 속성 구체화하기

Scaled Agile FrameworkSAFe은 품질 속성이라는 용어 대신 비기능적 요구 사항NFR이라는 용어를 이용한다. SAFe에서는 NFR을 '경계 컨텍스트 안에서 가능한 한 독립적으로 협의 및 테스트할 수 있도록' 정의할 것을 권장한다. SAFe에서는 그림 9.7의 다이어그램을 이용해 NFR을 설명한다.

이름	측정 단위	측정 방법	베이스라인	제약 사항	목표
(성능) 응답 시간	추적 요청 발신에서 응답 수신까지의 시간(초)	모니터링 시스템이 측정한 평균 시간	없음	3	5
(기능성) 정확성	시스템이 전송한 위치와 실제 위치의 거리(미터)	샘플 데이터와 운전자가 전송한 물리 데이터 비교	없음	100	500

그림 9.7 SAFe 접근 방식에 기반한 NFR 문서화

그림 9.7에서 보듯 모든 NFR은 **이름**이 있으며 선택적으로 **측정 단위**와 **측정 방법**을 갖고 있다. NFR이 정의되면 **대상, 제약 사항, 베이스라인**에 대해 데이터를 측정한다. 시스템을 새로 개발할 때는 현재 시스템이 참조할 데이터가 없으므로 베이스라인을 정의하기 어렵다. 제약 사항은 거의 최솟값이며 대상은 원하는 상태를 나타낸다.

품질 속성 시나리오 사용하기

품질 속성 시나리오^{QAS, Quality Attribute Scenario}는 품질 속성을 시나리오로 문서화하는 대표적인 방법이다. QAS에서는 운영 환경의 시스템 또는 시스템의 컴포넌트가 액션을 시작하는 행위자^{Actor}에게 측정 가능한 반응을 한다고 전제한다.

그림 9.8은 QAS의 메타 모델을 예시와 함께 나타낸다.

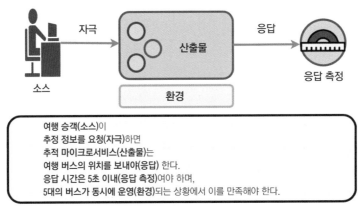

그림 9.8 예시를 포함한 QAS 메타 모델

그림 9.8은 스노우 인 더 데저트의 **자동 차량 추적 시스템**^{AVTS, Automatic Vehicle Tracking System} 시나리오를 예로 들어 **소스**^{Source}, **자극**^{Stimulus}, **산출물**^{Artifact}, **환경**^{Environment}, **응답**^{Response} 및 **응답 측정**^{Response Measure}을 매핑했다. 미니 QAS는 여기에서 **환경**과 **산출물**을 제거한 것이다. QAS는 아키텍트가 품질 요구 사항을 명확하게 이해하는 데 매우 중요하다. QAS 접근 방식을 이용해 품질 속성을 구조화함으로써 이해관계자들과 일관적인 커뮤니케이션을 할 수 있다.

품질 속성 모델과 QAS 문서화에 관한 접근 방식을 알아봤다. 다음 절에서는 다양한 품질 수명 주기 단계를 살펴본다.

애자일 소프트웨어 개발에서 품질 수명 주기 이용하기

애자일 소프트웨어 개발에서 높은 품질의 솔루션을 전달하기 위해서는 품질에 지속적으로 주의를 기울여야 한다. 그림 9.9는 품질 전달 수명 주기의 5단계를 나타낸다.

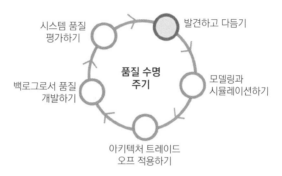

그림 9.9 애자일 소프트웨어 개발의 품질 수명 주기 5단계

그림 9.9에서 보듯 시스템 품질을 보장하기 위한 수명 주기 5단계는 다음과 같다.

- **발견하고 다듬기:** 고객의 현재 및 미래 필요를 만족시키는 품질 요구 사항을 발견한다.

- **모델링과 시뮬레이션하기:** 모델을 개발하고 시뮬레이션해 조기에 문제점을 식별한다.

- **아키텍처 트레이드오프 적용하기:** 아키텍처 트레이드오프를 적용함으로써 과도한 품질 엔지니어링으로 인해 목표 의사 결정을 방해하지 않도록 보장한다.

- **백로그로서 품질 개발하기:** 아키텍처 메커니즘을 백로그 아이템으로 구현함으로써 중요한 품질 관련 태스크가 누락되지 않도록 한다.

- **시스템 품질 평가하기:** 지속적인 전달 파이프라인 전체에 점진적인 품질 보증을 도입한다.

품질 수명 주기는 지속적인 활동이며 품질 요구 사항을 발견하고 다듬는 동시에 비즈니스 피처도 식별하고 도출해야 한다. 인셉션Inception 단계에서의 첫 번째 이터레이션은 매우 중요하다. 이 단계에서는 여러 부문을 교차하는 고려 사항들, 예를 들어 애플리케이션의 비즈니스 중요성, 사용 패턴, 사용자 분포, 배포 제약 사항 대부분을 이해하는 데 도움을 준다. 이후의 품질 수명 주기의 점진적인 이터레이션은 규모가 더 작고 직선적이며 새로운 피처에 대한 스프린트마다 수행된다.

품질 수명 주기 5단계는 다음 절에서 더 자세히 설명한다. 먼저 품질 속성을 발견하고 다듬는 단계에서 시작한다.

품질 속성 발견하기와 다듬기

비즈니스 요구 사항과 달리 품질 요구 사항과 그에 대한 기대는 비즈니스 이해관계자로부터 명확하게 받을 수 없다. 그러므로 아키텍트는 품질 요구 사항을 발견하기 위해 충분한 주의를 기울여야 한다. 품질 요구 사항을 발견하기 위해서는 이해관계자를 식별하고 품질 속성 워크숍QAW, Quality Attribute Workshop을 열고 QAS를 다듬어야 한다. 먼저 이해관계자 매트릭스를 발견하는 방법부터 살펴본다.

이해관계자들을 품질 속성에 정렬시키기

이해관계자 매트릭스는 이해관계자의 필요를 이해하고 트레이드오프 분석을 수행하며 아키텍처 관련 의사 결정의 영향을 결정하고 잠재적인 리스크를 완화하는 데 매우 중요하다. 이해관계자 매트릭스를 활용하면 아키텍트는 이해관계자들과 관련된 품질 속성을 이해하고 소통하며 협의할 수 있다. 이해관계자 매트릭스는 보통 첫 단계에서 설정한 뒤 이터레이션을 반복하며 필요할 때마다 변경된다.

이해관계자 분석을 위한 여러 가지 모델이 있다. 그림 9.10은 멘델로우Mendelow의 힘 관심 사분면 모델Power-Interest Grid Model을 나타낸다.

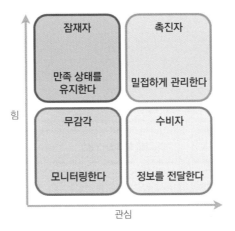

그림 9.10 멘델로우의 힘 관심 사분면 이해관계자 분석 모델

그림 9.10에서 보듯 모든 이해관계자는 사분면 중 하나에 매핑된다. **임페리얼 컬리지 런던**Imperial College London**의 영향 관심 사분면**Influence-interest Grid도 힘을 영향으로 바꿔 유사한 접근 방식을 사용한다. 힘, 긴급성Urgency, 합법성Legitimacy에 근거한 **미첼 모델**Mitchell's model은 더 복잡하며, 이는 뒤쪽에서 살펴본다.

일련의 피처에 대한 이해관계자를 식별했다면, 다음으로 품질 속성 워크숍을 진행해야 한다. 다음 절에서 품질 속성 워크숍을 살펴본다.

품질 속성 워크숍 진행하기

품질 속성 워크숍QAW, Quality Attribute Workshop은 이해관계자 매트릭스로 식별한 모든 이해관계자가 참여해 QAS를 찾는 과정이다. QAW의 입력은 품질 속성 모델이며, 산출물은 우선순위가 결정된 QAS다. 이는 비즈니스 영향도와 함께 이해관계자에 매핑된다. 애자일 소프트웨어 개발에서는 시간 절약을 위해 완전한 QAW 대신 미니 QAW를 권장한다.

인셉션 단계에서 미니 QAW를 진행하는 데는 몇 시간가량 소요된다. 그러나 이후 이터레이션마다 새로운 피처를 대상으로 진행하는 미니 QAW는 더 작은 규모로 이뤄지며 보통 30분 이내에 종료된다.

그림 9.11은 인셉션 단계에서 진행하는 전형적인 미니 QAS 스케줄을 나타낸 것이다.

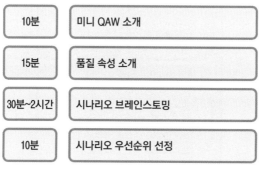

10분	미니 QAW 소개
15분	품질 속성 소개
30분~2시간	시나리오 브레인스토밍
10분	시나리오 우선순위 선정

그림 9.11 미니 QAW의 어젠다

그림 9.11의 각 단계에서 진행하는 내용은 다음과 같다.

- **미니 QAW 소개:** 워크숍의 목적과 활동을 정의하며 워크숍을 셋업한다. 이해관계자들이 이 솔루션 컨텍스트에 익숙하지 않다면, 아키텍트는 솔루션 비전과 의도한 아키텍처에 관해서도 설명해야 한다.

- **품질 속성 소개:** 참석자들이 QAS를 개발할 수 있도록 품질 속성에 친숙해지도록 하는 단계다. 품질 속성을 비즈니스 언어로 설명하는 것이 매우 중요하며, 비즈니스 언어에는 6장, '새로운 업무 방식으로 가치를 전달하기'에서 설명한 리스크, 비용, 고객 만족 및 경쟁 우위 등이 포함된다.

- **시나리오 브레인스토밍:** 아키텍트는 피처 중심 혹은 품질 속성 중심으로 워크숍을 진행할지 선택한다. 이해관계자들은 테이블에 둘러앉아 브레인스토밍을 통해 그들과 관련된 QAS를 찾아낸다. QAS는 본능이나 경험을 기반으로 하며 스티키 노트에 아이디어를 적어 그림 9.6의 품질 바퀴의 각 품질 속성에 붙인다. 이해관계자들은 자유로운 언어를 사용해 QAS를 적는다. 아키텍트는 브레인스토밍을 하는 동안 현재 시스템의 유스 케이스, 유사한 업계의 일반적인 시스템 및 시나리오를 관련지어 해당 시나리오를 설명한다.

- **시나리오 우선순위 선정:** 우선순위는 다양한 방법으로 선정한다. 모스코우[MoSCoW],

품질 기능 배포^{QFD, Quality Function Deployment}, 점 투표^{Dot Voting} 방법 등을 사용할 수 있다. 점 투표 방식은 가장 직관적인 방법으로 QAW에서 널리 사용된다. 이해관계자들은 자신들의 우선순위에 기반해 품질 속성과 QAS에 정해진 숫자만큼 점을 찍는다. 우선순위 선정 과정을 통해 아키텍트는 이후 트레이드오프 분석 과정에서도 도움을 얻을 수 있다. 이해관계자들은 QAS를 만족하지 못하는 비즈니스 영향이나 리스크를 식별하기도 한다.

- 시나리오가 결정되면 아키텍트는 해당 시나리오를 이해관계자들에게 다시 제시하기 전에 별도로 해당 시나리오들을 정리하고 검증한다. 이에 관해서는 다음 절에서 설명한다.

QAS 다듬기 및 제시하기

리파인먼트^{Refinement}(다듬기)는 미니 QAW의 사후 오프라인 활동이다. 아키텍트는 QAS를 적절한 구조로 바꾼 뒤 미니 QAW에서 식별한 이해관계자, 비즈니스 영향, 우선순위에 매핑한다.

그림 9.12는 정리된 산출물을 나타낸다.

품질 속성 시나리오	이해관계자	영향	우선순위
승객은 위치 추적 요청 후 5초 이내에 지역 정보를 얻는다	고객, 운영	높음	●●●●
승객은 추적 요청에 대해 500m 이내 정확도의 지역 정보를 얻는다	고객, 운영	중간	●●●

그림 9.12 정리된 QAS

그림 9.12는 스노우 인 더 데저트의 AVTS 이니셔티브 컨텍스트의 샘플 시나리오를 담았다. 정리된 QAS는 이해관계자들에게 제시해서 검증한 뒤 올바른 솔루션을 설계하기 전에 베이스라인을 만든다. 솔루션 식별은 솔루션 옵션을 모델링하는 것으로 시작한다. 다음 절에서는 모델링에 관해 살펴본다.

모델링과 시뮬레이션

모델링Modeling과 **시뮬레이션**Simulation은 개발 시간과 노력을 들이지 않으면서 주어진 요소에 대해 솔루션을 검증하는 효과적인 메커니즘이다. 베이스라이닝된 QAS는 아키텍처 의사 결정 백로그에 포함돼 적절한 솔루션 의사 결정에 사용된다. 5장, '애자일 솔루션 아키텍트 – 지속적으로 진화하는 시스템 설계하기'에서 논의한 것처럼 아키텍처 의사 결정 백로그의 일정들은 **최종 책임 순간**LPM, Last Responsible Moment에 기반해 결정된다.

아키텍처 의사 결정 백로그 처리 과정에서 팀은 여러 솔루션 옵션을 정교하게 만들어 낸다. 시퀀스 다이어그램, 도메인 모델 다이어그램Domain Model Diagram, 컨텍스트 다이어그램Context Diagram, 컴포넌트 다이어그램Component Diagram 등 다양한 아키텍처 및 디자인 모델을 사용해 솔루션 옵션들을 모델로 만든다. 작업량 모델Workload Model, 배포 모델Deployment Model, 네트워크 모델Network Model, 사용자 접근 모델User Access Model, 트랜잭션 모델Transaction Model과 같은 모델을 이용하면 손쉽게 품질 속성을 시뮬레이션하고 검증할 수 있다.

그림 9.13의 **트랜잭션 모델**Transaction Model은 품질 조건을 시뮬레이션하는 데 유용한 모델 중 하나다.

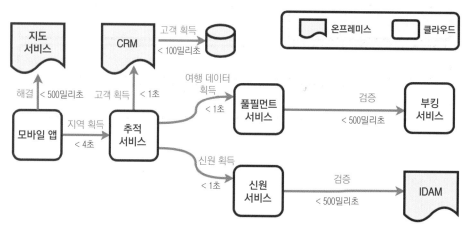

그림 9.13 AVTS 트래킹 서비스에 대한 트랜잭션 모델

그림 9.13은 스노우 인 더 데저의 AVTS 솔루션에서 '추적Tracking' 트랜잭션을 나타낸다. 성능, 가용성, 확장성 같은 품질 속성들은 일련의 시스템 전체에 대한 트랜잭션 모델에서 최소 공통분모로 제한한다. 그림에서처럼 트랜잭션 모델은 트랜잭션이 여러 컴포넌트, 하위 시스템, 서비스 및 시스템에서 어떻게 전달되는지 나타낸다. 트랜잭션 모델은 성능 주요 위치, 외부 호출로 인한 처리 지연, 레거시 기술 기반 시스템, 성능 지연 요소, 가용성과 확장성 수준이 낮은 시스템 등을 식별하는 데 도움이 된다.

작업량 모델 Workload Model도 트랜잭션 모델과 마찬가지로 유용하다(그림 9.14).

중요 트랜잭션	사용자	기대 응답 시간	시간당 트랜잭션	형태	배포율
추적 서비스	승객, 기사, 운영	5초	60000	비동기 요청-응답	99%
등록 서비스	승객	10초	50	요청-응답	<1%
선호 서비스	승객	5초	10	요청-응답	<1%
기타	승객, 관리자	없음	100	요청-응답	<1%
기타	시스템	없음	50	일괄 배치	<1%

그림 9.14 AVTS 트래킹 시스템에 대한 작업량 모델

그림 9.14는 AVTS의 중요 트랜잭션을 나타낸다. 작업량 모델은 트랜잭션, 배포, 기대 응답 시간, 사용자 유형, 트랜잭션의 특성 등을 나타낸다. 트랜잭션 모델은 시스템의 행동을 이해하는 데 도움을 주며, 부하 테스팅 시나리오를 만드는 기반이 된다.

아키텍처 관련 의사 결정은 하나 이상의 품질 속성에 영향을 주며 그 영향은 대부분 상충된다. 이럴 때는 트레이드오프 분석을 수행해야 한다. 다음 절에서는 트레이드오프 분석 절차를 살펴본다.

아키텍처 트레이드오프 적용하기

아키텍처 트레이드오프 분석은 품질 목표를 기준으로 솔루션을 평가해 충분한 정보에 기반한 의사 결정을 내리는 데 매우 중요한 활동이다. 모든 목표를 달성하기는 불가능

하므로 품질을 구현하기 위해서는 타협을 해야 한다. 이 트레이드오프는 CAP 이론^{CAP} Theorem에서 '분산 데이터 시스템은 일관성^{Consistency}, 가용성^{Availability}, 분할내성^{Partition Tolerance} 중 두 가지 품질 속성만을 만족한다'라고 설명한 것과 유사하다. 어떤 품질 속성들은 구현에 비용이 많이 들거나 복잡성을 극도로 높이거나 다른 품질 속성들과 강한 배타적 의존성을 갖기도 한다.

스웨덴의 전함^{Warship}인 **바사**^{Vasa}는 트레이드오프를 고려하지 않고 한 제품에 너무 많은 품질 속성을 만든 고전적인 예다. 1620년대 폴란드 리투아니아^{Poland-Lithuania}와 스웨덴 사이에 전쟁이 있었다. 스웨덴의 왕은 자신들의 힘과 해군의 우위를 보여주기 위해 거대한 전함 위에 총으로 무장한 플랫폼을 만들고자 했다. 물론 이 전함은 군인들도 탑승할 수 있었다. 엔지니어들은 누구도 상상하지 못한 전함을 만들었다. 길이 68미터에 2층 갑판으로 제작된 전함은 64개의 포문을 갖췄고 145명의 승무원과 300명의 군인이 승선할 수 있었다. 바사에 실을 수 있는 무기의 수와 승선 가능 인원, 2층 갑판 등은 당시 최초로 적용된 것이었다. 전함 자체는 설계대로 건조됐음에도 최초 출항에서 항구로부터 1,300미터를 운항한 뒤 강한 바람 때문에 침몰했다. 설계자들이 트레이드오프를 고려하지 않고 배에 너무 많은 것을 실어 안정성이 낮아진 것이 주요한 원인이었다. 설계자들은 위험성을 알았지만 차마 왕에게 보고하지 못했다.

하나 이상의 품질 속성의 충돌과 관련된 아키텍처 의사 결정을 위해서는 트레이드오프 분석을 해야 한다. 트레이드오프는 경제적 측면, 시장 진입 시점, 고객 만족, 지원, 스킬 등의 요소에 기반해 계산한다. 아키텍트는 미니 QAW에서 도출한 이해관계자 맵과 비즈니스 우선순위를 이용해 관련된 이해관계자들과 협의한다.

다음 절에서는 아키텍처 트레이드오프 분석을 위한 몇 가지 표준적인 기법을 살펴본다.

아키텍처 트레이드오프 분석 기법 사용하기

아키텍처 트레이드오프 분석 기법^{ATAM, Architecture Trade-Off Analysis Method}은 가장 오래된 아키텍처 분석 기법의 하나로 소프트웨어 엔지니어링 협회^{Software Entineering Institute}에서 개발했다. ATAM을 이용하면 아키텍트는 제안된 솔루션의 잠재적인 리스크를 식별하고 관련된 이해관계자들과 투명하게 커뮤니케이션할 수 있다.

ATAM은 트레이드오프, 민감점^{Sensitivity Point}, 리스크라는 3개 요소를 기준으로 아키텍처 의사 결정을 평가한다. 그러나 ATAM은 매우 복잡하며 많은 시간과 노력이 드는 반면 시각적으로 뛰어나지 못한다. 비용이 중요한 시나리오에서는 대규모 투자 의사 결정을 내리기 전 **비용 이익 분석 기법**^{CBAM, Cost-Benefit Analysis Method}을 활용할 수 있다.

솔루션 아키텍처 리뷰 기법 사용하기

솔루션 아키텍처 리뷰 기법^{SARM, Solution Architecture Reivew Method}은 매우 단순하면서도 강력한 기법으로 사이먼 필드^{Simon Filed}가 고안했다. 이 기법은 리스크 관점에서 대상 솔루션의 강점과 약점을 식별하는 데 도움을 준다.

SARM에서 QAS와 ASR은 미첼의 이해관계자 모델(힘, 긴급성, 합법성 기반)에 따라 이해관계자로 매핑된다. 이해관계자가 식별되면 해당 이해관계자들의 관심을 강한 관심^{Strong Interest}, 보통 관심^{Interest}, 무관심^{No Interest}으로 구분해서 ASR을 하나 이상의 이해관계자로 매핑한다. SARM은 리스크 영향 접근 방식을 이용해 QAS의 우선순위를 정한다. 리스크 영향 접근 방식은 QAS를 만족시키지 못했을 때의 영향도를 재앙^{Catastrophic}, 중요^{Major}, 보통^{Moderate}, 미약^{Minor}, 무시^{Negligible}의 다섯 요소로 구분한다.

그림 9.15는 SARM을 이용해 샘플 시나리오를 평가한 것이다.

품질 속성	하위 분류	ASR/QAS	이해관계자 1 운영	이해관계자 2 IT	우선순위	옵션 1 자체 개발	옵션 2 서드파티
신뢰성	성숙도	신뢰성 정도	강한 관심	보통 관심	재앙	약간 가능	가능
유지 보수성	재사용성	기존 플랫폼의 재사용 가능성 정도	보통 관심	강한 관심	보통	거의 확신	거의 없음
호환성	공존성	공용 환경 공유 가능성	강한 관심	보통 관심	보통	약간 가능	가능
호환성	상호 운용성	다른 시스템과 통합 가능성	보통 관심	강한 관심	보통	거의 확신	약간 가능

그림 9.15 SARM을 이용한 트레이드오프 분석

그림 9.15는 AVTS의 솔루션 의사 결정과 트레이드오프를 나타낸다. 5장, '애자일 솔루션 아키텍트 – 지속적으로 진화하는 시스템 설계하기'에서 설명했듯 AVTS의 두 가지 솔루션 옵션은 자체 개발과 서드파티 제품 획득이다. 다이어그램에는 단순한 설명을 위해 몇 가지 품질 속성만 나타냈다. 다이어그램의 가장 마지막 2개 열에서 볼 수 있듯 아

키텍트는 각 솔루션 옵션에 대한 리스크 노출을 위험 가능도 모델^{Risk-Likelyhood Model}(거의 불확실함^{Rare}, 가능성 낮음^{Unlikely}, 가능함^{Possible}, 가능성 높음^{Likely} 및 거의 확실함^{Almost Certain})로 평가했다. 평가가 완료되면 SARM을 이용해 각 솔루션 옵션의 리스크 부담을 종합해서 이해관계자에 대한 영향과 함께 시각화할 수 있다(그림 9.16).

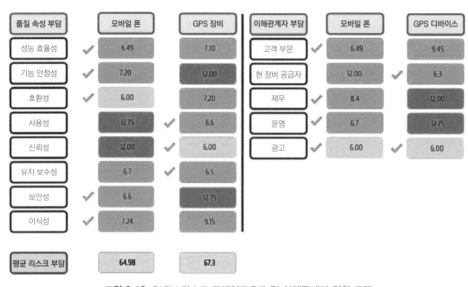

그림 9.16 SARM 리스크 트레이드오프 및 이해관계자 영향 모델

그림 9.16의 트레이드오프 다이어그램은 의사 결정 포인트를 이용해 GPS 장비와 모바일 폰의 추적 장치 활용 가능성을 판단한다. 이는 5장, '애자일 솔루션 아키텍트 – 지속적으로 진화하는 시스템 설계하기'에서 언급한 바 있다. 다이어그램에서 보듯 첫 번째 옵션인 **모바일 폰**은 리스크 노출 점수는 **64.98**로 두 번째 옵션인 **GPS 장비**의 **67.3**보다 낮다. 마찬가지로 첫 번째 옵션은 **현 장비 공급자**를 제외한 대부분 고객을 만족시킨다. SARM의 시각화 모델은 트레이드오프를 판단하고 선택 후보지 중 충분한 정보에 기반한 선택을 할 수 있게 돕는다. SARM은 비용 이익 분석에도 사용할 수 있다.

결정이 공식화되면 개발 팀은 충분한 시간을 들여 품질 속성을 개발한다. 품질 개발과 관련된 추가 백로그 아이템을 결정함으로써 품질을 낮추지 않고 계획을 실행한다. 다음 절에서는 개발 백로그에 품질을 포함하는 데 도움이 되는 프랙티스를 살펴본다.

품질 속성 개발하기

아키텍처에 관한 의사 결정을 내린 다음에는 팀이 이를 구현할 수 있도록 준비시켜야 한다. 팀이 품질 속성을 개발하고 준수하도록 독려하는 것은 매우 어려운 일이며, 애자일 소프트웨어 개발 커뮤니티에서 항상 열띤 논의가 일어나는 주제이기도 하다.

이 어려움을 단번에 해결하는 만병통치약은 없지만, 다음 세 가지 방법을 적절히 조합하면 어려움을 극복하는 데 도움을 얻을 수 있다.

- **기술 백로그 아이템**^{Technical Backlog Item}: 몇몇 품질 속성은 데이터베이스 복제 솔루션을 개발하거나 가용성이 높은 마이크로서비스를 구축하는 등 개발 팀이 직접 노력해야만 달성할 수 있다. 이러한 경우에는 해당 품질 속성을 사용자 스토리로 만들어야 한다.

- **백로그 제약 조건**^{Backlog Constraint}: 베이스 솔루션(예를 들어 더욱 빠른 사용자 접근을 위한 높은 가용성의 공유 데이터베이스 등)을 사용하게 되면 다른 사용자 스토리는 해당 솔루션을 준수해야 한다. 이럴 때는 인수 기준 같은 제약 조건을 백로그 아이템으로 추가한다.

- **완료 정의**^{DoD, Definition of Done}: 인수 기준과 마찬가지로 완료 정의는 품질 속성을 체크리스트로 이용해 팀이 품질 속성을 만족시켰는지 확인한다. 완료 정의는 특정 품질 속성에 대해 모든 사용자 스토리를 테스트할 수 없을 때 유용하며 스프린트나 출시에 반영해 그 준수 여부를 보장한다.

  품질 속성은 대부분 백로그 아이템에서 시작되고, 구현된 이후에는 다음 사용자 스토리의 제약 조건이나 스프린트 및 출시 완료 정의의 일부로 추가된다. 6장, '새로운 일하는 방식을 통한 가치 전달하기'에서 살펴본 역량 할당^{Capacity Allocation}은 품질 속성에 충분한 시간을 들여 품질을 개발했는지 보장할 수 있는 중요한 측면이다. 내재된 품질을 도입하려면 근본적인 품질을 보장해야 한다.

다음 절에서는 시스템 품질 평가 측면을 살펴본다.

시스템 품질 평가하기

라인 정지[Stop-the-Line]는 TPS의 타이치 오노[Taiichi Ohno]가 제안한 제조업에서의 기법으로 제조 라인에서 중요한 품질 이슈를 본 사람은 누구나 커다란 빨간 버튼을 누를 수 있다. 품질 이슈가 있는 제품이 생산돼 고객의 손에 주어지면 더 심각한 문제가 발생하므로 문제가 발생한 순간에 라인을 멈추고 문제를 해결하는 비용이 더 저렴하다는 아이디어에 착안한 것이다. 결함을 조기에 발견하고 해결함으로써 낭비를 줄인다. 조기에 지속적인 품질 보증을 하는 것은 최적의 개발 비용으로 높은 품질의 솔루션을 효율적으로 전달하는 데 필요하다.

브라이언 매릭[Brian Marick]의 애자일 테스팅 사분면[Agile Testing Quadrant]은 애자일 테스팅의 다양한 측면을 이해하는 데 유용하다. 자넷 그레고리[Janet Gregory]와 리사 크리스핀[Lisa Crispin]은 이를 한층 더 개선했다(그림 9.17).

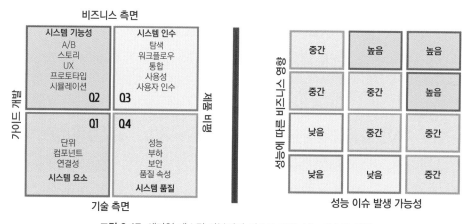

그림 9.17 애자일 테스팅 사분면과 리스크 기반 성능 테스팅 모델

그림 9.17에서 보듯 아키텍처 품질 테스팅은 **Q4**에 위치하며 제품이 프로덕션 출시를 위해 합리적인 형태를 갖췄을 때 가장 최선의 결과를 얻을 수 있다. 품질 테스트 활동은 대부분 노력, 시간, 자원을 필요로 한다. 모든 테스트를 할 수 없다면 팀 힌즈[Tim Hinds]와 스티브 바이스펠트[Steve Weisfeldts]가 제안한 배치별 리스크 기반 자동화 성능 테스트 접근 방식을 활용하는 것도 좋다. 이 모델은 그림 9.17의 다이어그램에서 오른쪽에 나타냈다.

개발 시점에 품질 체크를 통합함으로써 지속적이고 자동화된 검증을 할 수 있다. 또한 지속적인 전달 파이프라인을 활용한 자동화된 품질 검증 루틴은 인적 오류를 방지한다.

품질 확인을 개발에 통합하기

통합 개발 환경에 코드 프로파일링 도구^{Code Profiling Tool}를 통합하면 데이터베이스 호출 수, SQL 응답 시간, 데이터 접근 핫스팟, 메시징 성능, 외부 호출 오버헤드, CPU 프로파일링, 메모리 누수, 메서드 응답 시간, 처리량, 스레드 프로파일링과 같은 코드 성능을 효과적으로 이해할 수 있다. 성능 단위 테스팅 프레임워크를 개발 통합 환경 플러그인으로 사용하면 초당 처리량 및 다양한 상황에서의 메서드 실행 등을 확인할 수 있다.

성능, 보안, 리소스 프로파일링, 네트워크 프로파일링과 같은 자동화된 품질 보증 테스트를 지속적인 전달 파이프라인으로 통합함으로써 적절한 모니터링 메커니즘과 함께 품질 이슈를 가능한 조기에 식별할 수 있다. 피트니스 기능^{Fitness Function}은 아키텍처와 품질 속성을 검증하는 데 유용한 기법이다.

피트니스 기능 사용하기

피트니스 기능^{Fitness Function}은 진화 컴퓨팅^{Evolutionary Computing}에서 빌린 개념으로 소트웍스^{ThoughtWorks}에서 제안했다. 아키텍처 피트니스 기능은 아키텍처 역량에 기대하는 바를 정의하는 메커니즘이다. 소트웍스는 아키텍처 피트니스 기능을 '아키텍처 특성에 관한 객관적 진실성 평가를 제공하는 테스트 기능'이라 설명한다. 이는 아키텍처의 의도와 목적에 얼마나 부합해 구현됐는지를 객관적으로 평가한다. **피트니스 기능 주도 개발**^{FFD,} ^{Fitness Function-Driven Development}은 내재된 아키텍처 준수를 보장하는 효과적인 기법이다.

자동화된 피트니스 기능만으로 모든 아키텍처 관련 측면을 다룰 수는 없다. **모니터링 주도 개발**^{MDD, Monitoring-Driven Development}이 빠르게 각광을 받고 있다. 다양한 환경에서 여러 요소를 모니터링함으로써 시스템의 건강 상태를 지속적으로 확인한다.

웰 아키텍티드 프레임워크를 이용해 평가하기

AWS는 처음으로 웰 아키텍티드 프레임워크Well-Architectured Framework를 이용해 작업량Workload의 품질을 **운영적 탁월성**Operational Excellence, **성능적 효율성**Performance Efficiency, **보안**Security, **비용 최적화**Cost Optimization, **신뢰성**Reliability의 다섯 개 축으로 분석했다. 이후 마이크로소프트, 구글 같은 클라우드 제공자들도 같은 방법을 도입했다.

AWS의 웰 아키텍티드 도구Well-Architected Tool는 작업량을 일관적인 기준에 따라 검토할 수 있는 훌륭한 메커니즘이다. 클라우드 기반 배포의 모범 사례와 패턴을 촉진하고, 리스크를 적절히 이해하고 관리하며 객관적인 지표를 기반으로 투자할 영역을 식별할 수 있다. 스노우 인 더 데저트에서는 웰 아키텍티드 프레임워크를 도입하고 대시보드를 정기적으로 관리함으로써 다섯 가지 축을 기준으로 시스템 상태를 나타냈다.

그림 9.18은 웰 아키텍티드 프레임워크를 이용해 구성한 샘플 대시보드다.

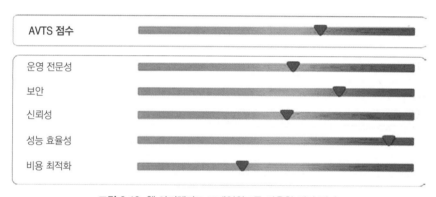

그림 9.18 웰 아키텍티드 프레임워크를 이용한 평가 결과

그림 9.18에서 보듯 모든 시스템에 대해 지속적으로 좋은 아키텍처 점수를 유지함으로써 개발 팀은 모든 출시 이후의 품질 영향 정도를 시각화할 수 있다.

⠿ 정리

9장에서는 소프트웨어 시스템에서의 품질의 중요성에 관해 학습했다. 품질을 확보하는 만병통치약은 없다. 품질은 환경, 비즈니스 컨텍스트, 소비 패턴에 큰 영향을 받기 때문이다. 아키텍트는 오래 지속되는 탄력적인 시스템을 만들기 위해 시스템 사고, 지속적인 진화, 내재된 품질을 반드시 고려해야 한다.

그리고 다양한 품질 속성 모델과 QAS를 사용해 용어와 문서를 지속적으로 이용하는 방법을 살펴봤다. 모든 개발 단계에서 품질의 중요성을 살펴보면서 품질 수명 주기의 단계를 확인했다. 수명 주기는 발견과 다듬기에서 시작하며, 이는 비즈니스 피처 식별 및 다듬기 과정과 동시에 진행된다. 품질 속성 워크숍QAW은 매우 중요한 활동으로, 아키텍트는 이해관계자 매트릭스를 사용해서 식별된 모든 사용자를 참여시켜 품질 속성을 발견하고 우선순위를 선정한다. 또한 워크숍에서 수집한 QAS를 정리해 이해관계자에게 제시함으로써 베이스라인을 설정한다. 베이스라인으로 설정된 QAS는 아키텍처 의사 결정 백로그에 포함해 의사 결정에 사용된다.

아키텍트는 모델링과 시뮬레이션을 통해 개발을 시작하기 전에 솔루션을 검증함으로써 잠재적인 조기 이슈를 식별한다. 아키텍트는 아키텍처 트레이드오프 평가ATAM를 통해 객관적인 데이터 주도 의사 결정을 한다. 아키텍트의 가이드에 따라 개발 팀은 품질 속성 구현에 집중하면서 백로그 아이템과 제약 사항을 만든다. 마지막으로 아키텍트는 통합 개발 환경 기반 품질 보증, 피트니스 기능, 웰 아키텍티드 프레임워크와 같이 가능한 한 조기에 오류를 식별하고 낭비의 최소화를 보장할 수 있는 지속적인 품질 평가 기법의 활용을 촉진한다.

요약하면 9장에서는 품질 수명 주기 전체에 걸쳐 솔루션이 기대하는 품질 표준을 달성했음을 보장하기 위해서 아키텍트가 수행해야 할 역할을 다뤘다. 지금까지 기술적 기민함의 다양한 측면을 확인했다. 10장에서는 주제를 바꿔 애자일 소프트웨어 개발에서 린 아키텍처 문서를 관리하는 방법을 살펴본다.

더 읽을거리

- 「Overview of system thinking」 http://www.thinking.net/Systems_Thinking/OverviewSTarticle.pdf

- 중요한 안전과 관련된 소프트웨어 의존 시스템의 품질 개선을 위한 4 요소Four Pillars for Improving the Quality of Safety-Critical Software-Reliant Systems. https://resources.sei.cmu.edu/asset_files/WhitePaper/2013_019_001_47803.pdf

- 소프트웨어 아키텍처와 품질 속성Software Architecture & Quality Attributes. https://sites.google.com/site/misresearch000/homesoftware-architecture-qualityattributes

- ATAM: 아키텍처 평가를 위한 방법ATAM: Method for Architecture Evaluation. https://resources.sei.cmu.edu/asset_files/TechnicalReport/2000_005_001_13706.pdf

- 품질 속성 워크숍Quality Attribute Workshop. https://resources.sei.cmu.edu/asset_files/TechnicalReport/2001_005_001_13862.pdf

- SARM. https://sarm.org.uk/documentation/

- 「A Review of Software Quality Models for the Evaluation of Software Products」 https://www.researchgate.net/publication/269417429_A_Review_of_Software_Quality_Models_for_the_Evaluation_of_Software_Products

- AWS, 웰 아키텍티드 프레임워크AWS, The Well-Architected Framework. https://docs.aws.amazon.com/wellarchitected/latest/framework/welcome.html

- 구글 아키텍처 프레임워크Google Architecture Framework. https://cloud.google.com/architecture/framework/design-considerations

- 애자일 테스팅 사분면Agile testing quadrants. https://labs.sogeti.com/guidingdevelopment-Agile-testing-quadrants/

10

협업을 통한 린 문서화

"많은 경우 사물은 계획했던 방법대로 만들어지지 않는다."
– 마야 린Maya Lynn(오클랜드 조각 공원 'A Fold in the Field' 디자이너)

9장에서는 기술적 기민함과 기술적 기민함에 기여하는 다른 요소, 즉 패턴과 테크닉, 데 브옵스와 지속적인 전달, 내재된 품질 등에 관해 살펴봤다. 10장에서는 애자일에서 논 란이 되는 부분의 하나인 문서화에 관해 알아보고, 아키텍처 산출물 전달에 초점을 맞 춰 다양한 문서화 측면을 알아본다.

미성숙한 애자일 팀은 문서화를 아무런 가치가 없는 활동으로 여긴다. 물론 과도한 문 서화는 흐름을 방해하지만 문서화 작업이 없으면 시스템의 전달 흐름과 신뢰성에 악영 향을 미칠 수 있다. 문서화의 적정도와 관련한 논의는 애자일 소프트웨어 개발에서 끊 임없이 이어지고 있다. 10장에서는 문서화를 살펴보고 그 혼란의 근본적인 원인을 명확 히 한다. 전통적인 문서화 접근 방식에서는 불필요하고 사용할 수 없는 문서들을 만들 어냈으며, 이는 비용의 증가로 이어졌다. 문서화를 최소화하는 대안적 기법과 린 애자 일 사고를 도입함으로써 문서화의 진정한 가치를 확인할 수 있다. 점진적인 접근 방식에 기반해 적절한 아키텍처 문서를 만들어 전체적인 애자일 전달에 중요한 가치를 더할 수 있다.

이번 장에서는 다음과 같은 주제를 다룬다.

- 문서화를 통해 지식 유지하기

- 린 애자일 문서화 방식 이용하기

- 소프트웨어 아키텍처 문서화하기

- 모델 기반 소프트웨어 엔지니어링 적용하기

10장에서는 애자일 아키텍트의 렌즈에서 **진화적 협업** 영역에 초점을 맞춘다(그림 10.1).

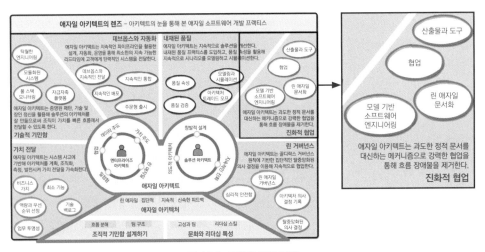

그림 10.1 진화적 협업 영역

이번 장에서는 애자일 프로젝트에서의 문서화의 중요성 그리고 전통적인 문서화 접근 방식이 애자일 소프트웨어 개발 속도를 늦추는 것에 관해 살펴본다. 문서화를 대신할 수 있는 메커니즘을 살펴보고 문서화가 필요한 경우 린 애자일 기법을 사용하는 방법을 알아본다. 10장 후반에서는 다양한 아키텍처 산출물과 구조를 설명하고 스노우 인 더 데저트의 예시와 함께 살펴본다.

⠿ 문서화를 통해 지식 유지하기

애자일 선언 원칙 중 하나인 '문서보다 동작하는 소프트웨어를 우선한다Working Software over Comprehensive Documentation'라는 원칙은 애자일 프로젝트가 문서를 전혀 필요로 하지 않는다는 착각을 불러일으킨다. 애자일 개발 방법론은 가치 전달에 끊임없이 집중할 것을 요구하며 종종 아키텍처 문서화를 가치 없는 활동으로 여기게 한다.

그러나 애자일 소프트웨어 선언 서명자들의 표현을 자세히 들여다보면 문서화도 가치는 있지만 동작하는 소프트웨어의 가치를 더욱 중요시한다는 의미임을 알 수 있다. 로버트 마틴은 "문서화는 애자일에 반하는 것이 아니다. 그렇다면 세상에는 그 어떤 애자일 관련 서적이나 아티클, 기사들이 존재하지 않아야 한다"라고 말했다.

애자일 소프트웨어 선언의 서명자 중 한 명인 짐 하이스미스는 애자일과 문서화가 모순되는 것이 아니라고 개발자 커뮤니티에 경고했다. 적절한 문서화는 애자일 소프트웨어 개발의 성공을 위한 필수 요소다. 개발 방법론과 관계없이 엔터프라이즈 소프트웨어 대부분은 오랜 기간에 걸쳐 서비스를 지속하기 때문에 문서화는 지식을 유지하는 중요한 수단이다.

또 다른 서명자인 알리스테어 코크번은 필요한 만큼만 최소한으로 문서화할 것을 권장한다. 그는 크리스탈Crystal 방법론에서 문서화는 필요하지만 프로젝트마다 필요한 문서를 결정해야 한다고 제안한다.

Large Scale Scrum LeSS에서는 엔지니어링 설계 기준을 만족하는 단 하나의 소프트웨어 문서는 소스 코드라고 말한다. 하지만 동시에 소스 코드만으로 모든 목적을 만족시킬 수는 없다고 말한다. 수백만 행에 달하는 소스 코드만으로 전체적인 아키텍처를 파악하기는 적합하지 않다. **LeSS는 시스템 아키텍처 문서**SAD, System Architecture Document를 사용해 시스템 아키텍처를 문서화할 것을 제안한다.

문서화의 중요성은 인 메모리 데이터베이스와 지속적인 데이터베이스 저장소에 관한 설명으로 비유할 수 있다. 인 메모리 데이터 그리드In-Memory Data Grid에서는 여러 노드에 데이터를 복제해서 내장애성Fault Tolerance을 얻을 수 있다. 이것은 협업을 통해 여러 사람에게 지식을 퍼뜨려서 한 사람만 알고 있는 지식이 사라지지 않도록 하는 것과 같다. 인 메모리 데이터 스냅샷은 복구를 위해 파일 저장소에 저장시켜야 한다. 이것은 지식을 소스 코드로 생각하는 것과 같다. 실패가 발생했을 때 파일 저장소로의 내용으로부터 시스템을 복구하는 데는 시간이 걸리며, 이는 소스 코드로부터 지식을 끌어내는 것과 유사하다. 데이터베이스를 인 메모리 데이터 그리드의 백엔드처럼 사용하다면 구조화된 데이터를 저장하고 필요할 때마다 빠르게 꺼내 쓸 수 있다. 대부분 데이터는 인 메모리에 존재한다. 이때 데이터베이스는 팀이 만들어낸 문서에 비유할 수 있다.

지식 유지는 여러 시나리오에 적용할 수 있다. 다음 절에서는 이러한 시나리오들을 살펴본다.

문서화의 목적을 이해하기

소프트웨어 개발에서 문서화는 없애야 할 대상이 아니다. 문서가 없다면 장기적으로 재앙을 초래할 수 있기 때문이다. 문서를 소비하는 사람들의 관점에서 그 목적을 살펴봄으로써 문서화의 가치를 이해할 수 있다. 문서화의 목적으로 다음 사항을 고려할 수 있다.

- 오랜 시간에 걸쳐 얻은 지식을 유지함으로써 새로운 팀 구성원을 교육하고, 과거의 중요한 사건들을 리뷰하거나 이해하고, 학습 내용을 공유하며 과거 의사 결정에 관한 지식을 얻는다.

- 한 팀에서 다른 팀, 예를 들어 IT에서 비즈니스, 프로덕트 관리에서 아키텍처, 아키텍처에서 엔지니어링, 엔지니어링에서 운영으로 산출물을 전달하며 커뮤니케이션할 수 있다.

- 정부 혹은 규제 기관들은 필수 인증과 규제 준수 수준을 확인하기 위해 많은 양의 문서를 자주 요구한다. 규제 기관과 심사 기관은 문서의 형태로 추적성이나 증거들을 요구한다.

- 엔지니어들은 룰 북$^{Rule Book}$과 플레이북^{Playbook}을 활용해 중요한 소프트웨어 시스템을 이해하고 개발하고 지원한다. 이 문서들은 현장 지원 엔지니어들이 고객의 요청에

신속하게 대응할 수 있는 기반 지식이 된다.

- 프레임워크 라이브러리, 재사용 가능한 자산의 사용자들은 문서를 통해 그 목적과 사용 패턴을 이해한다. 낮은 품질의 문서화는 서비스 도입을 저해하고 생산성을 낮춘다.

- 사용자 매뉴얼, 도움말 문서, 출시 노트 등은 오랜 기간 개발되는 제품에서 매우 중요하다.

- 서비스 레벨 합의SLA, Service Level Agreement와 같은 공급자와 원격 팀 사이의 명세와 법적 계약은 대기업이 미션 수행에 핵심적인 소프트웨어 시스템을 관리하는 데 필수적이다.

지식을 유지하는 것은 매우 중요하며 피해갈 수 없다. 그러나 전통적인 문서화 방식은 애자일 소프트웨어 개발의 빠른 속도에 맞출 수 없으므로 새로운 문서화 방식을 포용해야 한다. 다음 절에서는 이에 관해 자세히 살펴본다.

전통적인 문서화 방식의 문제점

전통적인 소프트웨어 개발 방법론은 단계 기반으로 진행되며 문서는 다음 단계로 진행하기 위한 승인을 목적으로 제출된다. 이때 문서는 신뢰하지 않는 팀 사이에서 내부 계약을 체결하기 위한 메커니즘으로 동작한다. 이 계약 문서들(예를 들어 설계 문서 등)은 다음 단계로의 진행을 위해 벽 너머의 팀에 던져진다. 문서를 전달한 이후 내려진 국지적인 의사 결정들은 해당 문서에 반영되지 않으며 결과적으로 문서는 고립된다.

그림 10.2는 단계적 절차를 나타낸다.

그림 10.2 단계적 승인에 기반한 문서화

그림 10.2에서 보듯 각 단계 사이에서는 승인을 위해 특정한 문서를 요구한다. '애자일 소프트웨어 개발 접근 방식 이용에서 아키텍처 프랙티스와 문제점에 관한 탐색적 연구 Exploratory Study of Architectural Practices and Challenges in Using Agile Software Development Approches' 라는 글을 통해 무하마드 알리 바바르^{Muhammad Ali Babar}는 소프트웨어 아키텍처를 공식적으로 문서화할 때의 장단점을 설명했다. 그가 진행한 설문 조사에 따르면 대부분 응답자는 문서화가 아무런 가치를 더하지 못하며, 30~40%의 오버헤드로 작용한다고 생각했다.

공식적인 문서를 작성하는 전통적인 방법이 가치를 더하지 못하는 활동이라 여겨지는 이유가 몇 가지 있다. 그중 핵심적인 문제점은 다음과 같다.

- **노력을 낭비한다.** 애자일 소프트웨어 개발에서 온라인 쇼핑 웹사이트와 같은 몇몇 시스템은 하루에도 수차례씩 점진적으로 출시되며 아키텍처도 매우 빈번하게 변화한다. 이런 상황에서 전통적인 문서화 접근 방식은 변화 사이클의 속도를 따르지 못하고, 결과적으로 지속적인 전달 흐름을 지연시킨다.

- **아무도 읽지 않는다.** 전통적인 문서화 접근 방식은 단계 이동을 위한 승인을 목적으로 생산되고 승인을 얻은 후에는 사용되지 않는다. 수백 페이지에 이르는 대량의 문서는 실무 수준에서 사용할 수 없다.

- **예산을 초과한다.** 종종 페이지 수로 측정되는 과도하고 불필요한 문서의 생산은 승인과 리뷰에 막대한 수작업이 필요하고 보관과 유지 보수를 위한 추가 비용도 발생시킨다. 검색 기능을 지원하지 않는 정적 문서들은 문서 활용 비용을 급격하게 증가시킨다.

- **변경을 반영하지 못한다.** 서비스를 전달하고 나면 개발 팀은 이미 생산한 문서에 더 이상 주의를 기울이지 않는다. 그 결과 문서들은 실제 설계 및 코드와 일치하지 않는다. 결함을 포함한 내용은 이해관계자들 사이에 단절된 이해를 야기하므로 대단히 위험하다.

- **문서가 고립된다.** 전통적으로 문서는 고립된 상태에서 생산하고 관리된다. 아키텍트는 아키텍처 문서, 엔지니어는 상세한 설계 문서를 관리한다. 직책 역할에 기반한 문서화는 접근이 제한돼 정보의 파편화를 야기한다.

전통적인 소프트웨어 문서화 방법은 대부분 애자일 소프트웨어 개발의 흐름을 늦추는 주요 원인이다. 반면 품질이 낮은 문서는 오히려 아키텍처와 설계에 관한 지식을 사라지게 만든다. 지식이 사라지면 개발자들은 문제를 수정하기 위해 더 많은 노력을 들여야 하며, 무엇보다 그 수정으로 인해 시스템의 다른 부분이 망가질 수도 있다.

전통적인 문서화의 문제점을 피하고 린 애자일 접근 방식을 도입해 다른 방식을 포용함으로써 애자일 소프트웨어 개발 프로젝트의 흐름을 개선할 수 있다. 다음 절에서는 이에 관해 자세히 살펴본다.

⫶ 린 애자일 문서화 방식 이용하기

애자일 소프트웨어 개발 흐름을 효과적으로 개선하기 위해서는 문서화에 관한 검토를 충분히 해야 한다. 제거할 수 있는 문서, 유지해야 할 문서, 단순화를 달성할 방법, 전달하기 위한 적절한 시간 등을 이해해야 한다. 투명한 커뮤니케이션과 협업을 통해 팀 구성원들의 공동 지식을 개선할 수 있으며, 결과적으로 문서화의 필요성을 줄이고 가치 있는 유효한 자원들을 핵심 전달 활동에 집중시킬 수 있다. 문서화가 꼭 필요하다면 목적에 맞는 올바른 도구를 사용하는 것이 좋다.

문서화를 위한 진화적인 협업

애자일 소프트웨어 개발에서는 핸드오프를 흐름의 방해물로 간주한다. 그러므로 팀 사이의 업무 전달 메커니즘으로서의 문서는 적절하지 않다. 대신 팀 구성원들의 상호 작용을 촉진하는 방편으로 문서를 사용해야 한다.

진화적인 협업은 모든 팀 구성원의 공유된 지식을 개발하는 첫 번째 메커니즘이며 경계나 제약 사항이 없는 대면 상호 작용을 촉진한다. 팀은 사전에 회의를 계획하지 않고 업무 현장에서 자연스럽게 커뮤니케이션하는 문화를 만든다. 진화적인 협업을 촉진하는 애자일 조직들은 비공식적인 협업 공간을 조성하기 위해 투자한다. 대형 디지털 또는 물리 화이트보드, 대형 종이 벽과 수많은 스티키 노트, 마커, 대형 도면 출력 장치, 비디오 녹화 기기 및 재생 시설을 구비한다. 이들은 말로 대화하는 문화를 지양하며 회의와 행사를 줄이고 손으로 그린 그림들을 산출물로 인정하기도 한다.

디지털 업무 도구는 진화적인 협업에서 중요한 역할을 한다. 대형 디스플레이를 활용하면 시각화, 상호 작용, 자연스러운 참여, 산출물의 디지털 전환을 손쉽게 할 수 있다. 위키 방식의 지식 관리 시스템을 이용하면 문서를 지속적으로 함께 작성할 수 있고, 빠른 피드백 사이클을 얻을 수 있으며, 충돌 없이 내용을 조합하고 커뮤니케이션을 투명하게 할 수 있다. 실시간 커뮤니케이션 도구는 단절된 전통적인 이메일 의사소통과 달리 채널 기반의 의사소통을 할 수 있어 필요한 정보를 적절한 그룹에 선택적으로 공유할 수 있다.

인간은 시각적으로 학습하는 존재다. 우리는 눈으로 본 대로 정보를 처리한다. 시각화된 정보는 구두 메시지보다 기억을 강하게 자극하며 오랫동안 유지된다. 스콧 앰블러 Scott Ambler는 팀 공간 또는 내부 웹사이트에 모델을 시각적으로 공개함으로써 커뮤니케이션이 향상됐음을 언급했다. 알리스테어 코크번은 정보 방열기 Information Radiator의 사용을 권장한다. 정보 방열기는 이해관계자들이 지나다니며 쉽게 볼 수 있는 위치에 손으로 직접 쓴 글이나 그림, 인쇄물 혹은 디스플레이를 설치해 둔 것이다. 팀은 큰 화이트보드를 사용해 효과적으로 협업하면서 솔루션 설계 워크숍 과정에서 아키텍처 디자인 모델을 만든다. LeSS에서는 협업 효과와 화이트보드를 갖춘 공간의 수 사이에 창의적인 흐름과 협업을 촉진하는 선형적인 관계가 있음을 밝힌다. LeSS에서는 개발 수명 주기 동안 다이어그램들을 벽에 붙여 둘 것을 권장한다. 이들이 새로운 아이디어에 관한 영감을 주고 스탠드업 회의에서 실시간으로 설계 수정을 촉진하기 때문이다.

단순한 협업 활성화를 넘어 문서화를 줄이는 데 도움이 되는 몇 가지 기법을 소개한다.

- **코드로 문서화한다.** 전통적인 문서를 코드로 옮겨 가치를 효과적으로 추출할 수 있다. 청사진이나 참조 아키텍처보다 재사용할 수 있는 코드, 즉 코드로서의 패턴, 코드로서의 아키텍처 검증, 코드로서의 정책, 코드로서의 인프라스트럭처가 훨씬 사용하기 쉽고 결과적으로 시간과 비용을 절약할 수 있다.

- **문서를 자동 생성한다.** API 문서나 모델을 코드에서 자동으로 생성하는 코드 우선 접근 방식을 활용해 필요한 문서를 재구성한다. 비용을 절감할 수 있을 뿐만 아니라 문서에 현실 상황을 반영할 수 있다.

- **모델에 집중한다.** 모델 기반 설계를 사용해 이해관계자들을 협업적으로 참여하도록 함으로써 과도한 문서 작성을 대신할 수 있다. 지속적인 모델을 활용해 이해관계자들 사이에서 설계에 관한 공동의 이해를 달성할 수 있다.

- **시각적 수단을 사용한다.** 짧은 영상, 애니메이션, 그림들은 반복적인 메시지 공유(예를 들면 새로운 엔지니어들을 교육하는 등)를 위한 최고의 방법이다.

이러한 방법은 문서화에 드는 노력을 효과적으로 줄일 수 있다. 그러나 문서 자체를 없애는 것은 불가능하다는 점을 기억해야 한다. 다음 절에서는 문서를 효과적으로 보관하는 방법을 살펴본다.

필요한 만큼만 최소한으로 문서화한다

문서는 오랫동안 유지되는 디지털 기억이다. 애자일 소프트웨어 개발은 협업을 통해 과도한 문서화를 없애려고 노력한다. 협업은 공동의 이해를 신속하게 전달하는 최고의 커뮤니케이션 메커니즘이지만 문서를 완전히 대체하지는 못한다. 오래 유지해야 하는 정보를 위한 적절한 문서화는 기업이 지식을 유지하고 계약이나 규제 의무를 달성하기 위해 반드시 필요하다.

엄격한 가이드라인은 없지만 애자일 소프트웨어 개발에서의 문서화는 반드시 **점진적**이고 **사실을 반영**해야 하며 **변화에 적절히 대응**해야 한다. 그림 10.3은 좋은 린 애자일 문서화를 주도하는 네 가지 요소를 보여준다.

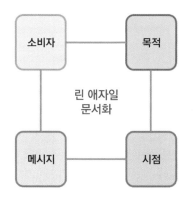

그림 10.3 린 애자일 문서화의 네 가지 핵심 요소

그림 10.3에서 보듯 애자일 문서에는 **소비자**^{Consumer}, **목적**^{Purpose}, 명확한 **메시지**^{Message} 그리고 적절한 **시점**^{Timing}이 필요하다. 각 요소의 특성은 다음과 같다.

- **소비자:** 하나의 문서에는 하나의 소비자가 존재해야 한다. 소비자가 없다면 문서는 필요 없다. 몇몇 경우에는 특정한 소비자들을 돕기 위해 동일한 내용을 다양한 관점에서 문서화하기도 한다.

- **목적:** 모든 문서에는 목적이 있다. 좋은 문서는 그 문서의 소비자 목적에 적합한 내용만을 담는다. 최소한의 노력과 비용으로 목적을 만족시킬 수 있는 대안적인 간단한 메커니즘을 항상 찾아야 한다.

- **메시지:** 소비자 관점에서의 목적을 달성하기 위해 전달해야 하는 메시지가 무엇인지 명확하게 이해한다. 페이지 수의 문제가 아니라 문서를 쉽게 소비할 수 있는지가 중요하다. 문서의 내용은 품질이 높고 정확하고 합법적이며 간결해야 한다.

- **시점:** 소비자가 정보를 필요로 하는 시점도 중요하다. 문서는 가능한 한 늦게 만들수록 잠재적으로 신뢰도 높은 정보를 담을 수 있다.

문서화가 정말 필요한지, 어떤 형태로 만드는 것이 특정한 시나리오에 가장 적합한지 주의 깊게 분석해야 한다. 그림 10.4의 다이어그램을 참조하라.

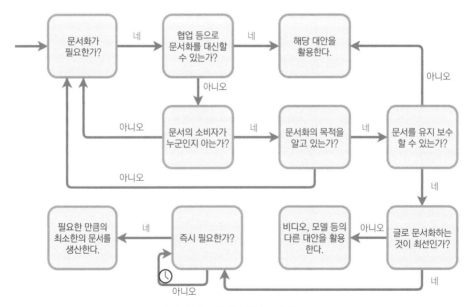

그림 10.4 문서화 필요성 결정 흐름

그림 10.4는 Disciplined Agile^DA에서 차용해 DocOps에 적용한 것이다. 이 흐름은 문서화가 필요한지 그리고 대상 소비자와 목적, 문서화해야 하는 시점의 결정과 올바른 도구 선정에 도움을 준다.

문서화를 가능한 한 늦게 할수록 아키텍트와 개발 팀은 소비자의 기대를 명확하게 이해함으로써 올바른 내용, 형태, 도구를 사용해 문서를 생산할 수 있다. **완료 정의**^DoD, ^Defintion of Done에서 문서화를 확인함으로써 꼭 필요한 문서가 개발 산출물로 적절하게 생산됐는지 보장할 수 있다.

어느 정도의 문서화가 충분한가?

어느 정도의 문서화가 충분한가에 관한 논의는 끊이지 않는다. 소비자의 목적을 만족시키기 위해 얼마나 많은 문서가 필요한가, 다른 기법으로 그 목적을 달성할 수는 없는가가 논의의 핵심이다. 모든 프로젝트는 문서를 포함한다. 규모가 크고 중요한 프로젝트들은 더 많은 견고한 문서를 요구한다. 알리스테어 코크번이 제안한 '코크번 스케일^Cockburn Scale'은 적절한 문서화의 상대적인 수준을 이해하는 데 유용하다. 이 스케일은 프로젝트의 임곗값^Criticality과 규모^Size에 기반해 프로젝트들을 구분한다. 임곗값은 4단계로 구분되며 그림 10.5 다이어그램의 세로축에 나타냈다.

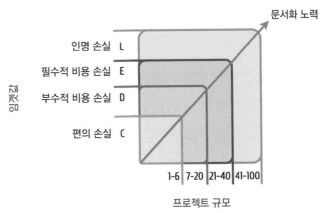

그림 10.5 임곗값과 프로젝트 규모에 따른 문서화

프로젝트 규모는 참여하는 인원에 따라 4단계로 구분하며 다이어그램의 가로축에 나타난다. 그림 10.5에서 보듯 복잡도와 프로젝트 규모가 증가하면 물리적인 문서를 만들기 위한 노력도 함께 증가한다. 다이어그램의 오른쪽 위 모서리의 프로젝트들은 일관적인 협업 같은 대안적 메커니즘을 유지하기 어렵다. 사람의 생명에 영향을 미치는 프로젝트에서는 더욱 엄격한 문서화가 요구된다.

애자일 소프트웨어 프로젝트에서 문서를 개발할 때는 지속적인 흐름을 가속화하는 원칙들을 지켜야 한다. 다음 절에서 몇 가지 원칙을 살펴본다.

문서화 원칙 지키기

소비자가 문서에서 중요한 가치를 얻게 하려면 목적 지향 문서화Purpose-Oriented Documentation를 해야 한다. 좋은 문서는 다음 원칙을 따른다.

- **제품 중심이다.** 필요한 모든 정보를 하나로 문서화해 두면 커뮤니케이션을 명확히 하는 데 도움을 준다. 제품 중심 문서화에서는 비즈니스 피처, 아키텍처, 설계 및 테스트 케이스 같은 모든 종류의 문서를 하나의 저장소에서 관리한다. 일반적으로 프로젝트 실행에 관련된 문서(회고나 계획 세션에서의 팀 활동 등)는 실제 제품 관련 문서(아키텍처 등)와 분리해야 한다. 후자의 문서는 수명이 길지만, 전자의 문서는 수명이 짧다. 소비자와 비즈니스 관계자를 제품 문서에 통합함으로써 투명한 커뮤니케이션과 협업을 할 수 있으며 빠른 피드백을 얻을 수 있다.

- **유지 보수가 가능하다.** 4장, '애자일 엔터프라이즈 아키텍트 – 전략과 코드를 연결하기'에서 설명한 것처럼 최소한의 노력으로 유지 보수할 수 있을 때만 문서화한다. 단순함을 유지하는 것이 중요하다. 엽서 위에 간단히 적을 수 있는 전략이 수백 페이지의 전략 문서보다 유용하다. 세부적인 설계보다는 아키텍처와 같이 큰 그림을 문서화하는 데 집중한다. 모호한 문서는 혼동을 일으킬 수 있어 위험하다. 문서화 시점을 가능한 한 미루고 코드에서 문서를 생산함으로써 문서의 정확성을 유지 보수하는 노력을 줄일 수 있다.

- **반복하지 않는다.** 다양한 출처에서 내용을 종합할 수 있는 좋은 문서화 도구를 도입한다. 정보의 반복을 피하라. 올바른 출처의 정보를 이용해 문서가 중복 없이 정확하다는 것을 보장할 수 있다. 중복은 유지 보수 비용을 높이며 일관성을 깨뜨리기 쉽다. 이 접근 방식은 스토리, 모델링, 문자를 이용한 문서화를 포함해 다양한 형태로 목적에 맞는 도구를 활용하는 데 도움을 준다.

- **소비할 수 있는 산출물을 만든다.** 정적인 문서 대신 강력한 검색 기능을 지원하는 인터랙티브한 협업 도구를 도입해 진화 가능한 문서를 만든다. 강력한 시각화 요소와 모델을 이용해 소비자들이 쉽게 지식을 얻도록 한다. 반드시 필요한 경우가 아닌 한 정보의 경계를 만들지 않는다.

- **좋은 커뮤니케이션을 보장한다.** 커뮤니케이션에 활용하거나 관련된 이해관계자들이 접근할 수 없는 문서는 쓸모없다. 문서를 중심으로 하는 좋은 커뮤니케이션 구조를 설계해서 정보가 막힘없이 흐르도록 한다.

2장, '애자일 아키텍처 - 애자일 전달의 근간'에서 연속체로서의 아키텍처를 주제로 논의했다. 같은 선상에서 아키텍처 문서 또한 점진적이어야 한다. 아키텍처 문서를 상위 수준과 하위 수준에서 동시에 명확히 하기는 어렵다. 그림 10.6은 애자일 소프트웨어 개발 프로젝트에서의 아키텍처 문서화의 단계를 나타낸다.

그림 10.6 애자일에서의 아키텍처 문서화 단계

그림 10.6에서 보듯 아키텍처 문서는 현재 스프린트 이전에는 **초안**Initial Draft 상태, 현재 스프린트에서는 **정리된**Refined 상태, 현재 스프린트 이후에는 **수정된**Revised 상태에 있다. 문서 리팩터링은 문서의 진화를 지원하는 필수적인 활동이다.

다음 절에서는 아키텍처 상세 문서 측면을 살펴본다.

🔅 소프트웨어 아키텍처 문서화하기

아키텍처 문서화는 가이드라인, 프랙티스, 아키텍처 의도, 의사 결정, 룰 북, 참조 아키텍처, 패턴을 기록하는 것을 의미한다. 이 과정에서 위키 스타일의 문서 작성 도구, 모델링 도구, 애자일 팀 도구 등 다양한 도구를 활용한다.

아키텍처 문서화를 위한 다양한 방법

아키텍처 문서화 방법은 수년에 걸쳐 엄격한 템플릿 기반의 문서화 방법에서 필수적인 정보 기반 접근 방식으로 진화해 왔다. **래셔널 통합 프로세스**RUP, Rational Unified Process 같은 전통적인 프레임워크에서 제안된 레거시 아이디어들은 여전히 애자일 소프트웨어 개발에서도 유효하지만 문서 작성 방법이나 문서화의 깊이에는 다소 차이가 있다.

2000년대 초반에는 시점 중심View-Centric 접근 방식이 유행했다. 아키텍처 관점의 핵심은 이해관계자들이 각자의 관심에 따라 아키텍처를 보는 관점이 다르다는 것이었다. 몇 가지 관점 프레임워크를 소개한다.

- **4 + 1 관점**4 + 1 View: 필립 크루첸이 제안했으며 이후 RUP에서 채택했다. 아키텍처를 **논리적**Logical, **프로세스**Process, **개발**Development, **물리적**Physical이라는 네 가지 관점에서 바라본다.

- **지멘스의 4뷰 모델**Siemens Four View Model: 아키텍처를 **개념적**Conceptual, **모듈**Module, **코드**Code, **실행**Exceution 관점으로 본다.

- **CAFCR 모델**CAFCR Model: 거대 가전 메이커인 필립스 리서치Philips Research에서 만든 모델로 아키텍처를 **고객**Customer, **애플리케이션**Application, **기능**Functional, **개념**Conceptual, **실현**Realization 관점으로 본다.

- **IEEE 1471-2000**에서는 이해관계자별 고려 사항을 해결하고자 기존의 고정적인 관점 대신 유연한 관점 접근 방식을 제안했다.

- **뷰즈 앤드 비욘드**Views and Beyond: 카네기멜론 소프트웨어 공과 대학에서 제안한 이해관계자별 관점 기준의 문서화 프레임워크다. IEEE 1471-2000과 유사한 상대적 관점을 활용한다.

애자일 소프트웨어 개발 컨텍스트에서는 조지 페어뱅크스^{George Fairbanks}가 손쉬운 설계 기술 방법인 **아키텍처 하이쿠**^{Architecture Haiku[1]}를 소개했다. 이는 아키텍트가 A4 크기의 종이 한 장에 제안 내용을 모두 담을 수 있다고 가정한다. 그림 10.7은 아키텍처 하이쿠의 주요 섹션을 나타낸다.

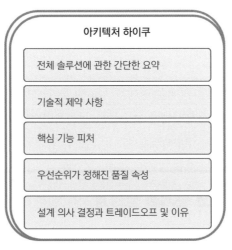

그림 10.7 아키텍처 하이쿠

하이쿠는 팀의 협업 활동의 결과로 만들어지며 화이트보드 드로잉과 같은 메커니즘을 사용한다. 아키텍처의 요지를 가장 간결하게 담기 위한 직관적인 접근 방법이다. 하지만 하이쿠만으로는 사실상 충분하지 않다. 아키텍처를 한 가지 방법으로만 표현하는 것은 효과적이지 않다. 다양한 이해관계자 사이에서 더 나은 커뮤니케이션을 위해서는 다양한 관점이 여전히 필요하다.

설계 의사 결정은 잘 문서화돼야 하며 각 의사 결정 내용은 한 장에 기록돼 아키텍처 옵션과 트레이드오프를 나타낸다.

Scaled Agile Framework^{SAFe}에서는 **솔루션 인텐트**^{Solution Intent}를 중앙 저장소로 활용해 특정한 솔루션의 **목적**^{What}과 **방법**^{How}을 제공하는 모든 문서의 저장을 권장한다. 솔루션 인텐트는 꼭 필요한 최소한의 충분한 정보, 현재와 미래의 단계, 명세, 설계 및 테스

---

1 하이쿠(俳句, Haiku)는 5, 7, 5의 3구 17자로 된 일본 특유의 짧은 시로, 특정한 달이나 계절의 자연에 대한 시인의 인상을 묘사하는 서정시다. – 옮긴이

트 케이스를 보관하는 중요한 지식 창고다. 팀은 공급자와 함께 이를 활용해 솔루션 협업을 할 수 있다. 이외에도 **SAFe**에서는 문서보다 모델, 협업, 단일 저장소, 상위 레벨의 문서 유지, 단순함 유지와 같은 여러 핵심 원칙을 제안한다.

LeSS에서는 **소프트웨어 아키텍처 문서**를 솔루션 문서화 수단으로 이용한다. LeSS는 물리적인 협업 공간과 물리적인 화이트보드를 이용해 SAD를 문서화하는 것을 강조한다. 팀은 개발 과정에서 협의를 통해 물리적인 다이어그램을 지속적으로 업데이트한다. 이 산출물들은 개발 후 디지털 자료로 보관된다.

Disciplined AgileDA에서는 가벼운 여행을 이용해 꼭 필요한 만큼의 모델과 문서를 가질 것을 제안한다. LeSS와 유사하게 DA 또한 물리적인 디스플레이 벽과 화이트보드 사용의 중요성을 강조한다.

스노우 인 더 데저터의 문서화 생태계

문서화 도구는 문서화 접근 방식의 효과에 큰 영향을 미친다. 한 가지 도구만을 사용해 모든 것을 관리하는 것은 불가능할 뿐만 아니라 올바르지도 않다. 스노우 인 더 데저트에서는 최소한의 충분한 제품 중심 문서화를 원칙으로 삼는다.

그림 10.8은 스노우 인 더 데저트에서의 아키텍처 문서화 구조를 나타낸다.

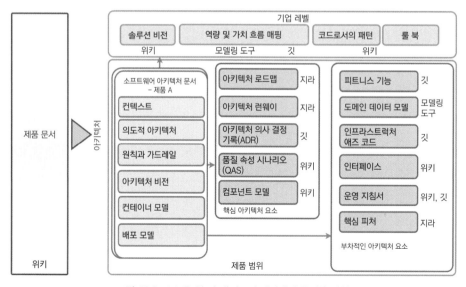

그림 10.8 스노우 인 더 데저트의 아키텍처 문서화 범위

그림 10.8에서 보듯 스노우 인 더 데저트는 제품 중심 접근 방식을 따르며 아키텍처 문서는 전체 제품 문서의 요소 중 하나가 된다. **소프트웨어 아키텍처 문서**는 전체 아키텍처를 담고 있으며, 세부적인 요소들은 메인 아키텍처 문서에 연결돼 각각의 다른 위키 페이지에 담겨 있다. 다이어그램에 표시된 빌딩 블록들은 이전 장들에서 소개했다. **아키텍처 의사 결정 기록**^{ADR, Architecture Decision Record}에 관해서는 11장에서 살펴본다.

그림 10.9는 스노우 인 더 데저트가 도입한 접근 방식에 기반한 도구 중심 뷰이다.

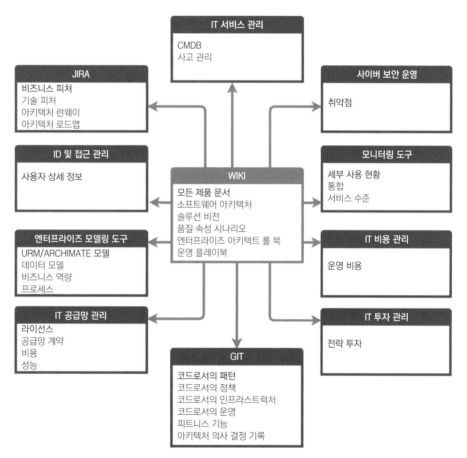

그림 10.9 스노우 인 더 데저트의 아키텍처 문서화 도구들

그림 10.9는 엔터프라이즈 아키텍트 및 솔루션 아키텍트가 다양한 아키텍처 요소를 문서화하기 위해 필요한 통합된 모델을 나타낸다. 이 다이어그램을 활용하면 많은 질문에 즉각 대답할 수 있으며, 결과적으로 반복적인 정보 탐색에 드는 시간을 줄여준다. 모든 문서화 도구 사이의 연결을 유지하고 동기화하는 것은 매우 중요하다.

모델은 아키텍처 문서화에 매우 중요하며 가능하다면 일반 텍스트 대신 모델을 이용해 정보를 기술해야 한다. 모델은 더 나은 커뮤니케이션을 제공하며 이해하기 쉽고, 결함을 발견하는 데 도움을 주며, 유지 보수를 위한 오버헤드를 줄인다. 다음 절에서 모델링의 다양한 측면을 살펴본다.

모델 기반 소프트웨어 엔지니어링 적용하기

모델 기반 소프트웨어 엔지니어링Model-Based Software Engineering은 수년 동안 각광을 받아 왔다. 9장, '품질 속성을 이용한 품질을 위한 아키텍처 만들기'에서 트랜잭션 모델과 작업량 모델을 포함해 몇 가지 모델을 살펴봤다. 7장, '패턴과 테크닉을 활용한 기술적 기민함'에서는 **도메인 주도 설계**를 살펴봤다. 모델링은 아키텍트가 흐름의 앞단에서 결함을 식별하는 낭비를 줄이는 데 도움을 주는 중요한 활동이다. 모든 확장 애자일 프레임워크에서는 설계의 잠재적 결함을 결정하기 위해 개발에 앞서 모델링을 해야 하는 중요성을 언급한다.

인터내셔널 카운슬 온 시스템 엔지니어링INCOSE, International Council on System Engineering은 **모델 기반 시스템 엔지니어링**MBSE, Model-Based Systems Engineering을 공식 모델링 애플리케이션으로 정의했다. 이는 시스템 요구 사항, 설계 분석, 검증 및 확인 활동, 개념 설계 단계에서 시작해 개발 및 그 이후의 수명 주기 단계까지 계속된다. MBSE를 이용하면 생산성 향상, 더 나은 커뮤니케이션, 변경에 대한 쉬운 영향 평가, 흐름 촉진에 도움이 된다. MBSE는 소프트웨어 설계를 문서 중심에서 모델 중심으로 옮긴다. 시스템 흐름과 아키텍처, 시스템 요구 사항 분석, 시스템 프로세스 흐름을 지원한다. 모델은 시스템의 설계를 분석해 구현 전에 결함을 식별한다.

모델 중심 접근 방식은 표준 언어와 일관성을 얻을 수 있다. MBSE는 SysML, UML, ArchiMate 같은 표기 언어Notation Language를 이용한다. 그러나 UML과 같은 전통적인 모델링 언어들은 구조 수준과 표현력이 낮으며 일정 수준 이상의 기술 지식을 요구한다. 또한 사용하기 쉽지 않기 때문에 자연스러운 화이트보드 그림들과 분리돼 있다. 이러한 이유로 아키텍트들은 아키텍처 다이어그램을 그리는 데 파워포인트PowerPoint 및 다른 그리기 도구를 선호한다. 파워포인트 다이어그램은 미적으로 뛰어나지만 조직에서 일관성을 발견하기는 어렵다.

사이먼 브라운은 **C4 모델**C4 Model을 제안했다. 이를 이용하면 아키텍처와 설계를 풍부한 방식으로 표현할 수 있으며 효과적이고 효율적으로 아이디어를 공유할 수 있다. C4는 UML이나 ArchiMate 같은 표기 언어가 아니며 추상화의 개념을 이용한다. 상위 수준의 모델은 추상적이며 하위 레벨 모델은 더욱 구체적인 정보를 나타낸다.

C4 메타 모델은 그림 10.10에서 볼 수 있다.

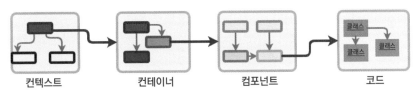

그림 10.10 아키텍처 문서를 위한 C4 메타 모델

아키텍처 모델은 **컨텍스트**Context 다이어그램에서 시작해 **컨테이너**Container, **컴포넌트** Component, **코드**Code로 구체화된다. 가장 낮은 수준의 다이어그램은 코드이고 UML 클래스 다이어그램으로 나타나며 주로 코드 우선 접근 방식으로 생성된다.

스노우 인 더 데저트의 **ATVS** 시나리오 관점에서 5장, '애자일 솔루션 아키텍트 – 지속적으로 진화하는 시스템 설계하기'에서 논의한 다이어그램의 컨텍스트 레벨의 뷰를 그림 10.11에서 볼 수 있다.

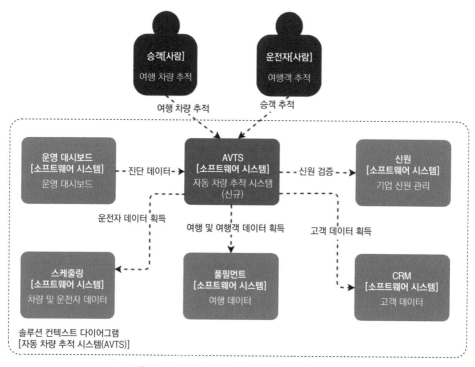

그림 10.11 C4를 이용한 AVTS 컨텍스트 다이어그램

그림 10.11은 5장, '애자일 솔루션 아키텍트 – 지속적으로 진화하는 시스템 설계하기'에 서 살펴본 컨테이너 모델이다. 컨텍스트 모델의 다음 수준에서 시스템의 다양함 컴포넌 트 정보를 나타낸다.

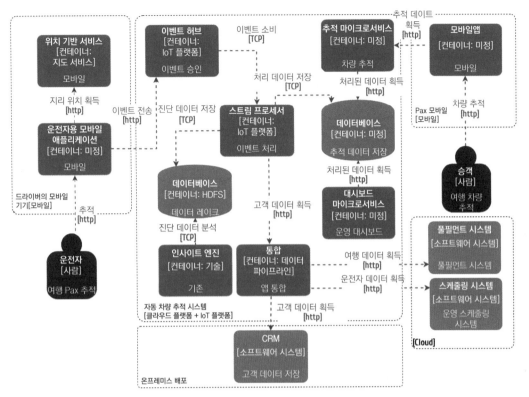

그림 10.12 C4를 이용한 AVTS 컨테이너 다이어그램

그림 10.13은 7장, '패턴과 테크닉을 활용한 기술적 기민함'에서 살펴본 컴포넌트 모델
이다. 세 번째 단계인 특정 서비스 또는 컴포넌트의 상세 정보를 나타낸다.

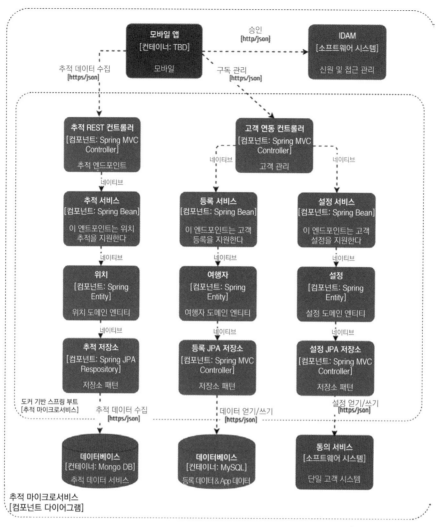

그림 10.13 C4를 이용한 AVTS 컴포넌트 다이어그램

C4를 이용하면 시스템 범위 다이어그램, 배포 다이어그램, 커뮤니케이션 다이어그램 등 여러 부가적인 다이어그램도 표현할 수 있다. 그림 10.14는 AVTS 시나리오에서 도출된 배포 모델을 나타낸다.

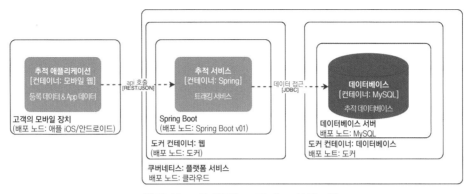

그림 10.14 C4를 이용한 AVTS 배포 다이어그램

앞의 AVTS 관련 아키텍처 다이어그램에서 살펴봤듯 C4를 이용하면 풍부한 다이어그램을 활용해 모델 세부 사항을 다양한 레벨에서 살펴볼 수 있고, 다양한 이해관계자를 대상으로 하는 여러 아키텍처 관점을 제공할 수 있다.

⠿ 정리

10장에서는 애자일 개발 방법론을 활용해 소프트웨어 시스템을 개발할 때의 문서화의 중요성을 살펴봤다. 문서화가 필요한 이유, 문서를 흐름의 장벽으로 여기는 이유, 전통적인 문서화 방법론과 관련된 몇 가지 문제점을 살펴봤다. 예산 초과, 사용자 부재, 노력의 낭비, 변화 미반영, 고립된 문서 등이 여기에 속했다.

또한 린 애자일 문서화와 문서화의 대안적인 접근 방법으로 진화적 협업의 도입에 관해 살펴봤다. 코드로서의 문서화, 문서 자동 생성, 모델 중심, 시각적 요소 활용과 같은 대안적인 접근 방법을 살펴봤다. 적정 수준의 문서화와 좋은 문서화의 원칙들도 살펴봤다. 목적 주도 문서화, 소비자 주도 문서화, 필요한 만큼의 최소한의 문서화, 적정 시점의 문서화 등이 이에 포함됐다. 코크번 스케일을 이용해 어느 정도의 문서가 필요한지도 살펴봤다. 또한 아키텍처 문서화의 여러 요소와 좋은 문서를 만들기 위해 통합된 도구 생태계에 관해서도 알아봤다. 모델은 아키텍처 문서화에 핵심적이며 이런 관점에서 MBSE 특히, C4 모델을 깊이 살펴봤다. 마지막으로 스노우 인 더 데저트의 예를 들어 다양한 아키텍처 산출물에 관해 살펴봤다.

10장에서는 애자일 소프트웨어 개발에서 아키텍트의 관점에서의 문서화를 다뤘다. 11장에서는 린 애자일 거버넌스 및 안전망에 아키텍처를 정렬하는 방법을 살펴본다.

⁞⁞ 더 읽을거리

- 린 문서화: 애자일 소프트웨어 개발 전략Lean Documentation: Strategies for Agile Software Development. http://agilemodeling.com/essays/agileDocumentation.htm

- 애자일 소프트웨어 개발 접근 방식을 이용함에 있어서의 아키텍처 프랙티스와 문제점에 관한 탐색적 연구An Exploratory Study of Architectural Practices and Challenges in Using Agile Software Development Approaches. https://core.ac.uk/download/pdf/59342997.pdf

- SEI의 뷰 앤 비욘드 소프트웨어 아키텍처 문서화 접근 방식과 ANSI-IEE 1471-2000 비교 Comparing the SEI's Views and Beyond Approach for Documenting Software Architectures with ANSI-IEEE 1471-2000. https://resources.sei.cmu.edu/asset_files/TechnicalNote/2005_004_001_14498.pdf

- C4 모델C4 Model. https://c4model.com

11

린 애자일 거버넌스의
조력자로서의 아키텍트

"창의성은 실수를 허락한다. 무엇을 유지해야 할지 아는 것이 예술이다."
– 스콧 애덤스^{Scott Adams}(만화 '딜버트^{Dilvert comic}' 작가)

10장에서 문서화 노력을 최소화할 수 있는 대안적 접근 방법, 문서화를 위한 린 방법론의 도입에 관해 살펴봤다. 린 문서화는 유지 가능하고 지속적인 가치 전달을 가속화하는 데 도움을 준다. 애자일 소프트웨어 개발에서는 거버넌스를 또 다른 장애물로 여긴다. 11장에서는 전달 속도에 영향을 미치지 않으면서 아키텍처 정렬을 도입하는 방법을 살펴본다.

아키텍처 거버넌스는 전통적으로 과도한 문서에 기반하며 오랜 시간을 소요하고 자주 시행되지 않는 위원회 주도의 논의다. 애자일 소프트웨어 개발은 문서를 통한 증거 기반 리뷰보다 상호 작용과 참여에 가치를 둔다. 혁신적인 재사고를 이용해 목적에 맞게 수립한 린 애자일 거버넌스^{Lean-Agile Governance}는 비즈니스 기민함과 혁신을 가속화하고 촉진할 수 있다. 지속적인 공유 컨텍스트에 기반한 자율성과 권한 위임을 촉진함으로써 팀은 아키텍처의 의사 결정을 스스로 관리하고 시간 지연을 줄일 수 있다. 린 애자일 마인드셋으로 무장하고 정렬과 자율성의 올바른 균형을 추구하는 것은 애자일 소프트웨어 개발에서 매우 중요하다. 투명성, 개방성 그리고 정직은 좋은 거버넌스의 근간이다. 또한 중요한 소프트웨어 의사 결정을 내릴 때 팀이 심리적 안전함을 느낄 수 있도록 자아를 고집하지 않는 문화가 반드시 필요하다.

11장에서는 다음과 같은 주제를 다룬다.

- 아키텍처 거버넌스 이해하기

- 린 애자일 거버넌스를 통한 기민함 제공하기

- 자율성과 기민함의 균형 이루기

- 아키텍처 의사 결정 문서화하기

- 심리적 안전함 보장하기

- 아키텍처 의사 결정의 품질 측정하기

이번 장에서는 애자일 아키텍트의 렌즈에서 **린 거버넌스** 영역을 다룬다(그림 11.1).

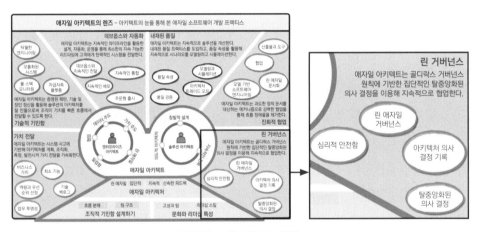

그림 11.1 린 거버넌스 영역

11장에서는 전통적인 거버넌스의 단점 그리고 린 애자일 거버넌스 접근 방식의 원칙과 이점을 살펴본다. 또한 명령과 통제 없이 일하는 방법, 올바른 수준의 거버넌스를 이용해 자율성과 정렬의 균형을 이루는 방법을 살펴본다. 후반에서는 거버넌스에서의 사람의 측면, 아키텍처 의사 결정 문서화 및 측정에 관해 살펴본다.

⠿ 아키텍처 거버넌스 이해하기

거버넌스Governance는 비즈니스 목적을 달성하고 산출물을 만들어내는 동안 기업의 자산과 이익이 보호됨을 보장하는 활동이다. 거버넌스는 전략 자본과 기업의 장기적인 목표 및 단기적인 개선을 정렬한다. 거버넌스는 크게 세 단계로 구분된다(그림 11.2).

그림 11.2 거버넌스 계층

거버넌스의 세 단계는 다음과 같다.

- **기업 거버넌스**Corporate Governance: 기업의 구조, 정책, 원칙, 프랙티스 모니터링을 기업의 구조와 정렬한다.
- **IT 거버넌스**IT Governance: 일련의 전략, 프랙티스, 절차, 정책을 통해 자원과 자산에 관련된 IT 투자와 절차를 통제하고 가이드한다.
- **아키텍처 거버넌스**Architecture Governance: 솔루션 범위의 진화가 지속적으로 기업의 전략적 목표와 정렬됨을 보장한다.

Disciplined AgileDA에서는 거버넌스를 리더십, 조직 구조 및 간결한 절차로 정의함으로써 IT가 기업의 기민함을 유지하고 확장해 고객에게 의미 있는 가치를 생산하도록 한다. **더 오픈 그룹 아키텍처 프레임워크**TOGAF, The Open Group Architecture Framework는 아키텍처 거버넌스를 프랙티스와 방향으로 정의한다. 엔터프라이즈 아키텍처 및 다른 아키텍처들은 엔터프라이즈 전체 수준에서 관리되고 통제된다.

아키텍처 거버넌스 Architectural Governance는 기술적 변경이 비즈니스에 적절히 유지 가능하게 적용됨을 보장하는 것을 목적으로 한다. 이는 **전략적 정렬**Strategic Alignment과 **솔루션 기대**Solution Expectation의 두 가지 유형으로 나뉜다(그림 11.3).

그림 11.3 아키텍처 거버넌스의 측면

전략적 정렬은 시스템 범위가 지속적으로 진화하면서 변화하는 고객의 요구를 만족시키고 IT 전략에 정렬되며 IT 전략을 보호함을 보장한다. 전략적 정렬은 효과적으로 비즈니스 전략과 IT 전략의 균형을 이룬다. 엔터프라이즈 아키텍트는 주로 아키텍처의 전략적 정렬을 관리할 책임을 진다. 솔루션 기대는 전달된 솔루션이 목적, 가드레일, 의도적인 아키텍처 그리고 품질 요구 사항에 정렬됐는지를 나타낸다. 솔루션 기대는 지속 가능성과 전달 속도의 균형을 이룬다. 솔루션 아키텍트는 주로 솔루션 아키텍처 정렬을 관리할 책임을 진다. 솔루션 아키텍트는 모범 사례 사용, 올바른 설계 패턴, 솔루션의 품질과 같은 기술적 설계로까지 솔루션 정렬을 확장하기도 한다.

아키텍처 거버넌스는 실패의 리스크 감소, 솔루션의 가능성, 고객의 요구 사항 불만족 등 다양한 이유로 소프트웨어 전달 과정에 존재한다. 예를 들어 엔터프라이즈 비전에 모든 애플리케이션을 클라우드로 이전하는 것이라면, 모든 배포는 목표를 달성하기 위한 단계를 밟아야 한다. 의사 결정이 정렬되지 않고 관리되지 않으면 조직은 의도한 바를 이룰 수 없다.

좋은 아키텍처 거버넌스 프랙티스를 활용함으로써 얻을 수 있는 이점은 다음과 같다.

- 투자는 기업의 비전을 만족시킬 수 있는 올바른 이니셔티브에 이뤄진다.

- 규제 준수에 정렬됨으로써 브랜드 피해와 이익 손실을 줄인다.

- 아키텍처 리스크를 전달 수명 주기의 초반에 식별함으로써 재작업 비용을 줄이거나 없앤다.

- 자산, 기술, 패턴을 재활용함으로써 규모의 경제를 달성한다.

- 시스템 범위를 최적화해서 운영 효율성을 달성한다.

- 솔루션 아키텍처 설계, 전달 속도의 균형을 이룸으로써 품질과 지속 가능성을 개선한다.

적은 팀들이 협업하는 상황에서는 거버넌스가 필요하지 않다. 많은 팀이 동시에 일하는 복잡한 소프트웨어 전달에서는 적절한 수준의 거버넌스가 필요하다. 효과적인 거버넌스는 비용 절감과 고객 만족 향상, 리드타임 감소로 이어진다. 그러나 전통적인 아키텍처 거버넌스는 비판적인 시각에서 바라봐야 한다.

전통적인 거버넌스의 문제점

전통적인 거버넌스는 많은 문제가 있으며 중단과 확인, 단계별 구조, 엄격한 프로세스를 따른다. 이 거버넌스 체크 포인트에서는 종종 막대한 양의 문서를 이용해 전략적 목표와 아키텍처 의도 준수 여부를 검증한다.

그림 11.4는 단계적 거버넌스를 나타낸다.

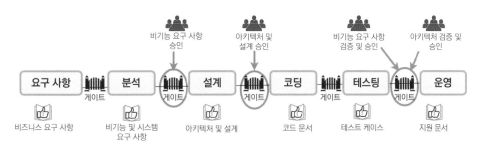

그림 11.4 단계적 거버넌스 프로세스

3장, '애자일 아키텍트 – 성공을 위한 핵심'에서 논의한 것처럼 전통적인 아키텍처 거버넌스는 관료적 프로세스를 엄격히 지키며, 이는 현실과는 거리가 멀다. 이를 상아탑, 아키텍처 우주 비행사, 아키텍처 경찰 메타포를 이용해 설명했다.

전통적인 아키텍처 거버넌스와 관련된 핵심적인 몇몇 문제는 다음과 같다.

- 전통적인 거버넌스는 상아탑 모델을 반영하며 문서화된 정책, 패턴 가이드라인을 엄격하게 따른다. 이 가이드라인들은 기민하지 않으며 현재의 사실을 반영하지 못할 수 있고, 종종 모호하며 사용할 수 없다. 심지어 이런 정책들은 아예 존재하지 않거나 모든 이해관계자가 합의하지 않은 경우도 많다. 많은 조직은 전통적으로 단일 표준 기반 접근 방식을 이용해 모든 것을 하나의 표준으로 판단하려 한다. 이는 혁신을 제한한다.

- 아키텍처 포럼^{Architecture Forum}은 명령과 통제를 자주 사용하며 본질적으로 계층화돼 있다. 각 의사 결정은 개발 승인을 확보하기 전에 많은 단계를 거쳐야 한다. 이 거버넌스 포럼들은 위원회 회의와 유사하게 매우 공식적인 환경에서 열린다. 많은 이해관계자는 이 회의를 통해 그들의 힘을 과시하며 결과적으로 자기중심적이 된다.

- 의사 결정권자들은 완전히 연결돼 있지 않으며, 그 결과 충분한 컨텍스트가 없는 상태로 의사 결정을 내린다. 전통적인 아키텍처 의사 결정권자들은 표준 우선 접근 방식을 사용했으며, 예외 없는 거버넌스는 비즈니스 가치의 중요성과 더욱 큰 고객의 컨텍스트를 간과하게 만들었다. 많은 아키텍처 위원회들은 프레임워크나 데이터 주도가 아닌 주관적이며 일관적이지 않은 의사 결정을 내린다.

- 의사 결정을 하고 나면, 그 결정은 영향을 받는 팀들에게 투명하게 소통되지 않는다. 그래서 그들은 의사 결정의 이유와 그들이 더하는 가치를 이해하지 못한 채 일을 해야만 한다. 팀들은 의사 결정에서 얻을 수 있는 학습의 기회를 놓친다.

- 아키텍처 의사 결정은 전체 아키텍처에서 전달 사이클의 초반이나 후반에 단 한 차례 이뤄진다. 많은 후속 의사 결정은 추적 불가능하며 정렬되지도 않는다. 위원회에서 승인된 예외는 백로그나 자본과 연결되지 않는다. 빈번한 위원회 회의와 반복되는 대화 때문에 팀은 위원회 회의가 열리기를 기다려야 하며 결과적으로 흐름은 지연된다.

거버넌스는 중요한 활동이지만 애자일 소프트웨어 개발에서는 이를 종종 안티 패턴으로 본다. 앨런 홀럽^{Allen Holub}은 애자일 프로젝트가 실패하는 이유 중 하나로 가치에 기반하지 않는 잘못된 거버넌스 프랙티스를 꼽았다. 「Governance for Agile Delivery」 보고서에 따르면 애자일 커뮤니티는 여러 계층의 거버넌스가 반드시 기술적 솔루션의 품질을 개선하거나 전달 속도를 향상하거나 리스크를 줄이지는 않는 것으로 인식한다. 많은 애자일 팀에 걸쳐 대규모 프로그램을 운영하는 조직들은 적절한 거버넌스를 해야 한다.

다음 절에서는 애자일 소프트웨어 개발에서 거버넌스를 구현하는 방법을 살펴본다.

⁂ 린 애자일 거버넌스를 이용해 기민함 제공하기

소프트웨어 개발 방법론과 관계없이 전략과 솔루션 정렬을 통해 기업의 투자를 보호하는 것은 매우 중요하다. 아키텍처 거버넌스는 피할 수 없으므로 애자일 소프트웨어 개발 가치와 원칙에 맞춰 완전히 뒤바꿔야 한다. 애자일 소프트웨어 개발 선언의 원칙 중 하나는 프로세스와 도구보다 개인과 상호 작용에 가치를 두는 것이다. 애자일 소프트웨어 개발에서 성공적으로 아키텍처 거버넌스를 구현하기 위해서는 개인과 상호 작용을 중심에 둔 극적인 사고 전환이 필요하다.

200km/h로 달리는 자동차의 핸들을 갑자기 돌리는 것은 20km/h로 달리는 자동차의 핸들을 돌리는 것보다 훨씬 위험하다. 마찬가지로 프로젝트 개발이 빠른 속도로 진행될 때는 날카로운 집중과 엄격한 규율이 필요하다. 어설픈 규율은 부적절한 투자, 지속 불가능한 흐름, 믿을 수 없는 시스템 같은 심각한 결과를 낳을 수 있다. 좋은 규율은 흔들리지 않는 경영진의 지원, 지식, 성숙도에서 시작된다.

애자일 소프트웨어 개발에서도 팀의 성과 또는 팀의 규율 준수 여부와 관계없이 가벼운 거버넌스가 여전히 필요하다. 애자일의 아키텍처 거버넌스는 다음 원칙을 준수해야 한다.

- 단계적인 정지 확인 검증 대신 점진적이고 반복적이며 침투하지 않도록 흐름 안에서 조사한다.

- 하향식의 명령과 통제가 아니라 팀에 권한을 위임하고 자율권을 보장한다.

- 대규모 문서화와 끝없는 분석이 아니라 협업을 통한 전체적인 의사 결정을 내리도록 한다.

- 단절된 아키텍처 의사 결정 위원회보다 지속적인 참여와 피드백을 교환하도록 한다.

애자일 소프트웨어 개발 프랙티스들은 이미 적절한 비침투 흐름 내 체크포인트를 갖고 있다. 조기의 빈번한 테스팅, 점진적인 출시, 피드백을 위한 세리머니, 조사와 적응 세션들이 이에 속한다. 다음 절에서는 린 애자일 거버넌스에 관해 조금 더 깊이 살펴본다.

린 애자일 거버넌스 포용하기

린 애자일 거버넌스는 사람, 응답성, 실용적, 점진적 및 가치 주도 정렬에 중점을 둔다. 린 애자일 아키텍처 거버넌스는 공동의 이해에 기반해 컨텍스트, 목적, 이유, 팀에게 주어지는 가이드라인과 전략의 비즈니스 가치를 지속적으로 소통하도록 촉진한다. 린 거버넌스는 비즈니스 가치를 최대화하는 데 중점을 두며, 이를 위해 전달 속도에 영향을 주지 않으면서 전략적 투자와 솔루션 정렬을 보호한다.

린 애자일 거버넌스는 가시성과 통제를 잃지 않으면서 권한을 위임하고 자율성을 부여함으로써 팀이 스스로 관리할 기회를 제공한다. 린 애자일 거버넌스에서는 아키텍트와 다른 관리자들이 팀에 밀접하게 있으면서 컨텍스트에 관한 동일한 이해를 공유함로써 비즈니스 가치에 기반해 트레이드오프를 객관적으로 검증한다. 밀접한 참여는 아키텍트와 팀의 마찰을 줄인다.

애자일 패스(www.Agile-path.com)는 **이벤트 주도 거버넌스**^{EDG, Event-Driven Governance} 개념을 제안한다. EDG는 가볍고 린하고 실제적이며 신뢰를 기반으로 한다. EDG에서 거버넌스 프로세스는 특별한 이벤트가 발생하지 않는 한 휴면 상태를 유지한다. EDG 접근 방식에서 거버넌스는 커뮤니티 주도의 자기 거버넌스에 기반을 둔다. 실질적인 거버넌스 주체는 필요할 때만 존재하며 활성화된다.

모든 확장 프레임워크는 애자일 소프트웨어 개발을 확장해 도입한 큰 기업에게 린 거버넌스 프랙티스를 강조한다. DA의 근간은 효과적인 거버넌스에 기반한 자기 조직화다. DA에서는 규칙적인 조정 회의, 가벼운 마일스톤 리뷰 등이 아키텍처 정렬을 달성하는 데 도움을 준다고 본다. 또한 팀의 일부로서의 아키텍처 소유자는 아키텍처 관련 의사 결정에 궁극적인 책임을 진다. **Scaled Agile Framework**SAFe 원칙 중 하나는 탈중앙화된 의사 결정이다. 이는 가장 짧은 지속 가능한 리드타임으로 가치를 전달하기 위해서는 탈중앙화된 의사 결정이 필요함을 의미한다. 상위 계층으로의 의사 결정 요청은 흐름 지연을 유발하며 컨텍스트 인식 부족으로 인한 최적화되지 않은 설계를 낳는다.

다음 절에서는 린 애자일 거버넌스의 기반이 되는 몇 가지 원칙을 살펴본다.

린 애자일 거버넌스의 원칙

린 애자일 거버넌스를 성공적으로 도입하려면 과거와는 전혀 다른 마인드셋과 문화가 필요하다. 린 애자일 아키텍처 거버넌스는 정렬의 모든 단계에서 린하게 사고하고 기민함을 포용할 것을 요구한다. 효과적이고 효율적인 거버넌스는 애자일 소프트웨어 개발 프랙티스 및 철학과 잘 정렬된 원칙들을 촉진한다.

그림 11.5는 린 애자일 거버넌스의 서로 다른 단계를 나타낸다.

그림 11.5 린 애자일 거버넌스의 원칙

이 네 가지 린 애자일 거버넌스 원칙을 살펴본다.

공동의 이해 양성하기

정보가 잘 공유된 팀은 아키텍처 의사 결정과 조직의 목표, 아키텍처 의도를 잘 정렬하며 결과적으로 생산성을 개선하고, 흐름 지연 시간과 재작업 비용을 줄인다. 그러므로 모든 중요한 전달 흐름과 연결된 중요 관계자들은 모두 컨텍스트와 조직의 지식에 지속적으로 정렬돼 효과적이고 효율적인 의사 결정을 해야 한다.

아키텍트는 커뮤니케이션의 챔피언으로서의 역할을 한다. 아키텍트는 비즈니스와 IT 전략 정렬, 비즈니스 목적, 운영 비즈니스 제약 사항, 가정, 경제적 프레임워크, 가드레일의 핵심 측면을 공유함으로써 팀이 자율적인 의사 결정을 하도록 돕는다. 잘 분석된 국지적인 의사 결정은 지속 가능성을 낮추지 않고도 흐름의 속도를 개선한다.

협업을 통한 의사 결정하기

2장, '애자일 아키텍처 – 애자일 전달의 근간'에서 논의했듯 집단 지성, 집단적 오너십, 집단적 지식을 통해 팀은 올바른 의사 결정을 하기 위한 자신들의 능력을 깊이 신뢰하게 된다. 아키텍트는 팀의 일부이기 때문에 전달 사이클 전체에 참여하고 협업한다. 이로써 팀 구성원들이 올바른 의사 결정을 내릴 수 있도록 동기를 부여하며 촉진하고, 가드레일을 벗어난 팀이 돌아오도록 인도해야 한다.

5장, '애자일 솔루션 아키텍트 – 지속적으로 진화하는 시스템 설계하기'에서 논의했듯 솔루션 설계 워크숍은 협업을 통한 의사 결정을 위한 최고의 시점이다. 협업은 의사 결정 이후의 거버넌스 관리를 위해 필요한 노력을 최소화한다. 협업은 아키텍트 의사 결정에 국한될 뿐만 아니라 아키텍처 패턴과 같은 의사 결정에 유용한 거버넌스 프로세스와 아키텍처 자산의 결정까지 영향을 미친다.

자기 거버넌스 도입하기

린 애자일 거버넌스는 자기 거버넌스Self-Governance를 촉진한다. 팀은 모든 거버넌스 기능을 팀 안에서 수행하며 외부 개체의 방해를 받거나 의사 결정에 대한 위원회의 승인을 받지 않는다. 아키텍트는 팀의 일원인 동시에 팀 구성원들이 자신들의 의사 결정을 스스로 검증할 수 있도록 필요한 프레임워크와 절차를 수립해야 한다. 자기 거버넌스는 커뮤니티 논의, 보고 대상 결정, 아키텍처 의사 결정의 품질 측정, 피드백 요청, 솔루션 평가 등을 포함한다.

8장, '데브옵스와 지속적인 전달을 통해 흐름을 가속화하기'에서 논의한 웰 아키텍티드 프레임워크는 자기 평가 프레임워크의 한 예다. 11장 후반에서 아키텍처 의사 결정 측정 프레임워크를 살펴본다. 아키텍트는 아키텍처 의사 결정을 위해 필요한 기술적 탁월함을 촉진하고 양성함으로써 탈중앙화된 의사 결정이 가능하도록 해야 한다. 또한 셀프 서비스 로드맵Self-service Roadmap과 기술 레이더Technology Radar를 제공함으로써 새로운 기술 도입을 촉진해야 한다.

프로세스와 산출물을 투명하게 공유하기

애자일 아키텍처 거버넌스는 엄격한 위원회 수준의 논의와 프로세스 대신 피드백을 촉진한다. **완료 정의**는 핵심적인 아키텍처 정렬이 무시되지 않았음을 보장하는 메커니즘의 하나다.

정보 모니터, 조사와 적응 세리머니, 스프린트 데모, 회고, 아키텍트 동기화 세션을 활용해 아키텍트는 피드백을 수집하고, 리스크를 식별하고 완화할 수 있다. 자동화 과정을 통해 실제 데이터 수집에 관한 지속적인 모니터링을 활용함으로써 문서에 의존하는 대신 아키텍처에서의 중요한 요구 사항의 상태를 검증할 수 있다.

린 거버넌스의 이점

2017 애자일 거버넌스 서베이2017 Agile Governance Survey에서는 린 애자일 거버넌스를 통해 다음과 같은 핵심적인 이익을 얻을 수 있음을 보였다.

- **가벼움:** 린 애자일 거버넌스는 점진적이고 흐름과 정렬돼 최소한의 방해, 문서화, 대기 시간을 만든다.

- **생산성 개선:** 컨텍스트는 공유되므로 불필요한 의사소통이 반복되지 않으며, 결과적으로 의견 합의 대신 가치를 전달하는 개발 업무에 더 많은 시간을 쓸 수 있다.

- **품질 향상:** 충분한 컨텍스트와 지식을 가진 사람들의 의사 결정은 지속 가능한 좋은 품질의 솔루션을 전달하기 위한 더 나은 품질 의사 결정으로 이어진다. 여러분이 만들고 여러분이 갖는다. 다시 말해 의사 결정을 내린 팀이 그 결정을 갖는다.

- **현명한 IT 투자 촉진:** 린 비즈니스 케이스와 승인은 린 애자일 거버넌스의 부분이며 대규모의 투자를 적절하게 평가하고 계산한 뒤 팀이 구현하는 것을 보장한다.

- **팀 사기 향상:** 린 애자일 거버넌스는 사람이 중심이며 자율성과 권한을 바탕으로 전체적인 의사 결정을 내린다. 팀은 자신들의 아이디어와 의사 결정의 가치를 인정받으므로 스스로 동기 부여가 된다. 높은 사기를 보이는 팀은 더 나은 품질의 솔루션을 빠르게 전달한다.

- **비즈니스 가치에 집중:** 표준 우선 접근 방식에서 비즈니스 가치 우선 접근 방식으로 이동함으로써 고객의 필요를 만족하는 가치 있는 소프트웨어를 전달한다.

- **혁신 촉진:** 팀은 자신들의 의사 결정에 관한 컨텍스트와 가드레일을 완전히 파악한 뒤 두려움 없이 의사 결정을 내릴 수 있는 권한을 위임받는다. 컨텍스트에 기반한 권한 위임은 혁신적인 문화를 촉진한다.

지금까지 자율성과 권한 위임을 촉진하는 린 애자일 거버넌스의 개념을 살펴봤다. 하지만 여전히 질문이 남는다. 자율성은 어떻게 되는가?

⁙ 자율성과 기민함의 균형 이루기

린 애자일 거버넌스는 정렬을 잃지 않은 자율성과 권한 위임을 통해 협업적이고 탈중앙화된 의사 결정을 사용한다. 그러나 여전히 질문이 남는다. 자율성의 제한과 탈중앙화는 투자 보호와 지속적인 흐름 사이의 올바른 균형을 깨뜨리기 때문이다.

루나Luna, 크루첸Kruchten, 모우라Moura는 그들의 논문인 「State of the Agile」에서 거버넌스의 수준은 조직의 컨텍스트에 맞춰 조정돼야 한다고 언급했다. 비즈니스의 기민함을 달성하기 위한 거버넌스 수준은 필요할 때마다 조정돼야 하며, 이 과정에서 조직이 처한 상황이나 시점 등을 고려해야 한다. 동일한 거버넌스가 조직의 규모나 상황에 따라 전혀 달라질 수 있다. 논문의 저자들이 말했듯 거버넌스에 만병통치약은 없다.

그림 11.6은 양쪽 극단으로 치우친 거버넌스를 나타낸다.

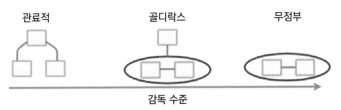

그림 11.6 아키텍처 거버넌스의 상이한 수준

어떤 거버넌스도 무정부 상태, 다시 말해 책임이 없는 혼란의 상태에 이르지 않는다. 무정부 상태에서는 심지어 한 명의 개인 의견 일치 없이 무작위로 의사 결정을 내릴 수 있거나 팀이 합의에 너무 빨리 이른다. 후자의 상황은 더 빈번하며 그룹 사고Groupthink라 불린다. 그룹 사고는 그룹이 그 응집력과 조화 때문에 대안적인 아이디어나 관점에 대해 심각하게 평가하지 않고 결정을 내리는 심리적인 현상이다. 그룹 구성원들은 충돌을 최소화하기 위해 성숙하지 않은 의사 결정을 내린다. 반면 극단적인 거버넌스는 흐름뿐만 아니라 구성원의 모럴에도 심각한 영향을 미칠 수 있다.

투자하고 규모의 경제를 달성하기 위해서는 꼭 필요한 만큼의 거버넌스가 필요하다. 골디락스 거버넌스Goldilocks Governance는 동화 세 마리 곰The Three Bears의 골디락스Goldilocks 원칙에서 기인한다. 동화에서 골디락스라는 이름의 어린 소녀는 자신에게 적합한 온도의 죽 한 그릇을 계속해서 찾는다. 골디락스 거버넌스란 조직의 필요, 구성원의 성숙도, 문화, 잘못된 의사 결정에 의한 영향 범위, 비즈니스 영향도, 아키텍처 스타일 등에 딱 맞는 적정 수준의 거버넌스를 의미한다.

안타깝게도 골디락스 거버넌스는 조직에 따라 다르므로, 조직은 거버넌스를 수립하는 과정에서 비판적인 시각을 가져야 한다. 다음 다이어그램의 **실버라인**Silverline은 거버넌스 도입 경로를 나타낸다.

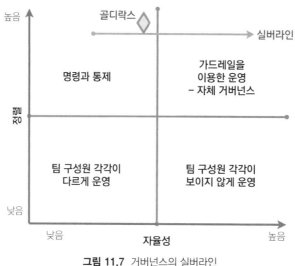

그림 11.7 거버넌스의 실버라인

그림 11.7은 자율성과 정렬의 위치에 따른 구분을 나타낸다. 다이어그램은 사분면으로 나뉘며 실버라인은 폭포수 조직이 애자일 조직으로 전환되는 전형적인 모습을 나타낸다.

조직은 현재 컨텍스트를 기반으로 실버라인을 따라 움직이며 아키텍처 거버넌스를 구현해야 한다. 처음 린 거버넌스 원칙을 적용할 때는 사람에 관한 측면이 중요하며 팀에 적정한 수준의 자율성을 부여하고 권한을 위임해야 한다. 마인드셋과 문화는 잦은 거버넌스 포럼을 통해 양성된다. 이 포럼에서는 컨텍스트를 가진 구성원들이 정기적으로 만나 잘못된 의사 결정들을 가능한 한 조기에 되돌린다.

또 한 가지 남아있는 문제는 탈중앙화할 수 있는 또는 탈중앙화할 수 없는 의사 결정이 무엇이냐에 관한 것이다. 다음 절에서는 이 주제를 간단히 살펴본다.

의사 결정의 탈중앙화 수준 결정하기

제프 베소스Jeff Bezos가 2015년 아마존Amazon 주주들에게 보낸 서신에서 탈중앙화할 수 있는 의사 결정의 경계를 결정하는 접근 방식을 엿볼 수 있다. 어떤 의사 결정들은 그 영향이 심각하며 한 번 내려지면 번복할 수 없다. 한 방향 문One-Way Door 또는 타입 1Type 1 의사 결정에 해당한다. 베소스는 또한 시니어 전문가들이 데이터에 기반해 서두르지 말고 심사숙고해서 이런 의사 결정을 내려야 한다고 말한다. 반면 대부분의 의사 결정은 변경하거나 원복하더라도 영향이 심각하지 않다. 아마존은 이를 양방향 문Two-Way Doors 또는 타입 2Type 2 의사 결정이라 부른다. 타입 2 의사 결정은 높은 지능의 개인이나 소규모 그룹이 신속하게 내려야 한다. 타입 2 의사 결정들이 길고 복잡한 의견 일치 프로세스(잘못된 결정의 가치와 비용이 과정 자체를 능가하는)에 의해 내려질 때 거버넌스는 붕괴한다. 이 과도한 프로세스들은 애자일의 흐름을 중단시키는 동시에 혁신을 저해한다.

요약하면 원복 가능한 의사 결정과 그렇지 않은 의사 결정에 다른 전략으로 접근해야 한다는 것이다. 제프 베소스는 대부분의 의사 결정은 70%의 정보로 내릴 수 있다고 말한다. 더 많은 정보를 기다리는 것은 의사 결정 프로세스의 속도를 늦출 뿐이다.

원복 가능한 의사 결정은 탈중앙화할 수 있는 후보다. 반면 원복 불가능한 의사 결정은 중앙화돼 시니어 리더십, 아키텍처 리뷰 보드 또는 CTO와 같은 개인이 내려야 한다. 시니어 리더십에 속한 개인들은 때로 재무적 데이터를 뛰어넘어 경험에 기반한 직관적인 의사 결정을 내린다.

'스포티파이Spotify'에서도 유사한 개념을 이용하며 팀은 직접 의사 결정을 할지 상위 레벨 위원회에 보고해야 할지 결정한다. 팀들은 **아키텍처 의사 결정 기록**ADR, Architecture Decision Record과 **코멘트 요청**RFC, Requests For Comment을 온라인으로 만들거나 리뷰 및 피드백을 받기 위한 회의를 연다. 그림 11.8은 스포티파이의 프로세스를 나타낸다.

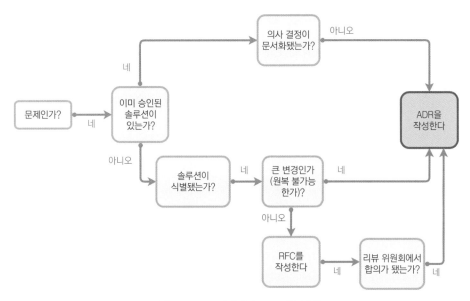

그림 11.8 스포티파이의 RFC 접근 방식

의사 결정은 항상 ADR에 문서화된다. 이후 ADR에 관해 자세히 살펴볼 것이다.

SAFe에서는 탈중앙화할 수 있는 것과 그렇지 않은 것을 결정하는 유사한 메커니즘을 권장한다. SAFe에서는 탈중앙화할 수 있는 의사 결정을 판단하기 위한 세 가지 파라미터(의사 결정 빈도, 시간 중요도, 규모의 경제)를 제안한다(그림 11.9).

의사 결정	빈도 Y=2, N =0	시간 중요도 Y=2, N=0	규모의 경제 Y=0, N=2	합계	의사 결정 유형 UPTO 3 CENTRALIZE
마이크로서비스의 기술 스택을 식별한다	2	1	2	5	탈중앙화
AVTS의 IoT 플랫폼을 식별한다	0	1	0	1	중앙화

그림 11.9 SAFe에서의 탈중앙화 가능한 의사 결정 식별 접근 방법

중앙화된 의사 결정 및 탈중앙화된 의사 결정은 모두 장단점을 갖는다. 도널드 라이너트슨Donald G. Reinertsen은 중앙화된 의사 결정은 규모의 경제를 가져오는 중복을 줄임으로써 높은 최적화된 시스템을 만들어낸다고 말한다. 그러나 중앙화된 의사 결정은 시니어 아키텍트와 경영진 사이에서의 정보의 범위와 왜곡으로 프로세스의 속도를 늦춘다.

반면 탈중앙화된 의사 결정은 심도 있는 컨텍스트 정보를 바탕으로 한 높은 지식을 가진 사람들에 의해 내려지기 때문에 높은 품질의 의사 결정으로 이어진다.

골디락스 거버넌스 구현하기 - 사례 연구

스노우 인 더 데저트에서는 중앙화된 의사 결정과 탈중앙화된 의사 결정을 혼합해서 사용한다. 탈중앙화된 의사 결정은 SAFe의 접근 방식에 기반해서 팀이 아키텍트와 협업해서 내린다. 그림 11.10은 스노우 인 더 데저트의 거버넌스 구조를 나타낸다.

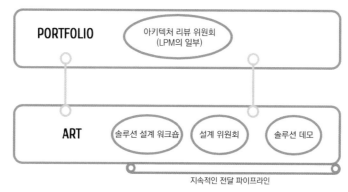

그림 11.10 스노우 인 더 데저트의 아키텍처 거버넌스

스노우 인 더 데저트에서는 주로 **증명 후 표준화**[Prove-Before-Standardize] 접근 방식을 이용해 새로운 기술 표준을 도입함으로써 혁신의 정도를 극대화한다. 새로운 도구를 발견하면 테스트와 팀에서의 국지적인 학습을 거친 후 대규모 투자를 위한 결정을 내린다. 팀은 이런 정보를 투명하게 조직에 공개한다. 팀은 최소한의 영향 범위 안에서 이런 도구와 기술들을 수집 및 구축하고 운영한 뒤 가치를 전달한다. 이후 교차 학습과 지식 공유를 통해 새로운 기술과 도구의 성공을 촉진하고 엔터프라이즈 표준을 수립한다.

대규모 엔터프라이즈에서의 의사 결정에서 가장 큰 어려움 중 하나는 의견 일치에 도달하는 것이다. 마이클 타디프[Michael Tardiff]는 그림 11.11과 같이 네 가지 유형의 의사 결정을 정의했다.

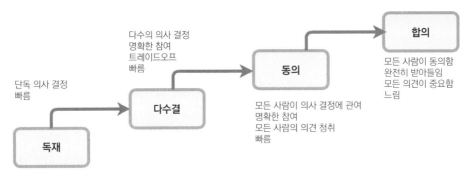

그림 11.11 마이클 타디프의 의사 결정 모델

스노우 인 더 데저트에서는 아키텍처 의사 결정 포럼을 동의^Consent 기반으로 진행해 빠르고도 참여자의 의사를 반영해 의사 결정을 한다. 아키텍처 의사 결정은 중앙화 또는 탈중앙화될 수 있으며, 의사 결정 내용을 문서화하고 이를 지속적으로 조직 전체에 자산으로 공유하는 것이 매우 중요하다.

아키텍처 의사 결정 문서화하기

의사 결정은 훌륭한 지식 기반을 형성하며, 이는 향후 의사 결정에서 예측성을 높인다. 탈중앙화된 의사 결정 환경에서는 지속적으로 의사 결정을 공유함으로써 팀이 의사 결정의 이유를 이해하고 의사 결정 프로세스를 생각하는 데 도움을 준다. 팀은 비슷한 상황들에서 유사한 논의와 접근 방식을 택할 수 있게 된다.

아키텍처 의사 결정을 투명하게 공개함으로써 비침해적인 통제와 관리가 가능해진다. 팀이 구현 사이클에 깊이 진입하기 전에 엔터프라이즈 아키텍트와 시니어 리더들은 공개된 의사 결정을 리뷰하고 피드백을 가능한 한 빠르게 제공할 수 있다.

10장에서는 아키텍처 문서화에 관해 살펴봤다. ADR은 아키텍처 문서의 중요한 요소 중 하나다. ADR은 아키텍트와 팀이 아키텍처를 일관적이고 구조화된 형태로 문서화할 수 있게 돕는다.

전통적인 아키텍처 의사 결정에 비해 린 애자일 거버넌스에는 큰 규모의 아키텍처 의사 결정이 존재하지 않는다. 큰 규모의 아키텍처 의사 결정은 많은 세부 사항을 숨긴다. 애자일 소프트웨어 개발에서는 아키텍처를 의사 결정 백로그로 나누며, 이는 5장, '애자일 솔루션 아키텍트 – 지속적으로 진화하는 시스템 설계하기'에서 설명한 것처럼 여러 세부적인 의사 결정으로 구성된다. 모든 아키텍처 의사 결정 백로그 아이템은 ADR로 바뀐다.

린 애자일 거버넌스는 ADR의 간소화된 버전을 선호한다. 소트웍스에서 제안한 ADR 구조는 그림 11.12와 같다.

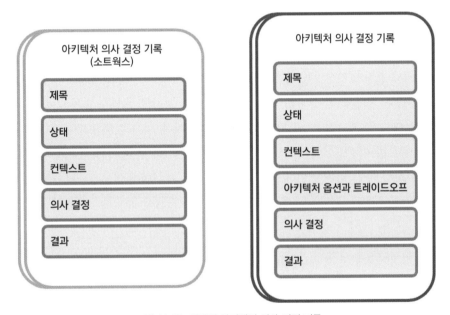

그림 11.12 경량의 아키텍처 의사 결정 기록

스노우 인 더 데저트에서는 소트웍스에서 제안한 경량의 ADR 버전을 유용해 아키텍처 의사 결정을 문서화한다. 이 ADR들은 깃에 저장돼 버전 관리를 한다. 스노우 인 더 데저트에서 사용하는 ADR의 구조는 그림 11.12 다이어그램의 오른쪽과 같다.

린 애자일 거버넌스의 핵심적인 측면 중 하나는 사람 중심의 특성이다. 다음 절에서는 사람과 관련된 거버넌스 측면을 살펴본다.

⋰ 심리적 안전함 보장하기

애자일 소프트웨어 개발 원칙의 중심에는 본질적으로 동기 부여된 개인들이 있다. 린 애자일 거버넌스 역시 권한 위임을 통해 이런 개인들을 도와야 한다. 그러나 올바른 의도를 갖고 구성원들에게 권한 위임을 한 기업들은 종종 개인들의 마인드셋을 간과하는 실수를 범한다.

재빠르게 탈중앙화된 의사 결정을 선택하는 것은 개발 팀과 개인에게 상당한 압박을 줄 수 있다. 기업은 구성원들에게 편안함과 심리적인 안전함을 제공해야 한다. 그래야 구성원들이 두려움이나 만성적인 불안함 없이 자유롭게 의사 결정을 할 수 있다. 압박 속에서의 의사 결정은 잘못될 수 있으며, 이는 구성원의 정신적인 건강이나 삶에 영향을 미친다.

중요한 의사 결정의 경우 개인들이 의사 결정을 내릴 때 확신하지 못하거나 압박을 느낀다면 기업은 적절한 플랫폼을 제공함으로써 의사 결정의 책임을 옮겨야 한다. 이런 경우에는 명시적으로 아키텍처 거버넌스 포럼을 활용해 의사 결정을 내릴 수 있다. 이는 매우 중요한 안전망이다. 특별히 조직이 애자일 트랜스포메이션의 초기 단계일 때 더욱 중요하다. 팀은 안전망 안에서 심리적 안전함을 느끼면서 점진적으로 의사 결정을 내리게 된다.

심리적으로 안전한 환경에서는 개인들이 두려움 없이 의사 결정을 내린다. 개인들이 내린 의사 결정이 잘못된 경우, 기업은 그들이 두려움 없이 실수를 받아들일 수 있도록 지지하는 환경을 제공해야 한다. 그래야 혁신적인 문화를 양성할 수 있다.

자기 거버넌스와 권한 위임을 통해 린 애자일 거버넌스를 구현하고자 하는 기업은 문화적으로 크게 변화해야 한다. 리더들은 팀의 역량 있는 개인들이 의사 결정을 내리고, 그들이 신뢰받음을 보장해야 한다. 의사 결정을 거부하는 것은 직원들의 동기를 저하시키며 스스로 가치 없다고 느끼게 만든다. 아키텍처 리뷰 위원회나 ADR에서 그러한 용어를 피해야 한다. 아키텍처와 설계 리뷰 위원회는 개인들에게 충분한 정보를 제공함으로써 그들이 올바른 방향으로 지속적으로 참여하고 상호 작용하도록 해야 한다. 개인들은 스스로가 감시를 당하고 있다고 느끼지 않아야 한다.

신뢰와 존중은 린 애자일 거버넌스에서 매우 중요하다. 효과적인 거버넌스는 사람이 솔루션을 관리할 때만 가능하며 의사 결정을 내리는 구성원들은 좋은 관계를 공유해야 한다. 개개인이 각자의 가치를 인정받으며 존중받고 업무에서도 인정받는다고 느낄 때 권한을 위임하는 문화를 양성할 수 있다. 혹여 실수하더라도 개인이 의사 결정하도록 독려해야 한다. 팀의 각 구성원은 모두 다르다. 장기적인 성공을 위해서는 이를 충분히 이해하고 지지하는 개방적이고 정직한 문화가 필요하다.

관리 조직은 종종 거버넌스 차터^{Governance Charter}, 아키텍처 원칙, 가드레일, 패턴, 의도적 아키텍처를 만들어 거버넌스의 참조 포인트로 삼는다. 사람들은 그들에게 일하는 방법을 알려주는 누군가를 좋아하지 않는다. 그리고 자신들이 기여하는 것에 오너십을 갖는다. 그러므로 협업 환경에서는 실제 업무를 하는 개인들이 거버넌스 프로세스와 관련 산출물을 만드는 데 참여해야 한다. 그들 스스로가 관리되고 싶은 형태에 관해 말할 권리를 가진다. 그래야만 개인들은 결과를 받아들이고 보다 개방적이며 성실하게 임한다.

팀들 사이의 건강한 긴장은 그들이 문제를 고치고자 하는 한 바람직하다. 팀에서 역량이 있는 개인을 선정해 권한을 부여함으로써 충돌이 발생했을 때 효과적으로 중재할 수 있다. 또한 개인들에게 적절한 스킬을 교육하고 경쟁력을 높임으로써 협업 분야를 확장하고 결과적으로 시간을 절약할 수 있다. 아키텍트들은 현장 교육, 멘토링, 지속적인 안내를 통해 구성원들을 양육해야 한다.

DA에서는 거버넌스의 사람과 관련된 측면을 매우 명확하게 강조한다. 몇 가지 중요한 측면은 다음과 같다.

- 린 거버넌스 마인드셋을 갖고 일한다.

- 서번트 리더십을 갖고 솔선수범을 통해 이끈다.

- 사람들이 옳은 일을 하도록 동기를 부여하고 지원한다.

- 명확하고 정직하고 즉각적으로 커뮤니케이션한다.

- 거버넌스 프로세스와 구조에 대해 투명하게 커뮤니케이션한다.

- 산출물을 리뷰하는 것에 그치지 않고 지속적으로 학습한다.

- 산출물을 확인하고 리스크를 완화한다.

- 장기적·단기적 관점을 모두 고려한다.

지금까지 살펴본 것처럼 린 애자일 거버넌스는 사람과 자체 거버넌스에 중점을 준다. 신속한 자체 평가 프레임워크를 활용해 개인들은 의사 결정에 따른 트레이드오프를 이해할 수 있다. 다음 절에서 이에 관해 살펴본다.

아키텍처 의사 결정의 품질 측정하기

아키텍트는 앞에서 언급한 예측할 수 없는 상황으로 결국 자신의 마음에 따라 최적화되지 않은 의사 결정을 내리기도 한다. 심지어 정의 단계에서도 필요한 정보들이 모이지 않을 때가 많다. 어떤 경우에는 타협과 트레이드오프에 기반해 의사 결정을 내리기도 한다. 모든 의사 결정 시나리오에서 의사 결정 프로세스에 사용된 다양한 요소의 균형을 이해해야만 그 결정의 단점을 이해할 수 있다.

아키텍처 의사 결정의 품질을 측정하는 가장 단순한 접근 방식은 다섯 가지 핵심 요소(비즈니스 가치, 리드타임, 지속 가능성, 리스크 및 비용)에 기반하는 것이다. 아키텍트들은 비용을 아키텍처 의사 결정에 포함하지 않고 전달과 관련된 요소로 간주한다. 애자일 아키텍처에서 품질 비용과 아키텍처 비용은 의사 결정의 핵심 요소로 간주해야 한다. 그림 11.13은 제안된 아키텍처 의사 결정을 평가하기 위한 다섯 가지 핵심 요소와 간단한 질문을 나타낸다.

이 다이어그램을 활용해 리스크, 비용, 지속 가능성, 비즈니스 가치 및 리드타임을 1~5점으로 평가하고 방사형 차트에 표현해 가시성을 확보하고 의사 결정의 트레이드오프를 이해할 수 있다.

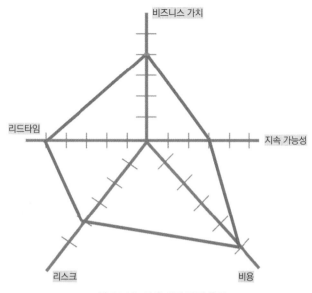

그림 11.13 의사 결정 품질 측정

⠿ 정리

11장에서는 많은 애자일 개발 팀이 거버넌스를 안티 패턴으로 간주하는 이유와 산출물에 긍정적인 영향을 줄 수 있도록 거버넌스를 조정하는 방법에 관해 살펴봤다.

이번 장에서는 아키텍처 거버넌스에 초점을 맞췄다. 아키텍처 거버넌스는 전략적 의도와 기술적 의도를 적절히 정렬함으로써 기술 혁신이 지속적으로 비즈니스에 도입되도록 돕는다. 전통적인 상아탑 거버넌스 접근 방식은 단절돼 있고 통제를 명령하며 컨텍스트를 반영하지 못하고 커뮤니케이션을 줄인다.

또한 린 애자일 거버넌스에 관해 살펴봤다. 린 애자일 거버넌스는 흐름의 관점에서 점진적이고 반복적이며 침해하지 않는다. 린 애자일 거버넌스에서는 팀이 권한을 가지며 자율적으로 높은 수준의 협업을 통해 전체적인 의사 결정을 내린다. 위원회의 승인을 기다리는 것이 아니라 지속적으로 피드백을 주고받는다. 다음으로 린 애자일 거버넌스의 네 가지 원칙인 동의 이해 양성하기, 협업을 통해 의사 결정하기, 자체 거버넌스 적용하기 및 진척과 산출물을 투명하게 공유하기에 관해 살펴봤다. 린 애자일 거버넌스는 가벼우며 생산성을 개선하고 품질을 높이며 현명한 IT 투자를 촉진하고 팀에 동기를 부여하며 비즈니스 가치에 초점을 맞추고 혁신을 종용한다.

정렬과 자율성은 상호 배타적 요소이며 린 애자일 거버넌스에서는 이 둘의 균형을 이루는 것이 매우 중요하다. 적절한 균형의 중간 지점으로서의 골디락스 거버넌스 그리고 자체 거버넌스를 도입하기 위한 실버라인에 관해 논의했다. 개인과 팀에 심리적 안전함은 의사 결정 과정에 있어 매우 중요하다. 마지막으로 ADR을 문서화하고 리스크, 비용, 지속 가능성, 비즈니스 가치 및 리드타임을 기준으로 아키텍처 의사 결정의 품질을 측정하는 접근 방식에 관해 살펴봤다.

올바른 수준의 린 애자일 거버넌스를 도입함으로써 지속 가능한 가치 전달 흐름을 가속화할 수 있다. 12장에서는 기민함을 최대화하는 조직을 만드는 방법을 살펴본다.

⁞⁞⁞ 더 읽을거리

- 「Governance for Agile delivery」. https://www.nao.org.uk/report/governance-for-Agile-delivery-4/

- 「State of the art of Agile governance: A systematic review」. https://arxiv.org/pdf/1411.1922.pdf

- 「Software Architecture Decision-Making Practices and Challenges: An Industrial Case Study」. https://arxiv.org/pdf/1610.09240.pdf

4부

개인적 특징과 조직적 영향

4부에서는 모든 아키텍트에게 필요한 개인적 차원의 트랜스포메이션에 관해 살펴본다. 또한 팀과 조직이 아키텍트 운영 모델에 어떤 영향을 주는지도 살펴본다.

4부는 다음과 같은 주제를 다룬다.

- 12장, 조직적 기민함 만들기
- 13장, 문화와 리더십 속성

12

조직적 기민함 만들기

"우리는 건물을 만들고 건물은 우리를 만든다."
– 윈스턴 처칠^{Winston Churchill}

11장에서는 애자일 아키텍처의 거버넌스 측면, 아키텍트가 권위에 의존하지 않고 정렬을 돕는 방법에 관해 살펴봤다. 그리고 아키텍처 의사 결정 문서화의 핵심적인 산출물인 **아키텍처 의사 결정 기록**^{ADR, Architecture Decision Records}에 관해 살펴봤다. 12장에서는 조직적인 기민함을 만드는 데 있어 아키텍트의 핵심 역할은 무엇인지 알아본다.

우리가 살아가는 세상은 점점 불안해진다. 수많은 기업이 빠른 트랜스포메이션의 여정을 강조하는 주된 이유는 바로 비즈니스의 기민함이다. IT는 비즈니스의 핵심 조력자로서 소프트웨어 전달 프로세스를 간결하게 함으로써 비즈니스의 기민함을 지원한다. 애자일 소프트웨어 개발을 포용하고 기술적 탁월함을 양성하고 데브옵스와 지속적인 전달 파이프라인을 도입하고 린 애자일 마인드셋을 기르고 연습함으로써 소프트웨어 전달 프로세스를 더욱 민첩하게 만들 수 있다. 하지만 이 과정에서 자율성을 보장하려면 조직 구조 개편이 필요하다. 이는 IT 트랜스포메이션에서 불가피하다. 지속적인 가치 흐름에 정렬된 효과적인 전달 구조는 팀에 자율성을 부여한다. 많은 조직에서 이는 역량 장벽이라는 이름의 전통적인 사일로를 부수는 것을 의미한다. 애자일 아키텍트는 IT 조직을 재설계하는 데 중요한 역할을 한다. 아키텍트들은 소프트웨어 시스템과 그 상호 의존성에 관한 전체적인 시각을 갖고 있기 때문이다.

12장에서는 다음과 같은 주제를 다룬다.

- 비즈니스 기민함과 IT 기민함의 관계 만들기

- IT에서 가치 흐름 개선하기

- 가치를 중심으로 사람들을 조직하기

- 흐름 팀 안에서 팀을 구조화하기

- 실천가 커뮤니티 만들기

- 차세대 IT로 나아가기

이번 장에서는 애자일 아키텍트의 렌즈에서 **조직적 기민함 만들기** 영역에 집중한다(그림 12.1).

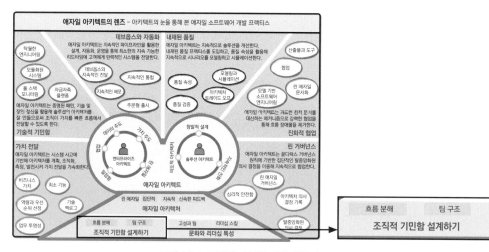

그림 12.1 조직의 기민함 만들기 영역

12장은 비즈니스의 기민함과 IT의 관계를 만드는 것에서 시작한다. 이후 가치 흐름의 개념을 소개하고 최적화를 위한 기회를 살펴본다. 다음으로 흐름 분해 프레임워크를 활용해 가치 흐름을 중심으로 팀들을 설계하는 방법을 살펴본다. 이번 장의 후반에서는 흐름 팀 내에서 사람들을 효과적이고 효율적으로 기능하도록 조직하는 방법을 살펴본다. 마지막으로 차세대 IT의 개념을 살펴본다.

⠿ 비즈니스 기민함과 IT 기민함의 관계 만들기

기민함은 **변덕스럽고**Volatile **불확실하고**Uncertain **복잡하며**Complex **모호한**Ambiguous 현대에서 매우 중요하다. 많은 조직은 이러한 환경에서 위험을 감수하고 새로운 기회의 이익을 얻기 위해 재빠르게 대응하지 못하는 어려움을 겪고 있다. COVID-19 팬데믹으로 전 세계의 기업들은 특정한 시장의 취약성을 감히 상상하거나 예측, 계획할 수 없음을 알게 됐다. 기민함을 구축한 탄력적인 조직들은 민첩하게 변화를 준비하고 전략적인 변화를 쉽게 받아들임으로써 경쟁 우위를 얻는다.

비즈니스 기민함은 시장의 기회를 감지하고 빠른 전달 사이클을 통해 혁신적인 솔루션을 전달함으로써 빠르게 대응하는 것이다. 이는 적은 오너십 비용으로 적시에 이익과 고객 만족을 높이는 데 도움이 된다. 조직들은 COVID-19 이후의 비즈니스 운영을 재개하기 위해 그들의 비즈니스 규모를 조정하고 형태를 다듬고 리모델링해야 한다. 많은 레거시 조직은 이러한 위급성을 감지하고 그들의 지속 가능성을 위한 비즈니스 기민함을 얻고자 비즈니스 트랜스포메이션을 강조한다.

조직들은 규모에 맞는 기민함을 트랜스포메이션의 핵심 전략으로 사용한다. 운영을 최적화하고 시장 진입 속도를 높이며 계획하거나 계획하지 못한 요구에 대응하고 우선순위와 전략의 변화에 적응한다. 불확실하고 복잡하며 모든 것이 달라진 시장의 움직임에 조직이 창의적이고 적응적이며 탄력적인 자세로 빠르게 반응할 수 있을 때 비즈니스 기민함은 최상의 상태가 된다. IT 부문은 핵심적인 조력자로서 비즈니스가 빠르고 효과적이며 효율적으로 비즈니스 기민함을 달성할 수 있도록 지원할 수 있게 준비해야 한다.

그림 12.2는 비즈니스 기민함과 IT 기민함의 관계를 나타낸다.

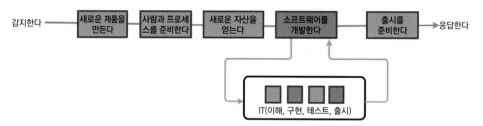

그림 12.2 비즈니스 기민함과 IT 기민함의 관계

시장의 기회를 감지하고 고객의 필요와 고객이 원하는 좋은 품질의 제품 및 서비스를 통해 빠른 시기에 고객에게 반응하는 것은 모든 비즈니스의 주요 전략이다. 그림 12.2 에서 볼 수 있듯 비즈니스 조력자의 대부분은 소프트웨어 지원을 필요로 한다. 소프트웨어 시스템 개발은 많은 비즈니스 조직이 경쟁력 있게 반응하기 위해 필수적이다. 따라서 대부분의 비즈니스 전환은 IT 부문과 시스템 개발 방법에 큰 영향을 미친다.

모던 IT 부문들은 품질에 타협하지 않으면서도 지속 가능한 속도로 비즈니스의 요구를 지속적으로 도입하고 이끌며 반응할 준비가 돼 있다. 이러한 IT 조직에서는 애자일 소프트웨어 개발 프랙티스가 빈번한 출시 사이클로 가능한 한 최대의 비즈니스 가치를 점진적으로 전달하는 데 중요한 역할을 한다.

모든 IT 부문에서 핵심적인 측면은 가치 흐름 또는 작업 흐름을 끊길게 최적화하는 것이다(그림 12.2에서 이해, 구현, 테스트, 출시로 나타냈다). 다음 절에서는 가치 흐름에 관해 살펴본다.

비즈니스와 IT의 가치 흐름 이해하기

2장, '애자일 아키텍처 – 애자일 전달의 근간'에서 살펴봤듯 린 제조 프로세스는 언제나 제조 흐름을 최적화함으로써 리드타임을 최소화하려고 한다. 린 제조에서의 흐름은 고객의 주문에서 시작되고 주문한 차량을 고객이 인수하면 가치가 전달된다. 가치는 여러 단계를 통해 흐르며 각 단계가 최적화의 대상이다. 가치 흐름을 나타내기 위해 **가치 흐름**Value Stream과 **가치 체인**Value Chain이라는 용어를 자주 사용한다. **Scaled Agile Framework**SAFe에서는 이를 **가치 흐름**이라 부른다.

그림 12.3은 스노우 인 더 데저트에서의 가치 흐름 예시다.

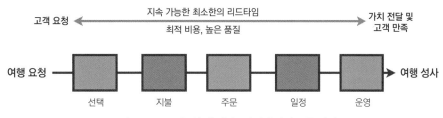

그림 12.3 스노우 인 더 데저트에서의 가치 흐름 예시

그림 12.3에서 보듯 비즈니스 관점에서의 가치 흐름은 고객의 여행 요청에서 시작되며 이는 온라인 채널, 여행사 혹은 파트너를 통해 이뤄진다. 최종 가치는 여행이 성사됐을 때 전달된다. 비즈니스의 목표는 흐름의 단계를 최적화함으로써 고객이 필요한 만큼 빠르게 가치를 전달받도록 하는 것이다. 비즈니스는 지속 가능성, 비용, 품질의 균형을 이룸으로써 이를 달성한다.

위 예시는 비즈니스 관점에서 그린 것이며 비즈니스로서의 IT 역시 그 자체의 가치 흐름을 갖는다(그림 12.4).

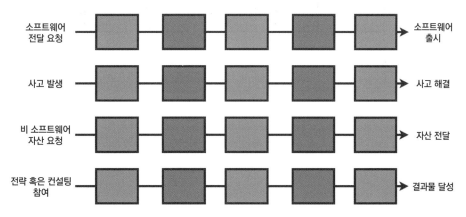

그림 12.4 비즈니스로서의 IT에서의 가치 흐름

그림 12.4는 스노우 인 더 데저트의 컨텍스트에서 IT 흐름을 개략적으로 나타낸 것이다. IT 조직은 다양하며 사이버 보안 서비스 등 상이한 가치 흐름을 가질 수 있다. IT에서의 **가치 흐름**은 IT가 고객에게 전달하는 가치로 정의된다. 첫 번째 흐름은 핵심적인

IT 소프트웨어 전달 흐름을 나타내며 '이해Understand, 구현Build, 테스트Test, 출시Release' 단계를 가진 애자일 소프트웨어 개발 프랙티스를 통해 가능해진다.

사고 관리, 자산 전달, 전략 컨설팅 등 다른 IT 흐름은 비 소프트웨어Non-Software 전달 흐름이다. 이러한 흐름에서도 IT는 린 애자일 원칙과 마인드셋을 이용해 해당 요청이 최소한의 리드타임, 좋은 품질 및 최적 비용으로 제공됨을 보장할 수 있다.

가치 흐름을 개선하려면 다양한 사항을 고려해야 한다. 다음 절에서는 흐름 개선에 관해 살펴본다.

IT에서의 가치 흐름 개선하기

IT 자산 전달 같은 비 소프트웨어 IT 흐름의 경우, 흐름 최적화 과정에서는 흐름 안에 존재하는 단계를 리뷰하고 필요한 단계를 제거, 최적화 또는 자동화함으로써 전달 속도를 높인다. 그림 12.5는 IT 자산 전달 흐름을 나타낸다.

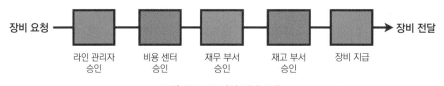

그림 12.5 IT 자산 전달 흐름

그림 12.5에서 보듯 흐름은 직원이 장비를 요청하는 데서 시작된다. 이 요청은 다양한 단계를 거쳐 직원에게 장비가 지급되면 완료된다. 스노우 인 더 데저트에서 요청한 직원의 해당 장비 보유 여부에 따라 라인 관리자가 승인하고, 잔여 예산에 기반해 비용 센터에서 승인하고, 월 회계 지출 제한에 근거에 재무 부서에서 승인하고, 해당 장비의 사용 목적과 가용성 여부에 따라 재고 부서에서 승인한다. 리뷰 결과 미 재고 부서의 승인을 제외한 모든 과정은 자동화될 수 있으며 결과적으로 흐름의 속도를 극적으로 개선할 수 있다.

소프트웨어 전달 흐름은 애자일 소프트웨어 전달 프랙티스를 적절히 도입, 다시 말해 데브옵스와 지속적인 전달을 구현하고 기술적 탁월함을 구축하며 린 애자일 마인드셋의 문화를 함양함으로써 가속화할 수 있다. 린 애자일 프랙티스는 핸드오프를 줄이고 자동화를 구현하고 지속적으로 협업함으로써 낭비를 제거한다. 그러나 애자일의 효율적인 도입을 위해서는 네 가지 요소와 함께 조직의 구조 또한 바뀌어야 한다. 이전 장들에서는 흐름 개선을 위한 네 가지 요소를 다뤘으며 12장에서는 조직 구조를 다룰 것이다.

그림 12.6은 소프트웨어 전달 흐름을 최적화하는 다섯 가지 요소를 나타낸다.

규모에 맞는 애자일 소프트웨어 전달을 도입한다

데브옵스와 지속적인 전달 파이프라인을 구현한다

기술적 탁월함을 함양한다

린 애자일 마인드셋을 개발한다

가치를 중심으로 조직한다

그림 12.6 IT 소프트웨어 전달 흐름 개선을 위한 요소들

전통적인 IT 조직들은 비즈니스 라인 또는 IT 역량을 기준으로 조직됐다. 팀 방향성의 사일로는 핸드오프와 대기 시간을 야기했고, 결과적으로 협업에 큰 어려움을 줬다. 가치를 중심으로 조직하는 개념은 린 제조에 뿌리를 둔다. 린 제조에서는 고정된 역량을 가진 자율적인 팀들을 제품 라인이나 업무 흐름의 요소마다 할당한다. 업무는 한 팀에서 다른 팀으로 자연스럽게 흐른다. 12장에서는 이후 애자일 소프트웨어 전달 측면과 가치 중심의 조직화에 초점을 맞춘다.

가치 중심으로 사람을 조직하기

소프트웨어 개발에서 성공적인 애자일 팀들은 완전히 자율적이다. 제조 분야처럼 팀들은 가치 흐름을 중심으로 조직화돼 필요한 수준의 자율성을 달성한다. 대규모 기업에서 이런 구조로 재조직화하는 것은 복잡하다. SAFe, Desiplined Agile[DA], Large Scale Scrum[LeSS] 같은 프레임워크들에서는 흐름에 팀을 정렬해 재구조화하는 방법들을 제안한다.

그림 12.7은 흐름 중심 팀[Flow-Centric Team]의 개념을 나타낸다.

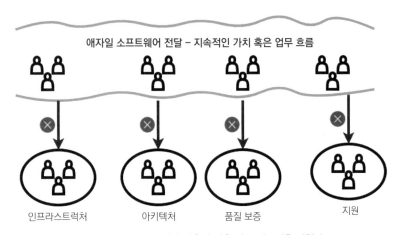

그림 12.7 흐름 중심의 자율적 팀은 외부 의존성을 피한다

그림 12.7에서 보듯 업무는 소프트웨어 전달 파이프라인을 따라 지속적으로 흐른다. 파이프라인상에서 팀들은 흐름을 중심으로 조직된다. 완전히 자율적인 팀은 충분한 역량이 있으므로 외부 팀에 의존하지 않는다.

가치 중심으로 조직을 구성하면 전통적인 조직들 사이에 존재하는 힘의 장벽을 없앰으로써 흐름을 개선한다. 그러므로 업무 흐름에 팀을 정렬하는 것은 조직 구조에 영향을 미친다. 대기업들은 필요한 인원을 단일 소프트웨어 전달 흐름에 추가하려다가 관리조차 할 수 없는 거대한 팀을 만들게 되는 어려움을 겪는다. 전달 흐름에 집중하면서 관리 가능한 인원을 조직화하는 데는 체계적인 방법이 필요하다. 다음 절에서는 이 문제를 해결하는 방법을 살펴본다.

조직과 팀을 만들어야 할 필요성 확인하기

소프트웨어 아키텍처는 본질적으로 조직 구조와 연결돼 있다. 좋은 아키텍처를 가진 조직은 좋은 아키텍처를 가진 소프트웨어 시스템을 만든다. 멜빈 콘웨이Melvin Conway는 "한 조직이 만든 시스템의 설계는 해당 조직의 커뮤니케이션 구조를 복제한 것이다"라고 말했다. 이는 **콘웨이의 법칙**Conway's law으로도 알려져 있다. 복제까지는 아니어도 아키텍처는 실제 조직 구조에서 큰 영향을 받는다. 같은 선상에서 루스 맬런Ruth Malan은 "시스템의 구조와 조직 구조의 대립에서는 언제나 조직 구조가 승리한다"라고 말했다. 콘웨이의 법칙은 마치 중력과 같이 사실을 지적한 것이며 기업이 성공하려면 조직과 팀 경계를 잘 만들어야만 한다.

다미안 탐부리Damian A. Tamburri, 릭 카즈만Rick Kazman, 하메드 파히미Hamed Fahimi는 IEEE의 아티클 '커뮤니티 양성에서의 아키텍트의 역할The Architect's Role in Community Shapherding'에서 이렇게 언급했다. "아키텍트들은 소프트웨어 컴포넌트와 챔피언 아키텍처 품질 설계뿐만 아니라 커뮤니티 악취Community Smell를 없애기 위해 복잡한 조직을 재구조화Rewiring해야 한다." 저자들은 사일로에서 일하면서 단절되고 조직화되지 않은 팀 및 하위 팀들을 커뮤니티 악취라 부연한다.

스노우 인 더 데저트의 기존 조직 구조는 콘웨이의 법칙을 증명하는 훌륭한 사례다. 그림 12.8은 스노우 인 더 데저트의 트랜스포메이션 이전 상태를 나타낸다.

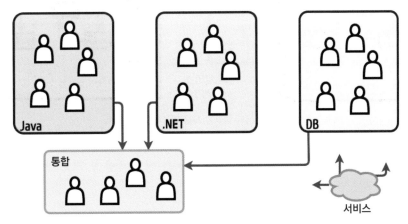

그림 12.8 기술-중심 조직 – 콘웨이의 법칙

소프트웨어 엔지니어들은 자바Java, 닷넷Dot Net, 데이터베이스 같이 그들이 경험한 기술에 기반해 조직됐다. 아키텍처, 테스터 등 다른 이들은 느슨하게 정의된 서비스 수준 역량에 따라 조직됐다. 이 서비스 수준은 '요구 사항이 승인되면 산출물은 N 근무일 이내에 전달한다'와 같은 규칙에 기반해 정의됐다.

이 경우에서 커뮤니티 악취란 각 기술 그룹이 통합, 모니터링 등에 자체적인 솔루션을 사용하는 것이다. 통합 팀은 **엔터프라이즈 서비스 버스**ESB, Enterprise Service Bus를 이용해 그룹을 통합한다. 그러므로 통합을 위한 아키텍처 원칙은 자연히 교차 기술 통합Cross-Technology Integration이 된다.

루스 맬런이 관찰한 바에 따르면 현대 조직들은 **역 콘웨이 전략**Reverse Conway Maneuver or Inverse Conway Maneuver을 이용해 조직 구조를 설계한다. 이것이 성공하려면 기업은 조직 변화를 이끌 수 있는 바람직한 아키텍처 청사진이 있어야 한다. 아키텍트는 이러한 청사진 설계에 핵심적인 역할을 한다. 시스템의 상호 연결 상태와 재구성 가능성을 가장 잘 이해하기 때문이다.

그림 12.9는 흐름에 정렬된 팀Flow-Aligned Team, 즉 **흐름 팀**Flow Team을 나타낸다. 이들은 올바른 경계에 따라 설계돼 자율적이며 외부에는 제한적으로만 의존한다.

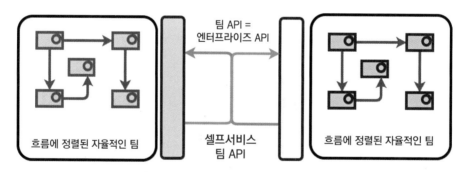

그림 12.9 흐름에 정렬된 자율 팀, 역 콘웨이 전략

구조가 만들어지면 팀들은 팀 API를 사용해 팀 간 상호 작용에 셀프서비스 APISelf-Service API를 이용한다. 팀 API는 결과적으로 엔터프라이즈 API로 진화한다. 자율적인 팀들은 외부 업무 의존도가 낮으므로 가치를 빠르게 전달할 수 있으며 업무 조정 등을

위한 노력과 대기 시간이 최소화된다. 의존성이 존재할 때는 팀 사이의 명확한 경계를 통해 관리한다.

다음으로 팀 경계를 흐름에 정렬되도록 설계하는 방법을 자세히 살펴본다.

흐름을 식별하고 분해된 흐름에 따라 팀을 조직하기

흐름 분해 Flow Decomposition는 대규모 기업에서 흐름에 정렬된 팀 또는 단순 흐름 팀을 설계하는 방법이다. 흐름 분해는 IT가 제공하는 다양한 서비스 식별로 시작한다(그림 12.4). 그림 12.10은 스노우 인 더 데저트에서의 컨텍스트에서 IT 흐름을 자원 수량과 함께 나타냈다.

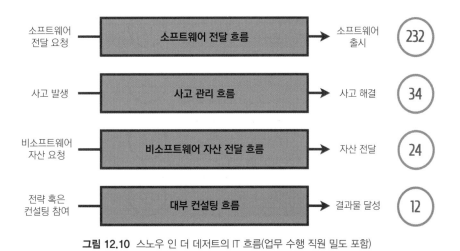

그림 12.10 스노우 인 더 데저트의 IT 흐름(업무 수행 직원 밀도 포함)

두 번째부터 네 번째까지의 흐름에는 적은 수의 직원이 관련된 것에 비해 대부분 개발자는 **소프트웨어 전달 흐름**Software Delivery Flow에 속한다. 이는 한 팀이 관리하기에 너무 큰 수준이다.

흐름에 정렬된 팀의 구성원 수로 완벽한 숫자는 없다. 인류학자이자 진화 심리학자인 던바Dunbar는 개인이 최대 150명까지 안정적인 관계를 관리할 수 있다고 제안했다. 실질적으로 100명 이상으로 구성된 팀은 관리하기 어렵다. SAFe는 50~125명의 팀을 효과적인 팀으로 권장한다. 흐름 분해 기법에서는 리소스 수를 최대 100으로 제한한다. **소프트웨어 전달 흐름**의 리소스는 100명이 넘기에 흐름을 분해해야 한다.

가치 흐름은 가치 전달과 관련된 비즈니스 단계를 모방한 것이다. 이상적인 상태라면 비즈니스 역시 가치 흐름에 맞춰 스스로를 재구조화할 것이다. 대기업의 경우 비즈니스는 여전히 역량을 중심으로 조직돼 있다. 그렇다 하더라도 IT는 비즈니스 라인이 아니라 흐름에 맞춰 재조직화돼야 한다.

그림 12.11은 흐름 분해에서 사용하는 다섯 단계의 분해 프로세스를 나타낸다.

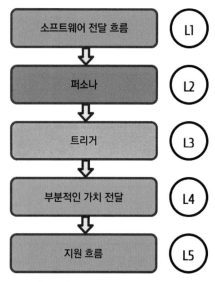

그림 12.11 흐름 분해 기법

그림 12.11에서 보듯 분해의 다섯 단계는 L1 ~ L5로 표시한다.

1. 첫 번째 단계는 IT에서의 소프트웨어 전달 흐름을 식별하는 것이다. 이는 그림 12.10에서 이미 식별했다.

2. 다음 단계는 **퍼소나**^{Persona}에 기반해 분해하는 것이다. 스노우 인 더 데저트의 경우 소프트웨어 전달 흐름은 셋으로 분해할 수 있다.

   그림 12.12는 이 시나리오를 나타낸다.

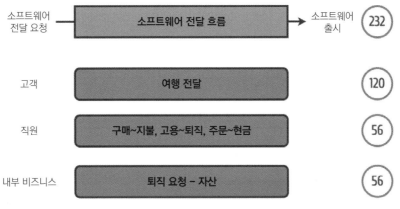

그림 12.12 퍼소나에 기반한 흐름 분해

그림 12.12는 **소프트웨어 전달 흐름**을 **고객, 직원, 내부 비즈니스**라는 핵심 퍼소나에 기반해 3개의 구분된 흐름으로 나눈 것이다.

하나의 흐름은 여러 비즈니스 단위에 걸쳐 있을 수 있다. 예를 들어 **여행 전달**은 두 개의 비즈니스 단위('프런트 오피스'와 '현장 운영')를 연결할 수 있다.

여러 대기업과 마찬가지로 스노우 인 더 데저트의 고객 흐름에는 100명이 넘는 많은 인원이 할당돼 있다. 그러므로 한 번 더 흐름 분해를 해야 한다.

3. 다음 단계로 고객 흐름의 **트리거**^{Trigger}를 식별한다(그림 12.13).

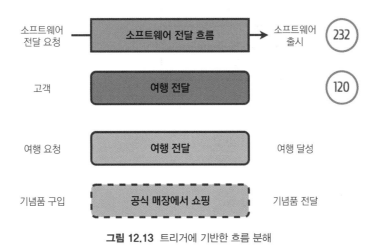

그림 12.13 트리거에 기반한 흐름 분해

그림 12.13에서 보듯 **공식 매장에서 쇼핑**은 트리거에 기반한 분해를 설명하기 적합한 시나리오다. 스노우 인 더 데저트에서 모든 고객 인터랙션은 단일 트리거에 기반하고 있으므로 이 단계는 건너뛰었다. 은행 컨텍스트라면 고객들은 대출 서비스, 계좌 서비스, 외환 서비스 및 다른 트리거를 사용한다.

이 접근 방식은 여전히 각 흐름에 많은 인원을 포함할 수도 있다.

4. 이럴 때는 다음 단계로 흐름을 **중간 단계의 가치**로 변환한다(그림 12.14).

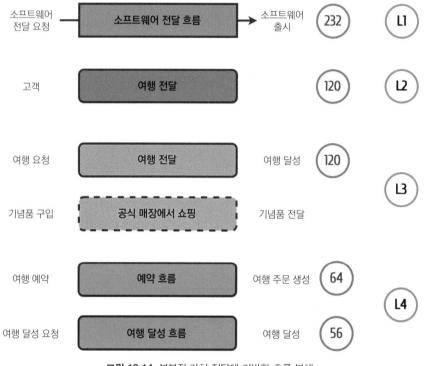

그림 12.14 부분적 가치 전달에 기반한 흐름 분해

그림 12.14에서 보듯 **여행 전달**Tour Delivery 흐름은 **예약 흐름**Booking Flow과 **물류 흐름**Fulfilment Flow으로 나뉜다. 두 흐름은 느슨히 연결돼 있으며 일반적으로 다른 시간에 발생한다. 예약 흐름의 마지막에 고객들은 예약 결과에 관한 확정 정보를 받으며, 이는 부분적인 가치로 간주된다.

5. 팀 구성원 수가 100명을 넘으면 **지원 흐름**^{Suppoting Flow}을 이용해 이러한 흐름을 분해한다. 하지만 해당 수준의 조정을 위한 세심한 노력이 있어야 하기에 흐름의 속도를 오히려 떨어뜨릴 수도 있다. 스노우 인 더 데저트의 모든 흐름은 100명 이하로 구성되므로 이 흐름은 더 이상 분해하지 않는다. 추가적으로 **예약 흐름**을 지원하는 **제품 계획 흐름**^{Product Planning Flow}과 같이 비즈니스 지원을 위한 내부 흐름이 존재할 수도 있다(그림 12.15).

그림 12.15 하위 흐름에 기반한 흐름 분해

흐름 분해 프로세스의 단계마다 **조정 계수**^{Coordination Coefficient}가 증가할 수 있다. 조정 계수는 둘 이상의 하위 흐름을 전용 혹은 동적 리소스를 사용해 조정하는 데 필요한 추가적인 노력 혹은 복잡도를 의미한다. 이 예시에서 **예약 흐름**과 **달성 흐름**은 매우 밀접하게 조정된다. 그림 12.16은 조정 계수와 분해 수준 사이의 관계를 나타낸다.

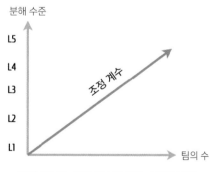

그림 12.16 조정 계수와 분해 수준의 관계

그림 12.16에서 보듯 L5는 더욱 강력한 조정이 필요하며 전달 속도를 늦출 수도 있다. 지금까지 스노우 인 더 데저트의 컨텍스트에서는 4개의 흐름이 식별돼 있으며 각 흐름에는 100명 이하의 사람이 관여한다. 다음으로 시스템을 이 흐름들에 할당해 자율적인 **흐름 팀**을 만든다.

시스템을 흐름에 할당하기

가치 흐름을 중심으로 팀을 구성하는 다음 단계로 시스템들을 흐름에 매핑한다. 이를 위해서는 어떤 시스템이 흐름을 지원하는지 이해해야 한다. 그림 12.17은 스노우 인 더 데저트의 컨텍스트에서 식별한 흐름과 그 흐름에 시스템을 매핑하는 방법을 나타낸다.

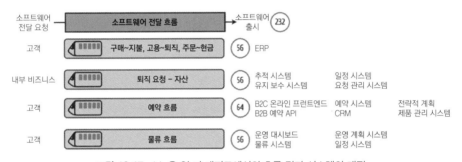

그림 12.17 스노우 인 더 데저트에서의 흐름 팀과 시스템의 매핑

스노우 인 더 데저트에는 더 많은 시스템이 있지만 핵심 시스템만 할당해도 팀의 자율성을 충분히 이해할 수 있다. 다른 대부분 시스템은 이 큰 시스템과 관련된 주변 시스템이다. 이 과정에서 흥미로운 것은 조직들이 몇몇 시스템을 할당되지 않은 상태로 남긴다는 것이다. 해당 시스템들이 할당되지 않은 것에 관해 심도 있게 검토해야 한다. 해당 시스템을 사용하지 않는가? 누락된 흐름이 존재하는가? 혹은 해당 시스템들이 여러 흐름에 걸쳐 사용되는가? 등등.

기업들이 맞닥뜨릴 수 있는 어려움 중 하나는 동일한 시스템이 여러 흐름에 필요하다는 것이다. 이는 잠재적으로 아키텍처를 다시 만들어야 하는 후보군이다.

그림 12.18은 가능한 몇 가지 솔루션을 나타낸다.

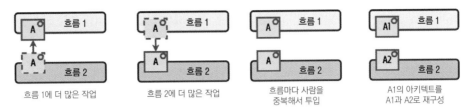

흐름 1에 더 많은 작업   흐름 2에 더 많은 작업   흐름마다 사람을 중복해서 투입   A1의 아키텍트를 A1과 A2로 재구성

그림 12.18 여러 흐름 팀에서 공유하는 시스템

그림 12.18에서 보듯 네 가지 솔루션을 고려할 수 있다.

- 첫 단계는 흐름 사이의 의존성을 식별하는 것이다. 예를 들어 **흐름 1**의 피처는 **흐름 2**의 다른 피처보다 시스템 **A**를 변경하는 경우가 대부분이다. 이때 시스템 오너십은 **흐름 1**에 정렬하는 것이 낫다.

- 반대의 시나리오라면 시스템 **A**의 오너십은 **흐름 2**에 정렬한다. 업무 밀도를 명확하게 정의할 수 없다면 시스템 **A**의 오너십은 **흐름 1**, **흐름 2**에 분배하고 리소스를 복제한다. 그러나 이 접근 방식은 시스템이 완전히 분산화된 배포를 지원할 때만 적용할 수 있다. 이러한 상황에서는 흐름 팀 중 하나의 시스템에 관한 완전한 권한을 갖지 않는 한 지속적인 개선의 오너십에 문제가 생긴다.

- 대안으로 시스템 **A**를 모듈화하고 흐름 경계에 맞춰 마이크로서비스로 아키텍처를 변경함으로써 **흐름 1**, **흐름 2**가 각각의 마이크로서비스를 관리하도록 할 수 있다.

- 시스템 오너십을 결정할 업무 흐름과 시스템 의존성을 명확하게 구분하는 것이 매우 중요하다. 예를 들어 시스템 **A**와 시스템 **B**는 강한 의존성을 가질 수 있다.

- 그러나 대부분의 경우에는 시스템 **A**의 피처를 개발하는 데 시스템 **B**에는 아무런 업데이트도 필요하지 않다. 업무 간 의존성이 존재하는 시나리오에서는 시스템 **A**와 시스템 **B** 사이의 통합이 적다고 하더라도, 종단 간 비즈니스 필요를 달성하기 위해 시스템 **A**의 변경이 대부분 시스템 **B**의 변경을 필요로 한다. 이럴 때는 시스템 **A**와 시스템 **B**를 동일한 흐름 아래 두는 것이 좋다. 높은 업무 의존성이 존재할 때는 조정에 필요한 오버헤드가 결과적으로 전달을 늦춘다.

시스템 흐름 매핑에는 특별한 제약 사항이 없다. 장기적으로 팀들이 의존적인 시스템의 아키텍처를 변경함으로써 흐름 팀 사이에 느슨한 결합을 달성할 것이라 가정한다.

단, 플랫폼 팀과 기술 흐름 팀을 만들지 않도록 주의해야 한다. 플랫폼 팀$^{Platform\ Team}$ 자체가 100명 이상의 개발자로 구성되면 문제점으로 간주해야 한다. 플랫폼 흐름 팀을 만들면 추가적인 핸드오프 지점이 생기며 이는 전달에서의 대기 시간으로 이어진다. 또한 피처 전달 팀 및 플랫폼 팀 사이에 건전하지 않은 긴장을 불러일으킨다.

흐름 팀에 자율성을 부여하기

다음 단계는 해당 팀의 요구를 달성하는 데 필요한 다른 자원들을 식별하고 내재하도록 함으로써 흐름 팀에 자율성을 부여하는 것이다. 여기에는 아키텍트, 테스팅 자원, 인프라스트럭처 팀, 플랫폼 팀, 지원 팀 구성원들, 주제 전문가, PMO, 코치 등이 포함된다. 이는 모든 외부 업무 의존성을 없애야 한다는 의도다. 그러나 전문가 자원이 희소해(데이터 사이언티스트나 인포메이션 아키텍트 등) 모든 흐름 팀에 고유하게 퍼뜨릴 수 없는 때도 있다. 이럴 때는 서비스의 형태로 해당 자원을 사용한다.

그림 12.19는 팀의 유형 그리고 다른 팀과의 인터랙션을 나타낸다.

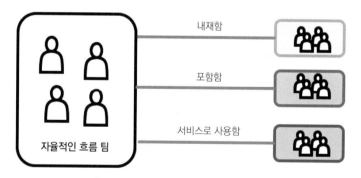

그림 12.19 자율적인 팀과 외부 팀의 참여 모델

그림 12.19에서 보듯 흐름 팀은 **사이트 신뢰성 엔지니어**, 사이버 보안 담당자, 아키텍트 등 전문가를 내재하고 있다. 데이터 사이언티스트와 같은 다른 전문가는 특정한 기간(스프린트 등)에만 포함한다. 이들은 전용 자원으로 참여해 업무를 수행하고 원래 부서로 돌

아간다. 두 가지 옵션을 모두 사용할 수 없다면 해당 자원은 서비스로서 접근한다. 전문가들이 서비스로 참여할 때는 백로그 아이템은 다른 팀의 백로그로 유입돼 계획이 통합되고 시각화되고 약속된다. 많은 흐름 팀은 이러한 팀의 필요를 돌보고 촉진하는 사람을 포함한다.

SAFe에서는 흐름 팀을 **ART**라 부른다. 근본적으로 흐름 팀은 여러 팀을 합친 팀이다. 흐름 팀이 L3, L4 및 L5라면 고정 혹은 가상 구성원을 통한 조정 레이어를 고려해야 한다. SAFe에서는 이 조정 계층을 **대규모 솔루션 트레인**^{Large Solution}이라 부른다. 그림 12.20은 가상의 팀 구성원을 활용한 팀 조정의 내부 흐름을 나타낸다.

그림 12.20 흐름 팀에서의 실질적인 팀 조정

그림 12.20에서 조정 팀은 가상의 팀이며 팀 구성원들은 서로 다른 흐름 팀에 속한다. 흐름 팀은 정해진 기간에 헌신하며 오래 유지되는 고정된 팀이다. 흐름 팀은 시간이 지남에 따라 최적화되기도 한다. 이 팀들은 일반적으로 고정된 역량에 기반하며 예산 가드레일을 기준으로 결정된다. 팀이 결정되면 차례로 업무가 해당 팀에 지속적으로 유입된다. 흐름 팀은 공유된 목표를 갖고 높은 수준으로 응집돼 일하면서 공통 케이던스에 따라 가치를 전달한다.

그림 12.21은 IT 부문의 구조를 흐름 팀과 비흐름 팀의 조합으로 나타낸다.

그림 12.21에서 보듯 애자일 소프트웨어 전달 및 IT 흐름 팀을 포함해 여러 레벨의 다양한 흐름 팀이 위계 없이 존재한다. 흐름 팀과 별도로 CTO 오피스, 운영, 인사, 법무및 다른 흐름 지원 팀(애자일 센터 오브 엑설런스^{Agile Center of Excellence}, 클라우드 지원 팀, 사이버 보안 팀 등)이 존재한다.

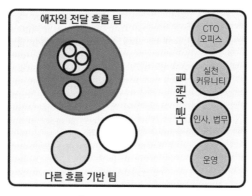

그림 12.21 계층이 없는 IT팀

역량 중심 팀 vs. 흐름 중심 팀

흐름 기반 팀 접근 방식은 전통적으로 사일로에 갇힌 역량 기반 팀 접근 방식을 근본적으로 파괴한다. 이 변화는 즉각적으로 엔터프라이즈 아키텍트에 영향을 준다. 아키텍트들은 역량 기반 관점을 잃어버리게 되며 더 이상 엔터프라이즈 역량 성숙도 모델에 기반한 업무 포지셔닝을 할 수 없게 된다. 역량 시스템 맵이 없으면 엔터프라이즈 아키텍트는 시너지, 재사용성, 합리화 기회를 식별하기 어려워진다. 만약 동일한 역량이 두 흐름 팀에서 서로 다른 기술과 솔루션을 사용해 구현됐다면 어떻게 되겠는가?

그림 12.22는 역량 흐름 매핑을 나타내며 엔터프라이즈 아키텍트는 이 메커니즘을 활용해 역량 모델로 돌아갈 수 있다.

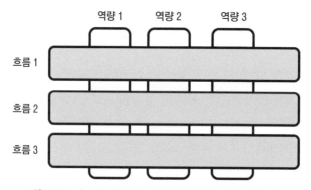

그림 12.22 속도와 지속 가능성의 균형을 위한 흐름 역량 매핑

흐름 팀은 끊임없이 흐름의 속도를 개선하기 위해 노력하지만 역량 관점은 엔터프라이즈 아키텍트에게 소프트웨어 시스템의 지속 가능성에 관한 운영을 할 기회를 준다. 따라서 흐름 역량 매핑은 기업의 의사 결정에 있어 매우 중요하다.

팀 조직화 검증하기

흐름 팀을 조직했다면 운영에 앞서 검증이 필요하다. 그림 12.23은 팀 검증 접근 방식을 나타낸다.

업무 이니셔티브	ART 1	ART 2	ART 3	ART 4
업무 아이템 1	X			
업무 아이템 2			X	
업무 아이템 3				X
업무 아이템 4		X	X	
업무 아이템 5	X			

그림 12.23 흐름 팀 검증 도구

그림 12.23에서 보듯 흐름 팀은 최근 전달된 여러 이니셔티브 및 피처에 매핑돼 있다. 여기에서 목표는 새로운 각 흐름 팀이 새로운 흐름 팀 구조에서 어떤 피처를 전달했는지 표시하는 것이다. 흐름 팀 구조가 완벽하다면 하나의 업무 아이템은 단 하나의 흐름 팀에만 매핑된다.

흐름 팀 안에서의 팀 구조화하기

흐름 팀들은 자율적이며 규모는 최대 100명이다. 효과적이고 효율적인 흐름 팀 운영을 위해 흐름 팀에는 내부 구조가 필요하다. 흐름 팀 안의 팀 구조화를 위해 다양한 전략을 사용할 수 있다.

첫 번째 원칙은 흐름 팀 안의 하위 흐름 팀Sub-Flow Team을 만드는 것으로 여기에서의 흐름은 피처 레벨의 흐름을 의미한다. 그림 12.24는 각기 다른 세 가지 피처 기반 팀 구조화를 보여준다.

그림 12.24 피처 기반 팀의 구성

그림 12.24에서처럼 한 피처는 여러 시스템에 걸치거나, 한 시스템 안에 있거나, 한 시스템의 여러 모듈에 걸쳐서 존재할 수 있다. 이 컨텍스트에서 하나의 피처는 지속적으로 진화하는 요구 사항의 집합이다. 예를 들어 여행 예약 시나리오에서 결제, 검색 및 예약은 오랫동안 진화하는 피처다. 흐름 팀은 여러 시스템에 걸친 피처 팀, 시스템에 속한 피처 팀 또는 시스템의 여러 모듈에 걸쳐 있는 피처 팀의 조합이 될 수 있다.

피처 팀 이외에 **시스템 팀**System Team, **조력자 팀**Enabler Team 및 **촉진 팀**Facilitation Team이 존재할 수도 있다(그림 12.25).

그림 12.25 다양한 유형의 팀

팀 구조의 4개 유형은 다음과 같다.

- **피처 팀**Feature Team: 엔지니어링 팀으로 비즈니스 피처를 개발하며, 앞에서 설명한 모델 중 하나를 따른다. 피처 팀은 **여러 시스템**에 걸쳐 있거나, 한 시스템 안에 있거나, 한 시스템의 여러 모듈에 걸쳐 있다.

- **시스템 팀**System Team: 지속적인 통합, 배포, 출시 관리를 책임진다. 또한 시스템 모니터링, 제품 준비 확인, 성능, 취약점 평가 및 시스템 관련 활동을 책임진다. 이들은 또한 역량 조정과 같이 능동적인 시스템 개선점을 찾는다. 또한 클라우드와 같은 셀프서비스 플랫폼을 도입함으로써 외부 인프라스트럭처 팀을 제거할 수 있다.

- **조력자 팀**Enabler Team: 피처 팀이 빠르게 업무를 할 수 있도록 돕는다. 조력자 팀은 **지속적인 통합과 지속적인 전달**CI/CD, Continuous Integration & Continous Delivery 파이프라인 초기 구성, 쿠버네티스 클러스터 같은 소프트웨어 배포 등 복잡한 기술적 어려움을 해결한다. 이들은 피처 팀이 집중력을 잃지 않는 것을 보장한다. 조력자 팀은 일시적이며 이들은 **구현-운영-전달**BOT, Build-Operate-Transfer 접근 방식을 사용한다.

- **촉진 팀**Facilitation Team: PMO, 재무, 인력 관리, 공급 관리 및 엔지니어링과 관련은 없지만 흐름 팀의 성공과 밀접하게 관련된 팀이다. 엔지니어링 팀과 시스템 팀의 역할에서 불필요한 관리나 운영 활동을 덜어낸다. 촉진 팀들은 비기술 팀으로 많은 확장 애자일 프레임워크에서 잘 드러나지 않는다.

아마존에서 제안한 피자 두 판으로 먹일 수 있는 팀Two-Pizza Team 원칙에 따르면 모든 팀은 '7~15명'으로 구성돼 커뮤니케이션 오버헤드를 줄인다. 『Creating Great Teams』(Pragmatic, 2015)에서 설명한 자기 선택 워크숍Self-Selection Workshop을 통해 팀을 쉽게 조직할 수 있다. 자기 조직화 원칙의 예는 다음과 같다.

- 회사를 위한 최선의 행동을 한다.

- 팀은 이상적인 상황에서 8~9명으로 구성된다. 가장 넓은 구성원 허용 범위는 7~15명으로 한다.

- 모든 팀은 각 기능 그룹의 인원을 최소 1명씩 포함해야 한다.

- 선택 프로세스의 마지막에는 팀 구성과 스킬을 확인한 뒤 필요한 조정을 해야 한다.

- 몇 차례 반복한 뒤, 한 가지 원칙에 따라 세부적으로 조정한다. "무엇이 회사에 최선인가?"

인지 부하 Cognitive Load를 이용해 하나의 시스템에 얼마나 많은 사람이 필요한지, 현재 작업량에 따라 결정한다. 존 스웰러John Sweller는 인지 부하를 '업무 기억에 사용되는 정신적인 노동의 총량'이라고 정의했다.

흐름 팀은 기술적인 아키텍처 레이어, 프로그래밍 언어, 미들웨어, 사용자 인터페이스와 같은 기술적 시스템 인프라스트럭처를 중심으로 조직되지 않도록 해야 한다. 이런 형태는 많은 의존성을 만들고 새로운 피처의 흐름을 방해하며 결과적으로 깨지기 쉬운 FrAgile 설계로 연결되기 때문이다.

또한 꼭 필요한 게 아니라면 플랫폼 팀을 만들어서는 안 된다. 플랫폼 팀은 핸드오프, 지연, 피처 팀과 플랫폼 팀 사이의 긴장을 만들어낸다. 그림 12.26은 플랫폼 팀을 조직하는 시나리오를 나타낸다.

그림 12.26 플랫폼 팀 구성

그림 12.26에서 보듯 플랫폼 팀은 피처 팀의 일부이거나 전담 팀이 될 수 있다. **피처 팀 1**과 **피처 팀 2**는 다이어그램의 왼쪽과 같이 CMS 플랫폼의 일부를 각각 소유한다. 다이어그램 오른쪽에서 볼 수 있듯 CMS는 별도의 전담 팀인 **플랫폼 팀 1**이 소유하며 플랫폼 팀 1은 **피처 팀 1**, **피처 팀 2**의 업무를 전달받는다. 플랫폼 팀 1은 팀의 기술적 역량이나 스킬에 의존해 업무를 선택한다. 전자의 방법을 훨씬 더 권장한다.

완전한 흐름 팀은 그림 12.27과 같다.

흐름 팀마다 팀에 최적화한 팀 토폴로지를 갖는다. 일반적으로 흐름 팀은 피처 팀, 시스템 팀, 조력자 팀, 활성화 팀 및 스크럼 마스터, 프로덕트 오너, 아키텍트로 구성된 가상 리더십 팀으로 구성된다. SAFe에서는 이를 **ART 리더십**ART Leadership이라 부른다.

그림 12.27 완전한 흐름 기반 팀(종합)

엔지니어링, 아키텍처 및 다른 역량들은 여러 흐름 팀으로 분할된다. 이런 방식은 자율적인 전달 팀에는 최선이기는 하나, 이 접근법은 이들의 자원 가용성을 함양하는 데 가장 큰 문제를 겪는다. 다음 절에서는 실천 커뮤니티의 역할을 살펴본다.

실천 커뮤니티 만들기

실천 커뮤니티 CoP, Communities of Practice는 교차 학습 및 개발 그룹으로 스킬 향상과 교차 스킬 자원에 관한 책임을 진다. 예를 들어 아키텍처 CoP는 구성원에게 클라우드, 마이크로서비스, IoT, 애자일 아키텍처 및 다른 새로운 기술을 활용할 수 있도록 교육하고 성장시킨다.

그림 12.28은 CoP의 형태를 나타낸다.

그림 12.28 실천 커뮤니티(CoPs)

그림 12.28에서의 수직 블록은 흐름 팀들을 나타낸다. CoP는 전담 구성원을 가질 수 있으며, 이들은 교차 흐름 팀의 학습을 조정하고 촉진하고 문서화하며 공유하는 책임을 진다. 아키텍처에 따라 이 시설 팀은 아키텍처 패턴, 원칙, 가이드라인, 참조 모델 등을 흐름 팀 구성원들과 함께 구현하는 책임을 지기도 한다.

⫶ 차세대 IT로 이동하기

흐름 팀은 지속 가능성과 품질을 타협하지 않고 비즈니스 가치를 빠르게 전달하기 위한 최고의 수단이다. 비즈니스 조직이 전통적인 비즈니스 단위의 사일로를 파괴하면서 흐름 기반으로 조직으로 전환될 때 비즈니스 기민함을 달성하는 데 더욱 효과를 발휘한다. 결과적으로 완전히 정렬된 비즈니스 소유자 커뮤니티와 함께 흐름 단계를 최적화하고 소프트웨어를 빠르게 전달하는 데 도움을 준다. 이럴 때 비즈니스 오너는 진정한 프로덕트 오너가 된다.

비즈니스가 흐름 기반으로 조직된다면 흐름 기반 IT 팀들은 비즈니스 팀에 더욱 잘 통합될 수 있다. 비즈니스 안에 팀을 포함하면 두 팀이 공동의 비전과 컨텍스트를 갖게 되므로 동기 부여 수준은 물론 목적의식도 높일 수 있다. CoP는 이 팀들을 묶어 커뮤니티 기반으로 성장시킨다. IT 운영, 다른 IT 가치 흐름, CTO 오피스, 사이버 보안 및 다른 필수 요소는 지속적으로 IT 경계 안에 머문다.

그림 12.29는 통합된 비즈니스와 IT 모델을 나타낸다.

스노우 인 더 데저트에서는 IT 흐름 팀이 각각의 비즈니스 팀에 완전히 포함돼 응집을 최대화함으로써 더 나은 가치를 빠르게 전달한다는 것을 알 수 있다.

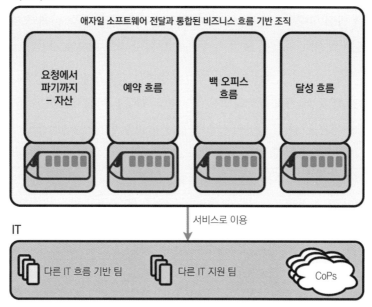

그림 12.29 통합된 IT와 비즈니스 모델

⁝⁝ 정리

12장은 조직 구성하기의 중요성과 지속 가능한 팀 구조를 만드는 아키텍트의 역할에 초점을 맞췄다.

이번 장에서는 비즈니스 기민함 및 비즈니스와 IT 사이의 관계를 살펴봤다. 조력자로서 IT는 새로운 시장의 신호가 나타났을 때 비즈니스를 지원할 수 있도록 민첩해야 한다. IT에서의 운영의 기민함을 위한 다섯 가지 중요한 요소를 살펴봤다. 규모에 맞는 애자일 소프트웨어 전달, 기술적 탁월함, 데브옵스와 지속적인 전달 포용, 린 애자일 마인드셋 그리고 마지막으로 가치를 중심으로 조직화하는 것이었다. 또한 불필요한 수작업 승인 같은 낭비를 줄임으로써 흐름을 최적화하는 방법들도 살펴봤다. IT 내에서의 가치 흐름을 식별하고 자원의 분배를 이해하는 것은 사람들을 조직할 때 필수적이다.

흐름 분해의 개념도 다뤘다. 흐름 분해는 관리 가능한 자율적인 흐름 팀을 구성하는 효과적인 접근 방법이며 흐름 팀은 최대 100명으로 제한된다. 흐름 분해의 다섯 단계는 소프트웨어 전달 흐름, 퍼소나, 트리거, 부분적 가치 및 지원 흐름에 기반한다.

다음으로 권한을 위임하고 흐름 팀을 조직하는 방법을 살펴봤다. 피처 팀, 시스템 팀, 조력자 팀, 촉진 팀 등 네 가지 유형의 팀을 식별했다. 역량을 중심으로 하는 엔터프라이즈 아키텍트의 어려움, 흐름 팀 사이의 시스템 공유, 플랫폼 팀 생성, 연합한 팀 환경에서의 개인의 성장과 같은 흐름 팀이 직면하는 몇 가지 문제점에 관해서도 살펴봤다. 마지막으로 차세대 IT 조직 구조의 도입에 관해서도 살펴봤다. 흐름 기반의 IT와 비즈니스를 함께 내재화한 IT 조직 구조를 만듦으로써 더욱 린한 IT 조직을 만들어야 한다.

13장에서는 아키텍트의 문화와 마인드셋을 다룬다. 이 또한 애자일 소프트웨어 개발의 성공을 위해 반드시 필요하다.

⁞⁞ 더 읽을거리

- 『**팀 토폴로지**』(에이콘, 2021)

13

문화와 리더십 특성

"변화의 비밀은 자신의 모든 에너지에 집중하는 것이다. 옛것을 바꾸는 것이 아닌 새것을 만
드는 것이다."

– 소크라테스^{Socrates}

12장에서는 기민함을 위한 조직을 만들면서 디지털 트랜스포메이션 과정에서의 아키
텍트의 핵심적인 역할을 살펴봤다.

일반적인 일하는 방식과 기술적 탁월함을 넘어 애자일 소프트웨어 개발에서는 문화, 행
동, 마인드셋이 매우 중요하다. 조직과 리더십은 개인과 팀의 문화에 많은 영향을 준다.
새로운 리더십 접근 방식과 스타일을 도입하고, 사람과 경쟁력에 투자하고, 명확하게
커뮤니케이션하고, 심리적으로 안전한 환경을 만드는 것은 고성과 조직의 긍정적인 행
위다. 고성과 팀은 강한 결합, 강한 정신적 가치를 나타내고 장기적으로 조직에 많은 이
익을 준다. 고성과 조직과 팀의 행동, 마인드셋 및 특성을 확인함으로써 이를 자세히 살
펴본다.

애자일 아키텍트들은 개개인의 신뢰, 투명성 및 긍정적인 성장 마인드셋에 기반한 견고한 협업 문화를 필요로 한다. 또한 갈등 해소와 같은 대인 관계 스킬도 필요하다. 높은 인지 능력이 있는 개인들의 협업 과정에서는 자연히 이런 갈등이 발생하기 때문이다. 올바른 환경을 제공하고 일관적인 동기를 부여함으로써 개인 및 대인 관계의 행동을 개발하는 데 도움을 줄 수 있다. 13장에서는 공감, 존중, 호기심, 보살핌과 같은 개인적 특징에 초점을 맞춘다. 또한 협업, 갈등 해소, 인지 지능 개발, 동기 부여, 피드백 및 애자일 아키텍트에게 필요한 속성들에 관해서도 살펴본다. 이는 영향이나 협상 같은 전통적인 경쟁력보다 우선한다.

이번 장에서는 다음과 같은 주제를 다룬다.

- 변화의 필요성 이해하기

- 고성과 조직의 문화 살펴보기

- 올바른 리더십 선택하기

- 아키텍트에게 필요한 개인적 특성

- 아키텍트에게 필요한 대인 관계 특성

13장에서는 애자일 아키텍트의 렌즈에서 **문화와 리더십 영역**에 초점을 맞춘다(그림 13.1).

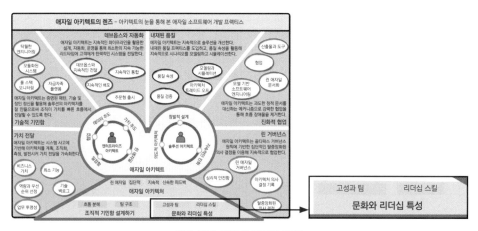

그림 13.1 문화와 리더십 영역

13장에서는 애자일 아키텍트가 애자일 소프트웨어 개발에 관한 새로운 경쟁력을 갖춰야 하는 이유를 가장 먼저 살펴본다. 그런 다음 고성과 조직 및 팀의 특성을 살펴보고 애자일 아키텍트로서의 올바른 접근 방식과 리더십에 관해 살펴본다. 이후, 연관된 컨텍스트 안에서 애자일 아키텍트에게 필요한 10가지 개인적 특성을 살펴본다. 마지막으로 유용한 도구와 모델을 공유함으로써 애자일 아키텍트의 대인 관계 특성을 살펴본다.

변화의 필요성 이해하기

사람을 중심에 두는 애자일 소프트웨어 개발 선언의 원칙 중 "동기가 부여된 개인들 중심으로 프로젝트를 구성하라. 그들이 필요로 하는 환경과 자원을 주고 그들이 일을 끝내리라고 신뢰하라"가 있다. 3장, '애자일 아키텍트 – 성공의 핵심'에서 살펴본 것처럼 건축가인 아키텍트가 정원사 또는 인테리어 디자이너가 되려면 일하는 방식의 변화 이상이 필요하다. 문화, 마인드셋, 사회적 행위 모두를 급진적으로 바꿔야 한다.

그림 13.2는 애자일 소프트웨어 전달에서 아키텍트의 운영 환경이 변화하는 형태를 나타낸다.

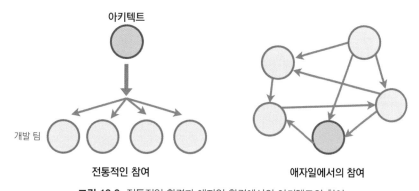

그림 13.2 전통적인 환경과 애자일 환경에서의 아키텍트의 참여

그림 13.2에서 보듯 전통적인 참여는 하향식이며 피드백을 거의 받을 수 없는 형태다. 반면 애자일 소프트웨어 개발에서 팀들은 위계 없이 밀접하게 상호 작용한다. 구성원들이 밀접하게 상호 작용하고 참여 기반의 진화적 협업은 애자일 소프트웨어 개발의 성패

를 좌우한다. 애자일 아키텍트의 운영 원칙은 지속적으로 참여하기, 권위 없이 영향주기, 팀의 일부 되기, 끊임없이 팀 구성원을 양육하고 성장시키기 등 매우 다양하다. 애자일 아키텍트는 성공을 위해 추가로 개인적인 스킬과 대인 관계 스킬을 익혀야 한다. 물론 기존 아키텍트들의 경쟁력인 영향과 협상, 비즈니스 사고, 분석과 문제 해결, 이해관계자 관리 스킬은 굳이 언급할 필요도 없다.

그림 13.3은 애자일 아키텍트의 문화 및 행동의 사다리를 나타낸다.

그림 13.3 문화 및 행동 사다리

애자일 소프트웨어 개발에서 아키텍트들은 자율적이고 권한을 위임받은 팀의 일원이며, 이 팀은 평등한 권한을 갖는다. 「The Global Study of Technical Engagement Report」에서는 팀에 속했을 때 그렇지 않을 때보다 참여도가 2.3배 높다고 설명한다.

문화 이동을 위해서는 조직의 구조화 행동을 조직의 팀과 구성원들에게 넘겨야 한다. 고성과 조직과 팀은 조직의 기민함의 근간이다. 이는 다음 절에서 더 자세히 살펴본다.

고성과 조직의 문화 살펴보기

대형 크루즈선의 메타포는 조직의 기민함과 자주 연관돼 있다. 그러나 비즈니스의 기민함을 달성하고자 노력하는 고성과 조직이라면 애자일 소프트웨어 개발 모델을 도입하는 것만으로는 불확실성의 폭풍 속을 성공적으로 항해할 수는 없다. 구형의 선박에 새로운 엔진을 얹는다고 한들 선박은 매끄럽게 움직이지 않는다.

'라만의 조직 행동 법칙Larman's Law of Organizational Behavior'은 대기업의 규모, 문화, 행동 및 마인드셋이 조직 구조에 영향을 받는다고 언급한다. 민첩한 조직이 되려면 구조, 리더십 및 문화에 메스를 들이대야 한다. 고성과 조직에서는 리더십의 행동과 문화가 조직의 트랜스포메이션의 성패를 결정한다. 리더는 구성원, 구성원의 건강 및 구성원의 웰빙Well-Being에 대한 책임을 져야 한다. 구성원들은 보살핌을 받는다고 느낄 때 마음가짐이 바뀌고 조직의 기민함이 극적으로 개선된다.

마음가짐, 스킬, 행동 변화를 수반하는 문화의 변화는 조직의 트랜스포메이션 과정에서 가장 어려운 동시에 이익이 큰 부분이다. 「14th State of Agile Report」에 따르면 애자일 소프트웨어 개발을 도입할 때 가장 어려운 문제점 중 하나가 조직 문화다. 이 보고서는 애자일 소프트웨어 전달 모델을 도입해 조직이 얻을 수 있는 이익 중 하나로 팀의 사기 진작을 꼽는다. 존 코터John Kotter는 자신의 '변화 이끌기Leading Change' 8단계 모델에서 애자일 트랜스포메이션의 마지막 단계에 문화 변화를 놓았다. 코터는 "사람들은 변화의 가치를 직접 보기 전까지는 절대로 변화하지 않는다"라고 주장한다.

에드거 샤인Edgar Schein, 프레데릭 라루Frederic Laloux, 블라투카 흘루픽Vlatka Hlupic, 피터 센게Peter Senge, 앨런 펄롱Alan Furlong은 '애자일 컨소시움Agile Consortium'에서 자신들의 연구 결과에 기반해 애자일 문화를 다음과 같이 정의했다. "애자일 문화는 환경을 만드는 것이다. 이 환경은 가치, 행동, 프랙티스에 기반한다. 이를 통해 조직과 팀 및 개인은 복잡성, 불확실성 및 변화를 적응적이고 유연하고 혁신적이며 탄력적으로 다룰 수 있다." 고성과 학습 조직은 구성원 개인을 보살핀다. 조직은 구성원에게 정교하고 안전하며 즐거운 공간을 제공함으로써 실험과 일상의 학습을 통해 성장할 수 있게 한다.

그림 13.4는 전통적인 조직의 문화와 현대적인 조직의 문화를 비교해 보여준다.

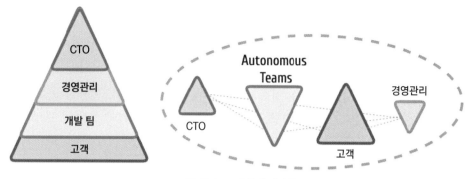

그림 13.4 조직 위계 평탄화

전통적인 조직들은 그림 13.4 다이어그램의 왼쪽처럼 에고^{Ego}, 명령과 통제, 관료적인 의사 결정의 계층에 뿌리를 둔다. 정보는 위에서 아래로 여러 계층을 타고 흐른다.

현대적인 조직들은 이 피라미드를 뒤집고 평탄화한 네트워크를 만든다. 다이어그램의 오른쪽처럼 린 관리 계층이 각 요소를 사회적으로 연결한다.

현대적인 조직의 문화와 리더십의 행동들은 전통적인 조직과는 차원이 다르다. 그림 13.5는 **기민함**과 **사람 중심**$^{People\ Orientation}$을 축으로 다른 조직을 비교해 나타낸다.

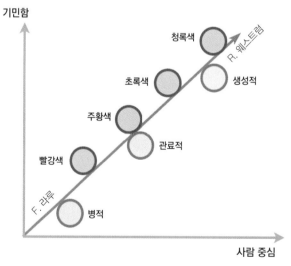

그림 13.5 서로 다른 문화의 조직들

그림 13.5에서 **청록색**^{Teal} 조직은 프레데릭 라루가 그의 책 『조직의 재창조』(생각사랑, 2016)에서 제안한 개념으로 가치와 원칙에 기반하며 목적 주도적이고 점진적으로 진화하며 공동의 책임을 갖고 스스로를 관리한다. **초록색**^{Green} 조직은 몇 가지 애자일 개발 선언 원칙을 고수하고 **주황색**^{Orange} 및 **빨강색**^{Red} 조직은 매우 엄격하며 사람에 중심을 두지 않는다.

론 웨스트럼^{Ron Westrum}은 그의 논문인 「A Topology of Organizational Culture」에서 문화에 따라 조직을 구분하고 **생성적**^{Generative} 조직이 **병적**^{Pathological} 조직이나 **관료적**^{Bureaucratic} 조직보다 낫다고 평가했다. 생성적 조직은 미션, 능동적인 정보 흐름, 정렬, 인식, 권한 위임, 근본 원인으로부터의 학습을 중시한다. 생성적 조직인 넷플릭스^{Netflix}는 그들의 조직 가치를 높은 성과, 자유와 책임, 통제가 아닌 컨텍스트, 고도의 정렬 및 느슨한 결합의 다섯 가지로 정의했다.

'슈나이더의 문화 모델^{Scheneider's Cultural Model}'을 이용해 조직의 문화를 이해할 수 있다. 이 모델은 사람·조직 중심, 현실·가능성 중심이라는 2개의 축을 기준으로 조직 문화를 '협업^{Collaborative}, 통제^{Control}, 능력^{Competency} 및 경작^{Cultivation}'이라는 사분면으로 나눈다. 이 모델은 조직 문화 사이의 우위를 정의하지 않지만 성찰과 조정을 위한 훌륭한 아이디어들을 제공한다. 동일한 모델을 팀에 적용해 팀의 문화를 확인할 수도 있다.

고성과 팀은 조직이 추구하는 문화, 행동, 마인드셋을 가진다. 다음 절에서는 고성과 팀의 행동 특성을 살펴본다.

고성과 팀의 행동 이해하기

동기 부여된 개인들이 있는 고성과 팀은 운영적 기민함의 기반이다. 고성과 팀의 행동과 특성은 그림 13.6에서 볼 수 있다.

고성과 팀의 특성	
에너지와 열정 가득한 행복한 직원	책임
높은 팀의 사기	공유된 비전과 지식
신뢰와 투명성	명확한 역할과 책임
개방된 솔직한 커뮤니케이션	심리적 안전함
건설적인 갈등 관리	낭비 제거 및 의미 있는 일에 집중
명확한 운영	현재에 집중
가치와 목표 주도	비난하지 않는 문화
실증적 혁신과 창의성	지속적인 개선
높은 생산성	자기 조직화

그림 13.6 고성과 팀의 행동과 특성

패트릭 렌시오니Patrick Lencioni는 그의 책 『탁월한 조직이 빠지기 쉬운 5가지 함정 탈출법』(다산북스, 2007)에서 일반적으로 나타나는 팀의 역기능으로 신뢰 부재, 갈등에 대한 두려움, 약속의 부족, 책임 회피 및 결과에 대한 무관심을 들었다. 『The Agile Leader』(Pearson, 2020)의 저자인 즈자나 소코바Zuzana Sochova는 팀이 피해야 하는 나쁜 행동으로 방어, 비난의 문화, 의사 방해, 멸시를 꼽았다.

구글이 리워크 사이트에 공개한 여러 기술 가운데 '팀의 효과를 이해하라Understand Team Effectiveness'에서 효과적인 팀은 개인의 성과, 보상, 팀 내 서열에 좌우되지 않으며 팀이 구성단위로 함께 일하는 데 기여한다고 설명한다. 저자들은 효과적인 고성과 팀의 특성을 우선순위에 따라 다음과 같이 정의했다(그림 13.7).

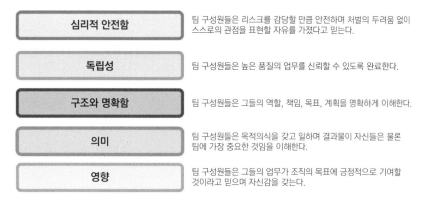

심리적 안전함	팀 구성원들은 리스크를 감당할 만큼 안전하며 처벌의 두려움 없이 스스로의 관점을 표현할 자유를 가졌다고 믿는다.
독립성	팀 구성원들은 높은 품질의 업무를 신뢰할 수 있도록 완료한다.
구조와 명확함	팀 구성원들은 그들의 역할, 책임, 목표, 계획을 명확하게 이해한다.
의미	팀 구성원들은 목적의식을 갖고 일하며 결과물이 자신들은 물론 팀에 가장 중요한 것임을 이해한다.
영향	팀 구성원들은 그들의 업무가 조직의 목표에 긍정적으로 기여할 것이라고 믿으며 자신감을 갖는다.

그림 13.7 구글 리워크의 팀 효과

고성과 팀을 만드는 데는 많은 시간이 필요하며 점진적으로 조정해야 한다. 많은 조직은 아키텍트들에게 조언자와 리더십의 역할을 기대한다. 다시 말해 전략적 투자를 촉진하고 기여함으로써 지속 가능한 기술적 탁월함을 보이는 고성과 팀을 만들기를 원한다.

13장의 남은 부분에서는 고성과 팀 안에서 일하는 아키텍트에게 필요한 개인 및 대인 관계의 특성을 살펴본다. 고성과 조직 또는 고성과 팀이 아닌 환경에서 일하는 아키텍트라면 이런 특성들을 학습하거나 나타내기 어려울 수도 있다.

⁝⁝ 올바른 리더십 선택하기

아키텍트는 스크럼 마스터나 프로덕트 오너와 달리, 지적 능력이 있는 팀을 이끌어 장인 정신을 달성할 수 있게 도움을 주는 데 위치적으로 유리하다. 높은 표준을 수립하고 팀이 목표를 달성하도록 성장시킴으로써 장인 정신을 달성할 수 있다. 이러한 관점에서 아키텍트는 다음과 같은 책임을 가정할 때 매우 중요한 리더십 역할을 한다.

• 지속적이며 성찰하는 학습 문화를 통해 높은 성과를 내는 개인들을 육성한다.

• 개인들이 솔루션을 만들고 정렬하도록 협업하고 영감을 불어 넣고 영향을 준다.

• 시스템 및 관련된 프로세스의 지속적인 개선에 집중한다(카이젠Keizen).

- 지속 가능성과 리드타임의 균형을 유지하도록 우선순위를 이끈다.

- 집단적 아키텍처 의사 결정을 촉진하고 갈등을 해소한다.

- 기술적 제약 사항을 최소화하고 기술적 장애물을 제거한다.

좋은 아키텍트는 'A급 선수$^{A\ Player}$'와도 같다. 이들은 스스로 과감한 목표를 설정하고 기꺼이 행동할 의지를 나타내고 탄력적으로 변화를 빠르게 수용한다. A급 선수들의 특성은 다음과 같다.

- 지식과 인사이트를 활용해 팀 구성원들에게 정중하게 도전함으로써 팀을 이끈다.

- 전문성과 경험을 바탕으로 개개인을 이해하고 영감과 동기를 고취한다.

- 개인들의 잠재력을 발견하고 성공을 위해 이를 설정함으로써 만족을 달성한다.

- 경험, 전문성, 지적 능력을 바탕으로 변화를 기대하며 팀이 중심을 잃지 않도록 돕는다.

- 팀의 의사 결정을 지지하고 그룹이 만들어낸 설계와 아키텍처에 대해 개인적인 책임을 진다.

하버드 비즈니스 리뷰$^{Havard\ Business\ Review}$의 논문 「Nimble Leadership」에는 오늘날의 많은 기업이 직면한 문제를 정확히 나타냈다. 논문에서는 "어느 누구도 명령과 통제의 리더십을 권장하지 않지만, 완전한 형태의 대안 또한 아직 만들어지지 않았다"라고 언급한다. 그렇기에 애자일 소프트웨 개발에 권장되는 단일한 리더십 접근 방식은 존재하지 않는다. 혁신과 원칙의 균형을 이루는 작업은 여전히 현재 진행형의 문제이기 때문이다. 애자일 소프트웨어 개발에 적합한 여섯 가지 리더십은 그림 13.8과 같다.

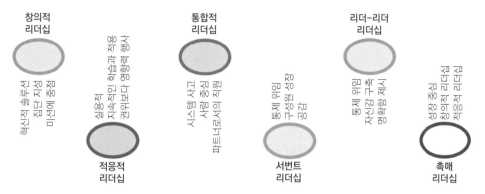

그림 13.8 애자일 아키텍트를 위한 리더십 접근 방식

그림 13.8에서 나타난 리더십 접근법 외에도 다양한 리더십 스타일이 존재한다. 그중 대니얼 골먼^{Danial Goleman}이 제안한 '6 리더십 스타일'이 유명하다. 이는 리더십의 행동을 **선견지명**^{Visionary}, **코칭**^{Coaching}, **제휴**^{Affiliate}, **민주**^{Democratic}, **솔선수범**^{Pacesetting}, **명령** ^{Commanding}의 여섯 가지로 나눈다. 코칭 스타일은 애자일 소프트웨어 전달에 적합하지만 개인의 천성적인 리더십 스타일은 바꾸기 어렵다. 그러므로 앞의 다이어그램에 나타난 애자일 친화적 리더십의 요소를 부단히 연습해야 한다. 아키텍트는 상황에 따라 리더십 스타일을 바꿔야 할 수도 있다. 그림 13.9의 다이어그램에 나타낸 상황적 리더십 ^{Situational Leadership}은 리더십 스타일의 전환에 유용하다.

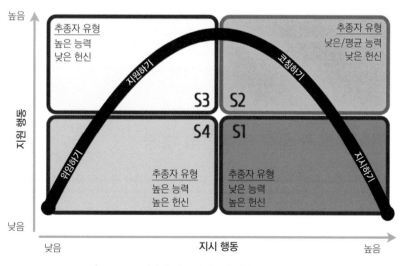

그림 13.9 폴 허시와 켄 블랜차드가 제안한 상황적 리더십

그림 13.8 다이어그램의 모델은 '상황 리더십 이론Situational Leadership Theory'에서 도입한 것으로 폴 허시Paul Hersey와 켄 블랜차드Ken Blanchard가 제안했다. 두 사람은 추종자 유형의 능력에 따라 리더십을 전환할 것을 권장한다.

물론 아키텍트들이 개발자들의 상급자가 아니다. 더구나 애자일 개발에서 아키텍트들은 어떠한 권위도 없이 협업하는 존재다. 권력이 개입되면 개인들의 동기가 저하될 수 있다. 그림 13.10은 리더십의 컨텍스트에서 권위와 자율성의 관계를 나타낸다.

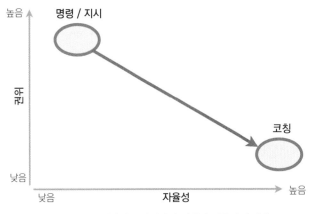

그림 13.10 리더십 스타일에서 권위와 자율성의 관계

여섯 가지 리더십 스타일 중 명령과 지시는 가장 권위적인 리더십이다. 코칭 스타일 리더십은 자율성을 제공하며 애자일 개발에 적합하다. 권위가 없는 협업적 리더십은 리더로서 아키텍트가 측정한 개인 및 대인 관계의 특성이 있을 때만 얻을 수 있다. 다음 절에서는 아키텍트에게 필요한 개인적 특성을 살펴본다.

⠿ 아키텍트에게 필요한 개인적 특성

애자일 아키텍트는 애자일 마인드셋을 가져야 한다. 이는 개방적이고 긍정적으로 팀과 동등하게 협업하는 것, 변화하는 데이터를 활용해 일할 수 있는 것, 지치지 않고 고객의 가치에 집중하는 것, 지속적인 학습과 성장에 끊임없이 집중하는 것을 의미한다. 애자일 아키텍트의 바람직한 프로파일은 E 형태의 성격과 가깝다.

그림 13.11은 다양한 성격 프로파일을 나타낸다.

그림 13.11 I, T, E 유형 프로파일

I, T, E 유형 프로파일의 특징은 다음과 같다.

- I 유형은 특정한 분야에 깊은 전문성이 있는 전문가다.
- T 유형은 일반화된 전문가로 특정한 분야에 전문성이 있으면서 다양한 분야에 폭넓은 경험이 있다.
- E 유형은 차세대 전문가로 경험, 전문성, 탐색 및 실행을 조합한다.

E 유형은 스스로 방향을 정하며 창의성을 발휘하고 아이디어를 만들 뿐 아니라 그 아이디어를 현실로 바꾼다. 애자일 아키텍트는 탐험의 마인드셋을 갖고 많은 경험과 개념에 대한 전문성을 지니며 아이디어를 성공적으로 실행할 능력을 갖춰야 한다.

세상에 동일한 조직은 없으므로 조직의 제약 사항과 문제를 이해하고 그에 따라 행동을 조정해야만 한다. 다음 절에서는 애자일 아키텍트가 애자일 프로젝트를 성공적으로 운영하는 데 필요한 10가지 개인적인 특성을 살펴본다.

대가를 바라지 않는 전폭적인 지원

대가를 바라지 않는 것은 신뢰를 만드는 데 있어 매우 중요하며 신뢰는 고성과 팀의 근간이다. 애자일 아키텍트는 팀과 동료 및 시니어 리더십과 대가를 바라지 않고 업무를 수행하는 마음가짐을 지녀야 한다. 아키텍트는 능동적으로 개인의 필요와 요구를 이해하고 정보와 지식을 공유함으로써 솔루션을 만들고 새로운 경험을 얻으며 심지어 문제 상황에서 회복할 수 있도록 전폭적으로 도와야 한다.

아키텍트는 개인들이 더 나아지도록 대가를 바라지 않고 지원하는 것을 통해 만족감을 얻는 마인드셋을 개발해야 한다. 대가를 바라지 않는 궁극적인 동기는 아키텍트의 성공이 자신들이 지원한 개인들이 각자의 역할을 뛰어넘도록 하는 것이다.

대가를 바라지 않는 지원은 오래 지속되는 깊은 관계를 생성할 수 있으며, 이는 다른 사람들의 연결과 참여로 이어진다. 대가를 바라지 않는 것은 시간을 들여 노력해야 취할 수 있는 행동이다. 변화에는 시간이 걸리므로 끈기와 인내가 필요하다는 것을 기억해야 한다.

존중, 평등, 겸손

동료들을 전문가로서 존중하며 대하는 것은 집단 지성을 찾는 응집된 팀에서 매우 중요하다. 팀의 모든 개인은 저마다의 아이덴티티와 현상status을 갖고 있으며, 목적을 갖고 자신들의 전문가로서의 삶을 일궜다. 경험, 능력, 행동 및 다른 사항과 관계없이 모두 동등하고 공손하게 대해야 한다. 존중, 평등, 겸손은 애자일 아키텍트가 팀과 협업하면서 집단적인 의사 결정을 내릴 때 매우 중요하다.

모든 사람이 참여하고 질문할 수 있게 독려하고 어떤 질문이라도 던질 수 있도록 하라. 피터 센게는 자신의 책 『학습하는 조직』(에이지21, 2014)에서 "가능하다면 모든 구성원이 가장 어렵고 미묘하고 갈등이 일어날 만한 문제를 제기하도록 하는 것이 팀이 일하는 데 필수적이다"라고 말한다. 모든 사람의 관점에 의문을 제기함으로써 더 나은 결과를 얻을 수 있다. 그리고 자신의 생각에도 의문을 던져야 한다. 모든 사람은 지적이며 그들의 관점을 표현할 권리가 있다는 가정하에 모든 사람을 전문가로 대해야 한다.

웰빙 관리를 위한 마인드풀니스

성공적인 애자일 소프트웨어 전달로부터 얻을 수 있는 이익 중 하나는 직원의 행복이다. 행복한 직원들은 서로 잘 연결되며 긴장도 적다. 개인적인 행복은 조화를 가져다준다.

일반적으로 아키텍트들은 일하는 과정에서 스트레스를 받는 상황에 자주 놓인다. 논의 과정에서 개발 팀, 시니어 경영진 및 비즈니스 사이에서의 빈번한 컨텍스트 전환을 경험한다. 이런 회의나 논의들은 종종 정치적으로 비난 받는다. 번아웃을 피하기 위해서는 정기적으로 개인의 에너지를 새롭게 해줘야 한다.

마인드풀니스Mindfulness는 세심한 주의를 통해 마음을 회복하고 다지는 기법이며 명상 또는 요가 이상의 것이다. 로만 피츨러Roman Pichler는 '프로덕트 매니저와 프로덕트 오너를 위한 마인드풀니스 팁Mindfulness Tips for Product Managers and Product Owners'이라는 글에서 '다급함과 공황 상태를 피하고, 한 번에 한 가지 일만 하고 적절한 휴식을 취하고 열린 마음을 유지하고 긍정적인 자세를 취하며 명상하는 것'이 도전적이고 스트레스가 가득한 상황에서도 마음과 영혼을 차분히 유지하는 데 도움이 된다고 말한다.

마인드풀니스는 에너지, 공감, 친절함을 높여주고 사람의 마음과 정신 상태를 제어할수 있도록 돕는다. 마음을 차분하게 준비하고 상황에 적절하게 대응하는 것은 인간적인 측면이다. 마인드풀니스는 관찰과 반응 사이에 공간과 생각하는 시간을 더하는 매일의 연습을 통해 유도되는 행동이다. **마인드풀니스 기반의 스트레스 감소**MBSR, Mindfullness-Based Stress Reduction는 분노와 스트레스 수준을 낮추는 데 도움을 줘서 우리가 현실을 살아갈 수 있게 한다.

새로운 지식을 얻기 위한 호기심

빠르게 변화하는 기술 중심의 세계에서 아키텍트는 기술적 리더로서 자신이 속한 팀의 범위를 넘어서는 아이디어를 살펴야 한다. 새로운 정보와 기회를 통해 새로운 지식을 끊임없이 추구해야 한다.

호기심 많은 학습자로서 아키텍트들은 수단을 가리지 않고 새로운 아이디어를 찾아야한다. 개발자들과 정기적으로 지적인 대화를 하면서 정보를 교환할 수 있다. 내부 및 외부 전문가 네트워크를 만들고 콘퍼런스와 세미나 및 소셜 네트워킹에 참여함으로써 자신들의 브랜드 가치를 지속적으로 개선한다. 아키텍트들은 자신들의 정체성과 브랜드에 민감하며 스스로를 개선하고 재발견하기 위해 노력한다. 아키텍트들은 정체를 싫어하며 내부적 또는 외부적으로 기회를 발견하고 기회를 잡기 위해 행동한다. 이들은 새로운 지식을 습득하는 데서 멈추지 않고 시간을 내서 넓은 내외부 커뮤니티에 얻은 지식을 공유한다.

좋은 아키텍트는 겉으로 드러난 현상 뒤에 존재하는 문제의 근본 원인을 찾는다. 이들은 어려움으로부터 배우는 것에 열정적이며 호기심 넘친다. 호기심은 올바른 시각에 따라 오랜 시간에 걸쳐 형성되며 열정을 요구한다.

긍정적인 사고에 기반한 성장 마인드셋

빠른 속도의 변화무쌍한 기술 세계에서 지속적인 학습, 개선, 혁신을 위해서는 성장 마인드셋Growth Mindset이 필요하다. 성장 마인드셋은 지능을 늘릴 수 있다는 긍정적인 마음의 상태를 나타낸다. 성장 마인드는 경험, 학습, 반응에 관한 긍정적인 스토리를 공유하도록 돕는다. 아키텍트들은 성공을 위해 성장 마인드셋을 개발해야 한다. 이는 개인들의 인식을 높이며 존중을 받도록 도와준다.

성장 마인드셋을 가진 사람은 항상 새로운 도전을 찾으며 성공을 위해 리스크를 기꺼이 감당할 의지를 보여주며 실패를 새로운 학습으로 여긴다. 캐롤 드웩Carol Dweck은 자신의 책 『마인드셋』(스몰빅라이프, 2017)에서 '성장 마인드셋은 도전을 포용하고 좌절을 지속적으로 대면하며 노력을 달성의 통로로 여기며 비판으로부터 학습하고 다른 이들의 성공에서 영감과 교훈을 찾아내는 성격'이라고 정의했다.

반대로 고정된 마인드셋을 가진 개인들은 자신이 아는 것에 머무르고 리스크와 도전을 피하고 쉽게 포기하며 비판을 묵살하고 다른 사람의 성공에 불안함을 느낀다. 고정된 마인드셋은 인지 왜곡으로 이어진다.

헌신에 대한 내적 동기

직위, 수준, 권위 등의 용어를 성장으로 생각하지 않는 위계가 없는 수평 조직에서는 내적 동기가 부여된 개인들이 더 나은 성공의 기회를 갖는다. 외적 동기가 부여된 개인들은 돈, 권력, 명성을 지속적으로 좇으며 결과적으로 종종 두려움에 사로잡히거나 동기가 꺾인다.

내적으로 동기 부여된 사람들을 '흐름 심리학Flow Phychology'에서는 **오토텔릭**Autotelic(자기 목적을 가진 사람들)이라 부른다. 오토텔릭은 스스로 결정을 내리며 호기심이 넘치고, 목적 주도적인 삶을 산다. 이들은 자주 흐름 상태Flow State를 보인다. 흐름 상태란 현재의 태스크에 엄청나게 집중하는 마음 상태다. 이들은 업무에서의 즐거움, 가정의 삶 관계, 사회적 연결 측면에 집중한다. 일, 존중, 가치, 직장에서의 보상은 지속적인 동기 부여를 얻기 위한 수단으로 여긴다.

내적 동기 부여는 흥미, 즐거움, 긍정적 사고, 인식 지능 향상 등에 의식적으로 주의를 돌림으로써 개발할 수 있다.

새로운 기회를 탐색하는 창의성

더욱 짧은 혁신 사이클을 통해 가치를 전달하고, 혁식적인 방식을 통한 지속적인 개선을 추구하는 것은 애자일 소프트웨어 개발에서 매우 중요하다. 확실하지 않고 예측할 수 없는 업무 환경에서 애자일 아키텍트는 창의적인 방법을 발견함으로써 자신들은 물론 그들이 속한 팀에 긍정적인 스프린트를 유지하도록 해야 한다. 같은 방식으로 같은 업무를 계속 반복하게 되면 지능적인 개인들의 동기는 저하된다.

리더로서의 애자일 아키텍트는 지속적으로 접근 방식을 재발명함으로써 시스템을 개선하고 새로운 기술에 대한 경험을 통해 솔루션을 제시하고 혁신적인 방법을 찾아 지속적인 전달 파이프라인의 효율을 높여야 한다. 리스크를 감내하도록 독려하는 것 역시 애자일 아키텍트의 가장 중요한 측면 중 하나다.

상자 밖에서 생각Thinkin Out of the Box하고 창의적인 아이디어를 내는 것은 아키텍트가 갖춰야 할 특성이다. 모든 것에 대한 창의적인 대안을 살펴봄으로써 이 특성을 기를 수 있다.

개인의 가치를 보호하는 자존감

자존감Self-Esteem은 개인의 내적 가치를 나타내는 심리학 용어다. 자존감은 아이디어, 열정, 행동, 감정, 신념, 스킬, 능력의 조합이며 자기 동기 부여와 직접적으로 이어진다.

자존감이 높은 사람은 동기 부여 수준과 자신감이 매우 높으며 긍정적인 에너지를 주변으로 발산한다. 자존감이 높은 사람은 필요하다면 자신 있게 '아니오'라고 말한다. 아키텍트에게 있어 이러한 특성은 협상과 의사 결정 과정에서 매우 중요하다.

자존감이 낮은 사람은 다른 사람이 자신보다 낫다고 생각한다. 스스로를 표현하지 않고 낮은 프로파일을 유지하며 부정적인 모습을 보인다. 또한 비판을 수용하는 데 문제를 겪고 자신감이 낮아 미래에 관한 분명한 모습을 갖지 않는다. 자존감이 낮은 사람들은 자신들이 최고라는 것을 표현하고자 할 때 오만함Arrogance을 드러낸다.

감정적인 연결을 위한 공감

공감Empathy은 애자일 소프트웨어 개발 환경에서의 새로운 만트라Mantra다. 공감은 다른 사람에게 반응할 때 자신의 감정과 타인의 감정을 연결하고 이해하는 것이다. 공감하려면 적극적인 경청과 감정 지능Emotional Intelligence이 필요하다. 경청은 듣는 사람이 말하는 사람에게 완전히 집중하게 한다. 말하는 사람을 이해할 뿐더러 반응하기 위한 반응이 아니라 더 좋은 반응을 하게 한다. 감정 지능은 개인의 경험과 여러분의 정신 상태를 연결함으로써 반응을 적절히 조절하도록 돕는다.

공감 능력은 애자일 아키텍트에게 꼭 필요하다. 개발자들이 솔루션을 제안했을 때 아키텍트는 날카로운 조언을 하는 것이 아니라 그들이 그렇게 할 수 있도록 독려하고 도와야 한다.

사이먼 시넥은 고성과 문화에서 '어떤 사람이 충분한 성과를 내지 못한다면, 그것은 그들이 잘못된 것이 아니라 그들에게 문제가 있음을 의미한다는 것'을 관찰했다. 이러한 사람들을 돕고 이들이 감정적이고 육체적으로 어떻게 느끼는지 이해하고 어려움을 해결할 수 있도록 공감을 통해 이끎으로써 원상태로 돌아오게 하는 것이 중요하다.

주의 확보를 위한 경영진으로서의 존재

애자일 아키텍트들은 시니어 IT 리더십이나 비즈니스 경영진의 회의에 다른 IT 이해관계자들과 함께 적극적으로 참여한다. 시니어 경영진 회의는 여러 사람의 이목을 끄는 데다 경영진과의 시간이 매우 짧기에 특별하게 관리돼야 한다.

경영진으로서의 존재^{Executive Presence}[1]는 애자일 아키텍트가 개발해야 할 핵심적인 리더십 특성이다. 경영진으로서의 존재의 다양한 특성에는 평정심, 자기 인식 및 타인 인식 등이 있다. 앞에서 언급한 것처럼 다른 사람의 감정을 알아차림으로써 감정을 통제하고 반응을 조정하는 것은 경영진으로서의 존재를 위해 매우 중요하다.

경영진으로서의 존재를 가진 사람들은 다른 사람들과 잘 연결되고, 다른 사람들을 편안하게 만들어 주며, 경청을 통해 카리스마를 보여주고, 현재 상황에 주의를 기울이며, 올바른 관찰을 통해 적시에 반응하고, 커뮤니케이션에 자신 있게 참여한다. 이들은 올바른 자세, 눈빛, 몸짓, 말하는 방식을 바꿈으로써 사람들의 주의를 끈다. 주제에 관한 깊은 지식과 자신감, 명확함, 신뢰에 기반한 커뮤니케이션을 통해 신뢰를 구축한다. 이들은 장황한 발언을 피하며 매우 명확하고 간결하게 말한다. 경영진으로서의 존재는 꾸준한 연습을 통해 얻을 수 있다.

대인 관계의 품질은 그릿^{grit}(지속성, 참을성, 탄력성, 고집을 갖고 열정을 쫓는 능력)이 필요한 장기적 목표다. 이를 지속적으로 연습하면 개인과 조직이 위대한 성공을 달성하는 데 도움이 된다. 이런 핵심 스킬들과 함께 개인적 자질이 많은 가치를 더한다. 그러나 다른 대인 관계 스킬들도 성공을 완수하는 데 매우 중요하다. 다음 절에서 이에 관해 살펴본다.

---

1   경영진으로서의 존재란 확신을 고양시키는 능력이다. 하급자들에게는 여러분을 따르고 싶은 리더로, 동료들에게는 여러분이 역량이 있고 믿을만한 존재로, 무엇보다 상급자들에게 여러분이 위대한 성과를 낼 수 있는 잠재력이 있음을 확신하게 하는 능력을 말한다. - 옮긴이

⁞ 아키텍트에게 필요한 대인 관계 특성

애자일 아키텍트는 다른 사람들과 상호 교류하며 그들을 성공시키기 위한 지속적인 마인드셋과 행동, 즉 대인 관계 특성을 갖춰야 한다. 이번 절에서는 아키텍트가 애자일 팀에서 성공적으로 일하기 위해 필요한 10가지 대인 관계 스킬을 살펴본다.

집단적인 오너십을 위한 협업하기

애자일 소프트웨어 개발에서 아키텍트는 자율적이며 권한을 부여받은 탈중앙화된 의사 결정을 요구함으로써 진화적인 협업을 적극적으로 추구해야 한다. 집단적인 오너십을 위한 협업과 관련한 내용은 3장, '애자일 아키텍트 – 성공의 핵심'과 10장, '협업을 통한 린 문서화'에서 논의했다. 협업은 집단 지성, 집단 오너십, 집단 지식을 낳고 과도한 문서화를 줄인다.

협업은 다양한 관점을 수집하고 총체적인 솔루션을 만들고 합의하는 수단이다. 진화적인 협업은 모든 팀 구성원에게 공유된 비전, 컨텍스트, 목적을 만들기 위해 광범위하고 개방된 커뮤니케이션이 필요하다. 아키텍트는 팀과 협업하기 위해 아키텍처 비전, 의도적 아키텍처, 솔루션 컨텍스트를 공유해야 한다.

협업은 뛰어난 촉진, 갈등 해결, 영향력 행사, 협상 스킬을 요구한다. **Displined Agile**[DA]은 애자일 아키텍처 오너의 역할을 퍼실리테이터[Facilitator]로 묘사한다. 아키텍트는 교착 상태[Deadlock]를 해결해야 한다. 훌륭한 퍼실리테이터는 모든 사람의 의견을 동등하고 가치 있게 여기며, **가장 높은 보수를 받은 사람의 의견**[HIPPO, Highest-Paid Person's Opinion]이 승리하는 것과 같은 지배 상황을 피한다. 퍼실리테이터는 논의 어젠다와 논의 시간을 효과적으로 관리한다. 모든 아키텍트가 좋은 퍼실리테이터의 스킬을 갖춘 것은 아니다. 더욱 큰 아키텍처의 조직이라면 천성적으로 퍼실리테이션 스킬을 가진 구성원들을 찾아내고, 이들을 통해 아키텍처 논의를 촉진할 수 있다. 또는 스크럼 마스터나 애자일 코치 같은 퍼실리테이터를 중요한 아키텍처 미팅에 초빙할 수도 있다.

샘 카너[Sam Kaner]는 그의 책 『민주적 결정방법론』(쿠퍼북스, 2017)에서 효과적인 **참여적 의사 결정**을 위한 세 가지 원칙을 제안한다. 그룹의 다양성이 주는 이점을 활용하고, 효과적으로 경청하고, 구조화된 다양한 활동을 제공함으로써 그룹의 에너지를 관리하는 것이다. 로저 피셔Roger Fisher, 윌리엄 유리William Ury, 브루스 패튼Bruce Patton은 『Yes를 이끌어내는 협상법』(장락, 2014)에서 **원칙에 기반한 협상**Principled Negotiation을 통해 원만하게 효과적으로 현명한 결과물을 만드는 방법을 제안한다. 원칙에 기반한 협상의 네 가지 요소는 사람과 문제를 분리하기, 직위가 아닌 관심에 집중하기, 상호 이득을 위한 옵션 개발하기, 객관적인 기준 사용하기다.

디자인 씽킹과 같은 고객 중심 접근 방식은 협업을 통한 솔루션 개발에 큰 가치를 더한다. 디자인 씽킹은 고객을 중심에 둔 경량의 반복적 접근 방식이며 디자인 카운슬Design Council이 제안한 더블 다이아몬드Double Diamond 접근 방식을 이용한다. 첫 번째 단계에서는 고객에 대한 공감을 통해 문제를 식별하고, 두 번째 단계에서는 다양한 선택지에 대한 모델링과 로토타이핑을 통해 솔루션을 찾아낸다. 디자인 씽킹은 확산 수렴Divergent-Convergent 접근법을 사용한다.

애자일 아키텍트는 갈등 해결 스킬을 익힘으로써 자율성과 정렬의 균형을 이룰 수 있도록 협업해야 한다. 이와 관련한 내용은 다음 절에서 살펴본다.

갈등 해결을 통해 더 나은 품질의 산출물 얻기

갈등, 어려운 대화 및 창의적인 긴장은 뛰어난 개인들이 혁신적인 지적 사고를 통해 기준을 높이는 과정에서 필연적으로 발생한다. 갈등은 혁신적이고 뛰어난 솔루션을 만들어내는 데 도움이 될 수 있다. 갈등이 없다면 **그룹 사고**Groupthink가 일어난다. 팀 구성원들은 쉽게 솔루션에 관해 합의하지만 최적의 품질을 얻기란 쉬운 일이 아니다.

호기심Inquiring을 통해 지식을 확장하고 **강력한 질문**을 사용해 상황을 명확히 하는 것은 솔루션에 관한 논의를 이끄는 올바른 방법이다. **강력한 질문하기**Powerful Questioning는 열린 질문, 진지하게 생각할 수 있는 질문을 던지는 기법이다. 이러한 질문들은 호기심과 열의를 불러일으킨다. 평등Equality은 갈등을 다룰 때 가장 중요한 행동 측면의 하나다. 전문적이지 않은 독설을 피하고 결과와 범위 및 우선순위에 집중하고 대립을 존중하고 문제를 해결하기 위한 긍정적인 의도를 보이고 공감하며 대화에 임해야 한다.

마샬 로젠버그Marshall Rosenberg가 개발한 **비폭력 대화**NVC, Non-Violent Communication는 상황이 잘못돼 가는 상황에서 갈등 해소를 연습할 수 있는 훌륭한 방법이다. NVC는 인식과 커뮤니케이션의 세 가지 측면에 집중한다. 자기 공감, 타인 공감 그리고 관찰, 감정, 필요와 가치, 요청이라는 네 가지 필수 요소를 이용한 자기표현이다. 이는 팀 구성원 모두가 자기 책임 및 비난하지 않는 문화에 있을 때 유효하다.

건강한 논의는 비전문적인 대립이 아니다. 시의적절하고 건설적인 참견이나 피드백은 대화를 통한 갈등 해결에 도움이 된다. 회의의 모든 참석자가 같은 선상에 있지 않으면 지적으로 높은 수준의 대화는 이뤄지기 어렵다. 코칭, 1-2-1 대화, 짝대화, 지식 공유 세션 같은 레벨 설정 세션을 갖거나 부조종사Co-Pilot를 추가하는 것도 좋다. 일반적으로 가치가 낮은 질문들이 던져질 수도 있다. 이러한 대화를 막는 것은 바람직하지 않다. 성실하게 교육 세션을 열고 회의 후 사적인 대화를 하도록 함으로써 이들이 주제에 지속적으로 흥미를 갖도록 도울 수 있다.

심리학자인 윌리엄 몰턴 마스턴William Molton Masrton이 제안한 **DISC 이론**DISC theory 기반으로 사람들을 이해하고 다양한 방식으로 참여시킬 수 있다. 갈등이 발생했다면 그 갈등을 사람으로부터 분리Depersonalization하고 24시간 안에 해결해야 한다. 긴카 토겔Ginka Toegel은 "모든 개인은 문제 해결을 위한 다른 접근 방식과 마인드셋을 사용할 수 있으며 감정적인 반응의 강도가 다를 수 있다"라고 말하며 사람들을 사전에 판단하지 말 것을 권고한다. 팀 구성원과 그들의 스타일을 이해함으로써 상황에 잘 반응할 수 있다.

11장에서 소개한 마이클 타디프Michael Tardiff의 의사 결정 모델(그림 11.11)의 네 가지 접근 방식(동의Consent, 합의Consensus, 다수결Majority 및 독재Aristocratic) 중 하나를 사용하는 것도 좋다. 모든 갈등 시나리오의 결과물은 **토머스 킬만의 갈등 모드 구도**Thomas-Kilmann's Conflict Mode Instrument로 나타낼 수 있다(그림 13.12).

가장 바람직한 모델은 협업하기Collborating이지만 특정한 개인에게 최종 결정권이 있고 팀 안에서 합의가 이뤄지지 않을 때는 경쟁하기Competing도 유용하다.

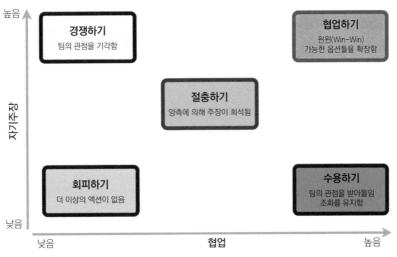

그림 13.12 갈등 해소를 위한 토머스 킬만의 갈등 모드 구도

요약하면 집단 지성을 발견하기 위해서는 공개적으로 갈등을 표현하는 건전한 환경을 구축해야 한다. 아키텍트는 퍼실리테이터로서 그러한 갈등을 효과적으로 관리해야 한다. 해결되지 않은 갈등은 개인적 혹은 전문가로서의 자존심, 두려움, 동기 저하, 분노로 이어진다.

스토리텔링을 이용해 더욱 잘 소통하기

자율성은 지속적으로 공유할 컨텍스트를 요구한다. 지속 가능한 솔루션을 적절한 속도로 만들기 위해 아키텍트들은 투명하고 지속적으로 비전, 컨텍스트, 목표를 팀과 소통해야 한다. 팀이 고객의 필요를 완전히 이해했을 때 아키텍트들은 자신들이 하는 일에서 목적의식을 발견하고 이는 확고한 약속으로 이어진다. 사이먼 시넥은 **골든 서클**Golden Circle을 이용해 "좋은 커뮤니케이션은 항상 '왜Why', 즉 목적에서 시작한다"라고 말한다.

직접적이고 정직하며 진정한 커뮤니케이션은 팀 구성원들이 개인적이고 감정적으로 잘 연결되도록 도우며, 결과적으로 신뢰와 응집을 가능케 한다. 애자일 아키텍트는 추상적인 정보, 불확실성, 확신되지 않은 불안한 혼란함 속에서도 일할 수 있는 마인드셋을 가져야 하며 그 가운데에서도 팀의 커뮤니케이션에 집중할 수 있어야 한다.

커뮤니케이션은 건강한 팀, 좋은 팀의 근간이다. 커뮤니케이션의 단절은 혼란, 분노, 두려움을 야기한다. 정보가 즉각적이고 적절하게 소통되지 않으면 개인들은 자신들에게 무엇을 기대하는지, 앞으로 어떤 일이 일어날지 모르는 불안한 마음 상태에 놓인다. 이러한 불확실한 상태는 동기와 열정을 감소시키고 스트레스와 긴장을 불러일으키며, 심지어 사람들의 웰빙이나 개인적인 삶에까지 영향을 미칠 수 있다.

스토리텔링은 효과적인 커뮤니케이션을 위한 훌륭한 메커니즘이다. 신경 결합^{Neural Coupling}은 이야기가 사람들의 뇌를 자극하고 청자들이 자신의 경험과 이야기를 연결해 해석하도록 한다고 설명한다. 그렇기에 스토리는 청자의 마음에 오랜 기억을 만들어낸다. 스토리텔링은 옥시토신이라는 신경 물질을 방출하도록 돕는다. 옥시토신은 신뢰와 공감을 높이는 물질이기도 하다. 비즈니스 스토리텔링에서 스토리는 고객, 비즈니스 부서 같은 다양한 퍼소나에 기반해 만들어지며 이야기 안의 인물들에 반영해 고민거리들을 설명한다.

경쟁력 확보를 위한 재능 양성하기

탈중앙화된 의사 결정을 위해서는 많은 교육과 코칭을 통해 팀이 올바른 의사 결정을 내릴 수 있을 만큼의 역량이 있음을 보장해야 한다. 역량이 충분하지 않은 팀의 의사 결정은 고객의 기대에 심각한 영향을 미칠 수 있다.

기술적 탁월함을 위한 개발자 커뮤니티를 성장시키는 것은 애자일 아키텍트의 핵심적인 역할이다. 리더로서 아키텍트는 개인들의 경계를 그들의 안락 영역^{Comfort Zone}을 넘어 확장시킴으로써 최고의 능력을 끌어내야 한다. 개인의 성장 영역은 행동, 문화, 종교, 기술 및 정신 상태를 포함한 다른 기술과 역량까지도 포함한다.

전통적인 평가 기반 및 관행적인 학습 접근 방식은 애자일 소프트웨어 개발에는 적합하지 않다. 이는 불필요한 압박과 스트레스를 개인에게 부여한다. 대신 여러분은 높은 동기를 부여하는 학습 환경을 제공함으로써 개개인이 자유롭게 스킬 향상과 다양한 기술들을 필요와 흥미에 따라 습득할 수 있게 해야 한다. 권한을 위임해 학습을 가속화함으로써 신뢰 기반의 **자기 주도 학습**^{Self-Directed Learning}은 호기심 많은 학습자 육성에 도움이 된다. 플랫폼, 학습 경로, 즐거움, 자기 평가 등을 제공함으로써 개인을 독려할 수 있다.

개인의 학습 경험은 국지적인 밋업meet up, 내부 컴피티션, 학습 그룹, 해커톤hackathon, 실천 커뮤니티, 혁신 스프린트, 오픈 스페이스 마켓플레스, 챕터Chatper, 길드Guild 등을 통해 향상될 수 있다.

아키텍트는 교사, 코치, 멘토로서 활동하며 개인의 학습을 지원할 수 있다. 아키텍트들 스스로도 호기심 많은 평생 학습자여야 한다. 개인의 내적 동기를 고양하기 위해 아키텍트들은 롤 모델 역할을 함으로써 그들을 이끌어야 할 수도 있다.

종종 조직들은 학습 경로를 설정할 때 기업의 현재 필요에 관해서만 생각한다. 그러나 이는 예측할 수 없는 애자일 환경에서는 적절하지 않다. 학습 경로는 업계 전문가의 지식과 해당 전문가의 위치에서 수행할 수 있는 스킬 수준과 동일하게 설정해야 한다. 이러한 접근 방식은 개인에게 자신감을 주고 동기를 부여한다.

팀이 의사 결정을 내릴 만큼 충분한 역량을 갖췄더라도 애자일 아키텍트는 의사 결정에 있어 추가적인 주의를 기울여야 한다. **터크만 모델**Tuckman Model은 팀 개발을 촉진하기 위해 리더십 전략을 네 단계로 정의하며 팀에 더욱 많은 자유를 부여할 시점을 결정하는데 활용할 수 있는 훌륭한 모델이다. 그림 13.13은 터크만 모델이 제시하는 다양한 단계를 나타내며 의사 결정과 관련된 팀의 컨텍스트를 함께 적용한 것이다.

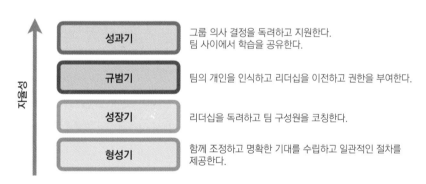

그림 13.13 터크만 모델을 활용한 의사 결정 역량 성숙도

수파리^{Shu-Ha-Ri2}는 애자일 역량을 학습하고 구축하는 데 도움이 된다. '수^{Shu}'에서 팀은 변화를 도입하고, '파^{Ha}'에서 팀은 연습을 통해 지속적인 개선을 만들어내며, '리^{Ri}'에서는 전문성을 나타내 보인다.

아키텍트 역할을 하는 개인들은 13장에서 설명한 모든 개인적 특성 및 대인 관계 스킬을 보유하지 못한 사람들과 함께하고 있을 수도 있다. **스킬 매핑**^{Skill Mapping}은 팀 구성원들의 스킬을 식별하는 효과적인 기법이다. 스킬 매핑을 사용하면 필요할 때 여러분을 대신해 특정한 역할을 함께할 수 있는 사람을 결정하는 데 도움을 받을 수 있다.

더 나은 결과를 위해 동기 부여하기

사려 깊은 리더로서 아키텍트들은 지식, 에너지를 끊임없이 전달함으로써 주위의 사람들에게 영감을 불어 넣고 동기를 부여해야 한다. 때때로 개인들은 동기가 저하되거나 실망하거나 두려움에 빠진다. 이러한 상태는 다른 이들에게도 영향을 준다. 아키텍트는 팀의 일원으로써 이러한 상황을 감지하고 이를 해소할 수 있도록 지원해야 한다.

기술적 리더로서 아키텍트는 지속적인 참여를 통해 개인들에게 동기를 부여해야 한다. 감정적 지능을 활용한 깊은 참여는 동기 저하의 근본 원인을 식별하는 데 도움을 준다. 휴식을 권장하고 흥미로운 무언가에 구성원의 주의를 전환시키고 문제를 적극적으로 해결할 수 있는 다른 리더들에게 정보를 공유함으로써 동기가 낮아진 개인들을 효과적으로 도울 수 있다.

성공을 함께 축하함으로써 내적 동기를 가진 개인들의 동기를 높일 수 있다. 사회적 활동을 함께 하는 것은 소속감을 불러일으킨다. 학습, 실패의 조기 발견, 점진적인 성공에 대한 축하, 개인의 선행 인정, 다른 사람들로부터의 인정 등이 이에 속한다. 축하를 정보

---

2 불교 용어가 어원인 것으로 전해지나, 현재는 검도에서 기본으로 사용하는 개념이다. 배움으로 시작해서 고수가 되는 과정을 3단계 개념으로 정리한다. 첫 번째 단계인 '수(守)'는 '가르침을 지킨다'는 의미로 사부가 가르친 기본을 철저하게 연마하기 위해 지루한 반복을 거듭하는 단계다. 여기서 지루한 반복은 어제와 비슷한 단순 반복이 아니다. 들뢰즈 용어로 이야기하면 어제와 다른 차이를 지속적으로 생성하는 다른 반복이다. 두 번째 '파(破)'는 원칙과 기본기를 바탕으로 자신의 개성에 따라 독창적인 응용 기술을 창조하는 단계다. 마지막 단계인 '리(離)'는 모든 것에 얽매이지 않고 새로운 신기의 세계로 입문하면서 스승과 이별하는 단계다. – 옮긴이

방열기처럼 사용하라. 금전적인 보상에 기반하지 않은 큐도^{Kudos} 시스템이 직원의 만족도와 리텐션을 높일 수 있다. 하버드 비즈니스 리뷰의 보고서인 「The Benefits of Peer-to-Peer Praise at Work」는 '젯블루^{JetBlue}에서 인정이 10% 높아질 때마다 리텐션과 참여가 각각 3%, 2%씩 증가한다'고 보고했다.

보상, 인정, 감사는 개인의 내적 동기를 높인다. 이는 팀 환경에 행복과 긍정을 가져다준다. 작은 고마움 표시와 감사 쪽지가 개인이 일을 더 잘할 수 있게 돕는다. 적극적인 감사 쪽지는 팀 구성원에게 긍정적인 놀람을 주는 동시에 자신들이 그 팀에 소속됨을 기뻐하게 만든다. 감사를 전할 때는 단순히 감사하는 것에서 그치지 말고 진정함을 전달하라. 그들이 한 일을 이해하고 주제와 연결하고 가능한 한 많은 컨텍스트를 담아 감사를 전하라. 감사의 말과 함께 컨텍스트를 더하는 것만으로도 큰 차이를 만들어낼 수 있다.

아키텍트는 지속적으로 반대 방향에서 품질에 참여하고 상태를 이해해야 한다. 코드나 품질 대시보드를 확인하고, 수정되거나 개선돼야 할 부분은 어디인지 팀 구성원들에게 조언해야 한다. 실무에서의 멘토링과 안내를 위한 올바른 역량을 습득할 때까지 오랜 시간이 걸릴 수도 있다. 코드 품질, 아키텍처 정렬, 운영 환경에서의 결함, 리팩터링을 위한 노력과 같은 지표에 기반한 보상을 통해 팀으로 하여금 자신들이 올바른 것을 하고 있음을 인식하고 참여하게 할 수 있다. 리더 대시보드나 게임 모델을 활용해 장인정신 마인드셋을 가진 사람들을 보상하고 알려라.

『무엇이 성과를 이끄는가』(생각지도, 2021)에서는 동기를 부여하는 요소들을 설명하는 모델을 제시한다. 이 모델에서는 여섯 가지 요소(세 가지 직접 요소, 세 가지 간접 요소)를 제시한다(그림 13.14).

분주한 개발자들은 많은 아티클이나 지식 저장소의 자료들을 읽는 데 시간을 쓰지 못할 수도 있다. 이들은 방대한 인터넷 자료들로부터 필요한 정보를 얻는 데 문제를 겪고 있을 수도 있다. 사려 깊은 리더로서 아키텍트는 이러한 자료들을 확인하고 필요한 내용만 선별적으로 제공함으로써 개발 팀에 영감을 불어넣을 수 있다.

아키텍트는 구성원들에게 영감을 불어 넣을 때 성실함과 끈기, 탁월함을 위해 지속적으로 노력하면서 롤 모델로서 솔선해야 한다.

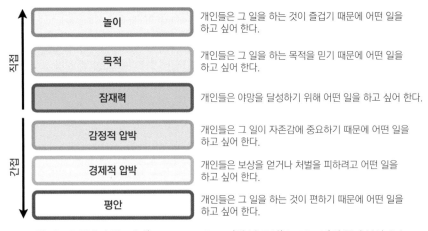

	놀이	개인들은 그 일을 하는 것이 즐겁기 때문에 어떤 일을 하고 싶어 한다.
직접	목적	개인들은 그 일을 하는 목적을 믿기 때문에 어떤 일을 하고 싶어 한다.
	잠재력	개인들은 야망을 달성하기 위해 어떤 일을 하고 싶어 한다.
간접	감정적 압박	개인들은 그 일이 자존감에 중요하기 때문에 어떤 일을 하고 싶어 한다.
	경제적 압박	개인들은 보상을 얻거나 처벌을 피하려고 어떤 일을 하고 싶어 한다.
	평안	개인들은 그 일을 하는 것이 편하기 때문에 어떤 일을 하고 싶어 한다.

그림 13.14 린제이 맥그리거(Lindsay MacGregor)와 닐 도시(Neel Doshi)의 동기 부여 요소

사례를 통한 이끌기와 서번트 리더십 보이기

리더로서 아키텍트는 지속적으로 높은 성과를 보임으로써 구성원들의 롤 모델이 돼야 한다. 아키텍트는 프로세스가 아니라 가치와 결과물에 집중하며 분석 마비가 아니라 행동을 촉구해야 한다. 사고 리더로서 아키텍트들은 아이디어를 만들고 팀이 현명하고 혁신적인 솔루션으로 복잡한 문제를 해결하도록 도와야 한다. 이는 고객과 기업에 매우 가치 있는 일이다. 아키텍트들은 그들의 아이디어를 사람들이 전달하도록 영향을 미쳐야 한다. 아키텍트는 팀에 참여하고 그들이 말한 것을 실천하는 과정에서 지속적으로 서번트 리더십 원칙을 사용해야 한다.

피드백을 통해 지속적인 개선하기

아키텍트는 리더로서 지속적으로 피드백을 받고 스스로를 개선해야 한다. 이를 위해 팀 구성원들에게 끊임없이 피드백을 전달해야 한다. 테이블을 사이에 두고 가만히 앉아서 피드백을 전달할 것이 아니라 새로운 피드백 메커니즘을 지속적으로 도입해야 한다. 아키텍트는 개발자들과 깊은 관계를 쌓으면서 피드백 세션의 가치를 높여야 한다. 사람들이 전문가로서 어떻게 느끼는가에 관한 감각을 항상 얻는 것이 좋다. 비공식적인 회의와 커피챗을 활용하면 공식적인 회의에서보다 훨씬 가치 있는 피드백을 얻을 수 있다.

지원과 조력이 항상 긍정적인 피드백을 제공해야 한다는 의미는 아니다. 비판적인 피드백은 개선을 위해 꼭 필요하다. 모든 사람은 일하면서 실수를 하기 마련이다. 이러한 실수가 반복되지 않도록 강조하고 안내하는 것이 리더의 책임이다. 설계와 아키텍처는 실패할 수 있다. 아키텍트들은 그런 실패가 발생하지 않도록 해야 한다. 그러므로 설계가 성공하거나 실패하면 이 또한 공동의 책임이다. 조력자 마인드셋과 긍정적인 의도로 비난하고 비판하는 것보다 지원과 도움의 손길을 주는 편이 개인들의 개선에는 훨씬 도움이 된다.

개인의 성과 관리는 팀 안에서 일하는 아키텍트의 업무와 직접적으로 연결되지 않을 때가 많다. 그러나 아키텍트는 개인의 성과 리뷰에 기여할 책임이 있다. 자기 평가는 측정의 형태로 해야 한다. 위르헌 아펄로^{Jurgen Appelo}는 『매니지먼트 3.0』(에이콘, 2019)에서 **개인 지표 규칙**^{Individual Metrics Rule}을 소개했다. 위르헌은 "모든 직원은 스스로 목표를 설정하고 그 목표를 달성하기 위한 통제권을 갖길 원한다. 직원들에게 스스로 지표를 수립하도록 권한을 위임함으로써 업무와 결과를 개선할 수 있다"라고 설명한다. 이 정보는 결과적으로 투명하게 시각화되면서 사람들은 자발적으로 업무를 하게 된다. 정보가 투명하게 공개되므로 모든 사람은 구성원들의 결과를 관찰하고 그 결과가 정확하지 않다고 생각되면 언제든 반응할 수 있다. 이를 위해서는 개인의 정직함과 개방성이 필수다.

심리적 안전함을 통한 신뢰와 투명성 확보하기

심리적 안전함^{Psychological Safety}은 믿을 수 있는 환경을 조성하고, 결과적으로 개인들은 아이디어와 의견을 자유롭게 말할 수 있다고 느끼도록 한다. 능력이 없거나 남을 무시하거나 부정적이거나 방해한다고 느끼지 않는다. 이런 환경에서는 모든 사람의 의견이 어떠한 편견도 없이 받아들여진다. 심리적 안전함은 개방성, 신뢰, 투명성, 빠른 실패의 문화를 만들어 준다. 심리적 안전함은 개인의 스트레스와 불안을 낮추며 웰빙을 촉진한다.

연구 결과에 따르면 심리적 안전함이 높은 개인일수록 한 조직에 오래 머물면서 전체적으로 높은 품질의 솔루션을 전달한다. 「기술적 참여에 관한 세계 연구 보고서」에 따르면 팀 리더에 대한 신뢰가 참여의 근본이며 팀 리더를 신뢰하는 직원은 그렇지 않은 직원보다 12배 더 완전하게 참여한다.

신뢰와 극도의 투명함은 심리적으로 안전한 팀을 만드는 근본이다. 일관적이고 긍정적인 행동을 보면서 고성과 팀 구성원들은 시스템, 동료 및 리더를 신뢰하게 된다. 신뢰, 투명함, 심리적 안전함을 구축하는 데는 시간이 걸린다. 리더들은 세심하게 신뢰의 씨앗을 뿌리고 신뢰가 자랄 때까지 인내심을 갖고 기다려야 한다.

심리적 안전함은 11장, '린 애자일 거버넌스 조력자로서의 아키텍트'에서 논의한 것처럼 아키텍트는 불필요한 압박을 일으킬 수 있는 외부의 기술적, 아키텍처 문제로부터 팀을 보호하는 방패 역할을 해야 한다. 신뢰는 협업과 응집력을 높인다. 높은 신뢰를 구축한 팀은 협업을 통해 아키텍처의 부식을 제거한다.

높은 심리적 안전함을 수립한 팀은 무언가가 잘못됐을 때 업무를 중단하는 영향을 걱정하지 않고 **안돈 코드**^{Andon Cord}를 뽑아낼 수 있다. 안돈 코드는 **토요타 생산 시스템**^{TPS,} Toyota Production System에서 도입한 개념이다. 중대한 문제가 발생했을 때 코드를 뽑거나 버튼을 눌러 생산을 중단시키고 경영진에게 경고할 수 있다. 그렇지 않으면 결함이 있는 부품이 고객에게 도달돼 더 많은 문제를 일으키기 때문이다.

멀티플라이어를 만들어 변화를 이끌기

조직의 트랜스포메이션을 위해서는 치밀한 변화 관리 프로세스가 필요하다. 존 코터의 '변화를 이끄는 8단계 프로세스^{8-step process for leading change}'가 좋은 예다. 아키텍트는 변화의 리더로써 팀의 마인드셋, 행동, 문화를 변화시켜 애자일 아키텍처를 포용하도록 할 책임을 진다. 조직이 애자일 아키텍처의 일하는 방식이라는 개념을 이해하고 수용하는 데는 시간이 필요하다. 먼저 개인이 변화된 뒤 다른 이들을 변화시킨다. 이러한 변화를 이끄는 접근 방식의 4단계 모델은 그림 13.15에서 볼 수 있다.

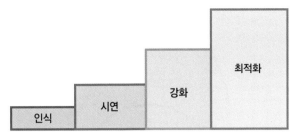

그림 13.15 변화를 이끄는 단계

첫 번째 단계는 교육을 통한 **인식**^{Awareness} 구축이다. **시연**^{Demonstrate} 단계에서는 설명한 것들을 실행함으로써 다른 이들이 이를 따르도록 독려해야 한다. 세 번째 단계는 메시지를 지속적으로 **강화**^{Reinforce}하는 단계이며, 네 번째 단계는 **최적화**^{Optimize} 단계로 투명한 측정과 피드백을 공유함으로써 지속적인 개선을 이끈다.

아키텍트는 스스로 변화하고 전환해야 한다. 제프리 히아트^{Jeffrey Hiatt}가 제안한 **ADKAR** 모델은 변화의 단계를 스스로 성찰하는 데 도움을 준다. 이 모델은 다섯 가지 요소(변화의 필요성에 관한 인식, 변호를 지원하고자 하는 의지, 변화 방법에 관한 지식, 스킬과 행동을 시연할 수 있는 능력, 변화를 유지할 힘)로 개인을 측정한다.

트랜스포메이션의 첫 단계에서는 혼동이나 기존 행동과 문화의 충돌로 인해 전체적인 아키텍처 역량에 큰 혼란이 있을 수 있다는 것을 인식해야 한다. 데이빗 비니^{David Viney}는 이를 **J 커브**^{J Curve}라 불렀다. 역량은 J와 같이 처음에는 낮아지다가 급격하게 높아지는 형태로 구축되기 때문이다. 그 변동의 깊이는 변경 관리의 효과 및 사람들의 행동, 문화에 따라 달라진다.

아키텍트는 애자일 아키텍처를 위한 변화의 챔피언 역할을 한다. 그러나 이것만으로는 충분하지 않다. 더 많은 챔피언을 식별하므로 이를 배가해야 한다. 변화 에이전트^{Change Agent}들은 효과적으로 변화를 이끌며 커뮤니티에서 존경받는 개인들이다. 그들은 다른 방식으로 생각하며 현재에 만족하지 않는다. 변화 에이전트들은 연합을 만들어 변화를 가속화한다. 이들은 반복적으로 변화 에이전트 역할을 할 수 있는 팀 구성원들을 찾고, 그 영향 범위를 넓혀 나간다. 그림 13.16은 영향 범위 확장 프로세스를 나타낸다.

그림 13.16 변화 영향 범위의 확장

변화 에이전트 접근 방식에서 팀 구성원들은 네 가지 유형(비관Skeptical, 관찰Observer, 지원 Supportive, 헌신Committed)으로 나뉜다. 초기 변화 에이전트로 헌신적인 개인들을 식별한 뒤 영향 범위를 점진적으로 지원, 관찰자, 비관자로 확대한다.

보살핌을 통한 소속감 기르기

보살핌Caring은 개인들 사이의 깊은 관계를 구축하는 데 도움을 준다. 보살핌의 증표는 팀 구성원 개개인이 누군가가 자신을 돌봐준다는 느낌을 얻을 때 나타나며 구성원들은 팀에 소속감을 느끼게 된다.

개인들과 개인적이고 감정적으로 연결되고 시간을 함께 보내고 대가를 바라지 않고 그들을 돌봄으로써 신뢰를 구축할 수 있다. 아키텍트가 개인과 깊은 감정적 유대를 구축하면 개인은 솔루션 설계와 의사 결정을 위한 협업 과정에서 더 많은 헌신과 개방성을 보일 것이다.

사람은 천성적으로 집과 업무 환경에서 보살핌을 받아야 한다. 사무실에서는 리더가 자신들을 보살펴 주기를 기대한다. 라인 관리가 존재하지 않는, 즉 위계가 없는 환경에서는 리더가 팀의 구성원들을 보살펴야 한다. 보살핌은 직위, 역할, 업무 상태 이상의 것이다. 사이먼 시넥은 "전쟁터에서 문제에 처한 군인은 상급자가 아니라 자신의 왼쪽과 오른쪽에 있는 사람들에게 도움을 찾는다"라고 말한다. 애자일 팀에서는 스크럼 마스터, 프로덕트 오너, 아키텍트 및 각 개인이 보살핌의 의무를 진다. 보살펴야 할 사람이 있음을 깨달으면 그들이 문제에 처했을 때 전문적인 도움을 제공하고자 할 것이다.

아키텍트는 업무 지원을 통해 팀 구성원들을 보살필 수 있다. 때때로 디버깅이나 코드 작성에 도움을 줄 수 있으며, 직원이 고민하고 있을 때 아이디어를 제공할 수도 있으며, 특정한 분야에 대해 교육을 제공할 수도 있다. 모든 것이 보살핌의 영역에 해당한다.

개인이 처한 개인적 상황이 업무에 영향을 미침을 인식하고, 지원하고 보살핌으로써 마음을 얻을 수도 있다. 가빈 라킨^{Gavin Larkin}은 R U OK?라는 개념을 소개한다. 호주 사람들은 'R U OK?'의 날을 축하하면서 모든 사람에게 매일 'R U OK?'라고 물을 것을 상기시킨다. 팀 구성원들과 동료들에게 이 질문을 함으로써 그들이 처한 어려움을 발견할 수 있다. 이는 전문적인 자아의 벽을 허무는 동시에 건강한 관계를 기르는 데 도움을 준다.

⬚ 정리

13장에서는 아키텍트가 애자일 프로젝트를 다루고 결과적으로 새로운 스킬과 능력을 획득하기 위해 인터랙션 스타일을 바꾸는 방법에 관해 살펴봤다. 애자일 아키텍트들은 새로운 문화, 행동, 마인드 셋으로 일할 수 없다. 이를 위해서는 조직과 팀이 고성과 문화를 보이는 것이 필수적이다. 학습하는 조직의 리더들은 생성적인 청록색 조직에서 보이는 사람 중심, 목적 주도 접근 방식을 수용해야 한다. 또한 구글의 연구에 기반해 효과적인 팀의 핵심 강점인 심리적 안전함, 독립성, 구조와 명확성, 의미 및 영향에 관해 살펴봤다.

애자일 아키텍트는 적응적, 창의적, 서번트, 서버 투 서버, 촉매, 통합적 리더십과 같은 적절한 접근 방식을 도입해야 한다. 애자일 아키텍트는 상황적 리더십 모델에서 설명한 것처럼 상황에 따라 리더십 스타일을 전환할 수 있어야 한다. E 유형의 사람들과 아키텍트는 공감, 성장 마인드셋, 존중, 마인드풀니스, 사심 없음, 호기심, 창의성, 자존감,

경영자적 태도 등의 개인적인 특성을 가져야 한다. 13장에서 필수적인 대인 관계 특성도 살펴봤다. 협업, 갈등 해소, 커뮤니케이션, 기술 양성, 동기 부여, 보살핌, 솔선수범을 통한 리딩, 변화 이끌기 등이 이에 해당한다. 이러한 개인적 특성과 대인 관계 특성들은 현대적인 기업에서 기민함을 달성하는 데 성공하기 위한 필수 요소다.

이 책에서는 애자일 소프트웨어 개발에서의 애자일 아키텍처 그리고 애자일 아키텍처의 역할의 중요성을 살펴봤다. 또한 가치 전달에 집중하기 위해 아키텍트의 일하는 방식을 조정하는 방법, 기술적 탁월함을 통해 기민함을 가능케 하는 방법, 문서보다 진화적인 협업을 하는 방법, 거버넌스보다 정렬을 우선하는 방법, 조직의 아키텍처를 재구성하기 위한 아키텍트의 역할, 애자일 아키텍트의 문화 및 리더십 특성에 관해 다뤘다.

⁞⁚ 더 읽을거리

- 「The Global Study of Engagement Report」. https://www.adp.com/-/media/adp/ResourceHub/pdf/ADPRI/ADPRI0102_2018_Engagement_Study_Technical_Report_RELEASE%20READY.ashx

- 라만의 조직 행동 법칙Larman's Law of Organizational Behaviors. https://www.craiglarman.com/wiki/index.php?title=Larman%27s_Laws_of_Organizational_Behavior

- 애자일 문화를 향해Towards an Agile Culture. https://cdn.ymaws.com/www.Agilebusiness.org/resource/resmgr/documents/whitepaper/towards_an_Agile_culture.pdf

- 팀 효과 이해Understand Team Effectiveness. https://rework.withgoogle.com/guides/understanding-team-effectiveness/steps/introduction/

- 「Nimble Leadership」. https://hbr.org/2019/07/nimble-leadership

- 팀 갈등을 방지하는 방법How to preempt team conflicts. https://hbr.org/2016/06/how-topreempt-team-conflict

- 갈등과 도전, 토마스 킬만 모델^{Conflict and challenge, The Thomas Kilmann Model}. https://challengingcoaching.co.uk/conflict-and-challenge/

- 「Accelerate: State of DevOps 2019」. https://services.google.com/fh/files/misc/state-of-devops-2019.pdf

- 더블 다이아몬드를 활용한 디자인 씽킹^{Design Thinking using Double Diamond}. https://www.designcouncil.org.uk/news-opinion/what-framework-innovation-designcouncils-evolved-double-diamond

- 비즈니스 스토리텔링^{Business Storytelling}. https://medium.com/@marketingmanegoa/the-ultimate-guide-to-business-storytelling-in-2019-40793c9a7836

- ADKAR 프레임워크^{ADKAR framework}. https://www.prosci.com/adkar

- 서번트 리더십과 역 피라미드^{Servant Leadership and Inverted Pyramid}. https://www.trig.com/tangents/leadership-and-the-inverted-pyramid

- 「A of Organizational Cultures」. https://www.researchgate.net/publication/8150380_A_Typology_of_Organisational_Cultures

- 『민주적 결정방법론』(쿠퍼북스, 2017)

- 「14th State of Agile Report」. https://stateofAgile.com

- 프로덕트 매니저와 프로덕트 오너가 명심해야 할 팁^{Mindfulness Tips for Product Managers and Product Owners}. https://www.romanpichler.com/blog/mindfulness-tips-for-productmanagers-and-product-owners

- 비폭력 대화^{Non-Violent Communication}. https://www.nonviolentcommunication.com/learn-nonviolent-communication/4-part-nvc/

- DISC 이론^{DISC Theory}. https://discinsights.com/disc-theory

- 강력한 질문하기의 과학^{The Science Behind Powerful Questioning}. https://www.researchgate.net/publication/320826477_The_Science_Behind_Powerful_

Questioning_A_Systemic_Questioning_Framework_for_Coach_Educators_and_Practitioners

- 터크만 모델^{The Tuckman Model}. http://www.mspguide.org/tool/tuckmanforming-norming-storming-performing

- 수파리 모델^{Shi-Ha-Ri Model}.https://www.pmi.org/learning/library/becoming-Agile-with-shuhari-9649

- 업무에서의 동료 칭찬이 주는 이익^{The Benefits of Peer-to-Peer Praise at Work}. https://hbr.org/2016/02/the-benefits-of-peer-to-peer-praise-at-work

- J 커브^{The J Curve}. https://journal.jabian.com/wp-content/uploads/2017/10/Consider-the-Human-Element-Before-Racing-Your-Next-Initiative-to-the-Finish-Line-Jabian-Journal.pdf

- 강력한 질문^{Powerful questions}. https://www.lwv.org/sites/default/files/2018-07/Powerful%20Questions.LWV%20DEI%20Training%20Resource.pdf

| 찾아보기 |

애자일 소프트웨어 아키텍트의 길

소프트웨어의 지속적인 설계를 통한 진화

발   행 | 2022년 10월 28일

지은이 | 라제시 RV
옮긴이 | 김 모 세

펴낸이 | 권 성 준
편집장 | 황 영 주
편   집 | 김 진 아
디자인 | 윤 서 빈

에이콘출판주식회사
서울특별시 양천구 국회대로 287 (목동)
전화 02-2653-7600, 팩스 02-2653-0433
www.acornpub.co.kr / editor@acornpub.co.kr

책값은 뒤표지에 있습니다.